# DE WIJSHEID VAN VOGELS

*Drie steenuilen. Hun wetenschappelijke naam, Athena noctua, is ontleend aan de Griekse godin van de wijsheid en hun overwegend nachtelijke leefwijze. Schilderij van J. Wolf (Susemihl, 1839-1852)*

# Tim Birkhead

## DE WIJSHEID VAN VOGELS

*Een geïllustreerde geschiedenis van de ornithologie*

Vertaling Ed' Korlaar en Joop Hart

DE BEZIGE BIJ
2008
AMSTERDAM

Voor Nicholas Davies
voor minstens dertig jaar vriendschap

Copyright © 2008 Tim Birkhead
The moral rights of the author have been asserted
Copyright Nederlandse vertaling © 2008 Ed' Korlaar en Joop Hart
(Ed' Korlaar hoofdstuk 1, 3, 5, 7, 9, 10 en Naschrift
Joop Hart Voorwoord, hoofdstuk 2, 4, 6 en 8)
Oorspronkelijke titel *The Wisdom of Birds*
Oorspronkelijke uitgever Bloomsbury
Vormgeving omslag Sarah Morris / Studio Jan de Boer
Omslagillustratie Arte Venandi cum Avibus van Frederik II van Hohenstaufen
Foto auteur I. Charmantier
Schema's op pagina's 20 en 44 getekend door John Gilkes
Vormgeving binnenwerk Bloomsbury / Scribent
Druk Proost, Turnhout, België
ISBN 978 90 234 36041
NUR 320

# INHOUD

*Voorwoord*   1

1. Van folklore naar feiten
   *John Ray en de ornithologie*   17
2. Zien en niet geloven
   *Van ei tot kuiken*   53
3. Voorbereid op het leven
   *Instinct en intelligentie*   89
4. Verdwijnende fantasieën
   *De opkomst van de vogeltrek*   133
5. Verhelderende ontdekkingen
   *Licht en de broedcyclus*   177
6. Het nieuwe aan veldstudie
   *De ontdekking van het territorium*   211
7. Groepszang in het groen
   *Vogelzang*   245
8. Een delicaat evenwicht
   *Sekse*   281
9. Darwins blinde vlek
   *Overspel*   311
10. Wie ontaardt, vergaat
    *Voortplanting en levensduur*   341

| | |
|---|---:|
| *Naschrift* | 375 |
| *Noten* | 381 |
| *Bibliografie* | 403 |
| *Illustratieverantwoording* | 419 |
| *Register* | 423 |

# Voorwoord

Ietwat wankel sta ik tot aan mijn middel in het ijskoude water van uitgestrekt, open wetland. Als lid van een groep ornithologen die probeert een van de zeldzaamste vogels van Europa te vangen, houd ik een bamboestok vast waaraan een twaalf meter lang, fijnmazig net zit. Aan het andere eind houdt een collega met net zo'n stok het net strak. In totaal zijn we met zijn zessen, allemaal in een waadbroek, en met drie netten. Behoedzaam schuifelen we in een tangbeweging op een klein vogeltje af dat zit te zingen op een uit het water stekende wilgenteen. Op een afgesproken signaal hollen we, met het net rechtop tussen ons in, op ons doel af – althans, dat proberen we. Maar het lijkt wel of ik door stroop waad en ik realiseer me ineens hoe bespottelijk we eruitzien. Opgeschrokken door onze opzichtige nadering doet het vogeltje tussen de stokken door een uitval naar de vrijheid. Maar als door een wonder vliegt hij veilig in mijn net. Ik krijg de slappe lach: hoe is het mogelijk dat een zo potsierlijke en onbeholpen operatie goed afloopt en dat we de zeldzame vogel hebben gevangen?

In de hand is de waterrietzanger niet meer dan een pluk veren, die zich door zijn scherp afgetekende zwarte en gouden kopstrepen van andere zangers onderscheidt. Uit de geslachtszwelling tussen de pootjes valt op te maken dat het een mannetje is; voor het overige is zijn uiterlijk identiek aan dat van het nog schuwere vrouwtje. We schuiven een metalen ring en een unieke combinatie van plastic ringen om zijn pootjes, nemen een druppel bloed af voor een DNA-analyse en laten hem vrij.

Het Biebrza-wetland in Noordoost-Polen is een betoverende uithoek van Europa. Aan de randen ervan wonen mensen in Hans-en-Grietje-achtige huisjes. Ze weiden hun vee op mals, drassig land met technieken die sinds de middeleeuwen niet zijn veranderd. Het is geen wonder dat deze streek rijk aan vogels is. Eerder die dag werd ik gewekt door een ongelooflijk luid en gevarieerd koor van blauwborsten, roodmussen, groenlingen, geelgorzen, wielewalen, boerenzwaluwen, huiszwaluwen en huismussen. 's Nachts klinkt een ander koor, minder gevarieerd, maar even prachtig: raspende kwartelkoningen, sissende poelsnippen, tiktakkende porseleinhoenderen. De hele dag kun je in dit vogelparadijs zwarte ooievaars, kraanvogels, scharrelaars, eksters, kiekendieven en haviken zien overzeilen.

Op het moeras drijft op anderhalve meter bruin veenwater een dikke deken van grassen en kruiden: de unieke broedhabitat van de waterrietzanger. Het vrouwtje wordt door deze groene matrijs, die maar een paar centimeter hoog is, aan het oog onttrokken. Ze bouwt er haar nest en jaagt op de ontelbare insecten door als een muis in de rondte te rennen. 's Ochtends vroeg en tegen de avond duikt uit dit dwergwoud het mannetje op om een uurtje te zingen op een lage twijg en fraaie zangvluchten uit te voeren. Het is logisch dat een vogel die op zo'n ontoegankelijk terrein een verborgen leven leidt, tot nu toe met raadsels was omgeven. Maar dankzij het multinationale team waar ik deel van uitmaak, kan de bijzondere leefwijze van de waterrietzanger langzaam maar zeker onthuld worden.[1]

Voor de meeste vogelsoorten geldt dat mannetjes en vrouwtjes als paar samenwerken bij de voortplanting en het grootbrengen van hun jongen. Maar bij waterrietzangers is dit niet het geval. Bij hen lijkt er tussen de seksen geen band te bestaan. Anders dan bij de meeste kleine vogels vinden hun seksuele ontmoetingen willekeurig plaats, waarna het vrouwtje de jongen in haar eentje grootbrengt. Een tweede verschil betreft het ontbreken van een vast broedterritorium bij het mannetje. Terwijl de mannetjes van de meeste andere soorten tijdens het broedseizoen druk rondbazuinen dat het gebied waar ze zingen, hun domein is, zwerven de waterrietzangers rond door het moeras: een paar dagen hier, een paar dagen daar, zonder vaste uitvalsbasis. Ze zingen blijkbaar alleen om de vrouwtjes, naar wie ze heftig op zoek zijn, hun beschikbaarheid kenbaar te maken. DNA-onderzoek heeft aangetoond dat hun seksuele omgang in hoge mate promiscue is en dat van veel nesten de eieren – het zijn er maximaal zes – elk een andere vader hebben.

Het kost veel tijd en geduld om moeilijk benaderbare vogels als de waterrietzanger in hun natuurlijke omgeving te observeren. Vaak gebeurt er urenlang hoegenaamd niets. In elk ornithologisch onderzoek probeer ik deze dode periodes te benutten door eens goed na te denken over wat we te weten zijn gekomen en wat daarvan de implicaties zijn. Bij de waterrietzanger heb ik dankzij zijn ongewone, schemerige leefwijze extra veel tijd, en daarin kan ik extra veel vragen stellen: ik wil weten waarop mijn veronderstellingen over vogels gebaseerd zijn. Tijdens dit wetland-onderzoek zijn mijn teamleden en ik vraagtekens gaan zetten bij wat we tot nu toe bij vogels 'normaal' achtten en bij de oorsprong van onze vogelkennis. Waar komt onze informatie over territoria, zang, paargedrag en andere aspecten van het vogelleven vandaan?

Het begin van onze vogelkennis ligt zonder twijfel in een ver verleden, want om met succes op vogels te kunnen jagen, moesten onze voorouders heel veel van hun gedrag en leefwijze afweten. Waar verblijven ze in bepaalde jaargetijden? Wanneer en hoe planten ze zich voort? Nestelen ze op de grond of in een boom? Leggen ze één of meer eieren?

Sinds de mens is gaan schilderen en schrijven, hebben vogels hem door hun alomtegenwoordigheid en diversiteit gefascineerd. Hun afbeeldingen sieren de wanden van Europese grotten, Afrikanen bikten vogelfiguren uit plakken hete, rode zandsteen en inwoners van het hoge Noorden zetten schedels van reuzenalken naast hun doden in de grafkamers, zodat die hen op hun reis naar de andere wereld konden vergezellen. Ook de Grieken lieten zich door vogels inspireren: ze wijdden er gedichten aan, gebruikten lichaamsdelen, lichaamssappen en uitwerpselen als geneesmiddel en voorspelden aan de hand van hun gedrag de toekomst.

Er zijn heel wat merkwaardige opvattingen over vogels in zwang geweest. Sommige genieten nog steeds wel enige bekendheid, zoals het

## VOORWOORD

idee dat bepaalde ganzen uit zeepokken ontstaan die zich aan drijfhout hechten, dat een pelikaan zich voor zijn jongen opoffert door zijn eigen borst open te pikken en hen met zijn bloed te laven of dat zwaluwen in de modder op de bodem van een vijver overwinteren. Minder bekend maar even bizar is het denkbeeld dat als je de veren van een papegaai met de huidafscheiding van een bepaalde Braziliaanse kikker bestrijkt, ze van groen in rood veranderen, dat mannetjes van sommige duivensoorten een vrouwtje verleiden om haar kroost en partner in de steek te laten en er met hém vandoor te vliegen, of dat vogels van geslacht kunnen veranderen.

Maar wat is waar? En wat is vals? Hoe kunnen we fantasie en werkelijkheid van elkaar onderscheiden? Sinds wanneer interesseert ons dit trouwens? En wie zijn er verantwoordelijk geweest voor deze omslag in ons denken?

Na de geslaagde vangst van de waterrietzanger moesten we vanwege de invallende duisternis en de steekgrage muggen snel terug naar ons primitieve onderkomen. In een bovenkamer van een door ons gehuurd huis even buiten het moeras bereidden we op een klein kookstel soep met worstjes. Na deze picknick binnenshuis keken we terug op de dag. We filosofeerden dat we veel als vaststaand aannemen, maar dat we nauwelijks weten waarop onze vogelkennis gebaseerd is. Wie zijn eigenlijk onze bronnen geweest? Nieuwsgierig naar het antwoord wierp ik ook in gesprekken met andere ornithologen in het veld de volgende vraag op: wie beschouw jij als de invloedrijkste ornitholoog aller tijden?

Ons multinationale team beantwoordde deze vraag geheel in de lijn van ieders nationaliteit. De Duitsers opteerden voor Erwin Stresemann, de man die in de jaren twintig de ornithologie professionaliseerde door museumstudie en veldonderzoek met elkaar te verbinden. De Amerikanen kozen voor een van Stresemanns studenten: Ernst Mayr, die in de jaren dertig naar de Verenigde Staten emigreerde en aan zijn onderzoek naar de evolutie van vogels zijn bijnaam 'de Darwin van de twintigste eeuw' dankte. De Britten nomineerden een andere evolutiebioloog: David Lack, pionier op het gebied van de ecologie en de levensgeschiedenis (*life history*) van vogels.

*Vorige bladzijden: Een pelikaan die zijn eigen borst openpikt om zijn jongen te voeden was een geliefd zinnebeeld. (Foto van een vijftiende-eeuws koorbankreliëf in de kerk te Lavenham in Suffolk.)*

Toen ik mijn collega's vertelde dat ik – met alle bewondering voor de genoemde namen – één persoon nog hoger schatte, hadden ze geen idee wie ik kon bedoelen. De ornitholoog die ik op het oog had, dateert van ver voor die van hen. Hij stamt namelijk al uit de zeventiende eeuw. Dankzij hem veranderde onze vogelkennis van fantasie in werkelijkheid. Zijn naam is John Ray

Als een drijvende kracht achter de wetenschappelijke revolutie in Engeland was hij méér dan ornitholoog. Hij was bioloog in de ruimste zin van het woord. Hij wist veel van planten en insecten, maar bovenal hoe hij moest denken. Hij was een filosoof die met zijn manier van denken over de natuur de ornithologie radicaal veranderde. Ray stond op de drempel van de moderne tijd. Veel van wat in de middeleeuwen en voordien was beweerd, werd door hem gewogen en te licht bevonden. Met een uitzonderlijk vooruitziende blik behandelde hij veel thema's die ornithologen nog altijd bezighouden. Hij was intelligent en een harde werker, maar ook, zoals van zijn portret valt af te lezen, een innemende en bescheiden man – je móest hem wel sympathiek vinden.

Toen ik mijn collega's vertelde dat ik John Ray hoger aanschreef dan hun Stresemann, Mayr en Lack, bleken de meeste tot mijn verbazing nog nooit van hem gehoord te hebben. Dat vond ik teleurstellend, maar ook verheugend: het verhaal dat ik hier ga vertellen, is dus nieuw.

Ray had een brede visie op de studie van de natuur en de ornithologie: deze omvatte de feitelijke beschrijving van wat hij zag, maar ook een geheel nieuwe manier van denken.

Het begin van de zeventiende eeuw was een tijd van sterke verschuivingen in het wereldbeeld: diep verankerde aristotelische ideeën, onzekerheden en oudewijvenpraat werden losgelaten. Ray was de voorvechter van een nieuwe visie op de natuur, maar hij vocht op een rustige, bescheiden manier, die een briljante geest en een buitengewoon heldere visie verried. Met de bezielende steun van een kleine groep collega's in Cambridge wierp hij de bestaande orde omver, waarin de mensen zichzelf als zondaars zagen, levend onder het wakend oog van een boze, jaloerse God. Ray bood hun iets veel plezierigers: een vriendelijke God. Zijn God was verantwoordelijk voor de natuur in al haar schoonheid en dus ook voor het prachtige samenspel tussen dieren en hun omgeving. Deze visie noemde hij 'fysicotheologie', later werd dat 'natuurtheologie' genoemd; tegenwoordig noemen we dit *adaptatie* ('aanpassing'). In zijn in 1691 uitgegeven levenswerk *The Wisdom of God* zette Ray in leesbare stijl zijn briljante opvattingen uiteen. Voor zijn tijd was de fysicotheologie van even grote betekenis als honderdvijftig jaar later Darwins natuurlijke selectie. *Wisdom* herschiep de wijze waarop mensen naar de natuur keken. Het boek was een revelatie: niet eerder was er een ordening die voor de hele natuur opging en die verklaarde waarom de wereld was zoals ze was.

Na een jarenlange plantenstudie raakte hij in vogels geïnteresseerd, daarbij geholpen door een jongere collega, Francis Willughby. Zijn in 1678 uitgebrachte encyclopedie *Ornithology of Francis Willughby* – hij schonk de eer aan Willughby, die een paar jaar eerder onverwachts was overleden – stelde een nieuwe norm voor de bestudering van vogels. Door de mythes en folklore van zijn voorgangers terzijde te schuiven en zich te focussen op verifieerbare feiten en heldere beschrijvingen, streefde Ray onomstotelijke kennis na. Hij maakte onvermijdelijk ook fouten; hij stond immers pas aan het begin van wat we nu als wetenschappelijke, onbevooroordeelde ornithologie beschouwen. Dankzij de *Ornithology* waaide er een frisse wind door alle oude vormen en gedachten. Ray plaatste de 'rangschikking' van vogels in het brandpunt: hoe pasten zij tezamen in Gods ontwerp? Het was zonneklaar dat de pimpelmees en de koolmees meer op elkaar lijken dan beide op de rode kardinaal (destijds ook wel 'Virginianachtegaal' genoemd). Maar of frater, kneu en barmsijs afzonderlijke soorten zijn dan wel variaties op één thema, was veel minder duidelijk. De zogeheten naturalisten waren hier al eeuwenlang niet uitgekomen, maar Ray loste het vraagstuk eenvoudig op. Hij kwam met een definitie van 'soort' en zette daarmee een systeem van naamgeving en ordening op waarover Linnaeus zestig jaar later nog enthousiast was en dat ook daarna de tand des tijds zonder moeite doorstond. Sommigen achtten Ray's indeling zelfs superieur aan die van Linnaeus. De *Ornithology* bracht een golf van belangstelling voor classificatie teweeg en was de start van een 'soortendiscussie' die nog altijd aanhoudt.

De tweede bijdrage die Ray leverde, was een nieuw begrippenkader voor vogelstudie. Zijn fysicotheologie diende als fundament waarop ornithologische kennis kon worden gebouwd. Zonder zo'n kader is kennis louter een feitenbeschrijving – hoogstens interessant, maar op zichzelf niet waardevoller dan een verzameling losse veren. De fysicotheologie schiep niet alleen een systeem waarbinnen feiten konden worden geïnterpreteerd, maar stimuleerde ook iedereen die zich voor vogels interesseerde om eropuit te gaan en ze te observeren. 'Geloof wat u ziet, in plaats van: Zie wat u gelooft' was zijn boodschap. Hij spoorde anderen aan eigen waarnemingen te doen – hoewel dat zonder verrekijker en telescoop niet eenvoudig was – en die onbevooroordeeld te interpreteren. Zo werd Ray de eerste wetenschappelijke ornitholoog, de eerste die zich bekommerde om wat waar was en wat vals. Om feit en verbeelding uit elkaar te halen moest hij heel wat werk van voorgangers tegen het licht houden. Wie van hen had bijvoorbeeld ontdekt dat een gekooide nachtegaal in de herfst rusteloos heen en weer gaat springen? Wie had geopperd dat de oorzaak van de onrust was dat het dier de trek naar het zuiden werd belet? En wie zou later dit fanatieke gedrag gebruiken bij het in kaart brengen van trekroutes en genen die aan trekgedrag ten grondslag liggen?

Ray's betekenis is tweeërlei: *Ornithology* was een van de eerste ornithologische onderverdelingen (taxonomie), terwijl *Wisdom* het veldonderzoek initieerde – wat we tegenwoordig de ecologie van vogels in hun natuurlijke omgeving noemen. Een van beide zou al hebben volstaan om zijn reputatie te vestigen. Dat hij beide heeft weten te bewerkstelligen, kan rustig een buitengewone prestatie worden genoemd.

Het is mijn opzet Ray telkens als startpunt te gebruiken wanneer ik van belangrijke ornithologische begrippen en opvattingen tracht de ontwikkeling te traceren en de hoofdbron te identificeren. Wetenschappelijke ideeën zijn als zaadjes: al naar gelang wie ervoor zorgt, kunnen ze gedijen en uitgroeien tot wezenlijke bestanddelen van onze kennis; maar als ze op steenachtige grond vallen of in verkeerde handen terecht komen, zullen ze niet ontkiemen. En sommige voortijdig opgekomen ideeën zullen in eerste instantie genegeerd worden om later alsnog een kans te krijgen. Onderzoek naar de ideeënontwikkeling stelt ons in staat terug te kijken op de rijke en fascinerende geschiedenis van de ornithologie.

Om die veelomvattende geschiedenis terug te brengen tot hanteerbare proporties beperk ik mij tot enkele thema's en opvattingen die van belang zijn voor het leven van vogels én voor de enthousiastelingen die hen in de afgelopen tweeduizend jaar hebben bestudeerd.[2] Opvattingen die voor een heel vakgebied gelden en tevens de weg naar nieuw onderzoek wijzen, noemen we 'begrippen'. De belangrijkste heten 'algemene begrippen'; zij zijn voor een reeks van omstandigheden relevant of op veel soorten van toepassing. Mijn eigen onderzoeksterrein, de gedragsecologie van vogels, bouwt voort op het centrale algemene begrip 'natuurlijke selectie': hoe kan een enkele vogel voor een maximaal aantal afstammelingen in volgende generaties zorgen? Juist vanwege dit onderwerp ben ik gefascineerd geraakt door de waterrietzanger.

De meeste vogels lijken monogaam en in 'echtelijke harmonie' te broeden, maar schijn bedriegt, want de meeste soorten (bijvoorbeeld pimpelmees, epauletspreeuw en ornaatelfje) zijn niet trouwer aan elkaar dan mensen, en 'buitenechtelijke' jongen zijn heel gewoon. Promiscuïteit verschaft de enkeling namelijk de mogelijkheid om meer afstammelingen te krijgen dan de concurrentie. Het valt dan te voorspellen dat het mannetje niet alleen uit is op contacten met andere vrouwtjes, maar er ook op gebrand is zelf niet bedrogen te worden. Aangezien het mannetje van de waterrietzanger overspel tot ongekende hoogte opvoert, zal hij zeker alle moeite doen zijn vaderschap te bewaken. Hij doet dat op een tamelijk verrassende manier. De vrouwtjes leven zeer verscholen in hun opmerkelijke habitat en weten de 'overseksste' mannetjes goed uit de weg te blijven. Maar wanneer een mannetje uiteindelijk een vrouwtje tegenkomt dat tot paren bereid is, maakt hij optimaal gebruik van die gelegenheid. In tegenstelling tot de meeste vogels copuleert het mannetje van de waterrietzanger niet slechts een paar tellen, maar blijft hij zeker een halfuur lang met het vrouwtje *in copula*; onderwijl voorkomt hij dat in deze kritieke periode andere mannetjes met haar paren en brengt hij tevens genoeg zaad in om dat van een hem voorgegaan (en eventueel een volgend) mannetje weg te spoelen. Zo gaat het evolutionaire spel van winnaar en verliezer in zijn werk. Natuurlijke selectie bevoordeelt de enkeling die de anderen wegconcurreert en de meeste nakomelingen verwekt.

*Waterrietzangers in hun uitzonderlijk langdurige seksuele houding. Schilderij van David Quinn (Quinn, 1994).*

Tegenwoordig bepaalt dit soort evolutionaire opvattingen het vogelonderzoek. Maar wie hield zich eigenlijk als eerste bezig met de paringsduur? Wie zag als eerste dat vogels meestal als paar broeden maar soms hun 'trouwgelofte' breken? En wie legde als eerste het verband tussen voortplantingsgedrag, zoals dat van de waterrietzanger, en het algemene begrip natuurlijke selectie?

Brede algemene begrippen en feiten die vervolgens bewijzen dat die begrippen juist zijn, hebben veel meer belang dan losse snippers informatie. Eenieder kan feiten verzamelen, maar slechts een enkeling heeft genoeg visie om te generaliseren en wetmatigheden te vinden. De thema's die ik in dit boek behandel, gelden voor alle vogels en gaan over de wezenlijke facetten van hun leven: paarvorming, voortplanting, grootte van het legsel, aanleren van de zang, territorium en trek. En omdat John Ray in *The Wisdom of God* begrippen formuleerde die van de ornithologie een geheel maakten, verdient hij de hoofdrol in mijn verhaal.

De begrippen waarop de ornithologie stoelt, omspannen een heel vogelleven: vanaf de bevruchting, via het broeden, uitkomen, opgroeien en geslachtsrijp worden, het bezetten van een territorium en de trek tot de partnerkeuze enzovoort. In dit gehele proces is het 'begrip' bevruchting inbegrepen – maar wie ontdekte als eerste dat er sprake was van sperma? En wie nam als eerste waar dat sperma een ei penetreert en nieuw leven verwekt? Ook viel het woord 'trek' – maar wie bewees dat vogels trekken en ontkrachtte zo de mythe dat zwaluwen en andere vogels onder in een vijver overwinteren?

De voor de hand liggende methode voor de ontstaansgeschiedenis van een idee is: direct naar de oudste bronnen teruggaan om te zien wanneer het voor de eerste keer opduikt. Als het daar niet voorkomt, is het beste alternatief: de literatuur terug in de tijd doorwerken. Dat is nog niet zo eenvoudig. Het doet denken aan het opsporen van de bron van een rivier: naarmate de stroom kleiner en het terrein ruwer wordt, splitst de rivier zich in smalle beekjes, zodat de vaststelling van de hoofdbron een hele opgave wordt. Een wetenschapshistoricus heeft het ooit als volgt geformuleerd:

## VOORWOORD

> Het pad van de wetenschap is geen uitgezet pad. Het is kronkelig en vertakt zich in talloze zijpaden, die met een irritante regelmaat in het oerwoud doodlopen. Als men het gestelde doel uiteindelijk bereikt, zijn, gemeten aan de enorme hoeveel aangewende tijd en energie, de resultaten maar bescheiden.[3]

Hoe verder men in de tijd teruggaat, des te lastiger wordt het de primaire bronnen te benoemen. Aristoteles, wiens geschriften dateren uit de vierde eeuw voor Christus, wordt vaak gezien als de stamvader van de biologie, maar ook hij nam naar de gewoonte van zijn tijd informatie van anderen over. De middeleeuwse naturalisten gebruikten Aristoteles' werken, zoals *Historia animalium* als een soort plakboek waar ze naar believen eigen plaatjes bij konden plakken, meestal zonder dat te vermelden. Het resultaat is een berg middeleeuwse geschriften en het is lastig in die berg de bedenker van een bepaalde opvatting te vinden.[4]

Het kan opwindend zijn om als een detective naar de bron van een ornithologische idee te speuren, maar er zijn valkuilen: vroegere auteurs leenden meestal zonder scrupules van voorgangers.[5] Aangezien het mijn doel is een breed beeld van het ontstaan van de ornithologie te schetsen, volg ik opvattingen zo ver mogelijk terug in de tijd en probeer ik al doende historisch en wetenschappelijk interessante items te vinden die tevens uitnodigen nieuwe ornithologische begrippen te ontwikkelen.

John Ray was het keerpunt. Vóór zijn *Ornithology* en *Wisdom* was het vogelonderzoek meestal warrig en fragmentarisch. Met Ray is de ornithologie radicaal veranderd. Dit boek is een reis: onderweg zullen we vaststellen hoe aanzienlijk Ray's bijdrage aan de vogelstudie is geweest door terug te blikken op zijn voorgangers en verkennenderwijs vooruit te kijken naar een reeks thema's die samen de moderne ornithologie vormen.

Hoog in de bergen in Zuid-Spanje, midden in een schier eindeloze vogelprocessie, ben ik aan dit boek begonnen. Het was Pasen. Vogels trokken in lange slierten over de Straat van Gibraltar, omhoog de vallei in en over het huis heen: bijeneters, zwarte wouwen, kiekendieven, gierzwaluwen, zangertjes en vele andere soorten – allemaal wiekend op weg naar het noorden. Halverwege de achttiende eeuw bracht John White enkele jaren in Gibraltar door, vanwaar hij zijn broer Gilbert in Engeland verslagen stuurde – en het onweerlegbare bewijs – van de seizoentrek van zwaluwen en andere vogels, door hem met eigen ogen gezien. White's waarnemingen hadden alle onzekerheid over vogeltrek en overwintering weg kunnen nemen, maar verouderde opvattingen in de vogelkunde lieten zich moeilijk uitroeien.

Nu, ruim vijf jaar later, ben ik in hetzelfde dorp om de laatste bladzijden van dit boek te schrijven. Het is zomer, myriaden gierende gierzwaluwen maken zich klaar voor de oversteek naar het zuiden. Vijf jaar lijkt een lange tijd, maar als universitair docent en researcher moest ik tussen alle verplichtingen door proberen vat te krijgen op de vogelgeschiedenis. Het zou ook niet mogelijk zijn geweest zonder een beurs van de Leverhulme Trust. Daardoor was ik in staat Bas van Balen als onderzoeksassistent aan te stellen. Hem ben ik veel dank verschuldigd voor het opsporen en vertalen van de nodige duistere passages. Voor informatie en ondersteuning leunde ik ook zwaar op andere mensen. Ik sta in het krijt bij alle mensen die mijn vragen wilden beantwoorden en mij uit hun brieven of e-mails lieten citeren. Ik zeg ook dank aan alle bibliotheekmedewerkers die Bas en mij met veel geduld hielpen bij het zoeken naar materiaal, met name Clair Castle van de bibliotheken Balfour en Newton te Cambridge voor haar hulp en omdat ze me de inzage in zeldzame werken toestond; Alex Krikellis van de ornithologische bibliotheek van het Max Planck-instituut in Seeweisen; Eleanor MacLean van de Blacker Wood-bibliotheek van de McGill-universiteit in Montreal; en Ian Dawson van de Royal Society for the Protection of Birds [de Britse Vogelbescherming]. Speciale dank gaat uit naar professor Hans Engländer, die me toestond van zijn schitterende privébibliotheek gebruik te maken.

Verder ben ik alle personen dankbaar die ik mocht interviewen en die me royaal deelgenoot van hun herinneringen maakten, met name Steve Emlen, Sir Brian Follett, Lord Krebs, Peter Lack, Peter Lake, Bob Montgomerie, Ian Newton, Chris Perrins en Staffan Ulfstrand. Ik ben in het bijzonder dank verschuldigd aan Lord and Lady Middleton voor hun gulle toestemming afbeeldingen van Francis Willughby en illustraties uit de Willoughby-collectie over te nemen.

## VOORWOORD

De meeste mensen die ik om advies of steun vroeg, waren zeer behulpzaam, maar enkelen verdienen extra dank: Patricia Brekke, Isabelle Charmantier, Mark Cocker, Nick Davies, Nicola Hemmings, Simone Immler, Alison Pearn, Jayne Pellatt, Karl Schulze-Hagen, Rolf Schlenker, Roger Short, Claire Spottiswoode, Dorothy Vincent en Glynn Woods. Ik ben Jürgen Haffer, Linda Hoy en Bob Montgomerie bijzonder erkentelijk voor het lezen van het manuscript en hun constructieve commentaar en suggesties. Mochten er spijtig genoeg desondanks fouten in dit boek staan, dan zijn die van mij. Ik dank de Leverhulme Trust voor haar subsidie, aanmoedigingen en geduld: in een wereld, gevangen in bureaucratie, is hun no-nonsensebenadering van research buitengewoon verfrissend. De inspirerende begeleiding die ik van mijn agent Felicity Bryan en Bill Swainsons redactieteam op de uitgeverij ontving, vooral van Emily Sweet, waren voor mij van onschatbare waarde. Ten slotte verdienen – zoals altijd – mijn gezinsleden Miriam, Nick, Francesca en Laurie de grootste dank.

De 'valse' of tapiragempapegaai, waarvan de veren door inheemse volken van Zuid-Amerika kunstmatig rood en geel werden geverfd, stelde John Ray voor grote raadsels. Dit schilderij van Jacques Barraband komt uit Levaillant (1801).

# 1

# Van folklore naar feiten
*John Ray en de ornithologie*

Verplaats je eens in een wereld waarin het dagelijks leven niet geregeerd wordt door logica en gezond verstand, maar door angst, achterdocht en een god die voortdurend 'tekens' geeft die vaak de gedaante van vogels aannemen. Een wereld, waarin jou na het zien van een solitaire ekster het ongeluk tegemoet snelt; waarin je na het horen van een raaf onmiddellijk sterft; waarin je een blinde weer kunt laten zien met een steen die je alleen in zwaluwnesten aantreft; waarin een vrouw verliefd op je wordt als je het zaad van een duif op haar jurk aanbrengt; waarin een dode ijsvogel aan een zijden draad dienstdoet als weerhaan. Een wereld, waarin het treurige kadaver van een ijsvogel in menig huis op het platteland van Engeland of Frankrijk kon worden aangetroffen omdat men geloofde dat ijsvogels bij het naderen van een storm hun borst in de wind gooien.[1]

Dergelijke fantasierijke ideeën waren diep ingesleten, en het zou tot de zeventiende eeuw duren voor ze onder vuur kwamen te liggen.[2] De aanzet tot deze verandering kwam van Francis Bacon, die benadrukte dat experimenten en bewijzen de basis vormen voor betrouwbare kennis. Ook Sir Thomas Browne, een vogelkundige uit Norwich en een vriend van John Ray, was fel pleitbezorger van de nieuwe aanpak. Zijn *Pseudodoxia Epidemica* uit 1646 is een pareltje, een lofzang op een nieuwe, empirische wetenschap, gebaseerd op vernuftige experimenten die fabeltjes zoals die van de ijsvogel op de proef stellen.[3]

De proef van Browne was even eenvoudig als ingenieus: door twee ijsvogels naast elkaar op te hangen en te laten zien dat ze ieder in een andere richting wijzen, haalde hij de mythe in één klap onderuit. Deze benadering was symptomatisch voor de nieuwe aanpak in de 'natuurlijke historie', het onderzoek naar de levende natuur. Browne's invloed op Ray was immens. Zoals Ray later schreef:

> Laten wij ons niet tevreden stellen met boekenwijsheid en alleen maar lezen wat anderen geschreven hebben en bijgeloof hoger schatten dan de waarheid. Laten wij daarentegen, nu wij daartoe de gelegenheid hebben, de dingen onderzoeken en ons evenzeer verstaan met de Natuur als met boeken [...].[4]

Om te begrijpen wat Ray met 'boekenwijsheid' bedoelde, hoeven we slechts een bezoek te brengen aan de Newton Library van de afdeling zoölogie van de universiteit van Cambridge. In een grote ijzeren kooi tegen de achterwand bevindt zich daar een bijzondere verzameling vogelboeken. Deze banden, ooit het bezit van Alfred Newton – ornitholoog en afdelingshoofd aan het eind van de negentiende eeuw –, omvatten vrijwel de gehele geschiedenis van de ornithologie. Op één plank liggen verschillende kolossale, in leer gebonden banden uit de zestiende en zeventiende eeuw die zo zeldzaam, broos en kostbaar zijn, dat je aarzelt om ze open te slaan. Het zijn, in chronologische volgorde: de encyclopedieën van Pierre Belon, Conrad Gessner, Ulisse Aldrovandi en Jan Jonston. Op de plank ernaast ligt Ray's eigen encyclopedie. Al deze boeken zijn behoorlijk dik, hoewel er destijds heel weinig over vogels bekend was. Hoe kan dat? Waar haalden Belon en de anderen hun stof vandaan? Waar hádden ze het allemaal over? Het antwoord op deze vragen voert ons naar bizarre spelonken.

Vooral de inhoud van de boeken van Gessner en Aldrovandi mag opmerkelijk genoemd worden. Er staan zaken in die wij inderdaad rangschikken onder de ornithologie, maar dan moeten we wel heel diep graven. Het merendeel ervan is bedolven onder materiaal dat wij tegenwoordig noch als ornithologie, noch als natuurlijke historie bestempelen.

Belon, Gessner en de anderen putten voornamelijk uit twee geschre-

## Ordo quartus.

F. Serinus, Chloridis ueterum species alia.
ITALICE Serin, Scartzerino.
GALLICE Cedrin.
GERMAN. Fädemle/Schwä=
derle/Girlitz/Grill/Hirngrill.

Chloris Aristotelis. Gaza Luteam
& Luteolam uertit, malim ego
uiridiam.
ITALICE Verdon, Ver=
derro, Verdmontan, Zaranto,
Taranto, & Frinson circa Tri=
dentum.
GALLICE Verdier, Serrant.
Sabaudis Verdeyre: q̃d nomen
etiã passeri spermologo nostro à
Gallis attribui puto.
GER. Grünling/Grünfinck/
Kuttuogel/Tutter/Rappuo=
gel/Hirfuogel.

LAT. Parus maior, Fringillago
Gazæ.
ITAL. Parisola, Parussola, Pa=
risola domesticha, alicubi capo
negro, et circa Alpes tschirnabó.
Priora duo ex his nomina paro=
rum generi communia sunt: Ca=
po negro atricapillæ seu ficedulæ
potius attribuendum est.
GALL. Mesange. Sabaudis
Maienze.
GERM. Spiegelmeiß/Grosse
meiß/Brandtmeiß/Kolmeiß ali
quibus, nostri enim de minore
paro uerticis nigri hoc nomē esse
runt.

Parus cæruleus hic cognominari
potest.
ITAL. Parussolin, Parozolina.
GALL. Marenge.
GER. Blawmeiß/Bymeisse/
Pimpelmeiß/Meelmeiß.

*Een pagina uit Conrad Gessners ornithologische encyclopedie uit 1555. De illustraties – in dit geval met de hand ingekleurd – zijn behoorlijk realistisch, maar de tekst staat bol van symboliek en folklore.*

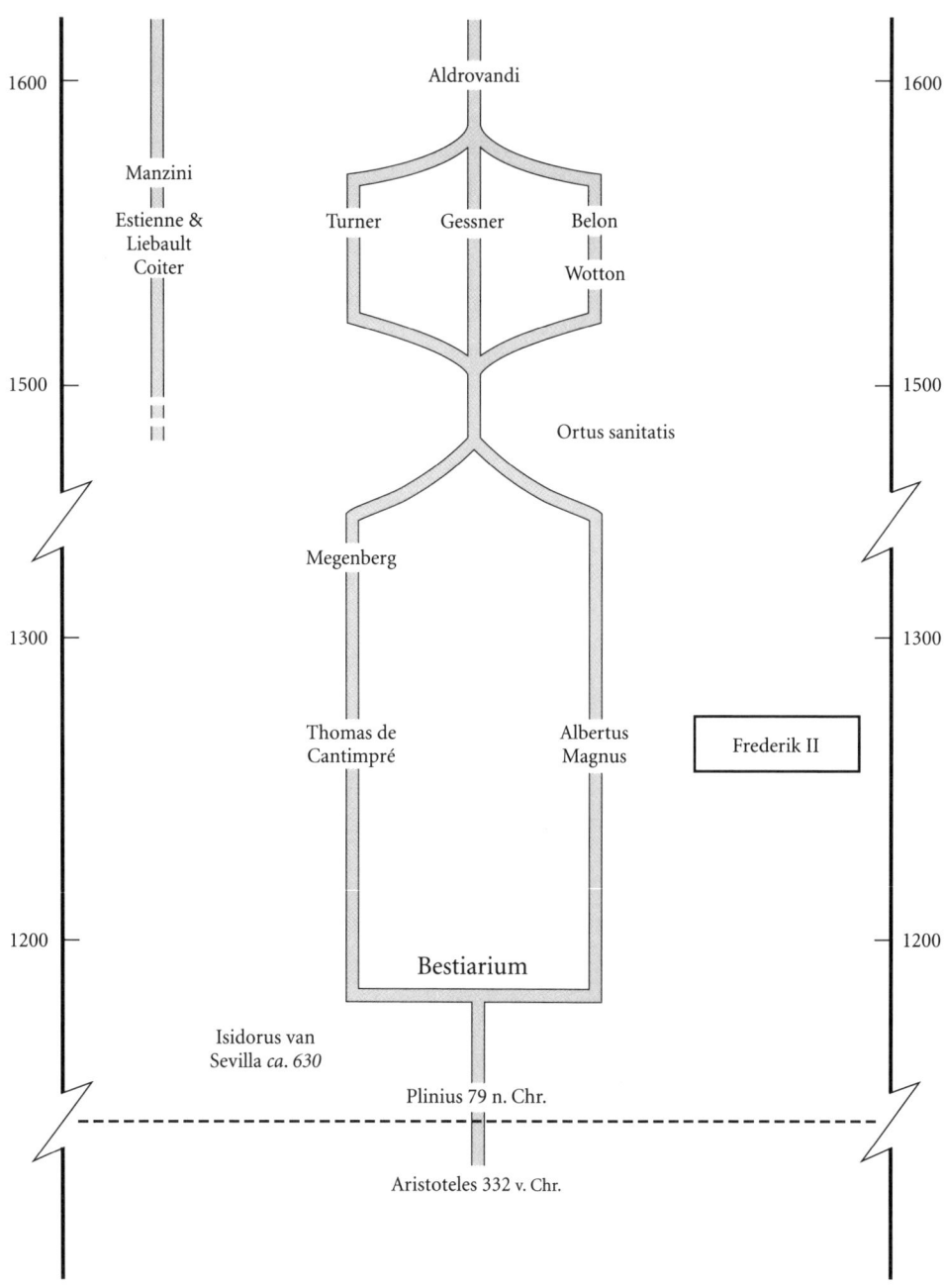

*De groei van de vroege ornithologie van Aristoteles (beneden) tot Aldrovandi (boven). De boeken van Frederik II bleven gesloten tot ze in 1788 herontdekt werden, vandaar hun geïsoleerde positie hier. (Naar White, 1954)*

ven bronnen. De ene was Aristoteles, de aartsvader van onze kennis, die men eigenlijk niet dorst tegen te spreken. De andere bron waren emblematabboeken die teruggrepen op middeleeuwse *bestiaria* (dierenencyclopedieën) en op dat moment een ware rage in Europa waren.[5]

De werken van Aristoteles bestrijken nagenoeg het hele spectrum van menselijke kennis, van ethica en poëzie tot politiek en zoölogie. Een eenmansuniversiteit, zei men destijds. Zijn succes is voor een deel te danken aan het ontbreken van ideologische en religieuze voorschriften, wat de bloei van filosofie en wetenschap in het oude Griekenland mogelijk maakte.[6] Aristoteles' observaties en ideeën markeren – samen met zijn ingenieuze vervlechting van filosofie en natuurlijke historie in *Historia animalium* (Onderzoek naar dieren) en in *De generatione animalium* (Over de voortplanting der dieren) – het ontstaan van de ornithologie. Hij vond vogels een uiterst dankbaar onderwerp en schreef gedreven over hun voortplanting, trekgedrag, anatomie, ontwikkeling, territorium en taxonomie.[7]

Aristoteles' ster straalde in de loop der eeuwen niet altijd even fel. Velen, zoals Charles Darwin, bewonderden hem: 'Linnaeus en Cuvier waren mijn goden […], maar vergeleken bij de oude Aristoteles waren het broekjes.'[8] Darwins lofzang was geen vrijbrief, in de jaren tachtig van de vorige eeuw deden Nobelprijswinnaar Peter Medawar en diens vrouw Jean de werken van Aristoteles af als een 'vermoeiend ratjetoe van geruchten'. Ze hadden het met name gemunt op zijn geschriften over het seksuele gedrag van vogels, waarin hij stelde dat sommige vogels, zoals de boerenhaan, 'wulps' waren, terwijl andere, zoals 'de hele kraaienfamilie', 'neigden tot kuisheid'. Roddelpraat, vonden ze dat.[9] De Medawars waren echter geen ornithologen en hun verwerping van Aristoteles' visie op het copulatiepatroon van vogels bleek te voorbarig: DNA-studies naar afstamming hebben aangetoond dat Aristoteles het bij het rechte eind had.

In het eerste millennium na zijn dood raakte Aristoteles' wetenschappelijk werk goeddeels in de vergetelheid. Maar in de twaalfde eeuw belandden exemplaren van zijn geschriften in West-Europa, waar ze vertaald werden in het Latijn. Eenmaal ontsloten vormden ze de basis voor de bestiaria. Zo vulde de dominicaanse – en zeer geleerde – monnik

Albertus Magnus Aristoteles' werken aan met eigen observaties en gedachten. Door hun mix van zoölogie en christelijk moralisme zijn de bestiaria in onze ogen een curieuze cocktail van fantasie en werkelijkheid, maar in hun eigen tijd waren het dé zoölogische naslagwerken. Dieren werden exclusief beoordeeld op hun religieuze betekenis, en hun gedrag werd uitsluitend moralistisch geduid; zoals bij de duif, wiens twee jongen symbool stonden voor de liefde van God en voor naastenliefde.[10]

De emblemataboeken uit het begin van de zestiende eeuw leken sterk op de bestiaria, zij het dat de religieuze boodschap vervangen was door een symbolische. Het doel bleef echter gelijk: de lezer te helpen de wereld te begrijpen en hem te leren een goed leven te leiden. Een embleem was een rebus met een moralistische inslag, die normaal drie elementen bevatte: een titel, een illustratie (van een dier) en een korte uitleg, meestal op rijm. De titel en de illustratie zeiden op zich niets; de morele boodschap openbaarde zich pas ná het lezen van het gedicht.[11] De emblematische kijk op de wereld komt fraai tot uiting op een geestige tekening uit de renaissance waarop een pauw staat afgebeeld die naar zijn tenen staart. Volgens Plinius was de pauw namelijk zo ijdel dat hij de aanblik van zijn eigen, lelijke voeten niet kon verdragen. Moraal: *Nosce te ipsum* – Ken uzelf.

Toen Gessner en Aldrovandi in de zestiende eeuw hun encyclopedieën schreven, moest iemand die pretendeerde een bepaalde vogelsoort te kennen, alles paraat hebben: de complex vertakte kennis uit de oudheid, de folklore en de mythologie en ook – uiteraard – de emblematische betekenis. Anders dan we zouden verwachten, waren deze encyclopedieën geen ornithologische naslagwerken. Ze beoogden totaal iets anders, waardoor ze vaak als belegen en irrelevant zijn afgedaan. Neem Gessners beschrijving van de pauw, die alles omvat wat met dit dier in verband wordt gebracht: zijn naam in diverse talen, zijn gewoonten, het (veronderstelde) feit dat zijn kadaver niet tot ontbinding overgaat, de Pauwrivier in India, de legende van de ogen van Argus die in een pauwenstaart veranderden, enzovoort, inclusief Plinius' bewering – ingegeven door de houding van het mannetje – dat de pauw zich schaamt voor zijn eigen tenen.

*Ales, Juno, tuus gemmantes explicat alas,*
*Conspectis vero, dejicit has, pedibq.*
*Dotibus ingenij fisus sic tollit in altum*
*Cristas: at meditans, deprimit has, homo, humum.*

De encyclopedieën op de planken van de Newton Library bestrijken iets meer dan een eeuw, maar als we ze in chronologische volgorde doorbladeren wordt de hoeveelheid emblematisch materiaal duidelijk minder. De boeken van Gessner en Aldrovandi staan er vol mee, bij Belon is dat al minder, en bij de Poolse Jan Jonston, die het werk van de anderen slechts samenvat, nóg minder. Doordat hij bijna alle – hoogdravende – folklore en verhalen van Gessner en Aldrovandi wegliet en zich als eerste bijna uitsluitend toelegde op flora en fauna, was Jonston de heraut van een nieuw tijdperk.[12] Hij zette een belangrijke stap, en John Ray en Francis Willughby besloten hem in hun encyclopedie daarin te volgen. Ze waren zelfs zo enthousiast dat ze er uitvoerig bij stilstonden:

> Nu de lezer vertrouwd is geraakt met het belangrijkste doel van dit werk – namelijk van de verschillende soorten de typische eigenaardigheden te geven, elke speciës nauwkeurig te beschrijven, en deze allemaal in de juiste klassen of *genera* onder te brengen –, willen wij daaraan toevoegen, dat wij alles weggelaten hebben wat wij bij anderen hebben aangetroffen over *homoniemen* en *synoniemen*, alsmede de diverse namen voor vogels, *hiëroglyfen, emblemen, moraliteiten, fabels, gravures*, of wat eerder behoort tot *theologie, ethica, grammatica* of een ander onderdeel van de humaniora: wij zullen hem alleen bieden wat werkelijk tot hun natuurlijke historie behoort.[13]

Wat deed mannen als Jonston, Willughby en Ray halverwege de zeventiende eeuw besluiten om emblemen en folklore te verruilen voor niet-aangelengde wetenschap? Waarschijnlijk twee dingen. Het eerste was de snelle groei van het aantal bekende soorten. Hoe meer vogels (en andere dieren) vanuit de Nieuwe Wereld werden meegenomen, hoe moeilijker het werd om ze te categoriseren. Omdat er qua symboliek en folklore niets voorhanden was, bleef er weinig anders over dan ze te beschrijven. De tweede prikkel kwam van Francis Bacon. In een poging de samenleving uit haar middeleeuwse kluisters te bevrijden, verwierp hij de emblematische traditie. De wereld der natuur was níet geschreven in een code die de hand van God verried, woorden waren neutraal, ze bevatten geen verborgen boodschap – en de natuur ook niet. Ware kennis kwam, aldus Bacon, voort uit observaties en experimenten.[14]

John Ray, geboren in 1627 in Black Notley (Essex), was van eenvoudige komaf: zijn vader was dorpssmid, zijn moeder kruidendokter. Hij volgde het gymnasium in Braintree en ging in 1644, toen hij nog maar net zestien was, naar Catherine Hall in Cambridge, waarschijnlijk met steun van een fonds dat de pastoor van Braintree voor 'veelbelovende arme studenten' in het leven had geroepen. Twee jaar later stapte hij over naar het Trinity College, waar hij vanaf 1649 wiskunde, Grieks en humaniora doceerde.

Ray had aanleg voor talen; dankzij zijn vroege scholing in de klassieken drukte hij zich beter uit in het Latijn dan in het Engels. Bijna al zijn boeken schreef hij in het Latijn, waardoor ze op het vasteland beter toegankelijk werden, maar in zijn eigen land juist minder. Als jonge dertiger raakte Ray, toen hij herstellende was van een ziekte, steeds meer geïnteresseerd in de lokale flora. Zwervend over het platteland van Cambridgeshire, op zoek naar planten, zal hij niet vermoed hebben dat dit het begin was van een leven vol gedenkwaardige, botanische activiteiten en van een geleerdheid die zijn weerga niet kende.[15]

Anders dan Ray kwam Francis Willughby uit een ontwikkeld en welvarend milieu. Toen hij zich in 1652 op Trinity meldde, was hij zeventien, rijk en niet onknap. Zijn belangstelling voor natuurlijke historie werd door Ray aangemoedigd, en ze werden goede vrienden. In 1660 was Willughby een van de oprichters van de Royal Society in Londen. Samen met Ray organiseerde hij excursies en tijdens zo'n reis, naar het eiland Man, ook in 1660, namen ze het gedenkwaardige besluit om het hele terrein van de natuurlijke historie op de schop te nemen. Ray's vriend William Derham zou het later als volgt beschrijven:

> Deze twee mannen, die de wetenschap der natuur zeer gebrekkig vonden [...], spraken met elkaar af [...] allerlei verwante zaken te gaan herleiden tot een methode, en de verschillende soorten vanuit een zuiver gezichtspunt secuur te gaan beschrijven; omdat de scherpzinnige geest van de heer Willughby zich vooral richtte op dieren, zou deze de vogels, viervoeters,

John Ray (boven), geschilderd door een onbekende kunstenaar, en Francis Willughby, waarschijnlijk geschilderd door Gerard Soest. Met vereende krachten brachten ze in 1676 de eerste wetenschappelijke ornithologische encyclopedie tot stand.

vissen en insecten behandelen, terwijl de heer Ray zich zou toeleggen op de vegetatie.[16]

Het project strandde nog voor het van de grond kwam. In 1660, het jaar waarin Karel II opnieuw de kroon besteeg, was Ray met de nodige moeite tot geestelijke benoemd. Twee jaar later weigerde hij echter de *Act of Uniformity* te tekenen en kwam er een abrupt einde aan zijn vredig bestaan in Cambridge. De Act, bedoeld om de Church of England te ontdoen van puriteinse geestelijken, eiste van iedereen trouw aan het *Book of Common Prayer*. Ray, overtuigd puritein, weigerde deze verklaring te tekenen en verliet de kerk, samen met tweeduizend andere geestelijken. Zonder bron van inkomsten keerde hij terug naar Black Notley om 'zichzelf in de handen te werpen van de Voorzienigheid en goede vrienden'.[17]

Het verlies van zijn baan was geen ramp, het bood Ray onbeperkte vrijheid om samen met Willughby – en op diens kosten – door Engeland en Europa te reizen en allerlei soorten te observeren, te verzamelen en te determineren. In 1662 bezochten ze een aantal Britse eilanden die vermaard waren om hun zeevogels, waaronder Priestholm, Bardsey, Caldey, de Farne-eilanden en Bass Rock, terwijl hun Europese reizen hen naar Keulen, Frankfurt, Wenen, Padua en Rome voerden. Ze kochten natuurhistorische schilderijen, aquarellen en prenten, brachten een bezoek aan andere biologen, en maakten in 1665 een speciale reis om Aldrovandi's natuurhistorische curiosa te bekijken.[18]

In 1666 keerden ze na drie jaar terug naar Engeland. Ray trok bij Willughby in, in diens ouderlijk huis in Middleton Hall (Warwickshire), en samen begonnen ze hun waarnemingen en aantekeningen te organiseren. Een jaar later werd Ray uitverkoren tot *Fellow* van de Royal Society; tegen alle gebruiken in werd hem, vanwege armlastige omstandigheden, het lidmaatschapsgeld kwijtgescholden. In 1668 trouwde Willughby met de weduwe Emma Barnard en stichtte hij een eigen gezin. Het jaar daarop, tijdens een reis met Ray naar Chester, werd hij echter ziek, waarna hij lang worstelde met zijn gezondheid. Na een korte opleving in 1671 belandde Willughby opnieuw in het ziekbed, waarna hij op 3 juli 1672, nog maar zevenendertig jaar oud, overleed. Willughby's weduwe benoemde Ray tot een van diens executeurs. Het stelde hem in staat om, in ruil voor het onderwijzen van haar twee jonge zoons, in Warwickshire te blijven en Willughby's manuscripten voor publicatie gereed te maken.

In de jaren die volgden werkte Ray de onvolledige aantekeningen van Willughby met veel ijver en vernuft om tot een ornithologische encyclopedie. Het werd een monument voor zijn vriend en leidsman. In 1673 schreef hij aan een andere vriend, Martin Lister: 'Opdat het werk geen gebreken zal vertonen, ben ik voornemens alle soorten welke Willughby niet heeft beschreven, maar welke ik in boeken gevonden heb, op te nemen en bij alle beschrijvingen een illustratie te plaatsen.' Hij haalde deze illustraties uit diverse bronnen, en Emma financierde de nieuwe gravures die nodig waren. De gravures stelden Ray nogal teleur – wat niet verwonderlijk was: bij de schitterende aquarellen van Johann Walther die Willughby op zijn reizen verworven had, staken ze bleekjes af.[19]

De encyclopedie, getiteld *Ornithologia*, werd in 1676 met steun van de Royal Society gepubliceerd. Deze Latijnse uitgave vond weinig aftrek en Ray begon daarom spoedig aan een Engelse versie, die in 1678 verscheen: *The Ornithology of Francis Willughby*. Hij voegde er extra gegevens aan toe, onder andere artikelen over valkerij en het vangen en houden van vogels. Om de lijst zo compleet mogelijk te maken voegde hij ook informatie toe uit recente verslagen van verscheidene onderzoekers.[20]

Ray's *Ornithology* was beter dan alles wat daarvoor ooit verschenen was. In de eerste plaats omdat, zoals hij zelf zegt:

> Het noch de bedoeling van de auteur, noch die van mijzelf was om *pandecten* [uitputtende verhandelingen] te schrijven waarin alles wat door anderen eerder geschreven is, vermeld wordt, of dat nu waar of vals is; dat is al gedaan door Gesner [sic] en Aldrovandus; ook wilde ik deze omvangrijke werken niet inkorten, aangezien dat reeds door Jonston is gedaan.[21]

Daarnaast beoogden Ray en Willughby 'een systeem te bedenken dat niet alleen in de ornithologie aan alle eisen voldoet, maar ook op andere

# FRANCISCI WILLUGHBEII

De Middleton in agro Warwicensi, Armigeri,

E REGIA SOCIETATE,

## ORNITHOLOGIÆ
### LIBRI TRES:

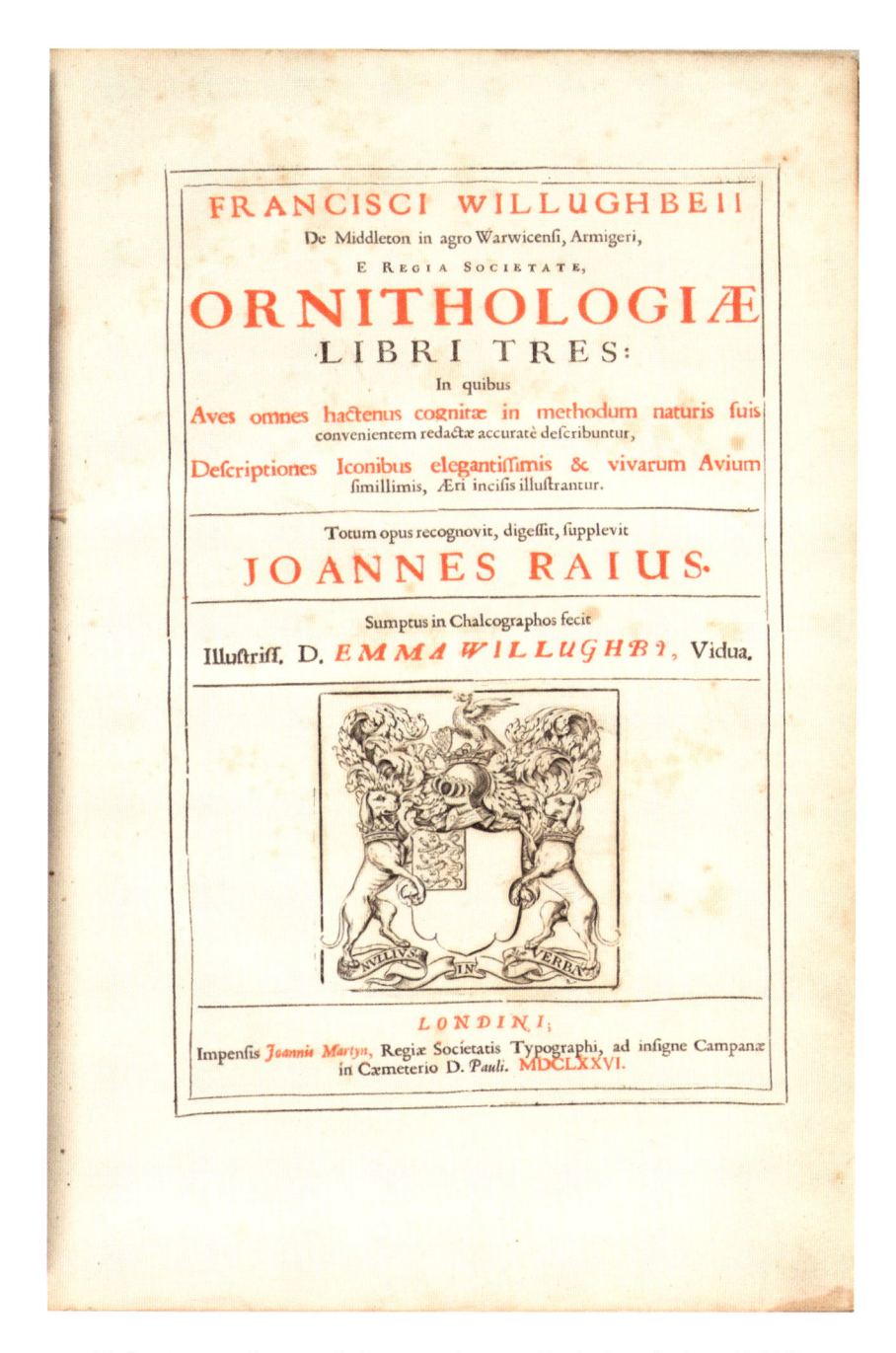

In quibus

Aves omnes hactenus cognitæ in methodum naturis suis convenientem redactæ accuratè describuntur,

Descriptiones Iconibus elegantissimis & vivarum Avium simillimis, Æri incisis illustrantur.

Totum opus recognovit, digessit, supplevit

## JOANNES RAIUS.

Sumptus in Chalcographos fecit

Illustriss. D. *EMMA WILLUGHBY*, Vidua.

*NULLIUS IN VERBA*

### LONDINI;

Impensis *Joannis Martyn*, Regiæ Societatis Typographi, ad insigne Campanæ in Cæmeterio D. Pauli. MDCLXXVI.

*Titelpagina van de originele Latijnse editie van Ray's Ornithology (1676), ook wel bekend als de 'weduwe-editie', omdat Emma, Willughby's weduwe, de illustraties financierde.*

*Een plaat uit de Engelse editie van Ray's encyclopedie,* The Ornithology of Francis Willughby *(1678), met drie Europese soorten: de bosuil, de nachtzwaluw (boven) en de alpengierzwaluw (onder), en drie onbekende soorten (midden). (Naar Marcgrave's* Historia Naturalis Brasiliae, *1648)*

terreinen van de zoölogie waar men op zoek is naar een systeem voor de natuur, van nut kan zijn'.[22] Gebruikmakend van zijn uitgebreide ervaring met botanische taxonomie leverde Ray de eerste werkzame definitie van een soort en gebruikte die om de eerste handzame classificatie voor vogels te ontwikkelen.

Daarvóór werden soorten gedefinieerd als 'groepen *gelijkaardige* exemplaren die *anders* zijn dan exemplaren van andere soorten', maar géén speciale band met elkaar hebben.[23] De notie 'gelijkaardig' was onbetrouwbaar bij soorten waarvan de seksen van elkaar verschillen of exemplaren verschillende kleuren hebben, zoals de buizerd. En ze gold nog minder voor organismen die een gedaanteverwisseling doorlopen, zoals vlinders: van larve tot 'echte' vlinder. De kunst was een definitie te vinden die al deze variaties honoreerde – en dat was precies wat Ray op basis van zijn botanische ervaring deed:

> Na lang en diepgravend onderzoek ben ik op geen betrouwbaarder criterium voor het vaststellen van een soort gekomen dan de onderscheiden kenmerken die zich openbaren bij het opkweken van een zaadje. Ergo: welke varianten zich ook in exemplaren of soorten voordoen, wanneer zij afstammen van het zaadje van een en dezelfde plant zijn het bijzondere varianten en duiden zij niet op aparte soorten [...]. Dieren behouden op dezelfde wijze altijd de eigenschappen welke hen als soort onderscheiden; de ene soort komt nooit voort uit het zaadje van een andere en vice versa.[24]

Dat twee ogenschijnlijk andere soorten zich met elkaar kunnen vermengen en bastaards of hybriden kunnen voortbrengen, was lange tijd moeilijk te accepteren. Zoölogen zagen het copuleren van twee verschillende soorten lange tijd als tegennatuurlijk en biologisch ongewenst, terwijl botanici daar wat meer ontspannen tegenaan keken, ongetwijfeld doordat hybriden onder planten vaker voorkomen en een stuk passiever zijn, en dus makkelijker zijn te accepteren.[25]

Balancerend tussen beide disciplines is Ray op dit punt opvallend stellig:

> Ook vogels van verschillende soorten vormen soms een paar en vermengen

dan hun zaad, waaruit een derde, pseudo-schepsel ontstaat, met kenmerken van beide soorten; ik veronderstel echter dat dit schepsel, zich niet verder voortplant, want anders zou het aantal vogelsoorten inmiddels oneindig groot zijn.[26]

Met andere woorden: om als leden van eenzelfde soort te kunnen doorgaan, moeten twee exemplaren nageslacht kunnen voortbrengen dat zelf ook weer vruchtbaar is. Een definitie die sterk lijkt op de definitie die wij tegenwoordig nog steeds hanteren.

Toen Ray en Willughby gegevens verzamelden voor hun encyclopedie, stuitten ze op een verhaal dat, mocht het waar zijn, Ray's definitie van soorten dreigde te ondermijnen. In een studie over de flora en fauna van Brazilië meldde Georg Marcgrave dat de inboorlingen de kleur van een gevangen papegaai naar willekeur konden veranderen met de uitscheiding van een pijlgifkikker: 'De Tupaia-indianen geven papegaaien verschillende kleuren door hun veren uit te trekken en hun huid in verschillende kleuren te schilderen; de Portugezen noemen ze [...] valse papegaaien.'

Ray wist niet wat hij hiermee aan moest, want 'als het waar is (wat ik niet aanneem), heeft het geen zin papegaaien te onderscheiden naar hun respectieve kleuren, omdat daar oneindig veel variaties in mogelijk zijn'.[27]

Gedurende vrijwel de hele geschiedenis van de ornithologie heeft men zich het hoofd gebroken over de naamgeving en classificatie van vogels. Aristoteles probeerde vogels te verdelen in soorten die op het land leven, aan het water en op het water: een ingenieus schema dat stoelde op een mengsel van anatomie en ecologie. Eenden bijvoorbeeld, die op het water leven, zijn gezegend met zwemvliezen, terwijl kraaien, die op het land leven, dergelijke gelobde voeten ontberen.

Acht eeuwen lang werd dit schema niet of nauwelijks bijgesteld, ook niet toen Belon halverwege de zestiende eeuw een systeem introduceerde dat gebaseerd was op de habitus en de habitat van vogels, waarbij deze in zes 'ordes' uiteenvallen. Aldrovandi's indeling uit 1600 was ook al geen verbetering, omdat het uitging van een eigenzinnige natuurlijke indeling: vogels die zich baden in het stof, vogels met harde snavels (uiteenlopend

*Plaat 56 van een uniek met de hand ingekleurd exemplaar van de Engelse editie van Ray's encyclopedie, The Ornithology of Francis Willughby. Door Ray of Willughby's weduwe Emma aangeboden aan Samuel Pepys toen deze president was van de Royal Society (1684 à 1686).*

van papegaaien en kruisbekken tot roofvogels), enzovoort. Gessner was voorzichtiger. Hij wist dat er een natuurlijke orde moest bestaan, maar omdat hij die niet kon ontdekken, plaatste hij de vogels in zijn encyclopedie eenvoudigweg in alfabetische volgorde.[28]

Ray voerde een revolutie door in de classificatie van vogels door het systeem van Aristoteles vaarwel te zeggen en het te vervangen door een systeem dat niet naar functie of habitat keek, maar hoofdzakelijk afging op de uiterlijke kenmerken, zoals de vorm van de snavel of de voeten. Hij deelde vogels in naar land- en watersoorten, en daarbinnen naar de vorm van hun snavel en hun voeten. Dat was nieuw, en meestal werkte het.

Ray's biograaf, Charles Raven, toont overtuigend aan dat de eer voor dit classificatiesysteem toekomt aan Ray en niet aan Willughby: 'Niemand zal beweren dat hij een complete classificatie heeft ontwikkeld, maar tegelijkertijd zal niemand die zich realiseert hoe beperkt zijn data waren en hoe groot de overgeleverde chaos, hem grote bewondering voor zijn prestatie ontzeggen. Hij baseerde zijn systeem op nauwkeurig onderzoek en ontleding, hij probeerde rekening te houden met het totale leven en de geleding van iedere soort en hij schonk ons de eerste "wetenschappelijke" classificatie.'[29] Erwin Stresemann noemde Ray's systeem in de jaren veertig van de vorige eeuw het werk van een genie: het gaf het evolutionaire verband tussen vogels beter weer dan het systeem dat Linnaeus zestig jaar later introduceerde.[30]

Ray's praktische classificatie verleende de ornithologie het stevige fundament dat ze nodig had om te kunnen groeien. Maar de *Ornithology* bood méér dan dat. Met hun accurate, aanstekelijke beschrijvingen – verfrissend vrij van plagiaat – inspireerden Ray en Willughby anderen om eveneens vogels te gaan bestuderen.

Over het goudhaantje [in het Engels *goldcrest*]:

> Dit is de kleinste vogel die bij ons in Engeland voorkomt, niet zwaarder dan een drachme [3,9 gram] [...]. Op de bovenkant van zijn kop zit een zeer fraaie lichte stip die men kuif *(crest)* noemt, diep saffraan of bleek

*Deze prachtige aquarellen van Johann Walther dateren van circa 1650. We zien het goudhaantje (linksboven), de ijsvogel (rechtsboven), de kruisbek (linksonder) en de slobeend (rechtsonder). Ze zijn afkomstig uit een boek van Leonard Baltner, dat Willughby in 1663 aanschafte toen Ray en hij in Straatsburg waren.*

scharlaken van kleur. Vandaar dat hij zulke hoogstaande namen heeft als *Regulus* [kleine koning] en *Tyrannus* [tiran]. Deze kuif of kroon (als u dat liever is) kan het vogeltje onzichtbaar maken door zijn voorhoofd in plooien te trekken en de stip samen te trekken.

Over de kwartel:

Kwartels zijn trekvogels: omdat zij niet van kou houden, trekken zij bij het begin van de winter vanuit noordelijke, koude landen naar het zuiden, waar het warmer is. Een hele prestatie, gezien het gewicht van hun lijf en de geringe lengte van hun vleugels.

Over de koekoek:

De koekoek bouwt zelf geen nest; maar nadat zij het nest van een andere kleine vogel ontdekt heeft, verslindt of vernietigt zij de eieren die zij daar aantreft om op de vrijgekomen plek haar eigen ei te leggen, waarna zij vertrekt. De nietsvermoedende vogel die op zijn nest terugkeert, gaat op dit ei zitten, broedt het uit, en koestert, voedt en verzorgt de jonge koekoek alsof het zijn eigen kind is, totdat hij groot genoeg is om uit te vliegen en voor zichzelf te zorgen. Iets wat in mijn ogen zo vreemd, barbaars en absurd is, dat ik me blijf afvragen hoe zoiets in de natuur mogelijk is; ik zou ook nimmer bereid zijn te geloven dat zoiets het werk van het natuurlijk instinct is, ware het niet dat ik het met mijn eigen ogen aanschouwd heb. Want voor het overige is de natuur steeds geneigd een en dezelfde wet naar de hoogste rede en prudentie te gehoorzamen: wat in dit geval wil zeggen dat moederdieren als het moment daar is nesten voor zichzelf maken, op hun eigen eieren gaan zitten en hun jongen grootbrengen nadat zij zijn uitgekomen.[31]

Een belangrijke reden voor verwarring onder oude ornithologen (net als bij de valse papegaaien uit Brazilië) was dat een en dezelfde soort grote verschillen kan vertonen wat betreft sekse, leeftijd en paartijd en bovendien in verschillende streken onder totaal verschillende namen kan voorkomen. Om vooruitgang te boeken was het noodzakelijk dat vogels in al hun verschijningsvormen herkend werden en dat iedereen dezelfde namen gebruikte.

Halverwege de zestiende eeuw vond een eerste poging plaats om enige consistentie te brengen in vogelnamen toen Gessners vriend William Turner, *Fellow* van het Pembroke College in Cambridge, besloot alle vogels die door Aristoteles en Plinius genoemd waren, te gaan traceren. Hij ontcijferde de beschrijvingen uit de oudheid en koppelde die aan de vogels die hij kende: een titanenarbeid, maar een belangrijke stap in de ornithologie. Omdat hij de eerste was, maakte Turner onvermijdelijk een paar fouten. Zo verwarde hij de kramsvogel met de grote lijster en dacht hij dat het mannetje en het vrouwtje van de blauwe kiekendief aparte soorten waren.[32]

Sommige namen die Turner gebruikte, zoals *culicilega* (een kwikstaart) of *rubicillia* (de goudvink), zijn verdwenen, terwijl andere inmiddels bij andere soorten horen, zoals de junco, die in Turners dagen 'rietgors' heette maar nu een Noord-Amerikaanse mus is; of de *gallinago*: toen de houtsnip, nu de watersnip. Veel andere namen klinken hedendaagse ornithologen, die vertrouwd zijn met wetenschappelijke namen, echter onwaarschijnlijk bekend in de oren: *alcedo* (ijsvogel), *certhia* (boomkruiper), *fringilla* (vink), *merula* (merel), *pica* (ekster) en *sitta* (boomklever).

Turners boekje was geschreven in het Latijn, de wetenschappelijke voertaal van zijn tijd. Veel van zijn vogelnamen vinden hun oorsprong in het 'gelatiniseerde' Grieks van Aristoteles, of zijn bedacht door Romeinse geleerden als Marcus Varro en Plinius (die leefden in de eerste eeuw voor, respectievelijk na Christus). Het merendeel van de termen die geïncorporeerd zijn in de wetenschappelijke namen die ornithologen tegenwoordig hanteren, met name voor Europese soorten, is daarom al een hele tijd in omloop.[33]

Linnaeus, die twee jaar na Ray's dood geboren werd, krijgt meestal alle eer voor de naamgeving en het ordenen van organismen. Hij bedacht inderdaad een paar vogelnamen, maar hij was vooral een organisator die de lange en omslachtige namen van zijn voorgangers – die tevens dienstdeden als beschrijving – indikte ten behoeve van zijn bondige,

*Volgende bladzijden: Schilderij van een houtsnip en twee kwartels uit de collectie die Filips II van Spanje halverwege de zestiende eeuw verwierf (maker onbekend).*

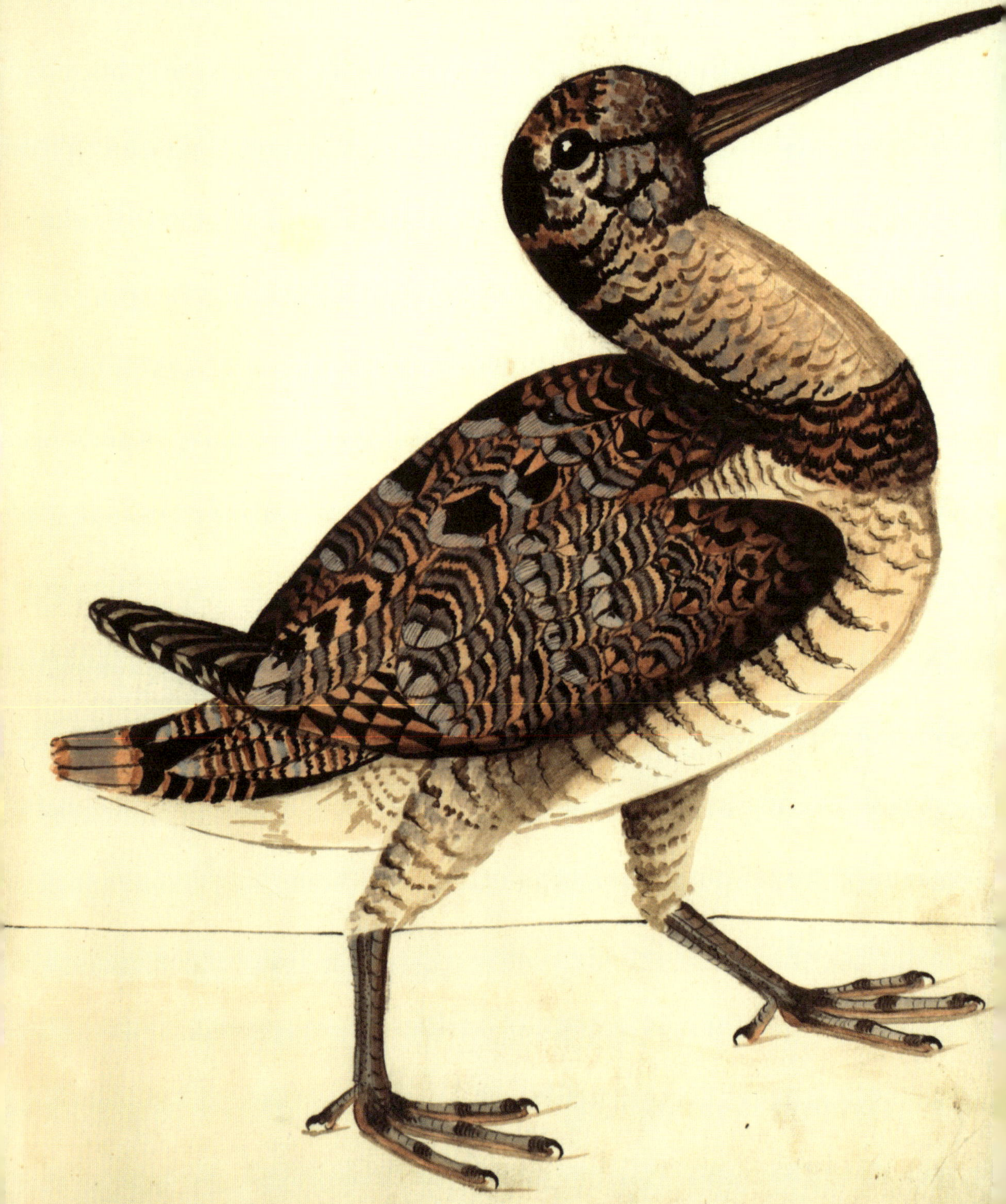

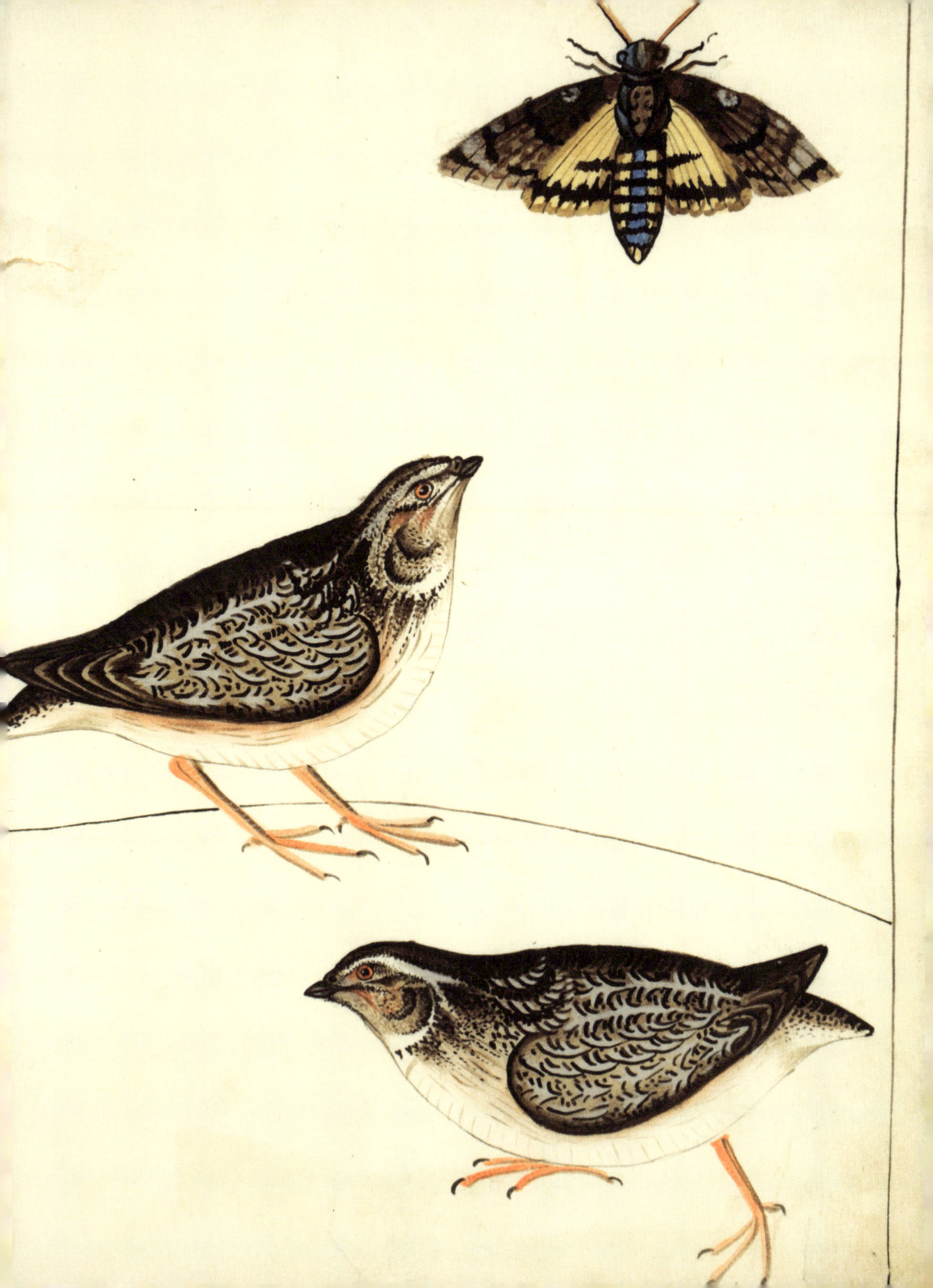

binominale systeem. Ray verwees in zijn *Ornithology* bijvoorbeeld op de volgende manier naar de slobeend: *Anas platyrhynchos altera sive clypeata Germanis dicta* ('eveneens een eend met een brede snavel, of, zoals de Germanen zeggen, een schildvormige halsvlek') – niet echt praktisch. Linnaeus maakte er kort en krachtig *Anas clypeata* van. Dat *Anas* gaat in feite terug op Varro, het betekent 'zwemmen'; *clypeata* staat voor 'schilddragend'. Zoals bekend, verenigde Linnaeus' systeem een geslachtsnaam (hier: het genus *Anas*) met een soortnaam (hier: de speciës *clypeata*).[34]

Er bestaat een aardig verhaal hoe de papegaaiduiker aan zijn wetenschappelijke naam is gekomen. Omdat deze zeevogel zich in Gessners woonplaats Zürich niet liet observeren, maakte Gessner gebruik van de beschrijving die zijn Engelse vriend John Caius naar hem had opgestuurd. Met een glimlach om zijn lippen schreef hij: 'Als je even net doet of deze vogel eerst wit was, maar vervolgens een zwarte pij met kap heeft aangetrokken, zou je hem "kleine monnik van de IJszee" (*Fratercula arctica*) kunnen noemen.' Caius stoorde zich aan deze frivoliteit en verving de betreffende passage uit zijn exemplaar van Gessners encyclopedie door

*De papegaaiduiker, waarvan de wetenschappelijke naam,* Fratercula arctica, *'kleine monnik van de IJszee', ontleend is aan Conrad Gessners associatie met een witte vogel in monnikspij. (Nozeman 1770-1829)*

een meer neutrale beschrijving. Tevergeefs: de kleine monnik won.[35]

Om ervoor te zorgen dat hun *Ornithology* zo volledig mogelijk was, namen Ray en Willughby beschrijvingen op van elke vogel die bekend was. Als we de aantallen vogels die in de loop der tijden geteld werden op een rijtje zetten, kunnen we aflezen hoe onze kennis gegroeid is. Aristoteles kende 140 soorten; Thomas de Cantimpré in de dertiende eeuw 144: een opmerkelijk geringe vooruitgang; tegen 1555 kwamen Belon en Gessner allebei tot zo'n 200 soorten en in 1676 noemden Ray en Willughby er liefst 500. Vijfentwintig jaar later waagde Ray zich tijdens het schrijven van *The Wisdom of God* aan een voorzichtige voorspelling (net als veel moderne natuurbeschermers): 'Hoeveel exemplaren van elke soort nog niet bekend zijn, valt niet met zekerheid te zeggen, maar we mogen aannemen dat het totaal aantal dieren en vogels met een derde zal groeien, en het aantal vissen met de helft.[36]

Aan het eind van de zeventiende eeuw ging Ray er dus van uit dat er nog 160 à 170 vogels ontdekt konden worden, wat het totaal op zo'n 670 soorten zou brengen. Na honderdvijftig jaar verder speuren steeg het aantal bekende soorten explosief: in 1760 noemde Mathurin Brisson er 1500 en een eeuw later kwam Charles Lucien Bonaparte (een neef van de keizer) zelfs tot 7000. Behalve speurwerk was ook toegenomen verwarring verantwoordelijk voor deze groei: wat was nu eigenlijk een soort en wat niet? Biologen in natuurhistorische musea gingen uitsluitend af op uiterlijke kenmerken en creëerden zo honderden schijnsoorten, wat kort na 1900 leidde tot een totaal van bijna 19.000. Wanneer in het begin van de jaren veertig overeenstemming wordt bereikt over de biologische notie 'soort' zakt het aantal tot 8600. Sindsdien is het aantal door de ontdekking van een kleine tweehonderd echt nieuwe soorten, maar vooral door het opwaarderen van een aantal geografische varianten, weer licht gestegen. Nieuwe gegevens, vooral ontleend aan DNA-onderzoek, leidden tot een totaal van ongeveer 10.000 soorten op dit moment.[37]

Bijna alle ornithologen die na hen kwamen hebben de betekenis van de *Ornithology* van Ray en Willughby onderkend, en er is veel gediscussieerd wie van hen beiden de meeste eer toekomt. Wie was het mees-

*Huiden van de paradijsvogel werden in Europa geïmporteerd zonder poten en klauwen, waardoor het idee ontstond dat ze – net als engelen – nooit ergens neerstreken. Ray's vriend Henry More (1653) was een van de eersten die dit idee bestreed. (Toegewezen aan Albrecht Dürer.)*

terbrein? Willughby, zoals Ray bescheiden en trouwhartig suggereerde in de inleiding van de Engelse editie? Of Ray, zoals zijn erg enthousiaste biograaf Charles Raven benadrukt? Ray én Willughby beschikten over een scherpzinnige geest. Als ik Ray de beste ornitholoog noem, wil ik daarmee Willughby's prestaties beslist niet bagatelliseren; als hij langer geleefd had, had hij wellicht hogere ogen gegooid. Maar met zijn latere werk bewees Ray nu eenmaal intellectueel superieur te zijn.

*The Wisdom of God* is Ray's lofzang op het grote wonder dat alle verschijnselen in de natuur, inclusief de vogelwereld, zo goed bij elkaar passen. Het is een poging om religieuze dogma's en de wetenschap van de natuur met elkaar te verzoenen. Ray slaagt daarin door beide te vervangen door een algemene verklaringsleer, maar tegelijkertijd kijkt hij in de toekomst en zet hij enkele fundamentele kwesties van de vogelkunde op de agenda.

Fysicotheologie was een nieuwe methode om over de natuur na te denken. De essentie ervan was dat God een volmaakte wereld had geschapen en de natuur ten behoeve van de mens ontworpen had, vaak in de vorm van een cryptogram dat ontsloten, opgelost en geïnterpreteerd moest worden. Zo nu en dan leverde God in Zijn wijsheid sleutels, zoals gele bloemen op planten die helpen tegen geelzucht, of een rood verenkleed bij vogels als de kruisbek, dat roodvonk kan genezen. Het was de kunst deze tekenen te verstaan. Soms viel er niets te vertalen, dan was Gods wijsheid overduidelijk: zwanen hadden lange nekken om onder water bij planten te kunnen komen en korte poten om tegelijkertijd te kunnen zwemmen.[38] In sommige gevallen had God echter voor heuse hersenbrekers gezorgd: waarom baren vogels geen jongen, maar leggen ze eieren?

Aan de wieg van de fysicotheologie stonden twee collega's van Ray uit Cambridge: Ralph Cudworth en Henry More. Ray zelf was ervan overtuigd dat René Descartes, de grote filosoof van de renaissance, dieren verkeerd beoordeelde. Deze architect van de wetenschappelijke revolutie – en rooms-katholiek – vond dieren net zo nuttig als het riool: zielloze *automata*. Alleen de mens had een ziel, wie vond dat dieren ook zoiets bezaten, ondergroef de bijzondere, door God gegeven status van de mens.

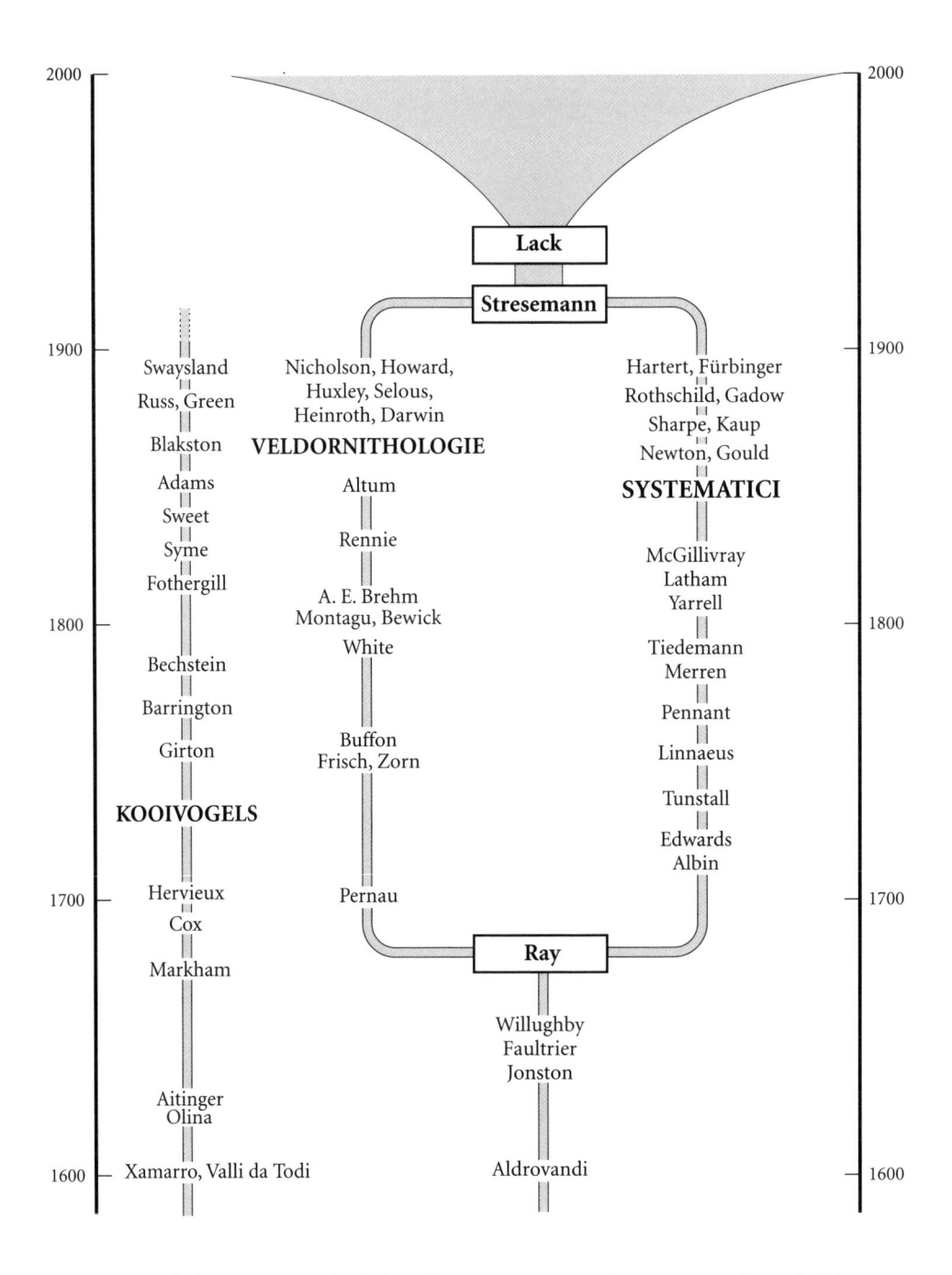

```
2000 ─┐                                                                    ┌─ 2000
      │                     ╱╲                                             │
      │                    ╱  ╲                                            │
      │                   ╱    ╲                                           │
      │                  ┌──────┐                                          │
      │                  │ Lack │                                          │
      │                  └──────┘                                          │
      │                ┌────────────┐                                      │
      │                │ Stresemann │                                      │
      │                └────────────┘                                      │
1900 ─┤   Swaysland     Nicholson, Howard,      Hartert, Fürbinger         ├─ 1900
      │                 Huxley, Selous,         Rothschild, Gadow          │
      │   Russ, Green   Heinroth, Darwin        Sharpe, Kaup               │
      │   Blakston      VELDORNITHOLOGIE        Newton, Gould              │
      │   Adams         Altum                   SYSTEMATICI                │
      │   Sweet                                                            │
      │   Syme          Rennie                  McGillivray                │
      │   Fothergill                            Latham                     │
      │                 A. E. Brehm             Yarrell                    │
1800 ─┤                 Montagu, Bewick                                    ├─ 1800
      │                 White                   Tiedemann                  │
      │   Bechstein                             Merren                     │
      │   Barrington                            Pennant                    │
      │                 Buffon                                             │
      │   Girton        Frisch, Zorn            Linnaeus                   │
      │                                         Tunstall                   │
      │   KOOIVOGELS                            Edwards                    │
      │                                         Albin                      │
1700 ─┤   Hervieux      Pernau                                             ├─ 1700
      │   Cox                                                              │
      │   Markham                                                          │
      │                            ┌─────┐                                 │
      │                            │ Ray │                                 │
      │                            └─────┘                                 │
      │                 Willughby                                          │
      │   Aitinger      Faultrier                                          │
      │   Olina         Jonston                                            │
1600 ─┤   Xamarro, Valli da Todi   Aldrovandi                              ├─ 1600
```

*De ornithologie van 1600 (onder) tot de jaren veertig van de vorige eeuw (boven). Met John Ray begint een tweedeling in het ornithologisch onderzoek: zijn encyclopedie werd uitgangspunt voor systematici en botanici, terwijl zijn* Wisdom of God *de veldstudie van vogels in gang zette (Haffer, 2007).*

Descartes' visie was middeleeuws, het was een stap terug en een gevaar voor de vernieuwing die in vijftig, zestig jaar binnen de zoölogie was doorgevoerd en via de grote dierenencyclopedieën een breed publiek had gevonden. Wie, zoals de protestant Ray, dieren kénde, vond Descartes' opvattingen pertinente onzin. Ray, maar ook Cudworth en More, zagen alle dieren niet als iets minderwaardigs, maar als onderdeel van Gods grootse plan: als het bewijs van Zijn bestaan en voorzienigheid.

In deze geest gaf Ray in een aantal punten aan wat de waarde van vogels is:

> Het valt niet te ontkennen dat Vogels voor ons van grote waarde zijn: hun vlees schenkt ons een groot deel van ons voedsel, en wel het meest verfijnde, en hun andere onderdelen medicijnen, ook hun uitscheidingen. Hun veren vullen onze matrassen en kussens en zorgen voor een zacht en warm bed, wat ons niet weinig gemak en behaaglijkheid schenkt, vooral in deze noordelijke streken. Sommige ervan worden van oudsher gebruikt als pluimen voor militairen, om hun helmen mee te versieren en hun vijanden angst mee in te boezemen. Hun vleugels en pennen worden gebruikt als schrijfgerei en om onze vertrekken, met inbegrip van het meubilair, mee schoon te vegen. Bovendien strelen zij met hun melodieuze klanken onze oren; verrukken zij met hun prachtige kleuren en vormen onze ogen; geven zij de wereld haar gezicht en maken zij het land, waar zij heggen en bossen vullen, zeer aangenaam en licht, terwijl het er zonder hen eenzamer en droefgeestiger zou zijn. En laten we ook het vertreden, de afleiding en het vermaak die sommige ons schenken, niet vergeten.[39]

De fysicotheologie kende veel enthousiaste aanhangers en sommige van hen wisten Gods hand overal in te ontwaren. In het ongunstigste geval werkt dit op onze lachspieren. Bijvoorbeeld, wanneer het kleurverschil bij gedomesticeerde dieren gezien wordt als bewijs van Gods voorzienigheid die 'het de mensheid gemakkelijker maakt hun respectieve eigendom te onderscheiden en op te eisen'. Of wanneer gezegd wordt dat 'de Schepper ervoor gezorgd heeft dat de uitwerpselen van paarden zoet ruiken', omdat Hij wist dat de mensheid vaak in hun nabijheid zou vertoeven.[40] Zoals

*Dit schilderij verwierf Ray tijdens zijn Europese reis met Willughby. De afgebeelde vogel is een witbuikzandhoen, een soort die Willughby en Ray nog niet kenden. Het is een van de soorten die hun nest op de grond knap weten te camoufleren.*

Richard Mabey ooit zei, 'is fysicotheologie voor een sceptische, moderne geest niet veel meer dan een verzameling gemeenplaatsen. Schepsels waarvan het "ontwerp" niet aansloot bij hun leefpatroon, zouden eenvoudigweg verdwijnen'.[41] De fysicotheologie heeft ons echter ook geholpen bij het onderkennen van wat we tegenwoordig 'adaptaties' noemen: de vrouwtjespatrijs die in een poging haar nest te beschermen, doet of ze gewond is, of de beschermende schutkleuren van veel vogels die hun nest op de grond bouwen.

De fysicotheologie stelde Ray ook in staat zaken te veralgemeniseren en biologische verschijnselen op te sporen die om een verklaring vroegen. Nadat hij zijn godsdienstige interpretaties had vervangen door evolutionaire, kaartte hij al snel allerlei zaken aan die verrassend modern aandoen. De vragen die hij in *The Wisdom of God* opwerpt, vormen het hart van de ornithologie en van de biologie in haar totaliteit. Zoals onderzoekers al lange tijd weten, begint vooruitgang vaak met het stellen van de juiste vragen, en dat was een van de dingen waar Ray bijzonder goed in was. Hij zag wat belangrijk was en legde daarmee de basis voor alle ornithologische kennis die na hem vergaard is.

Ray vraagt zich bijvoorbeeld af waarom vogels eieren leggen en geen jongen baren, zoals vleermuizen; waarom vogels hun jongen met hun snavel voeden in plaats van ze te zogen; waarom vogels vergeleken met zoogdieren zo snel groeien. Als vogels slechts automata zijn, zoals Descartes beweerde – waarom is hun gedrag dan zo verfijnd, vooral wat betreft de zorg voor hun nakomelingen? Hoe weten vogels wanneer ze moeten paren? En waarom zijn er evenveel mannetjes als vrouwtjes?[42]

De fysicotheologie sloeg bijzonder goed aan. Ray's vriend William Derham wist zijn eigen versie, *Physico-Theology* (1713), met succes te promoten. Het werd uiteindelijk de hoeksteen van een lange Engelse traditie: de door geestelijken bedreven natuurlijke historie, met Gilbert White als bekendste vertegenwoordiger.

Aan de overkant van de Noordzee, in het protestantse Nederland en Duitsland, werd de fysicotheologie begin achttiende eeuw onder anderen omarmd door baron Von Pernau en de geestelijke Johann Zorn. In hun studies over levende vogels, in gevangenschap of in vrijheid, leverden ze allebei belangrijke, vernieuwende bijdragen aan de ornithologie. Het werd rond deze tijd ook steeds gewoner om zangvogels te houden en in het kielzog daarvan verschenen allerlei handzame gidsen, meestal anoniem (en niet altijd even precies), maar vol interessante feiten en feitjes.[43] Zorns eigen boek, dat geïnspireerd was op de fysicotheologie, had als titel *Petino-Theologie*, wat zoiets betekent als 'gevleugelde theologie', oftewel: 'orni-theologie'[44].

Begin negentiende eeuw kreeg de fysicotheologie een nieuwe impuls, nu door toedoen van William Paley, wiens buitengewoon succesvolle *Natural Theology* grotendeels was overgeschreven uit Ray's *Wisdom of God*. Paley is tegenwoordig vooral bekend om zijn parabel van de klok. Stel, je ziet een klok, zegt hij. Eén nauwkeurige blik, en je begrijpt dat hij door een echte ontwerper gemaakt is. Kijk vervolgens naar de natuur: dat ingenieuze ontwerp, dat slimme verband tussen een organisme en zijn omgeving. Ook daar moet een ontwerper aan te pas zijn gekomen – en die ontwerper is God.

Een van de mensen die zich door Paley liet inspireren, was Charles Darwin. Als hij zijn studie in Cambridge afgemaakt had en niet de wereld in was getrokken – om haar vervolgens te veranderen –, zou ook hij halfgeestelijke, halfnatuurhistoricus zijn geworden. In zeker opzicht was hij dat ook, rustig weggeborgen in zijn huis. Met dien verstande dat volgens hem ontwikkelingen binnen de natuur beter verklaard worden door natuurlijke selectie dan door God. In feite maakte de fysicotheologie met haar focus op adaptatie de weg vrij voor Darwins evolutietheorie, die in 1859 uitmondde in *On the Origin of Species*.

De *Origin* werd geconcipieerd tijdens de wereldreis met de Beagle tussen 1831 en 1836, maar de zwangerschap van de 'natuurlijke selectie' nam heel wat meer tijd in beslag. Twintig jaar lang werd ze ontwikkeld en verfijnd. Pas in 1858, toen Alfred Russel Wallace op eigen kracht met eenzelfde concept kwam, werd ze voor iedereen toegankelijk: omdat Darwin toen werd gedwongen zijn troeven op tafel te leggen.

Darwin kwam tot zijn natuurlijke selectie door enkele ogenschijnlijk losstaande waarnemingen te combineren. Een daarvan was dat kwekers en fokkers sommige eigenschappen van planten en dieren kunnen isoleren en via selectieve methoden kunnen versterken. Het bestaan van allerlei varianten – in omvang, vorm, kleur en gedrag – en het gegeven dat deze varianten vaak erfelijk zijn, waren kernthema's van Darwins theorie. Een derde thema ontdekte hij door het lezen van Thomas Malthus' artikel over bevolkingsgroei uit 1838. Malthus stelde dat het totale aantal organismen niet wezenlijk toeneemt, ondanks hun vaak enorme groeipotentieel; veel exemplaren moeten dus afsterven. Darwin trok uit een en ander de conclusie dat de omgeving onbewust als kweker of fokker optreedt: ze elimineert de exemplaren met de zwakste eigenschappen – de minst geschikte – opdat de best aangepaste exemplaren kunnen overleven en zich kunnen voortplanten.

God speelde daarbij geen rol, wat Darwin betreft: 'De oude verklaring, die uitging van een ontworpen natuur, afkomstig van Paley [en Ray natuurlijk], en die voorheen zo afdoende leek, schiet tekort nu de wet van natuurlijke selectie ontdekt is.'[45] De bijzondere, unieke samenhang tussen elk organisme en zijn omgeving – *adaptatie* – was het cumulatieve resultaat van een zuiver mechanisch proces – *natuurlijke selectie* – dat er op kunstige wijze voor zorgt dat soorten in de loop der tijden muteren of *evolueren*. Voor Darwin en zijn talrijke volgelingen is dit het enige mechanisme dat het grootse ontwerp van de natuur kan verklaren.

Ray's intellectuele inspanningen leidden tot twee soorten ornithologen: de systematici, die zich toeleggen op classificatie en taxonomie, en de veldornithologen, die meer geïnteresseerd zijn in het gedrag en de ecologie. Tot twee eeuwen na zijn dood zagen de systematici zichzelf als de enige echte ornithologen. Zíj waren de professionals, de *wetenschappelijke* ornithologen. De veldornithologen, die voortkwamen uit de fysicotheologie, waren in hun ogen slechts dilettanten en amateurs die waardeloos werk afleverden; dat het amateurs waren, klopte min of meer, want vaak waren het geestelijken of leraren.

Rond 1800 waren de kampioenen van beide richtingen in een felle strijd gewikkeld. Aanvoerder van de systematici was de zelfingenomen Linnaeus, die ervan overtuigd was dat hij persoonlijk door God was uitverkoren om Zijn systeem van de natuur te decoderen; als rechtgeaard

# THE
# WISDOM
## OF
# GOD
Manifested in the
# WORKS
OF THE
# Creation.

BY

*JOHN RAY*, M.A.

Sometime Fellow of *Trinity-College* in *Cambridge*, and now of the *Royal Society*.

*LONDON*:
Printed for *Samuel Smith*, at the *Princes Arms* in S. *Pauls* Church-Yard, 1691.

*Titelpagina van de eerste editie van John Ray's Wisdom of God.*

purist deed hij geen poging om zijn geschriften te populariseren. Bij de veldornithologen was Georges-Louis Leclerc, graaf van Buffon, de grote man. Hij populariseerde wél: in fraai geïllustreerde, goed geschreven, meeslepende boeken in diverse prijsklassen. Na Buffons hooghartige aanval op het classificatiesysteem ontplofte Linnaeus bijna – hij haalde zijn gram door een bijzonder onwelriekende plant *Buffonia* te noemen.[46]

De intellectuele kloof tussen systematici en veldornithologen was breed, diep en hardnekkig. Historicus en ornitholoog William Mullens schreef in het begin van de twintigste eeuw dat de eersten 'elkaar vonden in een gemeenschappelijke haat en minachting voor de veldonderzoekers'.[47] De ironie wil dat diezelfde veldonderzoekers een probleem wisten te kraken waar de systematici al geruime tijd mee worstelden: wat bepaalt wat een soort is? Ornithologen als Von Pernau en Zorn, die goed thuis waren in de ecologie, het gedrag en de verschijningsvormen van vogels, gebruikten al vanaf het begin van de achttiende eeuw een biologisch concept van soorten. De museumaanhangers, die het moesten doen met vogelhuiden en skeletten, worstelden nog twee eeuwen met de vraag wat een soort eigenlijk is.[48]

In de jaren twintig van de vorige eeuw kon dankzij Erwin Stresemann, een bijzondere Duitse ornitholoog, de vrede worden getekend. Hij bracht de twee kampen bij elkaar door de grenzen van de museum-ornithologie zo op te rekken dat ook vogels in het wild erbinnen vielen. Een nieuwe ornithologie was geboren. Stresemann, nog geen dertig, zag in dat vogels bijzonder geschikt zijn als onderzoeksobject voor diverse onderdelen van de biologie, zoals fysiologie, functionele morfologie, ecologie en gedragsleer: een revolutionaire stap, die de ornithologie wetenschappelijk aanzien verleende en een plaats gaf binnen de zoölogie.[49]

'Niemand heeft in de laatste honderd jaar zo'n grote invloed gehad op de wereld van de ornithologie als Erwin Stresemann,' schreef de grote evolutionaire bioloog en ornitholoog Ernst Mayr.[50] Ondanks deze lofzang bleef Stresemann buiten Duitsland grotendeels onbekend. En ondertussen weten we nog steeds niet wat er het eerst was, de kip of het ei. Laten we ons verhaal daarom beginnen met een eitje.

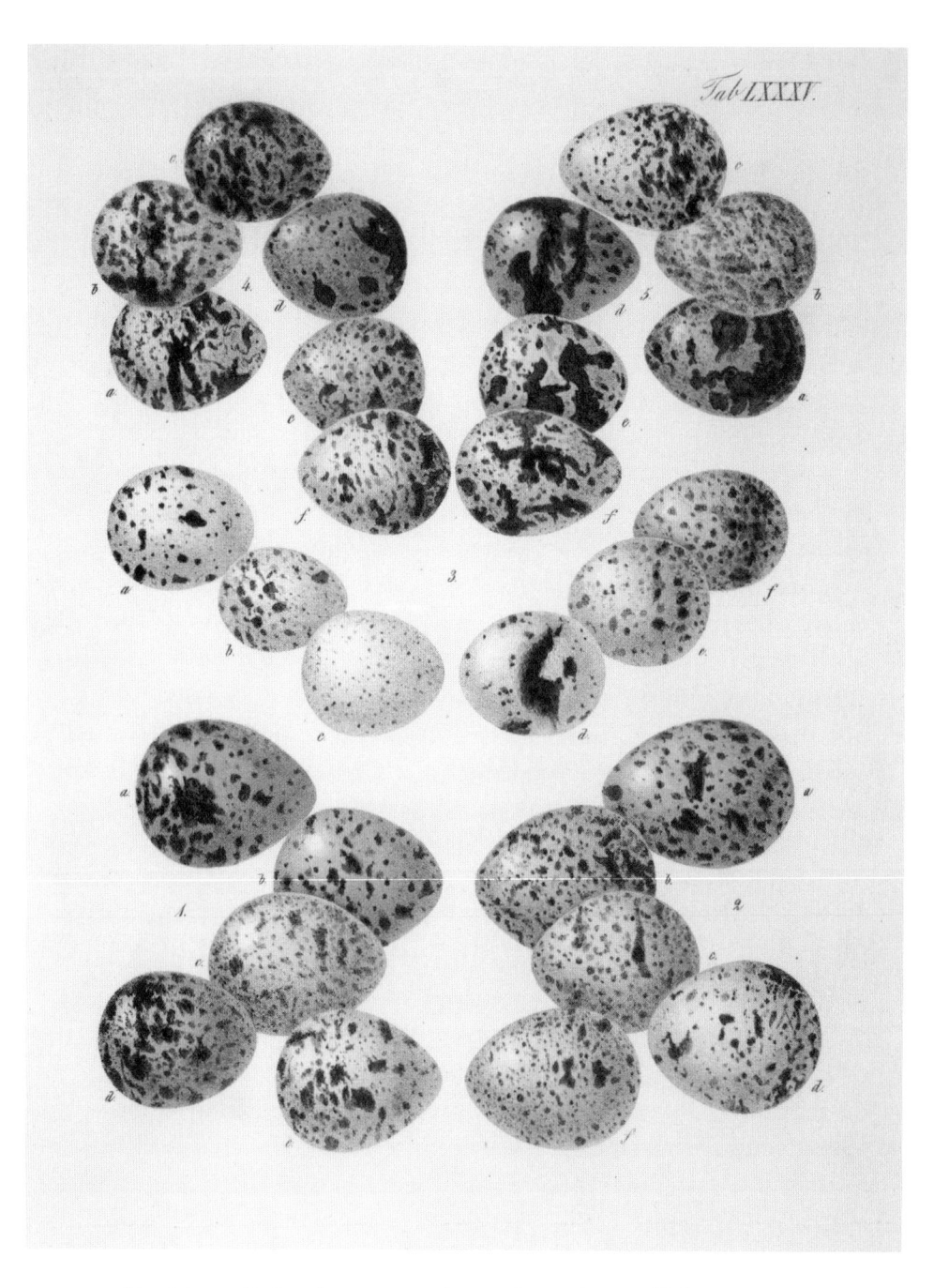

Vogeleieren zijn het ultieme uitwendige, embryonale ontwikkelingssysteem.
De fraai gekleurde eierschalen bieden bescherming en sommige eieren worden door de
vrouwtjes herkend. (Thienemann, 1845-1854)

# 2

# Zien en niet geloven
## *Van ei tot kuiken*

De eieren die wij eten, zijn meestal onvruchtbaar. Opgesloten in haar kooi in de legbatterij heeft een commerciële broedkip waarschijnlijk nooit een haantje gezien, laat staan het kortstondige, meestal ruwe genoegen gesmaakt van een copulatie. Vroeger struinden hennen en hanen samen vrijelijk over het erf rond en herinnerde de niet te onderdrukken lust van de haan ons eraan waar het in het leven om draait. Het was bekend dat het mannetje bij het vrouwtje een theelepeltje heet zaad aflevert, maar hoe hierdoor nieuw leven ontstond, was in de biologie eeuwenlang een groot raadsel. Ook was het onbegrijpelijk dat pas gelegde eieren van gepaarde hennen van binnen niet te onderscheiden waren van eieren waar geen haan aan te pas was gekomen, en die dus niet bevrucht waren. Kortom: ogenschijnlijk was hanenzaad geheel overbodig, het leek niets aan het ei toe te voegen Met alle inzichten en prachtige technologieën van tegenwoordig, die in Ray's tijd nog ontbraken, kunnen we gemakkelijk bepalen of een vers gelegd ei bevrucht is. Mijn onderzoeksassistenten en ikzelf doen dat in mijn laboratorium regelmatig. Staat u me een kleine demonstratie toe.

Op tafel: een microscoop, een plastic petrischaal met zoutoplossing, een puntig tangetje, een scherpe schaar en een vers kippenei van onbekende herkomst. Ik breek het ei en laat de inhoud voorzichtig in het schaaltje glijden. Zo'n vogelei is ons overigens zo vertrouwd dat we er zelden bij stilstaan wat een kunststukje het eigenlijk is: een zelfregulerend systeem van embryo-ontwikkeling, een prachtig voorbeeld van adaptatie.

Het gele gedeelte, dat we in het dagelijkse taalgebruik 'dooier' noemen, is in feite één reusachtige cel, meer bepaald: een eicel. Zoals alle cellen bevat de eicel een kern. Bij vogeleieren bevindt die zich in een wit, melkachtig vlekje op de dooier met een doorsnee van 2 à 3 millimeter, dat 'kiemvlek' of 'vormingsdooier' wordt genoemd. Dit is het deel waar het om te doen is: het bevat het DNA, het genetische gereedschap waarmee een nieuw individu wordt gemaakt. De rest van de eicel is dooier, een verrukkelijk melange van vet en proteïne, klaar om als brandstof te dienen voor de explosie van embryogroei. De eicel wordt bol gehouden door een flinterdun vlies, dat je pas ziet als je erdoorheen prikt. Dit vliesje gaan we nu onderzoeken.

Maar laten we eerst het eiwit of *albumen* eens onder de loep nemen. Dit eiwit, een waterig mengsel, plakkerig van de proteïnen die zich erin bevinden, dient voornamelijk om de eicel tegen beschadiging te beschermen: het werkt als een stootkussen en bovendien houden twee strengetjes de cel op zijn plaats. Deze strengen heten 'hagelsnoer' of *chalaza* (van het Griekse woord voor 'knoop'); u kent ze wel als de onsmakelijke, kleverige sliertjes in uw roerei. Ze zijn zo gekronkeld dat ze de eicel (of in een bevrucht ei: het embryo) binnen het beschermende eiwit overeind houden. Sterker nog: ze kunnen het embryo laten draaien zodat het, ook als het ei gekeerd wordt, altijd bovenin blijft en tijdens de groei geen gevecht met de zwaartekracht hoeft aan te gaan.

Met een geoefende hand knip ik met het schaartje de eicel in tweeën waardoor de dooier eruit lekt. Met het tangetje pak ik snel beide kanten van het zakje vast waarin de dooier zat Het eigeel vloeit over het schaaltje uit, zodat de twee kleine vliesjes – de twee helften van het zakje – op de punten van mijn tang achterblijven. Doordat ik ze in de zoutoplossing afspoel, wordt hun bolle vorm zichtbaar. Uit het dooiervlies knip ik een stukje dat precies tegen de kiemvlek aan heeft gelegen. Ook dat spoel ik in de zoutoplossing schoon, zodat ik het kan splitsen in een binnenste en een buitenste laag – net alsof ik een kleefsticker lostrek. Ik leg de twee vliesjes plat neer, elk op een eigen objectglaasje, en probeer ze goed van elkaar te blijven onderscheiden.

Ik pak het glaasje met het buitenste vlies, voeg een druppel fluores-

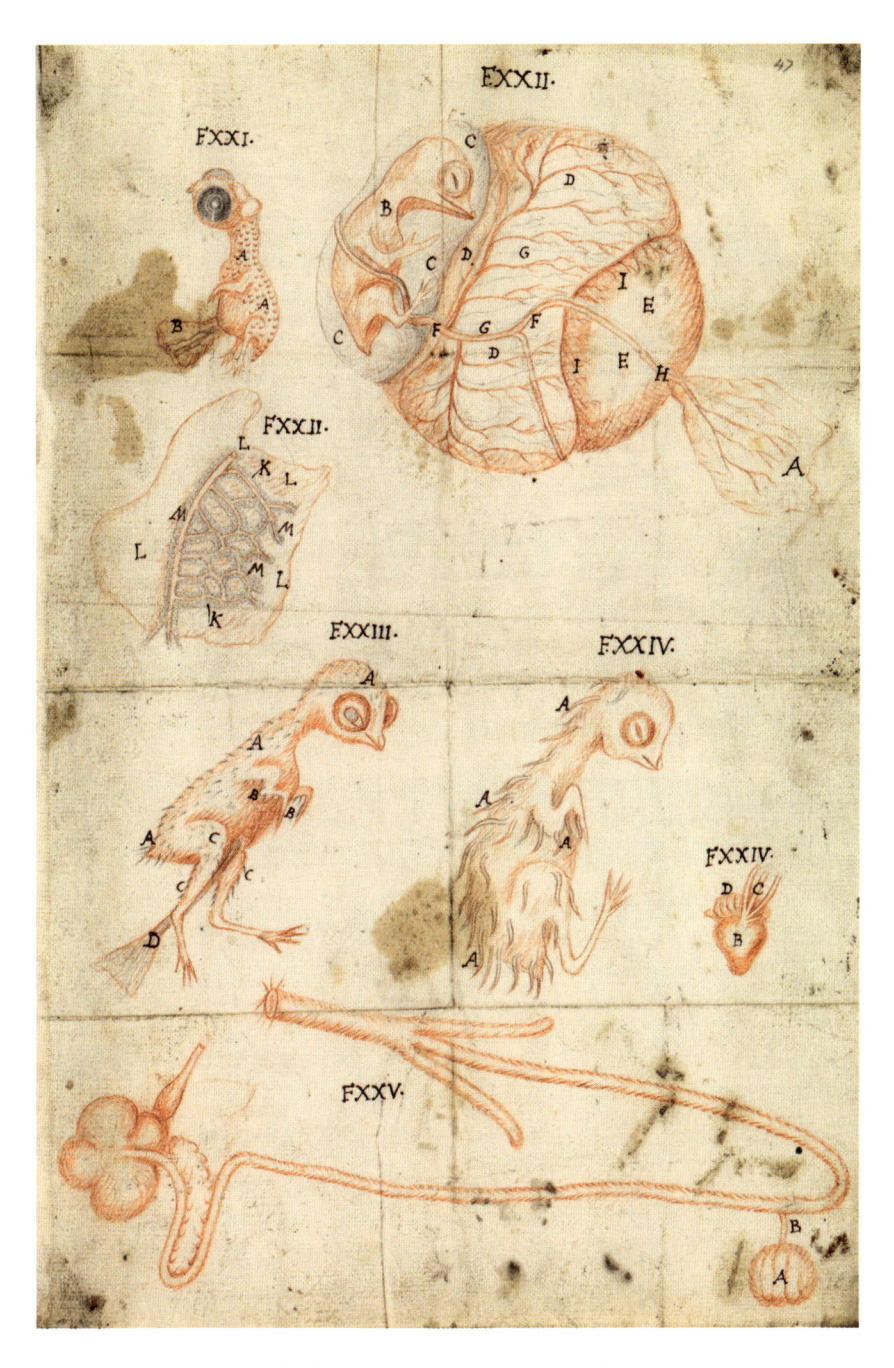

*Embryo-in-ontwikkeling bij de kip. Deze tekening in rood krijt is van de zeventiende-eeuwse Italiaanse anatoom Marcello Malpighi, de eerste die inzag dat de kiemvlek van een vogelei de vrouwelijke celkern bevat.*

cerende kleurstof toe en plaats het op de objecttafel van de microscoop. Naarmate mijn ogen aan het donker wennen, ontwaar ik tientallen identieke vormen: tintelend blauwe halve maantjes tegen een zwarte, nachtelijke hemel. Dit zijn de met fluorescerende vlekjes gemerkte spermakernen, gevangen in het buitenste vlies van de eicel. Ik regel het licht zo dat ik meer details zie, zoals de kop van de zaadcel en de op een haar lijkende staart. Deze zaadcellen zijn het vrouwelijke DNA tot hier genaderd – verder is hun reis niet gegaan. Vervolgens onderzoek ik het tweede objectglas met daarop het binnenste vlies. Weer een nachtelijke hemel onder mijn microscoop, maar deze ziet er anders uit: geen sperma, maar alleen spookachtige zwarte gaten in een cluster van een twintigtal zaadcellen die zich een weg naar de vrouwelijke kern hebben weten te banen.

De vele zaadcellen op het buitenste vlies en de gaten in het binnenste vlies: tot zover wijst alles erop dat het om een bevrucht ei gaat. Maar voor de zekerheid onderzoek ik een spikkeltje materiaal uit de kiemvlek zelf. Opnieuw word ik door de aanblik overdonderd: duizenden en nog eens duizenden tintelend blauwe, ovale vormen. Het zijn nieuwgevormde celkernen: de definitieve bevestiging dat een van de zaadcellen door het binnenste vlies is gedrongen, het vrouwelijk DNA heeft gevonden en ermee is samengesmolten, met als gevolg deze explosie van celdelingen – het begin van een nieuw leven. Was het ei niet bevrucht, dan was er geen cluster blauwe kernen geweest.

Voor mij is dit soort onderzoek routine geworden; daardoor vergeet ik wel eens hoe ingewikkeld en frustrerend het voor mijn voorgangers moet zijn geweest om van dit bevruchtingsproces stukje bij beetje een beeld te krijgen.

Het ontstaan (of 'het genereren', zoals men vroeger zei) van nieuw leven beschouwde John Ray als verreweg het belangrijkste thema van het onderzoek naar de natuur: 'Het meest eerbiedwekkende van alle afzonderlijke verschijnselen is de vorming en ordening van de lichamen der dieren, in al hun verscheidenheid en curiositcit.'[1] In de zeventiende eeuw had 'genereren' twee betekenissen. Ray gebruikte daar de begrippen 'vorming' en 'ordening' voor, in modernere taal: de conceptie en ontwikkeling van het embryo. Hoewel hij inzag dat dit onderwerp zijn vermogen te boven ging, stelde hij er wel relevante vragen over. Waar ontspruit nieuw leven? Waarom ontwikkelt een vogelembryo zich sneller dan een zoogdierembryo? Waarom brengen vogels – en geen enkel ander dier – forse, dooierrijke en hardschalige eieren voort? Waarom zijn vogels geen levendbarende en zogende dieren zoals vleermuizen? In Ray's voorzichtige antwoorden is onvermijdelijk de scheppende hand van de Intelligente Ontwerper zichtbaar, maar ze verraden tegelijkertijd een buitengewoon inzicht in de biologie.[2]

Ray vat zijn vragen over het leven van vogels in drie fundamentele vragen samen: I) Wat is de oorsprong van leven, met andere woorden: wat is het wezen van de conceptie? II) Waarom leggen vogels hardschalige eieren en baren ze geen levende jongen? III) Hoe ontwikkelt nieuw leven zich en hoe ontwikkelen embryo's zich: zijn ze voorgevormd of worden ze stapsgewijs opgebouwd?

Tal van natuurfilosofen voor en na Ray zijn op zoek gegaan naar het antwoord op deze vragen, waarbij het van doorslaggevend belang was de ingewikkelde verhouding tussen eieren, copulatie, vruchtbaarheid en embryonale ontwikkeling te ontwarren. De kippen en ander pluimvee op het erf waren daarvoor ideale proefdieren: rijkelijk voorhanden, tam en nagenoeg het hele jaar vruchtbaar. Ook was al sinds de oudheid bekend dat de wijze waarop kippen zich voortplanten essentieel verschilt van die van ons en van andere zoogdieren. Sinds Aristoteles, maar waarschijnlijk ook al eerder, brachten vrouwen die zelf geen haan hadden, hun hennen naar de haan van de buurvrouw om mee te paren, in de wetenschap dat ze na thuiskomst wekenlang vruchtbare eieren zouden leggen!

Ray's voorganger Hieronymus Fabricius de Acquapendente (kortweg: Fabricius), een groot zeventiende-eeuws anatoom, probeerde als een van de eersten de lange vruchtbare periode van kippen te begrijpen en een verband te vinden tussen hun copulatie en de bevruchting. Hij veronderstelde dat een hen na paring met een haan een jaar lang vruchtbare eieren legt. Dit was in zijn tijd een begrijpelijke misvatting. Waarschijnlijk bedoelde hij niet een heel kalenderjaar maar één seizoen, namelijk het eind van de lente en de zomer. Dat komt meer overeen met de werke-

Mathias Duval. Atlas d'Embryologie.

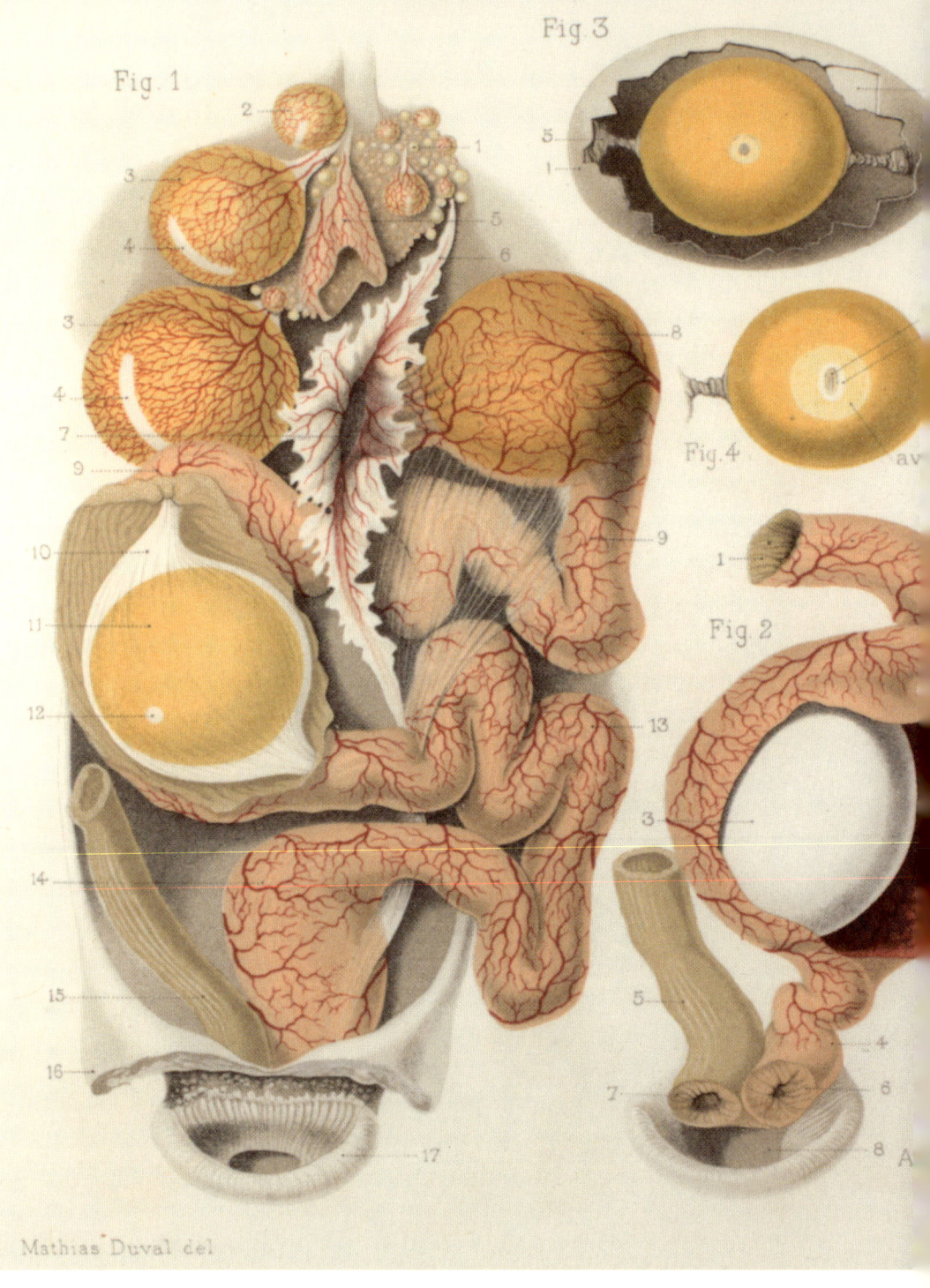

Fig. 1  Fig. 3  Fig. 4  Fig. 2

Mathias Duval del.

*Het vrouwelijk voortplantingskanaal van vogels. In figuur 1: de eierstok (1) met verschillende stadia van de eicel (2-8), het begin van de eileider (7), de eileider zelf (9, 13 en 14), een eicel (11) in de baarmoeder (met schaalklier), het eiwit of albumen (10) in het begin van zijn ontwikkeling en de kiemvlek (12) op de eicel. Figuur 2: het volledig ontwikkelde ei met witte schaal in de baarmoeder, de vagina (4) met vlak daarboven, in de richting van de baarmoeder,*

Planche I.

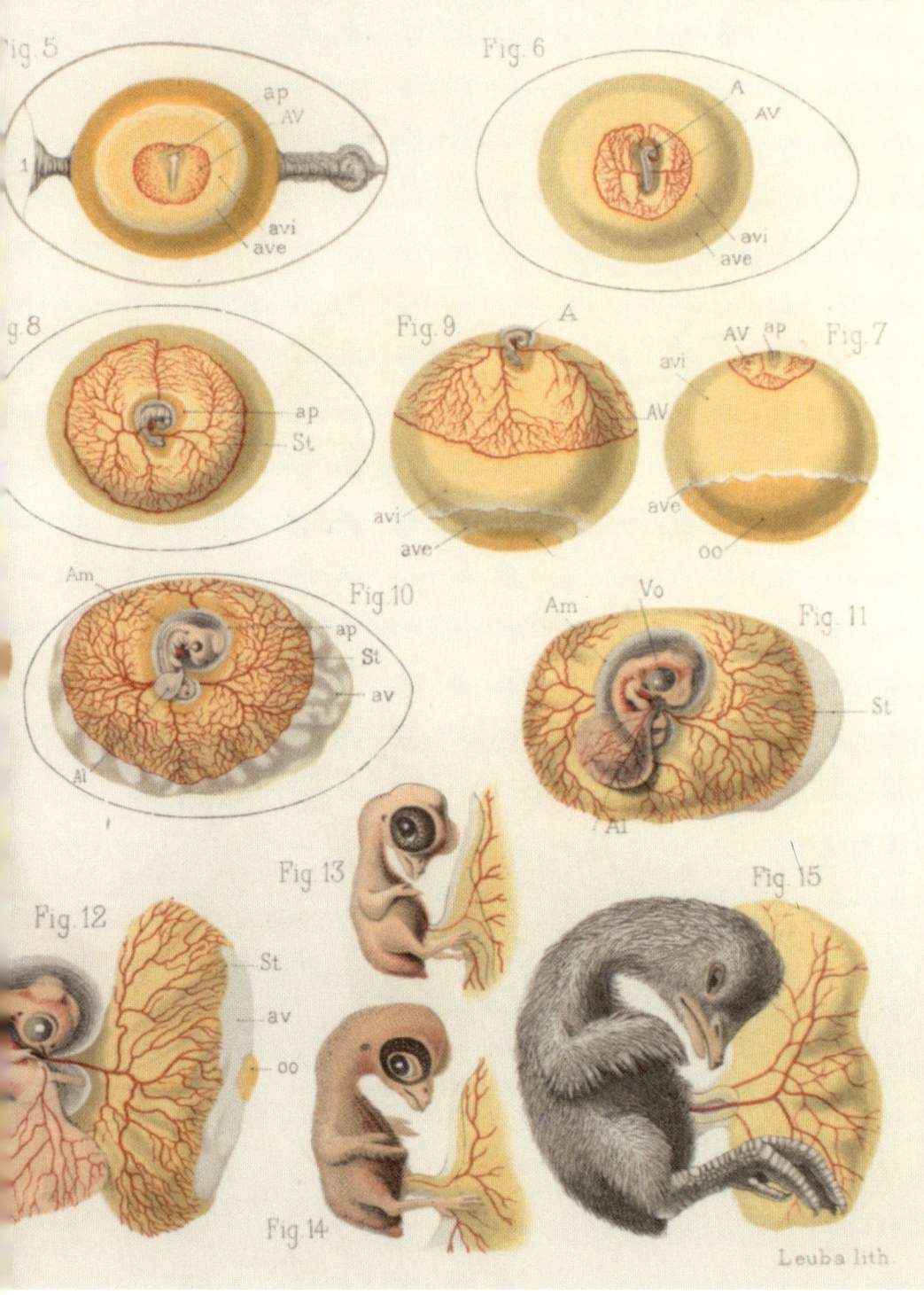

*de buisjes waarin zaad wordt opgeslagen (zie afbeelding op blz. 86), het darmkanaal (5), de eileideringang (6) en anus (7), die uitkomen in de cloaca (8). Figuur 3: een vers ei met de eicel opgehangen tussen de hagelsnoeren (chalazae), en de kiemvlek van waaruit het embryo — eerst nog als vage streep — zichtbaar wordt en zich ontwikkelt (figuren 5 en 6).*

lijkheid, maar is nog altijd te lang. Pas jaren later nam Fabricius' student William Harvey (die van de bloedsomloop) het stokje over. Dankzij eigen experimenten ontdekte hij dat er drie weken zitten tussen de laatste paring en het laatste vruchtbare ei.[3]

Het maakt overigens niet zoveel uit dat Fabricius die tussenliggende periode langer inschatte. Drie weken was nog steeds heel lang en vroeg dringend om een nadere uitleg. Fabricius kwam met twee nogal tegenstrijdige verklaringen. Enerzijds dacht hij dat de hen na de paring het sperma wekenlang opsloeg en het pas voor bevruchting gebruikte terwijl ze het ei legde. Anderzijds veronderstelde hij dat bij inseminatie alle eicellen in de eierstok in één keer bevrucht werden. Aangezien hij wist dat zich in de eierstok massa's 'eitjes' – wij zeggen nu: eicellen\* – bevinden, zou dit de extra lange periode kunnen verklaren, als deze eitjes allemaal tegelijk bevrucht werden (zelf gebruikte hij de fraaie term 'vruchtbaar gemaakt').[4]

Ter ondersteuning van zijn eerste verklaring beweerde hij dat hij de plek ontdekt had waar het vrouwtje het mannelijke zaad bewaart: in een piepkleine holte in haar cloaca (de opening waarin het geslachtskanaal en de spijsverteringskanalen uitkomen). Harvey, die altijd sceptisch tegenover zijn leermeesters opvattingen stond, vond dit onwaarschijnlijk, en toen hij het zelf ging controleren, vond hij dan ook geen spoor van sperma. Sterker nog, stelde hij zelfvoldaan vast: Fabricius had over het hoofd gezien dat zich in de mannelijke cloaca net zo'n holletje bevindt, hetgeen zaadopslag op deze plek bij het vrouwtje des te onwaarschijnlijker maakte.[5]

Ook van Fabricius' tweede oplossing – het gelijktijdig 'vruchtbaar worden' van alle eitjes – bleef bij Harvey niets overeind. Binnen in het vrouwtje vond hij geen spoor van zaad en dus concludeerde hij dat bevruchting langs 'etherische' weg verliep.[6]

Wat Fabricius begonnen was, probeerde Harvey te voltooien. Na zijn ontdekking van de bloedcirculatie richtte hij zijn aandacht op de voortplanting. Evenals Fabricius wilde hij uitzoeken wat de rol van het sperma is. Zijn methode lag voor de hand: hij sneed vrouwtjes open die net geco-

---

\* oftewel de dooier met zijn kern; men kan dit pas 'ei' noemen wanneer ook het eiwit en de schaal zijn gevormd.

puleerd hadden. Harvey nam niet alleen kippen maar ook herten onder het mes. Als hofarts had hij ruimschoots toegang tot het hertenbestand van de koning. Er werden zelfs paringen voor hem opgezet, na afloop waarvan de vrouwtjes zonder omhaal werden afgemaakt, om aan Harvey's nieuwsgierigheid naar voortplanting tegemoet te komen. Herten zowel als kippen stierven voor niets: Harvey vond geen enkele zaadcel. Na deze tegenslag schreef hij:

> In de baarmoeder is na de geslachtsdaad niets te vinden wat er daarvoor niet al was [...]. Na de paring met het vrouwtje blijft er geen zaad van betekenis [...] in de baarmoeder achter; het komt me voor dat het verdampt en opgaat in hetzij de substantie van de baarmoeder, hetzij veeleer een dieper gelegen orgaan.[7]

Harvey bedacht dat als het zaad in de voortplanting een rol speelde, het toch in het ei terug te vinden moest zijn, ook al was het na de paring in de eileider niet te traceren. Vruchtbare en onvruchtbare eieren zagen er vanbinnen echter hetzelfde uit. Driehonderd jaar eerder had Albertus Magnus het dwaze idee opgevat dat hagelsnoeren het zaad van het mannetje waren. Chalazae lijken uiterlijk inderdaad op zaad, maar veel meer op menselijk zaad dan op dat van pluimvee. Albertus' suggestie zegt daarom meer over hoe men in de middeleeuwen dacht dan over bevruchting. Hij deed er nog een schepje bovenop door te beweren dat in onvruchtbare eieren hagelsnoeren ontbreken. Harvey ontmaskerde Albertus' onzinnige bewering door te laten zien dat hagelsnoeren in vruchtbare en onvruchtbare eieren wel degelijk identiek zijn:

> Deze snoeren worden in alle eieren van alle vogels gevonden, zowel in het infertiele* als in het vruchtbare. Vandaar de bekende dwaling van onze huisvrouwen, die denken dat de snoeren het hanenzaad zijn waaruit het kuiken ontspringt.[8]

Ray en Willughby namen deze uitspraak van Harvey in *Ornithology*

---

\* onvruchtbare

over en voegden er ad rem aan toe : 'Dit is niet alleen een dwaling van oude vrouwtjes of gewone mensen, maar ook van grote wetenschappers en natuurkenners.' Waarschijnlijk hadden ze daarbij Aldrovandi op het oog, die nog in 1600 beweerde dat hagelsnoeren sperma zijn.[9]

Ondanks zijn nauwgezette, systematische waarnemingen faalde Harvey jammerlijk bij de bepaling van de functie van het mannetje in de voortplanting. Dat er tijdens de copulatie sperma aan het vrouwtje werd afgegeven en dat dit essentieel was voor de bevruchting, was evident. Het probleem was echter dat het sperma onmiddellijk na de bevruchting leek te verdwijnen. Met tegenzin moest Harvey terugvallen op Fabricius' opvatting dat de inwerking van sperma slechts een 'etherische' is. Het was de enige verklaring die met zijn observaties overeenkwam, maar wie Harvey's verslag leest, krijgt sterk de indruk dat hij wist dat hij hier fout zat.[10]

Hevig gefrustreerd dat hij deze kwestie niet had weten op te lossen, legde Harvey het manuscript en de aantekeningen voor het boek waaraan hij werkte, in de la. Pas veertig jaar later wist zijn vriend George Ent de bundel papieren van hem los te krijgen. Ent zag er meteen de waarde van in. Hij maakte er gewetensvol een geheel van en bracht het in 1651 uit onder de titel: *Disputations Touching the Generation of Animals*. Harvey was toen inmiddels drieënzeventig.

De hoofdconclusie van dit opzienbarende – maar onvolledige – compendium van waarnemingen, experimenten en analyses was dat het ei en niet het zaad de hoofdrol in de voortplanting speelt. Wat het sperma ook doet, stelde Harvey, het voegt niets stoffelijks toe aan het zich ontwikkelende embryo. Hij was zo overtuigd van het primaat van het ei dat hij de woorden *ex ovo omnia* ('alles uit het ei') op de titelpagina van zijn boek liet drukken.[11]

Ray en Willughby citeerden uitgebreid uit de *Disputations*, want ze waren erop gebrand de allerlaatste inzichten in hun encyclopedie op te nemen. Harvey's opvatting dat het ei de sleutel tot de voortplanting is, kwam overeen met hun eigen waarnemingen bij de ontleding van vrouwtjes én mannetjes die aan het broeden waren. In *Ornithology* schrijven ze:

Alle dieren komen uit een ei, zowel zij die we vivipaar [levendbarend] noemen, alsook de ovipare [eierleggende], want vivipare vrouwtjes dragen de eieren binnen in zichzelf, ofschoon zij die niet ter wereld brengen. De twee corpora die gewoonlijk vrouwelijke testikels heten zijn namelijk: niets anders [...] dan knoopjes bestaande uit massa's zeer kleine eitjes, zoals duidelijk te zien is voor eenieder die ze ontleedt. Derhalve verwondert het ons dat een zo simpele en duidelijke zaak zo lang aan de waarneming van belangstellende, leergierige ogen van oude en moderne anatomen ontsnapt is [...]. Ja, als we de kwestie nauwkeuriger bezien, zullen we, meen ik, ontdekken dat de zaadjes of eitjes van vivipare schepsels overeenkomen met het cicatriculum van eieren waarin het jong van aanvang af is vervat.[12]

Het cicatriculum is de kiemcel. Ray en Willughby verwijzen hier naar de Italiaanse anatoom Marcello Malpighi die kort daarvoor, turend door zijn microscoop, ontdekt had dat elke kiemcel een kern bezit. Deze ontdekking verleende filosofen als Harvey, die van mening waren dat het ei het allerbelangrijkste is, extra gezag: deze kern was kennelijk de kiem van een nieuw organisme.[13]

De vondst van dit lang gezochte puzzelstukje van de voortplanting kwam te laat voor Harvey zelf: hij stierf in 1657. Had hij nog geleefd, dan zou Malpighi's ontdekking hem goed hebben gedaan. Zijn geloof in het primaat van het ei werd erdoor bevestigd, ook al was het spermaprobleem nog niet opgelost. De ontdekking had hem ook kunnen attenderen op het belang van nieuwe technieken Want hoe vooruitziend Harvey ook was – hij was niet vooruitstrevend genoeg om zelf de microscoop ter hand te nemen. En het is uitgesloten dat hij zonder dat instrument de locatie en de rol van sperma had kunnen achterhalen. Microscopen waren al sinds het einde van de zestiende eeuw in verschillende typen beschikbaar. Er was voor Harvey dus geen echte reden om het instrument niet te gebruiken. Voor Ray en Willughby geldt trouwens hetzelfde, zeker nadat Robert Hooke in 1665 met zijn *Micrographia* de wondertjes van de microscopische wereld aanschouwelijk had gemaakt, wat in Londen een sensatie teweegbracht. Voor zover bekend heeft noch Ray noch Willughby ooit een microscoop gebruikt, waarschijnlijk omdat ze dachten dat het instrument niets aan de vogelstudie kon toevoegen.[14]

Al een paar jaar na de verschijning van *Ornithology* veranderde het beeld drastisch toen in 1679 de Royal Society of London de brief publiceerde waarin Antonie van Leeuwenhoek de aanwezigheid van microdiertjes (*animalcules*) in sperma beschreef. Van Leeuwenhoek nam ze waar in zijn eigen zaad en later ook in dat van verschillende diersoorten, waaronder de haan. Hij kwam met het briljante, gedurfde idee dat zo'n microdiertje zich met een ei verenigt om een nieuw organisme te creëren.[15] Willughby, die in 1672 was gestorven, maakte Van Leeuwenhoeks ontdekkingen niet meer mee, maar Ray kon ze niet negeren. Bij het schrijven van zijn in 1693 verschenen boek over zoogdieren besloot hij zich met de animalcules bezig te houden.[16] In dat stadium was het bestaan van microdiertjes slechts een van de problemen in de voortplanting waarover filosofen en natuurwetenschappers zich het hoofd braken. Andere veelbesproken kwesties waren: spontane generatie en de vraag of dieren elke generatie opnieuw worden voortgebracht.

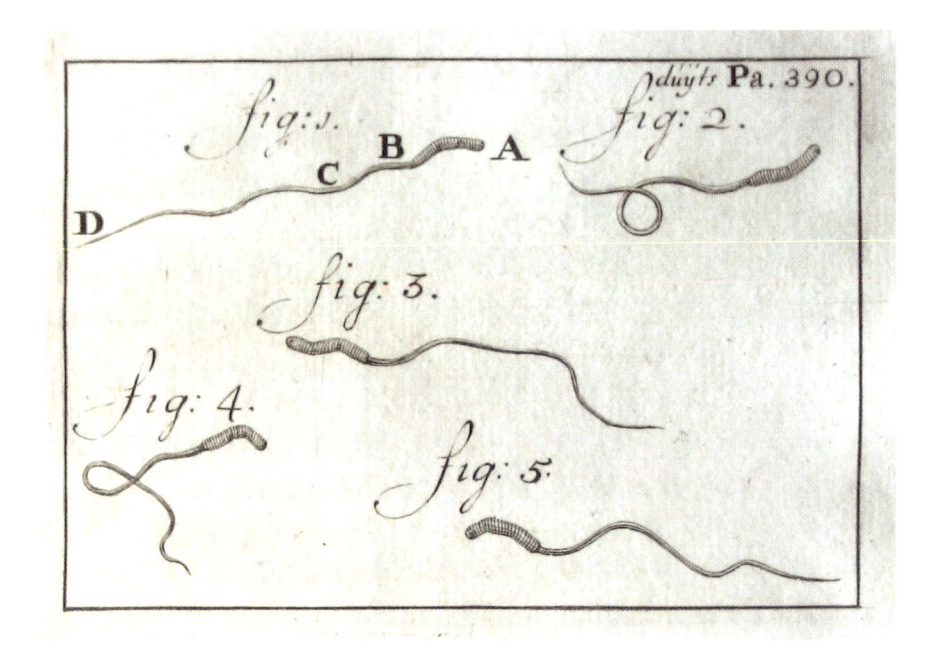

*De eerste waarneming van vogelsperma (hier van de haan), rond 1675 gedaan door Antonie van Leeuwenhoek met een microscoop. Deze had maar één lens, door hemzelf gemaakt uit een druppel gesmolten glas.*

Het denkbeeld van spontane generatie gaat op z'n minst terug tot de eerste helft van de vijfde eeuw voor Christus, toen de Griekse filosoof Anaximander beweerde dat leven uit anorganisch materiaal voortkomt door de inwerking van zonnewarmte. Hij stelde dat het embryo op vergelijkbare wijze uit de warmte van de moeder ontstaat, die het zaad van de vader 'bestraalt'. Twee eeuwen later nam Aristoteles eveneens aan dat dit de basis vormde voor nieuw leven, zeker voor organismen als maden en vliegen die 'spontaan' uit rottend vlees tevoorschijn komen. Ook voor middeleeuwse geleerden was spontane generatie – bij gebrek aan alternatief – de meest aannemelijke verklaring. Het denkbeeld werd wonderlijk genoeg pas in de negentiende eeuw ontkracht. Het probleem was natuurlijk dat alle leven zijn oorsprong vindt in microscopisch kleine wezentjes die zonder het juiste instrument onzichtbaar zijn. Op gezag van Aristoteles geloofden zelfs Isaac Newton, William Harvey en René Descartes – toch niet de minste geleerden – in spontane generatie. Ray was er echter van overtuigd dat dit denkbeeld onjuist was: 'Ik ben met stelligheid dezelfde mening toegedaan als allen die denken dat geen dier spontaan geboren wordt.' Hij geeft een aantal logische redenen hiervoor, waaronder het bestaan van twee seksen en van complexe voortplantingsorganen, die als ze niet voor de voortplanting bijeen werden gebracht, overbodig zouden zijn. En, redeneerde hij, als insecten spontaan worden voortgebracht, waarom dan niet de olifant of... de mens?

Ray stond bijzonder kritisch tegenover 'mechanische filosofen' als Descartes:

> Deze mechanische filosofen zijn niet bij machte een verklaring te geven vanuit de dwingende, niet doelgericht door de geest gestuurde beweging van materie, en zouden hun eigen stelsel terzijde moeten schuiven als ze de dieren behandelden, en dus vermelden ze die wijselijk in het geheel niet. Ons is het bestaan van een postuum bewaard werk bekend, toe te schrijven aan Cartes [=Descartes] en getiteld *De la formation du foetus*, waarin hij dit gehele, feitelijk op toeval berustende mechanisme tracht staande te houden. Maar daar de theorie geheel op valse veronderstellingen gebouwd is en afdoende is weerlegd door onze Harvey in zijn boek *Generation*,

aangevende dat het zaad stoffelijk in het bouwsel van het ei binnentreedt […], kan ik slechts toevoegen dat natuurfilosofen, als ze een verklaring pogen te zoeken voor de werken der natuur vanuit door hen zelf vooraf opgevatte leerstellingen, zich grotelijks vergissen en door ervaring worden tegengesproken.[17]

Het tweede vraagstuk – worden wezens elke generatie opnieuw voortgebracht? – was delicater. Terwijl het traditionele standpunt luidde dat God alles gemaakt heeft, was Ray's visie meer verlicht: het mocht dan wel zo zijn dat Hij ze oorspronkelijk geschapen had, maar Hij maakte de dieren en planten toch ook verantwoordelijk voor hun eigen voortplanting! Als bewijs voerde Ray zijn eigen waarnemingen van vogeleierstokken aan: ze bleken een grote voorraad eicellen te bevatten, klaar om te rijpen en – naar hij terecht aannam – toereikend voor de hele levensduur van het vrouwtje.[18]

Met betrekking tot het microdiertje en de vraag welke sekse de beslissende partij in de voortplanting was, concludeerde hij dat vermoedelijk door samensmelting van sperma en eicel een nieuw organisme ontstaat. Dit is niet zo baanbrekend als op het eerste gezicht lijkt; waarschijnlijk was Ray's conclusie een compromis tussen Malpighi's ontdekking van de kern in kiemcellen en Van Leeuwenhoeks ontdekking van microdiertjes. Ray gaf zelf toe dat de hele voortplanting 'een onderwerp is dat voor mij moeilijk te hanteren is' en hij laat de kwestie van de spermatozoa (zaadcellen) onopgelost:

> De vraag in hoeverre de in het zaad van mannetjes waargenomen animalcules aan de voortplanting bijdragen, laat ik aan scherpzinniger filosofen; ik neem genoegen met een verwijzing naar de bundel met verscheidene brieven, uitgegeven door de heer Lewenhoek [sic].[19]

Ray was bepaald niet enthousiast over het idee dat zaadcellen een onmisbare rol in de voortplanting zouden spelen. Er waren er gewoon te veel. Een voorzienige God zou niet zo verkwistend zijn:

> Tot de nieuwste opinie van de heer Lewenhoek [...] neig ik niet, vanwege het dan noodzakelijke verlies van een menigte, om niet te zeggen oneindigheid [aan cellen], hetgeen met de wijsheid en voorzienigheid van de Natuur niet te rijmen valt [...]. Want veronderstellende dat elk mannetje in zich alle animalcules zoude dragen die hij ooit uit zal werpen, zij zouden, zover ik weet, tot miljoenen oplopen; derhalve moest de meerderheid verloren gaan. Maar indien we veronderstellen dat de foetus oorspronkelijk in het ei zit, dan niet.[20]

Het zou nog honderdvijftig jaar duren voor de innige relatie tussen ei, copulatie en bevruchting zou worden opgehelderd.

De vraag waarom vogels grote, hardschalige eieren leggen in plaats van jongen levend te baren, werd het eerst door Ray's vriend Henry More gesteld in zijn *Antidote against Atheism*.[21] More, fel voorstander van fysicotheologie, opperde dat het leggen van eieren Gods manier is om vogels meer nakomelingen gelijktijdig op de wereld te laten zetten. Wanneer zij net als vleermuizen slechts een à twee jongen in een keer – levend – zouden werpen, waren ze het hele jaar met voeden bezig. Ray neemt dit argument in *The Wisdom of God* over en werkt het op een praktische manier uit:

> Want wanneer zij vivipaar zouden zijn, was de last van hun baarmoeder, indien zij in één keer een toereikend aantal zouden voortbrengen, zó groot en zwaar geweest dat hun vleugels tekort zouden schieten en ze een gemakkelijke prooi voor hun vijanden zouden worden; en, indien zij slechts één of twee jongen in één keer zouden baren, moesten ze zich het hele jaar door bekommeren om het voeden of in de baarmoeder dragen van hun jongen.[22]

De opvatting dat het één voor één eieren leggen ertoe dient het gewicht te beperken en daarmee een aanpassing is aan het vliegen, bleef ook na Ray's tijd een geliefde verklaring. Bij nader inzien is deze verklaring echter niet zo sterk. Vogels die niet kunnen vliegen, komen in maar

*De vleermuis, lange tijd als vogel beschouwd, is een levendbarend zoogdier. De meeste vleermuizen brengen één jong tegelijk ter wereld, maar een paar soorten (zoals deze ongeïdentificeerde) twee. Waarom vogels niet het vermogen tot levend baren ontwikkeld hebben, was lang een mysterie (Jonston, 1657).*

liefst vijftien families voor – toch heeft geen van hen het eieren leggen opgegeven voor het levend baren. Verder werpen vleermuizen jongen die tot wel 40% van het gewicht van hun moeder wegen, terwijl het ei van de meeste vogels hooguit 12% weegt van het gewicht van de moedervogel. Bovendien verdubbelen sommige vogelsoorten hun gewicht alvorens aan de trek te beginnen, waaruit blijkt dat deze soorten meer gewicht kunnen dragen dan ze gewoonlijk doen.

Over de vraag waarom levend baren zich bij vogels niet ontwikkeld heeft, bestaan verschillende opvattingen. De eerste is dat het voor een binnen het dubbele omhulsel van een schaal en een baarmoeder weggeborgen embryo moeilijk zou zijn aan voldoende zuurstof te komen. De tweede mogelijke verklaring richt zich op de twee soorten van ademhaling die in de periode kort voor het uitkomen naast elkaar optreden: via de uiterst gespecialiseerde longen van de vogel en via de membranen van het embryo; dit blijkt alleen mogelijk te zijn in een ei. De derde verklaring – en die is wellicht nogal esoterisch – heeft met geslachtschromosomen te maken. Bij zoogdieren bezit alleen het mannetje het geslachtsbepalende Y-chromosoom waarin genen zijn mannelijke hormonen activeren. Alleen met dit chromosoom kan het mannelijke embryo het vrouwelijk makende effect van de hormonen van de moeder waarmee het in de baarmoeder bestookt wordt, ongedaan maken. Maar bij vogels gaat dit niet op omdat bij hen het wijfje het geslachtsbepalende Z-chromosoom bezit. Het embryo kan zich daarom alleen tegen de gevaarlijke vrouwelijke hormonen beschermen doordat het zich buiten het moederlichaam ontwikkelt in een harde schaal.

Geen van deze verklaringen is echt overtuigend.[23] Alle bedenkers gaan er – nogal arrogant – van uit dat het embryonale ontwikkelingssysteem van vogels onderdoet voor dat van zoogdieren. De verschillende verklaringen voor de harde eierschaal suggereren bovendien dat vogels zich zomaar evolutionair van hun reptielenafkomst los hadden kunnen maken om over te gaan op het baren van levende jongen. Maar vogels zouden alleen levend kunnen baren als ze over melkproducerend vermogen zouden beschikken, en, zoals Henry More stelt: 'Vogels bezitten geen borsten, kuikens blijven lang in hun schaal en worden daarna vanuit de snavel door de oudervogels gevoed – verschijnselen die duidelijk aangeven dat de Natuur nooit iets onnuttigs doet.'[24]

Misschien houdt de meest aannemelijke verklaring voor de harde eierschaal wel verband met de lichaamstemperatuur. Met rond de 41 graden Celsius ligt die van vogels enkele graden hoger dan die van de meeste zoogdieren. Wellicht is dat gewoon te hoog voor gezonde embryonale ontwikkeling. Zoals Ray aangaf verloopt de embryo-ontwikkeling van vogels toch al buitengewoon snel. Tegenwoordig weten we dat het voor een vogel rampzalig zou aflopen als zijn temperatuur door inwendige warmte nog verder zou stijgen. De meeste vogeleieren incuberen bij een temperatuur van rond de 37 graden, een paar graden onder de lichaamstemperatuur, en dat is niet voor niets. Uit experimenten met pluimvee-eieren blijkt dat wanneer incubatie bij hogere temperaturen plaatsvindt, het embryo zich te snel ontwikkelt, wat tot sterfte leidt.[25] De hoge lichaamstemperatuur lijkt zo het antwoord te zijn op Ray's vraag waarom vogels niet levendbarend zijn.

Vogeleieren zijn een schitterende bron van informatie over de snelle en fraaie veranderingen die zich tijdens de embryonale groei voordoen. Dit verschijnsel heeft al vanaf de vijfde eeuw voor Christus mensen bewondering en ontzag ingeboezemd:

> Neem twintig of meer eieren en leg ze onder twee of meer hennen om bebroed te worden. Haal dan gedurende het uitbroeden dagelijks één ei weg, en wel vanaf de tweede dag tot en met de dag van uitkomen. U zult zien dat alles zo geschiedt als ik beweerd heb, zelfs in dier voege dat men de natuur van vogels met die van de mens dient te vergelijken.[26]

Dit citaat is voor het gemak aan Hippocrates toegeschreven, de in 460 voor Christus geboren grondlegger van de medische wetenschap. Het is in twee opzichten goed doordacht: Hippocrates ziet fundamentele overeenkomsten in de ontwikkeling van vogels en mensen, en hij stelt een *systematische* benadering van embryo-onderzoek voor: het volgen van de ontwikkeling van het kuiken van dag tot dag. Als dit voorstel van Hippocrates in praktijk zou zijn gebracht, was duidelijk zijn geworden hoe een kippenei zich van 'niets' tot een donzige, zichzelf voedende, kleine vogel ontwikkelt, maar helaas is het idee ruim tweeduizend jaar genegeerd.

De Griekse geneesheer zelf heeft het zeker niet in praktijk gebracht. Hoe zou hij anders kunnen stellen dat in het embryo alles gelijktijdig wordt gevormd? Hij veronderstelde verder dat het kuiken vanuit de dooier ontstaat en dat die door het eiwit gevoed wordt. Aristoteles was het met beide punten oneens, maar ook hij liet na systematisch waarnemingen te doen. Hem viel alleen op dat na één dag het bloed zichtbaar wordt, op de derde dag het hart en op de tiende alle overige organen. Hij noteerde ook dat bij het uitkomen de dooier nog aan de darm van het kuiken vastzit en zich in de volgende tien dagen geleidelijk in het achterlijf terugtrekt. Maar Aristoteles' blijvende bijdrage heeft minder van doen met wat hij

Een complete vogel (de groene specht) en alleen diens skelet, getekend door J.D. Meyer (Meyer, 1748-1756). Veel typische vogeleigenschappen, zoals een superlicht gebeente en het leggen van eieren met harde schaal (in plaats van jongen levend te baren) worden opgevat als aanpassingen aan het vliegvermogen.

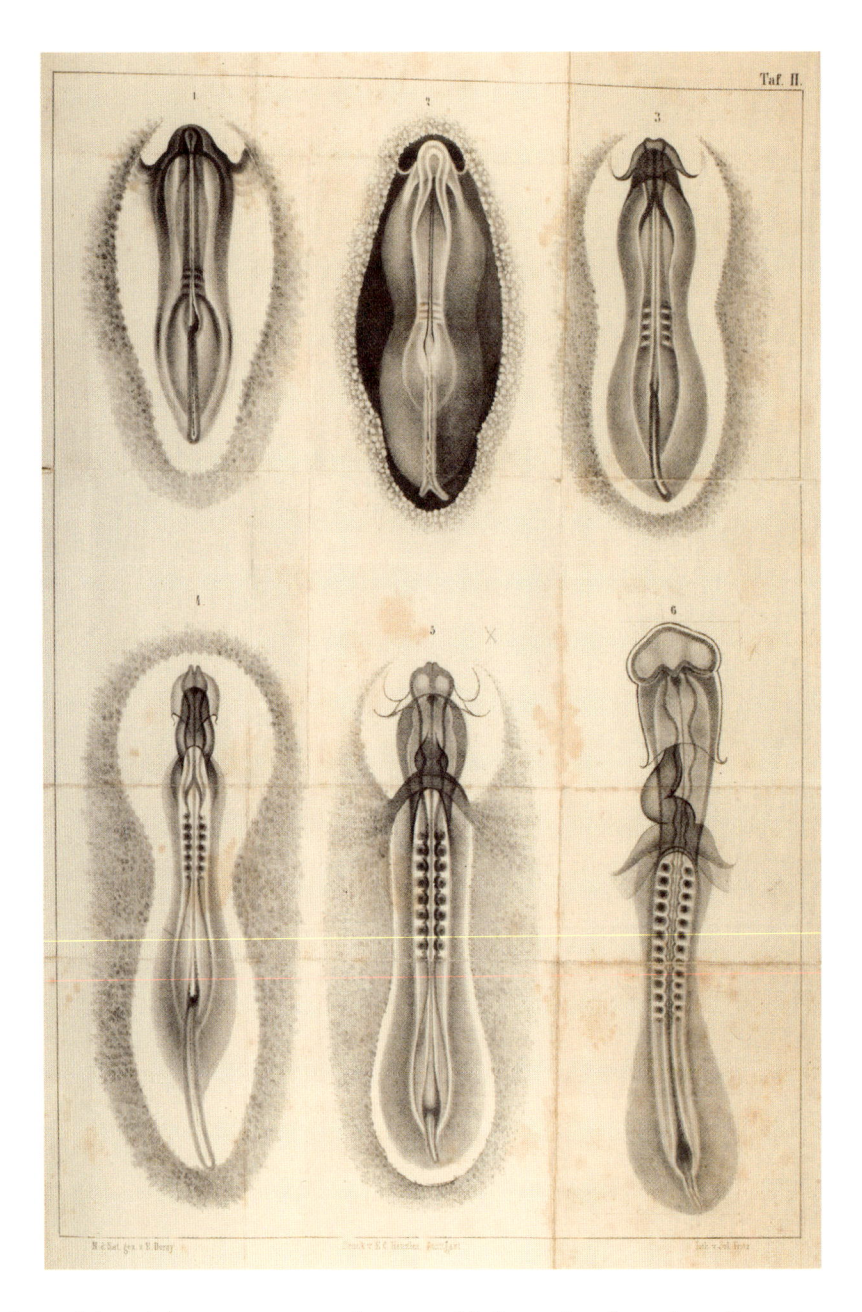

In vogeleieren is het systeem van embryo-ontwikkeling optimaal te volgen. Deze tekening laat de ontwikkeling van de zogeheten primitieve streep (het rudimentaire stadium van het embryo) zien, met op elk plaatje het kopje aan de bovenkant. Op de bovenste rij, v.l.n.r.: het embryo na 21, 22 en 23 uur; onder: na 25, 27 en 36 uur. (Dursy, 1866)

waarnam, dan met hoe hij interpreteerde wat hij waarnam. Hij zag het onbevruchte ei als een machine, klaar om in werking te worden gezet door de copulatie en het zaad van het mannetje. Vanuit die gedachtegang geloofde hij dat het eiwit het kuiken voortbrengt en de dooier daarvoor de voeding levert – wat niet juist is en in tegenspraak met Hippocrates. Aristoteles had een obsessie met 'finale oorzaken', het hogere doel der dingen. Met een cirkelredenering – een onbeholpenheid die je van hem niet zou verwachten – stelde hij dat de finale oorzaak van embryo-ontwikkeling het voortbrengen van een volwassen vogel is! En dat zonder enige uitleg.

De eerste die echt een vernieuwde kijk op het kuikenembryo had, was de Nederlander Volcher Coiter. Coiter studeerde bij verschillende bekende renaissancegeleerden: Gabriele Falloppio, Guillaume Rondelet en Ulisse Aldrovandi. Aangemoedigd door Aldrovandi bracht Coiter – eindelijk! – als eerste Hippocrates' idee in de praktijk om de ontwikkeling van het kuiken van dag tot dag te volgen. Hij beschreef nauwkeurig de opbouw van de kiemcel en ook de verschijning op de twaalfde dag van de eitand waarmee het kuikentje de schaal breekt. Coiters verslag is uniek voor de renaissancebiologie, in die zin dat hij zich bijna geheel van de aloude autoriteit Aristoteles heeft bevrijd: hij beschreef gewoon wat hij zag.[27]

Ook Aldrovandi leverde een dagelijks verslag van het kuiken in ontwikkeling, maar hij was zo overtuigd van Aristoteles' gelijk, dat zijn beschrijving nagenoeg onbruikbaar is. En ook aan Fabricius' rapportage van de ontwikkelingsstadia hebben we weinig, omdat die wemelt van de fouten. Hij dacht dat elke eicel met een steeltje aan de eierstok vastzat en dat die, als hij loskwam, een wit litteken op de dooier achterliet, dat voor de verdere ontwikkeling geen belang had – maar dat plekje is nou juist de kiemcel! Het beginpunt van het embryo is volgens Fabricius het hagelsnoer aan de stompe onderkant van het ei. De verdere ontwikkeling zou dan als de bouw van een huis verlopen: eerst het geraamte en dan pas het hart, de lever en de longen (en die organen allemaal tegelijkertijd).[28] Tja... Fabricius' verslag bevat fraaie, uiterst accurate tekeningen van de groei van het kuiken, maar waarom schreef hij iets heel anders?

Mogelijk beschreef hij wat hij geloofde en niet wat hij zag. Misschien ook heeft iemand anders de tekeningen later aan het verslag toegevoegd, dat immers pas na Fabricius' dood in 1621 werd gepubliceerd. Hoe dat ook zij, Fabricius' opmerkingen over het zich ontwikkelende kuiken waren zwak onderbouwd, gekleurd door geloofsovertuigingen en in feite een ontkenning van alles wat hij met eigen ogen had gezien. Zelfbedrog is de vloek van de wetenschap. Gelukkig stond Harvey zeer kritisch tegenover Fabricius en corrigeerde hij diens vele fouten.

Toen Harvey begin zeventiende eeuw observeerde hoe het wonder van het leven zich in een kippenei ontvouwt, noteerde hij dat op de vierde dag van de incubatie het hartje van het embryo zichtbaar werd. Hij merkte dat het hartje gevoelig was voor koude en dat het, wanneer het ei afkoelde, langzaam ophield met kloppen: 'Ik legde mijn warme vinger ertegen,' schreef hij, 'en ziet: na verloop van twintig slagen van mijn slagader werd het hartje wakker, herrees en hervatte, als ware het uit het graf opgestaan, zijn vroegere cadans.'[29]

Harvey liet een hele rij hennen eieren bebroeden en brak er – net als Coiter – stelselmatig elke dag een open om de groei van het kuiken in kaart te brengen. Zijn nauwkeurige beschrijving was de beste tot dan toe en hij was verbijsterd over alle fouten van zijn voorgangers. Aristoteles was daarop geen uitzondering; die had volgens Harvey nog nooit naar de ontwikkeling van een ei gekeken en was uitsluitend op mededelingen van anderen afgegaan. Want hoe kon hij anders deze enorme blunder hebben begaan: 'Eiwit is de stof waaruit het kuiken wordt gevormd'?[30] En wat bezielde Aldrovandi om de voortreffelijke notities van zijn student Volcher Coiter te negeren ten gunste van zijn eigen verouderde interpretatie? En hoe was het mogelijk dat Harvey's leermeester, de grote Fabricius, niet had beschreven wat hij kennelijk wel had gezien? De klassieken vormden blijkbaar een rem op de vooruitgang en voor Aldrovandi en Fabricius was het te veel gevraagd zich van hen te bevrijden. Maar niet voor Harvey: hij knipte de navelstreng met het verleden door en werd een voorloper van de wetenschappelijke revolutie.

Voor de embryo-onderzoekers in de zeventiende eeuw was het belangrijk te weten of nieuwe organismen al in het sperma of in de eicel voorgevormd worden om alleen nog maar te hoeven volgroeien – een proces dat 'preformatie' werd genoemd – of dat ze helemaal nieuw vanuit de stoffen in het ei gevormd worden ('epigenese'). Aangezien er voor geen van beide stellingen bewijs was, woedde er jarenlang een debat tussen de *preformisten* en de *epigenisten*. De preformisten, die dus aannamen dat het embryo voorgevormd was, waren zelf weer verdeeld: *ovisten* meenden dat er in eieren al voorgevormde kuikentjes zaten, terwijl *spermisten* ditzelfde van sperma dachten. De spermisten kregen een flinke steun in de rug toen Nicolaas Hartsoeker in 1694 een 'mannetje' (*homunculus*) in de kop van een menselijke zaadcel afbeeldde, maar men vond het nog altijd een verontrustende gedachte dat als elk van de miljoenen geëjaculeerde zaadcellen een mannetje zou bevatten, God daarmee wel erg spilziek was.[31]

Omdat Harvey niet geloofde dat eieren een voorgevormd microkuikentje bevatten, schaarde hij zich aan de kant van de epigenisten, zonder echt zeker van zijn zaak te zijn. Een struikelblok was dat epigenese impliceerde dat een nieuw organisme min of meer uit het niets voortkwam. Van de andere kant hield preformatie in dat er in elke ei- en zaadcel een microvolwassene huisde, en daarin ook weer één, enzovoort, zoals bij matroesjka-poppetjes. Beide opties leken onwaarschijnlijk en het duurde tot 1759 voordat de kwestie opgelost werd, in het voordeel van de epigenese. Uitgebreide waarnemingen, in dat jaar door Caspar Wolff gedaan, bewezen dat er in de eerste ontwikkelingsstadia van kuikenembryo's nog geen organen aanwezig zijn en dat ze, wanneer ze eenmaal verschijnen, nog niet hun definitieve vorm hebben – en daar ging het debat om.[32] Als epigenese een rol speelt in het ontstaan van organen en ledematen, was het niet moeilijk te bedenken dat ook hele organismen op deze wijze worden gevormd. Maar epigenese was slechts het begin van de verklaring, het bleef de vraag hóe nieuwe organismen gecreëerd werden.

Het kuiken was het perfecte studieorganisme om van dag tot dag de veranderingen in een groeiend embryo te volgen, maar het was minder geschikt om te zien welke processen zich bij die veranderingen voltrokken. De eieren van andere dieren, met name van kikkers, zeesterren en zee-egels, waren in dit opzicht informatiever en maakten het voor negentiende-eeuwse onderzoekers uiteindelijk mogelijk de processen van celdeling en groei op te helderen.

In de twee millennia tussen Hippocrates en Harvey was de steeds beter gedetailleerde, uiterlijke beschrijving van de verschillende stadia van het ei haast de enige vooruitgang geweest. Er was interpretatiekader noch handleiding voor het verloop van die wonderlijke veranderingen. De traditie van louter beschrijven werd na Harvey nog lange tijd voortgezet en in de achttiende eeuw nieuw leven ingeblazen, met name in Duitsland, door de ontwikkeling van verfijndere microscopen. Na 1940 gebeurde dit opnieuw: door de elektronenmicroscoop, die nog ontelbaar meer vergrootte.[33]

De sleutel tot het ontsluiten van de geheimen van de biologie was... experimenteren: daardoor konden nieuwe ontwikkelingen worden afgedwongen en kon worden voorspeld wat er zou gebeuren als er iets fout ging. Zo vonden onderzoekers eindelijk de ontbrekende stukjes van de puzzel van normale embryo-ontwikkeling. Door kleine beetjes weefsel uit één deel van het embryo naar een ander deel te transplanteren en te volgen hoe die zich daar ontwikkelden, begonnen de wetenschappers – geheel onverwacht – door te krijgen dat celclusters in het embryo met elkaar communiceren: bepaalde groepen cellen dicteren aan andere hoe zich te ontwikkelen. Door levende cellen te merken met verschillende kleurstoffen konden embryologen zien hoe groepen cellen door elkaar stroomden, botsten en uitdijden naarmate het kuiken vorm begon te krijgen. Dit frappante proces werd in de jaren twintig van de vorige eeuw vastgelegd met *time-lapse*-fotografie, een oogverblindend bewijs van de dynamische processen die zich bij embryo-ontwikkeling afspelen.[34]

De Russische emigrant Alexis Romanoff zette het lange verhaal van de ontwikkeling van het kuiken kort na de Tweede Wereldoorlog boeiend op schrift. Geboren in 1892 in Sint-Petersburg, werkte hij eerst als leraar en portretschilder, was gedurende de Eerste Wereldoorlog geniesoldaat en vocht tijdens de Revolutie van 1917 aan de kant van de Wit-Russen. Toen de Roden in 1920 de macht overnamen, leende hij burgerkleding, gooide zijn uniform weg en maakte zich uit de voeten. Hij trok eerst naar China, maar dook uiteindelijk op in New York, met slechts een paar diploma's en zijn scherpe verstand bij zich.

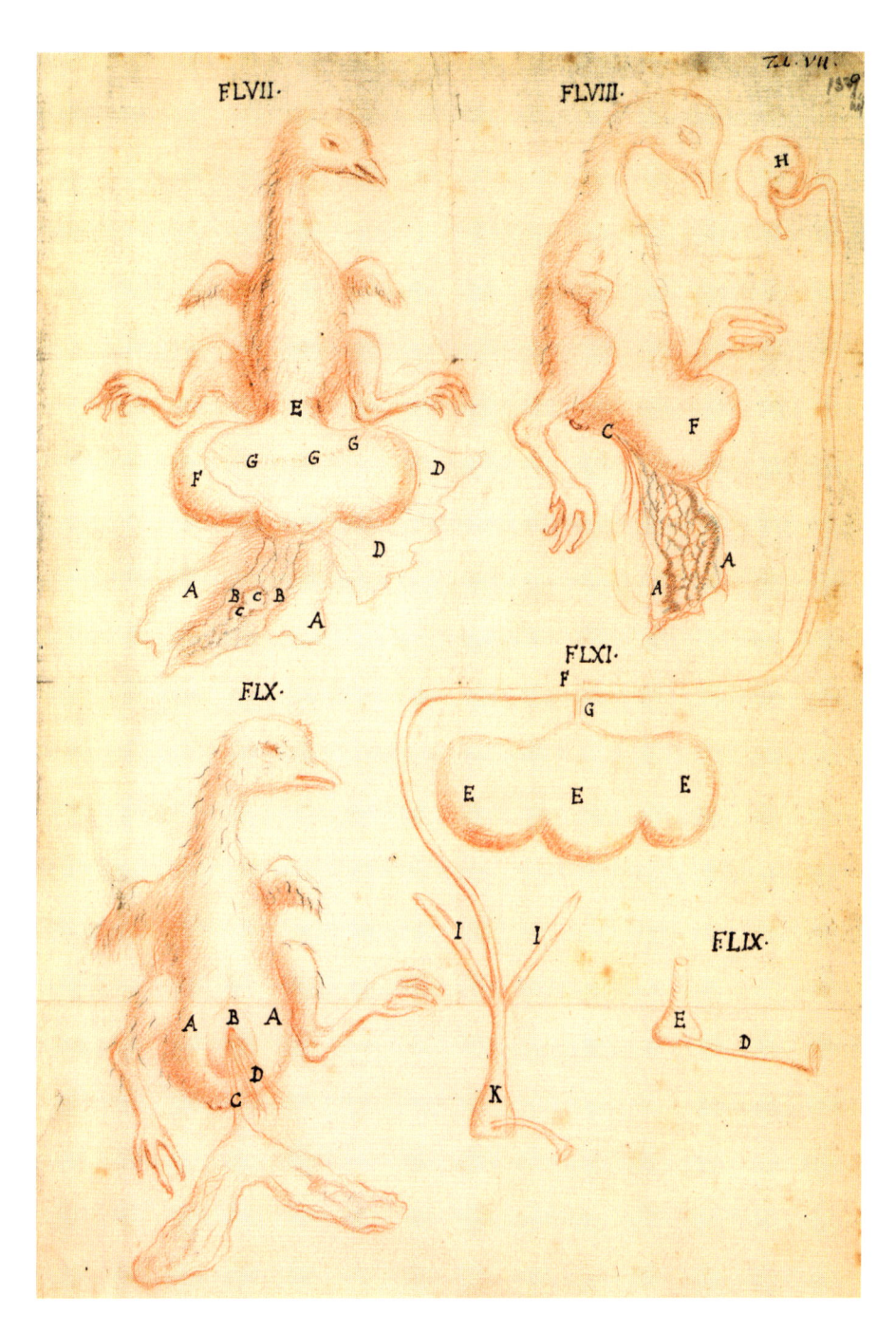

*Tekening door Malpighi van het embryo van een kuiken dat op het punt staat uit te komen, met de dooierzak duidelijk aan het achterlijf vast (midden 17e eeuw).*

In 1923, op z'n dertigste, schreef hij zich in bij de Cornell-universiteit, waar hij in 1925 zijn baccalaureaat haalde en in 1928 zijn doctorstitel. 'Ik werd', zoals hij het zelf uitdrukte, 'gewoon verliefd op ei. Waarom? Ei is prachtige schepping.' Terwijl hij aan zijn doctorsgraad werkte, besloot hij het ultieme boek over de biologie van het ei te gaan schrijven. *The Avian Egg* werd een krachttoer die hem twintig jaar kostte, waarbij zijn vrouw coauteur was. Het manuscript met 435 prachtige, allemaal zelf vervaardigde afbeeldingen vulde twee koffers. In 1947 reisde Romanoff van de Cornell-universiteit naar New York, waar hij zich bij uitgever John Wiley aandiende, mét de twee koffers. Wiley was onder de indruk van het manuscript, maar bepaald niet blij met het vooruitzicht van de uitgave van zo'n dikke pil: hij stelde voor de tekst te halveren. Romanoff weigerde dit beleefd doch beslist en vertelde hoe zijn vrouw en hijzelf kosten noch moeite voor hun levenswerk hadden gespaard. Gelukkig voor de wetenschap ging Wiley overstag: in 1949 bracht hij het 918 bladzijden tellende *The Avian Egg* ['Het Vogelei'] uit. Het boek kreeg veel bijval. Romanoff stond zelfs in *The New Yorker*. Op de vraag hoe hij tot zo'n lijvig boek was gekomen, antwoordde hij: 'Ik hou van winnen van andere mensen door harder werken. Anderen zeggen: "Jouw boek kan niet klaar zijn in twintig jaar!" Maar wij werken altijd: dag, avond, weekend. Anders boek kost twee keer zoveel tijd.' De Romanoffs namen inderdaad nauwelijks een dag vrij, waren kinderloos en hadden verder ook amper enige afleiding. *The Avian Egg* werd de bijbel van de vogelembryologen.[35]

Het paradoxale is dat toen in 1960 het vervolg, *The Avian Embryo*, uitkwam, de experimentele embryologie helemaal naar de achtergrond was gedrongen. En nadat de embryologie in de jaren zeventig door de kersverse DNA-technologie een nieuwe impuls gekregen had, werd het kuiken door bruikbaardere proeforganismen in de schaduw gesteld, zoals een wormpje, de fruitvlieg en de muis.

Een decennium lang leek de rol van het kuikenembryo uitgespeeld. Maar toen in 2004 het volledige kippengenoom werd gepubliceerd, herrees het kuiken als een feniks uit de as en hervatte het zijn rol van proeforganisme. Wormpjes en fruitvliegen vertellen ons maar weinig over hoe menselijke embryo's zich ontwikkelen; het kuiken daarentegen blijkt het perfecte model om erachter te komen hoe één cel (het ovum) omgevormd wordt tot een warmbloedig gewerveld dier, dat uit miljoenen cellen bestaat van verschillende typen, maar elk met dezelfde genen.[36]

Omdat William Harvey niet inzag dat de microscoop wel eens de sleutel tot de oplossing van het voortplantingsraadsel zou kunnen zijn, bleef hij ontdaan en gefrustreerd achter. Ray kon zijn ongelijk moeilijk bekennen, zelfs niet toen Van Leeuwenhoek zijn ontdekking van microdiertjes publiek maakte en terecht opperde dat de combinatie van maar één zaadcel en een ei het begin van het embryo was. Voor de eerste keer liet de fysicotheologie Ray in de steek: de Alwetende kon toch niet zo verkwistend zijn dat hij miljoenen zaadcellen schiep als er maar eentje voor de bevruchting nodig was? Daar was geen wijsheid in te ontdekken, en omdat het niet logisch leek, besloot Ray het links te laten liggen.

Naarmate de kwaliteit en het ontwerp van microscopen in de achttiende en negentiende eeuw verbeterden, werd het stap voor stap duidelijker dat het zaad van alle dieren zaadcellen bevatte, miljoenen zelfs. Het werd steeds moeilijker te ontkennen dat ze voor de bevruchting wel eens van cruciaal belang konden zijn. Het vraagstuk werd ten slotte door Oskar Hertwig, een Duitse bioloog, opgelost: in 1875 nam hij waar dat een zaadcel het eitje van een zee-egel binnendrong en met de vrouwelijke kern samensmolt.[37] Dat die eitjes doorzichtig zijn, kwam goed uit.

Het duurde nog lang voordat iemand getuige was van bevruchting bij vogels, vooral omdat een vogelei allesbehalve doorzichtig is. Ook de grote dooier maakte het lastig vast te stellen of bevruchting plaatsvindt. Dit lukte pas – zij het indirect – door het noeste werk van Charles Otis Whitman, een in zijn tijd gezaghebbend, maar tegenwoordig praktisch vergeten Amerikaanse zoöloog. Whitman genoot in de jaren zeventig van de negentiende eeuw zijn opleiding in Leipzig bij de grote Duitse zoöloog Rudolf Leuckart, die met zijn bevruchtingsonderzoek studenten enthousiast wist te maken voor het thema voortplanting. Kort voor de eeuwwisseling begon Whitman, inmiddels een vijftiger, vogels te bestuderen, nadat hij tot hoogleraar zoölogie aan de universiteit van Chicago was benoemd. Er bestond geen financiering voor research: Whitman verzorgde zijn vogels – enkele honderden – thuis, op eigen kosten. Zijn resultaten waren verbluffend. Zelf schreef hij ze toe aan zijn leven tussen de dieren, 'dag en nacht, jaar in jaar uit'– een toewijding die de meeste moderne ornithologen jammerlijk ontberen... Whitman koos de duif als ideale onderzoekssoort om zijn grote ambitie mee waar te maken: het samenbrengen van drie belangrijke onderdelen van de biologie: erfelijkheid, ontwikkeling en gedrag.[38] Kortom, hij wilde alles weten wat er over duiven te weten viel. Om dit te bereiken verdeelde hij de verantwoordelijkheid voor het onderzoek over een heel nest voortreffelijke assistenten. Zo kreeg Eugene Harper vruchtbaarheid toegewezen.

Duiven waren in één opzicht ideaal: de timing van de leg van hun twee eieren is voorspelbaar, in tegenstelling tot bij andere vogels. Sinds op z'n minst Aristoteles' tijd is bekend dat het eerste duivenei aan het eind van de middag wordt gelegd en het tweede twee dagen later, vroeg in de middag. Door vogels op verschillende tijdstippen anatomisch te onderzoeken kon Harper zien dat al een paar uur na de eerste leg het tweede eitje van de eierstok loskwam. Hij concentreerde zich op deze tweede eicel, haalde de kiemcel eraf en onderzocht onder de microscoop of er al bevruchting had plaatsgevonden. Hij ontdekte dat de eicel bevrucht wordt bijna nog voordat die volledig van de eierstok is losgekomen. Daarmee toonde Harper als eerste aan dat bevruchting zich bij vogels in het bovenste gedeelte van de eileider afspeelt:

> Het ei klemt zich tegen de trechtervormige eileideropening, die op dat moment – zoals is waargenomen – peristaltisch [ritmisch] begint samen te trekken, alsof ze het eitje aan het inslikken is [...]. Daarom moet de intrede van spermatozoa plaatshebben zodra, door het breken van de follikelwand, de kiemcel bloot komt te liggen.[39]

Hij toetste dit door een onbevrucht ei van de eierstok weg te nemen, voorzichtig de kiemcel te verwijderen en die in een schaal met wat vers duivensperma te plaatsen (de kiemcel bevat de vrouwelijke celkern, zoals Malpighi had aangetoond). Harper scheidde vervolgens heel ingenieus de kiemcel van de dooier en werd zo de eerste die bevruchting *in vitro* waarnam, letterlijk: in glas. Eindelijk succes!

Harper ontdekte nog een bijzonder aspect van bevruchting bij vogels. In tegenstelling tot eicellen van organismen als zee-egels, waarbij tot dan toe de bevruchting werd onderzocht, wordt een kippeneicel niet door één maar door meerdere zaadcellen gepenetreerd. Het optreden van meervoudige penetratie kan samenhangen met de relatief grote omvang van de met eigeel gevulde eicel. Ook vormt de kiemcel van een kippenei zo'n klein doelwit, dat er meerdere zaadcellen nodig zijn om hem te raken. Harper bewees dat slechts één zaadcel, wanneer die eenmaal tot de eicel is doorgedrongen, met het vrouwelijke genetisch materiaal samensmelt, net als bij andere dieren.

Harpers fraaie waarnemingen van duivenbevruchting waren eigenlijk genoeg aanleiding voor een groots zoölogenfeest. Maar zijn bevindingen werden vrijwel genegeerd, om welke reden dan ook. Sterker nog, het duurde dertig jaar voor dezelfde waarnemingen bij pluimvee werden gedaan. Toen Marlow Olsen van het Amerikaanse ministerie van Landbouw uiteindelijk het bevruchtingsproces bij pluimvee beschreef, negeerde ook hij Harpers pionierswerk.[40] Mogelijk bestond er een psychologische barrière tussen pluimvee- en duivenbiologen. Of misschien konden pluimveebiologen zich niet voorstellen dat bevruchting bij twee typen vogels op dezelfde wijze verloopt. Olsens onderzoek bevestigde Harpers conclusie dat elke eicel afzonderlijk wordt bevrucht, maar omdat kippen heel veel eieren leggen, om de dag één, verstrijkt er ongeveer vierentwintig uur tussen de bevruchting en de leg.

Het bevruchtingsproces doorzien was al een opgave, maar het was een nog grotere prestatie om erachter te komen hoe een vogel niet één vruchtbaar ei maar een hele reeks weet te produceren – en dat dagen- of zelfs wekenlang na de laatste copulatie. Begin twintigste eeuw hadden pluimveebiologen nog steeds geen keuze kunnen maken tussen Fabricius' twee verklaringen voor de lange vruchtbaarheid van kippen: seriële of gelijktijdige bevruchting. Als ze nu maar Harpers onderzoeksverslag hadden gelezen en het eenvoudige ornithologische stapje van een duif naar een hoen hadden gezet, was het probleem in één klap opgelost geweest. Nu aarzelden ze decennialang over de twee opties van Fabricius.

*Volgende bladzijden: De Noord-Amerikaanse epauletspreeuw, in de jaren zeventig als een plaag beschouwd, weerstond pogingen het aantal mannetjes door vasectomie te beperken: de vrouwtjes bleken promiscue. (Catesby, 1731-1743)*

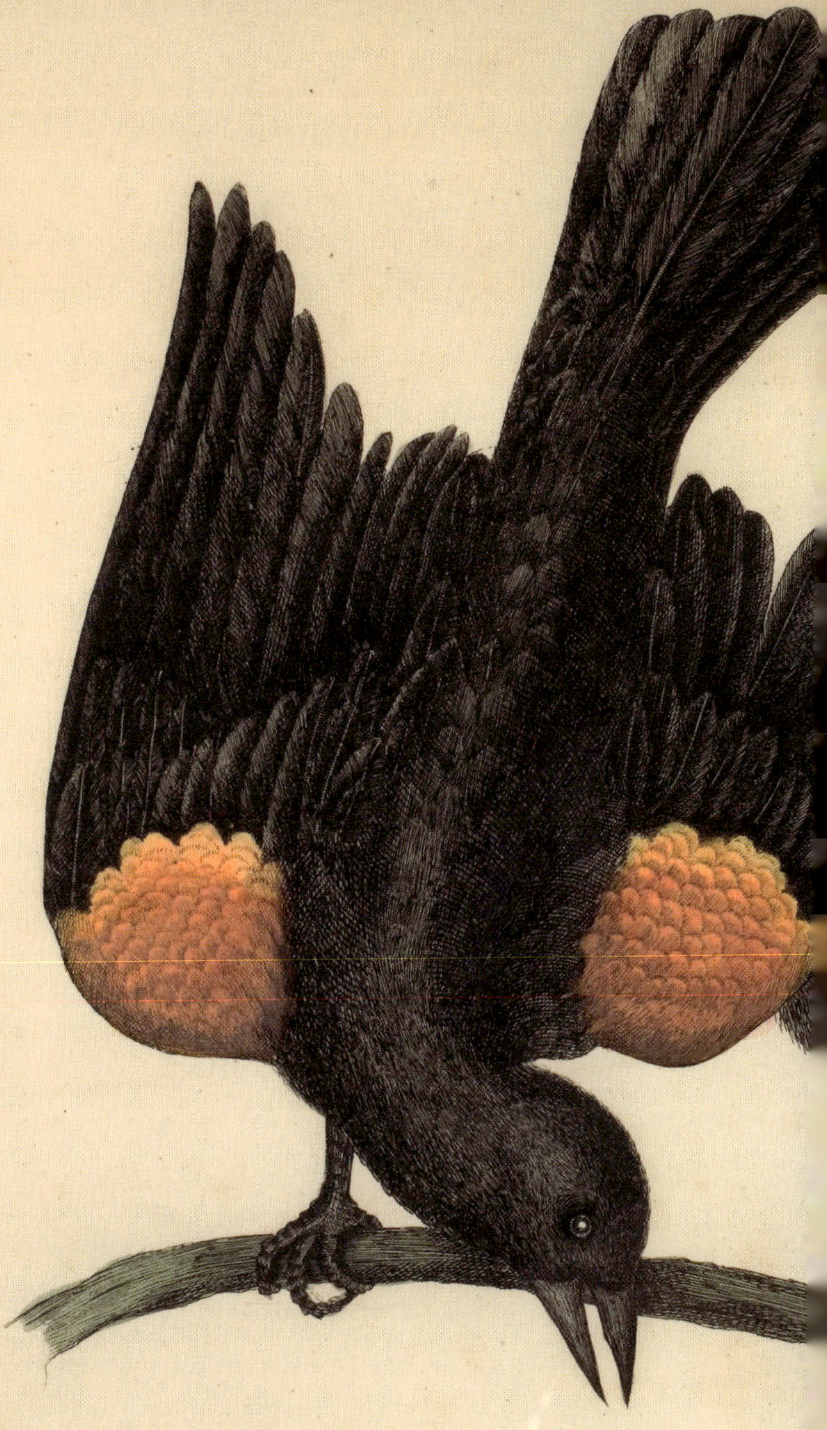

*Sturnus niger alis supernis rubro colore.*
The red Wing'd Starling.

*Myrtus Brabanticæ Similis Caroliniensis humilior; folijs latioribus, et magis Serratis.*
The broad leaved candle-berry Myrtle.

Er was echter één experiment, uitgevoerd in de jaren twintig, dat leek te bewijzen dat kippeneicellen allemaal op hetzelfde moment bevrucht worden. Bij dit onderzoek werd – even vernuftig als misleidend – de eileider van pas bevruchte hennen bevloeid met een zaaddodende oplossing. Als de hennen hierna toch vruchtbare eieren bleven leggen, moesten de eicellen wel gelijktijdig bevrucht zijn. En dat gebeurde ook: de hennen bleven vruchtbare eieren leggen.[41] Maar toen pluimveeonderzoekers Harpers waarnemingen van de timing van deze bevruchting later opnieuw uitvoerden, ontdekten ze dat gelijktijdige bevruchting fysiek onmogelijk is: wil het sperma zich toegang tot de eicel verschaffen, dan moet die al los zijn gekomen van de eierstokmembranen. Pas toen begonnen ze zich af te vragen of er een alternatieve verklaring bestond voor de resultaten van de zaaddoding. Beschermde het sperma zich misschien tegen het zaaddodende middel doordat het zich in kloofjes verborg, zoals Fabricius al had geopperd?[42]

Een kwart eeuw later werden die kloofjes daadwerkelijk gevonden. De Zuid-Afrikaanse veeartsenijkundige Govert van Drimmelen ontdekte, zoals hij het noemde, 'sperma-nesten' boven in de eileider (op het infundibulum).[43] Zo leek eindelijk de moeilijke puzzel van Aristoteles, Fabricius en Harvey te zijn opgelost: vrouwtjes slaan zaadcellen in hun infundibulum op, zodat ze nog lang na de laatste paring vruchtbare eieren kunnen leggen.

Maar dit was onjuist. Halverwege de vorige eeuw ontdekte Peter Lake – werkzaam in Edinburgh en eveneens pluimveeonderzoeker – een nieuw type spermakloofje, dieper in de eileider: op de grens van vagina en baarmoeder. Lake stelde daar de aanwezigheid van clusters sperma vast, elk in een buisje samengeperst, als sardientjes in een blik, maar dan met de kopjes allemaal dezelfde kant uit. Omdat hij met ander onderzoek bezig was, noteerde hij dit feit slechts en liet het verder rusten. Maar in 1960, tijdens een bezoek aan de universiteit van California in Davis, maakte hij in aanwezigheid van enkele onderzoekers die vruchtbaarheid bij kippen en kalkoenen bestudeerden, toevallig gewag van die buisjes vol sperma. Wanda Bobr, een postdoctoraalstudente uit Polen, begon ze meteen te onderzoeken en binnen een jaar toonde ze overtuigend aan dat de buisjes inderdaad de belangrijkste zaadopslagplaats van kippen zijn.[44]

Van Drimmelens 'spermanest' was een soort afleidingsmanoeuvre geweest.

De inseminatie van grote aantallen sperma direct boven in de eileider had tot een artefact geleid: de onderzoeksopzet had het resultaat beïnvloed. Uiteraard bevindt zich wel enig sperma in de trechtervormige opening – immers de plaats van de natuurlijke bevruchting – maar het is zeker niet de voornaamste opslagplaats.

Inmiddels weten we dat ooit bij stadsduiven en pluimvee vastgestelde processen van zaadopslag en bevruchting bij alle vogelsoorten nagenoeg op dezelfde manier te verlopen. 'Allicht' kan men daaraan toevoegen, maar achteraf praten is altijd gemakkelijk: halverwege de twintigste eeuw was dit allemaal nog niet zo duidelijk. Bij zangvogels in de vrije natuur werd het bestaan van buisjes voor zaadopslag pas na 1970 ontdekt toen de Amerikaanse bioloog Olin Bray met collega's uitzocht of vasectomie een geschikt middel was om de epauletspreeuw, een plaag voor de landbouw, te bestrijden. Tot Bray's verrassing (en teleurstelling) bleven veel vrouwtjes-epauletspreeuwen vruchtbare eieren produceren, ook al hadden ze met gesteriliseerde mannetjes gepaard – niet omdat de sterilisatie mislukt zou zijn, maar omdat de vrouwtjes onverwacht hoogst 'overspelig' bleken: ze paarden met heel wat mannetjes. Zoals Bray schreef: 'Analyse van voortplantingskanalen liet zien dat de meeste vogels in de utero-vaginale* klieren sperma opslaan.' Hij gaf geen verdere details en beeldde de klieren in kwestie niet af, maar zijn vondst werd in Nature vermeld, waardoor zijn onderzoek én de overspeligheid van de epauletspreeuw bij een breed publiek bekend werden.[45]

Het volgende hoofdstuk in het verhaal van de zaadopslag werd geschreven door de jonge onderzoeksassistent Scott Hatch. Hij begon in 1979 aan de universiteit van Berkeley een postdoctoraal onderzoek naar de voortplanting van in Alaska broedende noordse stormvogels. Het interval van ongeveer een maand tussen copulatie en leg maakte deze stormvogels buitengewoon interessant. In 1981 nodigde het naburige Department of Avian Sciences, dezelfde afdeling die Peter Lake in de jaren zestig had bezocht, Hatch uit om een seminar te komen geven. Na zijn voordracht werd hem aangeraden eens met Frank Ogasawara te gaan praten over de zaadopslag bij noordse stormvogels. Hatch vertelde mij:

---

* utero-vaginale zone (of uv-zone): de verbinding tussen baarmoeder en vagina

*Slangvormige buisjes voor spermaopslag. V.l.n.r.: hele buisjes (lengte: ca. 0,3 mm) van een Japanse kwartel; een buisje van een noordse stormvogel met een donkere hoop sperma erin (Scott Hatch' oorspronkelijke studie); en een detail van een kalkoenenbuisje met sperma. Onder: een paartje noordse stormvogels (Selby, 1825-1841).*

Voor pluimveewetenschappers als Frank Ogasawara was het verschijnsel van zaadopslag eigenlijk niets nieuws: het was bij kippen en kalkoenen al jaren bekend en uitvoerig bestudeerd. Ornithologen hadden deze cruciale informatie echter kennelijk niet opgepikt en niet op hun eigen vogelonderzoek toegepast. En pluimveewetenschappers praatten voornamelijk met pluimveewetenschappers over pluimveewetenschap. Bij die eerste ontmoeting liepen Frank en ik naar het dierenverblijf van de afdeling, waar hij op welhaast nonchalante wijze een van zijn kippen doodde om te demonstreren waar je anatomisch de 'uv-zone' kunt aantreffen.[46]

Tegenwoordig weten we dat de eicellen van alle vrouwtjesvogels een voor een van de eierstok loskomen – elk eitje vierentwintig tot achtenveertig uur voor de leg. De eicel kan alleen gedurende de vijftien minuten dat hij in het infundibulum is, worden bevrucht. De opslag van sperma die een gestage levering aan het infundibulum waarborgt, voorkomt de ongerieflijke (en onpraktische) situatie dat er elke dag precies binnen één bepaald kwartier gecopuleerd moet worden om elk ei afzonderlijk te kunnen bevruchten.[47] Spermaopslag komt bij alle vogels voor, maar varieert in duur: van ongeveer een week bij duiven tot meer dan een maand bij soorten als de noordse stormvogel, waarvan de mannetjes en vrouwtjes langdurig gescheiden zijn. Handig geregeld.

Het resultaat van bevruchting is een embryo dat binnen het ei snel groeit. Als kuikens uit hun beschermende schaal kruipen, belanden ze in een andere wereld. Sommige soorten, zoals kippenkuikens en jonge eendjes, komen op eigen pootjes en met geopende ogen naar buiten; andere, zoals zangvogels, zijn naakt, blind en hulpeloos. Maar ongeacht hoe het kuiken uit het ei komt, het zal snel zijn afhankelijkheid overwinnen door te vertrouwen op eigen kunnen. In het volgende hoofdstuk bekijken we hoe jonge vogels zich de gedragingen eigen maken die voor hen van levensbelang zullen zijn.

*De echte bestudering van diergedrag begon pas in het midden van de vorige eeuw. Daarvóór was het een compleet mysterie hoe jonge vogels – zoals deze recent uitgevlogen tuinfluiters – zich het gedrag eigen maken dat voor de rest van hun leven onontbeerlijk is. (Schilderij van Henrik Grönvold, Howard, The British Warblers, 1912.)*

# 3

# Voorbereid op het leven
*Instinct en intelligentie*

Als je iemand een *birdbrain* noemt, bedoel je dat hij dom en onnozel is. Tegelijk verraadt zo'n uitspraak dat de meeste mensen denken dat vogels niet zo slim zijn. Geheel ten onrechte, zoals blijkt uit een gebeurtenis die plaatsvond toen ik in Californië in één huis woonde met enkele onderzoekers die de eikelspecht bestudeerden. Deze spechten zijn bijzonder sociale, in groepsverband levende vogels die vermaard zijn om hun spectaculaire voorraden eikels. Elke groep bestaat uit twee broedende vogels, plus de mannelijke nakomelingen uit vorige broedseizoenen, die thuisblijven om hun ouders te helpen bij het grootbrengen van nieuw nageslacht. Jonge vrouwtjes verlaten de groep in dit stadium wél: om zich bij een andere groep aan te sluiten. Mijn huisgenoten richtten zich vooral op dit spreidingsgedrag. Via een zendertje volgden ze de geringde vrouwtjes die aanstalten maakten om hun groep te verlaten.

Op een dag waren de onderzoekers bij thuiskomst dolenthousiast. Een vrouwtje had die ochtend een afstand van tien kilometer overbrugd om zich bij een andere groep spechten te voegen. De mannelijke leden van die groep waren daar kennelijk niet van gediend en hadden haar weggejaagd. Eenmaal weer thuis begon het vrouwtje luidruchtig te overleggen met haar broers. Even later vloog ze, geëscorteerd door hen, weer uit. Linea recta ging ze ze terug naar de nieuwe groep, waar haar broers de mannetjes aanvielen – om pas te vertrekken toen hun zuster door de groep geaccepteerd was.

Waar komt zulk geavanceerd gedrag vandaan? Wordt een eikelspecht daarmee geboren of leert hij het aan? Deze vraag – aangeboren of aangeleerd, *nature* versus *nurture* – wordt al heel lang gesteld, en ze heeft eeuwenlang voor grote verwarring gezorgd.

Het idee dat vogels vaak dom en onlogisch handelen, ontstaat meestal doordat men hun gedrag losmaakt van de context. Een van de opvallendste voorbeelden daarvan betreft het gedrag van kippen- of ganzenkuikens kort nadat ze zijn uitgekomen. Al sinds mensen pluimvee houden, weet men dat jonge vogels menselijke pleegouders volgen alsof het hun moeder is. Konrad Lorenz heeft dit fenomeen in de jaren dertig van de vorige eeuw zeer nauwkeurig bestudeerd; hij gebruikte de term 'inprenting' om de aanhankelijkheid te beschrijven die jonge ganzen hem betoonden. Het prikkelende artikel dat Lorenz daarover schreef, was een mijlpaal in het onderzoek naar diergedrag:

> Voor niet-ingewijden is het vaak verbazingwekkend (of zelfs ongeloofwaardig) dat een vogel *conspecifieken* [leden van zijn eigen soort] niet in alle situaties 'instinctief' herkent [...]. Dat gedrag lijkt zo bizar [...] dat iedereen die zoiets meemaakt als hij zelf jonge vogels grootbrengt, in eerste instantie geneigd is het te beschouwen als iets pathologisch, voortkomend uit een gevangenispsychose of iets dergelijks.[1]

Lorenz wist heel goed dat inprenting alleen maar pathologisch – of dom – *leek* binnen oneigenlijke situaties, bijvoorbeeld gevangenschap. Het eerste dat een pas uitgekomen ganzenkuiken daar ziet, is immers een mens. In de natuur is het eerste dat het kuiken ziet uiteraard zijn moeder. In dat geval zal men de hechting van een jonge gans snel als zeer slim interpreteren, hoewel het misschien 'slechts' *instinctief* (aangeboren) of aangeleerd is. Hoe dan ook, Lorenz' baanbrekende onderzoek leverde de eerste antwoorden op de fundamentele vraag op hoe jonge vogels, en andere dieren, zich het gedrag eigen maken dat hen zo goed in staat stelt een eigen, volwassen leven te beginnen.

*De vooruitstrevende diergedragswetenschapper en latere Nobelprijswinnaar Konrad Lorenz, met in zijn kielzog een stoet jonge ganzen die zich aan hem gehecht hebben.*

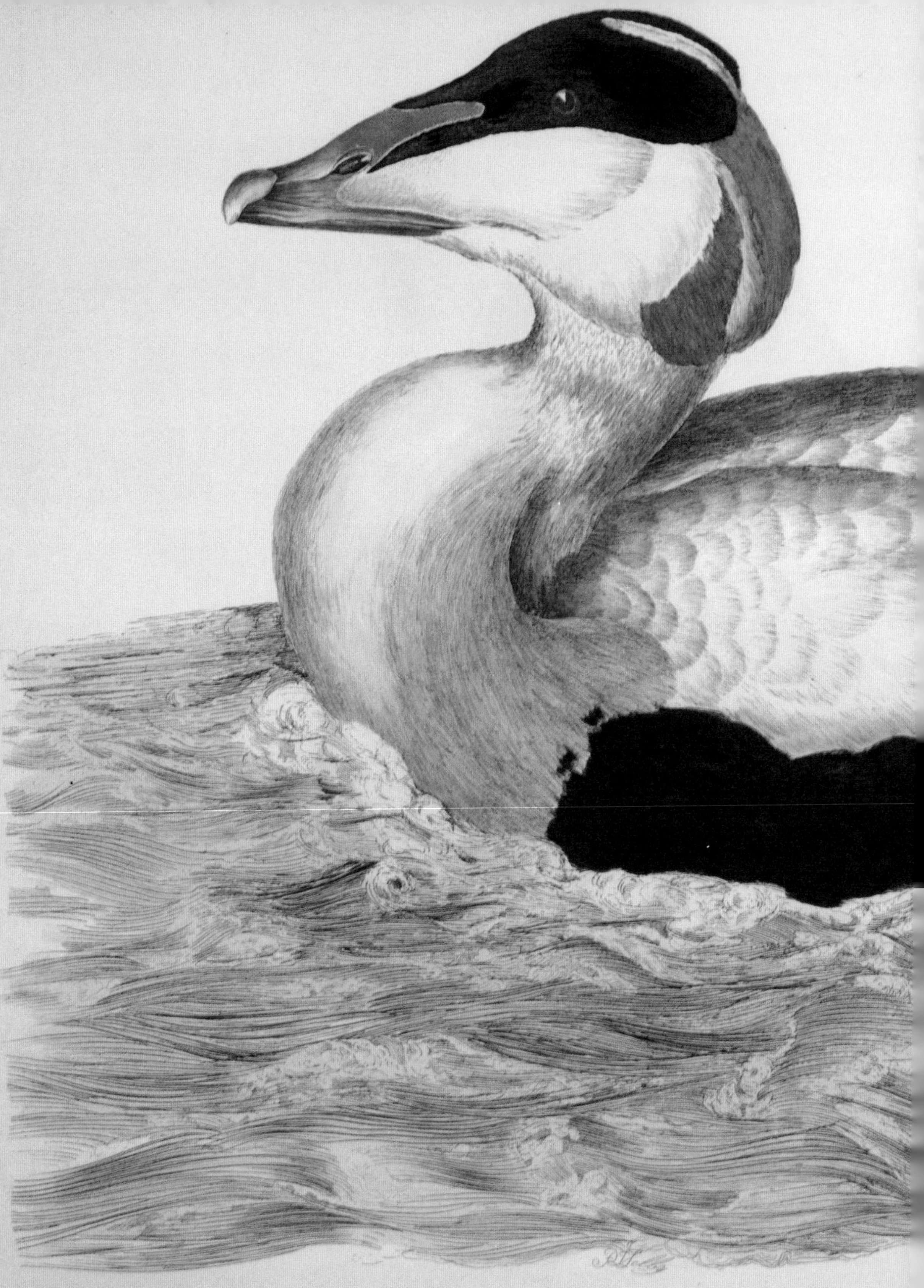

EIDER DUCK, MALE.

'Inprenting' is al heel lang bekend. Plinius beschrijft reeds situaties waarin ganzen zich emotioneel hechten aan hun eigenaren:

> In Aegium zou [een gans] hartstochtelijke gevoelens opgevat hebben voor een mooie jongen, een ingezetene van Olenos, doch ook voor Glauce, een jongedame [...]. Men is geneigd te denken dat deze schepselen grote waardering voor wijsheid moeten hebben, daar er gezegd wordt dat een van hen de filosoof Lacydes overal vergezelde en hem nooit in de steek liet, noch op straat, noch in het badhuis, noch 's nachts, noch overdag.[2]

Sint-Cuthbert, bisschop van Lindisfarne, die zijn leven in 687 zou eindigen als kluizenaar op de Farne-eilanden, voor de noordoostkust van Engeland, bezat verschillende eidereenden. Hij had ze zelf grootgebracht en overal waar hij ging, volgden ze hem. Als er gevaar dreigde, renden ze naar hem toe. Eidereenden waren in het ruige noordoosten van Engeland vanwege hun dons erg belangrijk, en Sint-Cuthberts chroniqueur Reginald of Durham duidde ze rond 1165 aan als *aves [...] Beati Cuthberti*, oftewel 'vogels van de [...] Gezegende Cuthbert'. Tot halverwege de zeventiende eeuw noemde men de eidereend overal 'Sint-Cuthberts eend'.[3]

Toen Sir Thomas More in 1516 in zijn boek *Utopia* het wonder van het kunstmatig uitbroeden van kippeneieren bij Engelse boeren beschreef, stelde hij vast dat 'kuikens, zodra ze uit hun ei kruipen, mensen achternalopen en deze aanzien voor hun eigen moeder'.

Inprenting wordt tegenwoordig voornamelijk gezien als een leerproces bij jonge vogels dat – tijdens een 'gevoelige periode' – leidt tot een snelle hechting aan een moederfiguur en/of toekomstige partner.[4] (Het komt ook bij andere dieren voor, onder andere bij onszelf.) Dit betekent dat er twee soorten inprenting zijn: één tussen een jong exemplaar en zijn moeder, '*filiale* inprenting' geheten, en een andere, die een seksuele voorkeur bepaalt en daarom 'seksuele inprenting' wordt genoemd. De evolutionaire betekenis van beide is overduidelijk. Filiale inprenting voorziet een jong dier van essentiële informatie over de identiteit van zijn ouders, wat garandeert dat er goed voor hem gezorgd wordt. Seksuele inprenting garandeert dat hij later in zijn leven een geschikte partner zal uitkiezen.

*Vorige bladzijden: De eidereend werd vroeger 'Sint-Cuthberts eend' genoemd, omdat sommige 'ingeprente' exemplaren zich hechtten aan Sint-Cuthbert, bisschop van Lindisfarne († 687). Dit schilderij van een mannelijk exemplaar komt uit Selby, 1825-1841.*

Hoewel het verschijnsel filiale inprenting bekend was bij pluimveehouders (zij het niet onder die naam), werden de eerste experimentele onderzoeken ernaar pas uitgevoerd in de jaren zeventig van de negentiende eeuw, door Douglas Spalding. Spalding, afkomstig uit een eenvoudige familie, schoolde zichzelf bij naast zijn gewone werk. Hij volgde colleges literatuur en filosofie in Aberdeen, maar studeerde uiteindelijk af als advocaat. Een ontmoeting kort voor 1870 met filosoof en sociaal hervormer John Stuart Mill veranderde hem in een toegewijde, bijzonder getalenteerde amateurwetenschapper. Zo probeerde hij erachter te komen of de neiging van tamme kuikens om hem te volgen, te beïnvloeden was. Onmiddellijk nadat ze waren uitgekomen, deed hij een kap om hun kop, die hij op verschillende tijdstippen weghaalde. Eén groep kuikens die na vier dagen van hun kap bevrijd werden, rende panisch weg toen ze Spalding – voor het eerst – zagen. Dat was nogal merkwaardig. Zoals Spalding zelf schreef:

> Wat ook de betekenis van de opmerkelijke verandering in hun mentale constitutie was – als zij de dag ervoor geen kap op hadden gehad, zouden zij naar me toe zijn gerend en niet van mij vandaan – het kon niet voortvloeien uit ervaring, maar moest het resultaat zijn geweest van veranderingen in hun eigen organisme.[5]

Aldus werd het eerste bewijs geleverd van het bestaan van wat we tegenwoordig een 'gevoelige periode' noemen: als de inprenting niet plaatsvindt in de eerste drie dagen, dan vindt ze überhaupt niet plaats. Spalding trok de conclusie dat kuikens op het moment dat ze worden uitgebroed, instinctief iets willen volgen, wie of wat dat ook is; tegelijkertijd herkennen ze instinctief de stem van hun moeder, zodat ze zeker weten dat ze het juiste 'ding' volgen. Spalding toonde ook aan dat er nóg een gevoelige periode is om de stem van de hen in te prenten: 'Een kuiken dat zijn moeder niet heeft horen roepen vóór hij acht of tien dagen oud is, hoort daarna haar stem überhaupt niet meer.'[6]

Spaldings bijdrage aan het onderzoek van diergedrag – met name hun ontwikkeling, instinct en inprenting – was in zijn eigen tijd ongeëvenaard. In het bovengenoemde onderzoek wilde hij er zeker van zijn dat de kuikens voor zijn experiment nog nooit iets gezien hadden; vandaar dat hij de eieren zelf uitbroedde door ze in een zak boven een stomende ketel te hangen. Hij maakte de eieren open terwijl de ogen van de kuikens nog dicht zaten (ongeveer een dag voordat ze normaal zouden uitkomen) en deed vervolgens, terwijl hij de nek van de vogel voorzichtig rechttrok, een doorschijnend kapje met een elastisch bandje over zijn kop. Spalding wist dat het pas uitgekomen kuiken een aantal dagen prima zonder voedsel kon: het had genoeg aan de resten van zijn dooier.[7]

Wat Spalding deed, was zo bijzonder, omdat hij de eerste was die begreep dat je de verschillende invloeden van *nature* en *nurture* op gedrag alléén met experimenten kunt aantonen. Zijn eerste wetenschappelijke artikel, over instinct, in 1872 voorgelegd aan de British Association for the Advancement of Science, werd alom geprezen. Een uitgebreide versie ervan werd opgenomen in een populair-wetenschappelijk tijdschrift en trok de aandacht van de filosoof George Henry Lewes. Deze schreef: 'De heer Spalding heeft niet alleen bewezen een scherpzinnig denker te zijn, hij heeft ook aangetoond dat hij de zeldzame gave bezit om experimenten op te zetten, en wij mogen er gevoeglijk van uitgaan dat zijn onderzoekingen een nieuw tijdperk zullen inluiden.' Dat was inderdaad het geval.

Spaldings werk staat voor het begin van experimenteel onderzoek naar diergedrag, maar het riep ook hevig verzet op vanuit het opkomende (en concurrerende) vakgebied van de psychologie. In zekere zin riep Spalding dit over zichzelf af met zijn scherpe kritiek op de anekdotische aanpak van psychologen en hun weerzin tegen experimenten. Bovendien zette hij vraagtekens bij 'de ware pilaren van hun filosofische bouwsels: bewustzijn en gevoel'. Er was geen ontkomen aan: Spalding werd gemarginaliseerd. Zó sterk, dat zijn bijdrage aan de wetenschap ten prooi viel aan de vergetelheid. Op zijn zevenendertigste overleed hij aan tbc.[8]

De opvatting dat seksuele voorkeuren al op jeugdige leeftijd bepaald kunnen worden – in ieder geval beïnvloed –, werd in 1581 bevestigd door Leonard Mascall in zijn boek over de pluimveehouderij. Mascall laat zien dat woerden die door vrouwtjes zijn grootgebracht later de 'behoefte' hebben 'om boven op die vrouwtjes te kruipen'.[9] Daaropvolgende waar-

*Kruisingen van een kanarie met een kneu (rechtsboven), een puttertje (linksboven) of een goudvink (onder) werden vaak bereikt door de jongen van vinkachtigen onder te brengen bij kanaries, waardoor ze inprenten op hun gastouders en graag met kanaries paren als ze zelf eenmaal geslachtsrijp zijn. (Robson en Lewer, 1911)*

nemingen van vogelkwekers toonden aan dat zo'n seksuele inprenting algemeen voorkwam.[10]

Vanaf de zeventiende eeuw werden kooivogels steeds populairder en werd het mode om verschillende vinkensoorten met elkaar te kruisen, vooral vinken en kanaries. Dat ging niet altijd even makkelijk, maar al gauw werd duidelijk dat een bepaalde truc de kansen op succes vergrootte. Door jonge vinken op te laten groeien in het nest van een kanarie, kreeg een mannetjesvink eerder aandrang om met vrouwelijke kanaries te paren. Pater Bougot was voor Buffon de belangrijkste raadgever op dit punt. Volgens hem diende je om een 'bastaard' te krijgen (een kruising van een vink met een kanarie) een puttertje in het nest van een kanarie te stoppen en alle andere puttertjes uit de buurt te houden.[11] Charles Whitman deed iets vergelijkbaars, al wist hij waarschijnlijk niets van Buffons experimenten af. Kort na 1900 liet hij verschillende soorten wilde duiven opgroeien bij tamme lachduiven. Hij ontdekte dat ze zich, eenmaal volwassen, het liefst met lachduiven voortplantten en zo kruisingen voortbrachten.[12]

Precies dezelfde soort inprenting kan plaatsvinden tussen vogels en mensen. Veel vogels die Lorenz persoonlijk grootbracht, zagen hem later als een veelbelovende partner. Zo probeerden zijn kauwen hem te verleiden door wat eten in zijn oor te stoppen.[13] We weten niet of Lorenz' kauwen en ganzen zich ooit voor copulatie aanboden, of het zelfs met hem probeerden; Lorenz heeft daar nooit iets over geschreven.

De Australische ornitholoog Richard Zann was minder terughoudend. Hij beschreef hoe een mannetjeszebravink, die hij in de jaren zestig 'handtam' had gemaakt, met hem wilde copuleren en op zijn vinger ejaculeerde.[14] En de mannetjeszebravink die mijn dochter als huisdier hield, zong regelmatig aubades voor haar, maar deed nooit pogingen om met haar de liefde te bedrijven – misschien omdat hij al vanaf zijn geboorte blind was.

Valkeniers weten al zeker sinds de dertiende eeuw dat jonge roofvogels seksueel ingeprent kunnen raken op hun eigenaren en soms met hen proberen te paren. Vanaf de jaren zeventig van de vorige eeuw hebben ze dit gedrag uitgebuit door de vogels bijvoorbeeld op een hoed te laten inprenten zodat ze, eenmaal volwassen, daarmee copuleren. Het zaad dat ze op die manier verkrijgen, kan gebruikt worden bij kunstmatige inseminatie en het fokken.[15]

Lorenz trok uit zijn ervaringen met kauwen en ganzen de conclusie dat door inprenting vooral de seksuele voorkeuren van volwassen dieren worden vastgelegd, zodat elk dier zich met zijn eigen soort voortplant wanneer het volwassen is. Dat mag zo zijn – maar hoe voorkomt een dier dat het seksueel trekt naar zijn ouders, broers of zusters? Pat Bateson, een zoöloog uit Cambridge, gaf antwoord op deze vraag. In de jaren zeventig ontdekte hij bij onderzoek naar de Japanse kwartel dat jonge vogels een voorkeur ontwikkelen voor leden van de andere sekse die een beetje – niet te veel – verschillen van de vogels waarmee ze zijn opgegroeid: een bijna ideale vorm van 'uit-huwelijken' die garandeert dat vogels zich niet vermenigvuldigen met naaste familieleden.[16]

Voortbouwend op de ingenieuze studies van Spalding maakte Konrad Lorenz 'inprenting' tot zijn eigen onderzoeksthema. Het was vooral zijn werk op dit terrein dat hem in 1973 de Nobelprijs opleverde (samen met Niko Tinbergen en Karl von Frisch). Lorenz' vroegste inzicht in diergedrag was bijna geheel gebaseerd op eigen waarnemingen van dieren die hij als kind hield in zijn huis-annex-onderzoeksinstituut in Altenberg, Oostenrijk. Lorenz was een genie; zijn opmerkingsgave, zijn inzicht en zijn kennis waren uitzonderlijk. Anders dan Spalding was hij niet bereid experimenten uit te voeren om zijn ideeën te toetsen. Hij wenste zich alleen te baseren op waarnemingen, fouten waren daarbij bijna onvermijdelijk.

Zo stelde hij dat inprenting anders verloopt dan andere leerprocessen, omdat er van beloning of bekrachtiging geen sprake is. Inprenting vindt plaats tijdens een gevoelige periode en is onomkeerbaar; zodra een dier een relatie is aangegaan met een bepaald exemplaar, zou het zich niet meer kunnen hechten aan een ander. Lorenz was te dogmatisch, inprenten verschilt niet wezenlijk van andere vormen van leren. De beloning en de bekrachtiging die een jong dier krijgt, is de instantie die inprent, en dat is meestal de moeder. Ook ten aanzien van de gevoelige periode had Lorenz het mis: het gedrag van een exemplaar dat tijdens deze korte fase van zijn jonge leven 'verkeerde' informatie krijgt, kan wél teruggebogen worden. Na Lorenz' tijd heeft onderzoek naar verschillende vogels en dieren aan het licht gebracht dat zowel filiale als seksuele inprenting behoorlijk flexibel is.[17]

Niettemin was Lorenz' idee van gevoelige perioden in principe juist. Samen met andere onderzoekers vergeleek hij een jonge vogel met een treinpassagier die achter geblindeerde ramen door de tijd reist. Op een van tevoren bepaald tijdstip gaat er even een raam open en kan hij het landschap bewonderen, daarna gaat het raam weer dicht. Wat er in dat korte moment te zien is, bepaalt de toekomst van de jonge vogel. In werkelijkheid bestaan er allerlei vensters, die op verschillende momenten tijdens de reis gedurende verschillende perioden open en dicht gaan.

Later werd duidelijk dat de 'tijdvensters' – de gevoelige perioden – aangestuurd worden door een interne klok (net als de trek en leren zingen, zoals we nog zullen zien), of getriggerd worden door ervaring. Het hoeft dus geen verbazing te wekken dat de perioden waarin filiale, respectievelijk seksuele inprenting plaatsvindt, meestal niet samenvallen. Zoals Spalding met zijn – tijdelijk – geblindeerde kuikens aantoonde, is het

*De bekendste van alle broedparasieten, de koekoek, kiest verschillende soorten als waardvogel, maar vermijdt seksuele inprenting op hen. (Frisch, 1743-1763)*

kenmerkende van filiale inprenting dat ze vroeg in het leven plaatsvindt, terwijl seksuele inprenting veel later gebeurt; dát venster blijft veel langer open, soms tot aan de paartijd.

Hoewel niet alle soorten hetzelfde volggedrag vertonen als Lorenz' jonge ganzen, komt seksuele inprenting bij de meerderheid van de vogels in meer of mindere mate voor, of ze nu 'nestvliedend' zijn of 'nestblijvend'. Nestvlieders, zoals ganzen en eenden, komen met open ogen ter wereld; nestblijvers, zoals vinken en mussen, met gesloten ogen, naakt en hulpeloos. Er is echter één opvallende uitzondering: voor broedparasieten als de koekoek en de koevogel uit Noord-Amerika zou het een ramp zijn als hun jongen seksueel zouden inprenten op hun gastouders. Tegelijkertijd moeten jonge broedparasieten *sociaal* wel op hen inprenten, opdat ze weten op welke soorten ze later moeten parasiteren. Het blijft echter een raadsel hoe ze weten met wie ze moeten paren, maar dat moet wel een kwestie van instinct zijn.

Een van de eerste onderzoeken op dit gebied richtte zich op wida's uit Afrika. Bij deze vogels parasiteert elke soort op één gastoudersoort (een prachtvink), terwijl de koekoek verschillende soorten als waardvogel uitkiest. De paradijswida parasiteert bijvoorbeeld alleen op de melba-astrilde. Hoe gaat dat in zijn werk? Hoe weet de vrouwtjeswida op welke soort ze moet parasiteren en met welk mannetje ze moet paren? Het antwoord luidt, voor een deel althans, dat jonge wida's van beide geslachten inprenten op de zang van hun prachtvink-gastouders. Als het mannetje volwassen wordt, zingt hij als een prachtvink, wat het wida-wida-vrouwtje niet alleen duidelijk maakt met wie ze een paar moet vormen, maar ook bij wie ze later moet parasiteren.

Dat is nog geen antwoord op de vraag met welk exemplaar ze moet paren. Recent onderzoek naar de koevogel uit Noord-Amerika maakt aannemelijk dat jonge parasieten hun eigen soort herkennen met een speciaal 'wachtwoord': een signaal in de vorm van een kreet of bepaald gedrag dat uniek is voor een bepaalde soort. Daardoor is de jonge broedparasiet gemotiveerd om ook andere aspecten van zijn ware identiteit te onderzoeken om er zeker van te zijn dat hij met de juiste soort paart.[18]

In de jaren dertig stond inprenting overal in het centrum van de belangstelling. De meer algemene kwesties waren, uiteraard, instinct en intelligentie, en de eeuwenoude vraag naar de plaats van de mens binnen de natuur. De oude Grieken, niet gehinderd door de beperkingen van het christendom, zagen dieren en mensen als onderdeel van één groot plan, terwijl de Kerk in de middeleeuwen benadrukte dat mensen anders – en superieur – zijn. Beesten en bloemen waren alleen maar op de wereld gezet ten faveure van de mens: om gebruikt en – straffeloos – misbruikt te worden. Halverwege de zestiende eeuw werd de greep van de Kerk zwakker, deels omdat men, na het verschijnen van de encyclopedieën van Gessner, Belon en Aldrovandi meer ging nadenken over dieren.

Ook in moreel opzicht werden dieren langzamerhand serieus genomen. Dat wil zeggen: tot René Descartes zijn opvattingen begon te verkondigen. Als sleutelfiguur in de wetenschappelijke revolutie aan het begin van de zeventiende eeuw – het zoeken naar rede en waarheid en het wegvagen van magie en folklore – moest Descartes kiezen tussen twee uitersten: zijn katholieke geloof (en angst voor de inquisitie) en de wetenschap. Hij vond een middenweg door dieren te bestempelen als zielloze automata die volkomen instinctief handelen. Iedereen die ooit nauwkeurig naar vogels had gekeken, wist dat dit belachelijk was, en een van de heftigste tegenstanders van Descartes was John Ray:

> Deze opvatting kan ik nauwelijks verdragen, moet ik zeggen [...]. Ik zou eerder denken dat dieren behept zijn met een lagere graad van verstand, dan dat het pure machines zouden zijn [...]. Mocht het waar zijn, dat beesten automata of machines zijn, dan zouden zij geen gevoelens of ervaringen kennen als plezier of pijn, en zouden er ten aanzien van hen geen wreedheden kunnen worden begaan; hetgeen tegengesteld is aan de treurige indruk die zij maken als zij geslagen of gepijnigd worden, en eveneens tegengesteld aan het gezonde verstand van de mensheid.[19]

Een deel van Ray's diepe afkeer betrof het feit dat Descartes' opvatting (hoe paradoxaal!) het bestaan van God leek te ontkennen. Voor Ray en andere protestanten leverden flora en fauna tot in al hun nerven en poriën het onomstotelijke bewijs dat God bestond, en dat Diens wijsheid

1. La grande l'euve d'Angola, réduite.
2. La même l'euve, après la Mue, de grandeur naturelle.

Ook de paradijswida is een broedparasiet, met dat verschil dat hij slechts op één soort, de melba-astrilde, parasiteert. De jonge parasieten leren de zang van hun gastouders om te weten met wie ze later in hun leven níet moeten paren, maar op wie ze wél moeten parasiteren. (Buffon, 1778)

*Het nest van de staartmees is een van de meest complexe en precieuze vogelnesten. Het is afgewerkt met korstmos dat bijeengehouden wordt door spinrag en is met honderden veertjes gevoerd. (Hayes, 1825)*

zich openbaarde in het hele gedragsrepertoire van vogels, of dat gedrag nu instinctief was of – soms – 'intelligent' leek. Een deel van het instinctieve gedrag dat Ray beschreef, betrof het fenomeen dat ouderparen die hun jongen voedsel brengen geen enkel exemplaar over het hoofd zien, al kunnen ze, zei hij, niet tellen. Gods wijsheid was ook manifest in de moed waarmee ouderparen hun jongen verdedigden: iets wat 'strijdig is met elke notie van instinct of overlevingsdrift'. Vervolgens beschreef Ray wat in zijn ogen vreemde instincten waren, bijvoorbeeld het feit dat jongen van pluimvee en patrijzen zich verstoppen als hun ouders een alarmkreet slaken wanneer ze een roofdier zien, ook al hebben die jongen zo'n roofdier nog nooit gezien en zo'n alarmkreet nog nooit gehoord.

Een hardnekkige kwestie bij de bestudering van vogels was of nesten bouwen iets instinctiefs is, of dat jonge vogels het moeten leren door naar oudere vogels te kijken. Ray en Willughby kozen klip-en-klaar voor het instinct. Ze wezen erop dat vogels die door mensen gefokt worden en de kunst dus niet van oudere vogels kunnen afkijken, nog steeds hetzelfde soort nesten bouwen: een duidelijk bewijs dat het bouwen van nesten grotendeels aangeboren is.[20]

Kleine vogels werden al sinds de vroegste tijden als huisdier gehouden, vooral vanwege hun vermogen om allerlei kunstjes te doen. In Europa werd een van de bekendste opgetekend door Plinius en prachtig verbeeld door de zeventiende-eeuwse Duits-Hollandse schilder Abraham Mignon: een puttertje dat een emmertje water of zaad omhoogtrekt om zichzelf mee te voeren.

Bij een ander populair kunstje konden kleine vogels mensen de toekomst voorspellen. Hele toneelstukken werden daarbij opgevoerd, en in Japan speelde de bonte mees daarin meestal de hoofdrol. De verschillende bedrijven van het stuk weerspiegelen de handelingen van mensen die een altaar bezoeken: de mees haalt bij zijn oppasser een munt die hij in een miniatuurcollectebus stopt; vervolgens hupt hij de trap naar het altaar op en trekt aan een bel; hij doet de altaardeur open, stapt naar binnen, pakt een rood papiertje waarin een boodschap gevouwen zit en daalt de trap weer af; hij trekt het papiertje van de boodschap en draait die rond in zijn snavel, zo vaak als hem dat geleerd is. Ten slotte vliegt de mees terug en overhandigt hij de boodschap aan de trainer, die hem beloont en de toekomstvoorspelling doorgeeft aan de bezoeker.[21]

Onze fascinatie voor vogels en andere dieren die dit soort kunstjes beheersen, raakt aan onze obsessie met de plaats van de mens op aarde. Het is opvallend hoe lang wij benadrukt hebben dat we ver van de dieren afstaan en heel wat slimmer zijn dan zij. Maar wat zijn we dol op slimme dieren! Dieren die kunstjes doen, oogsten onze bewondering en ons respect. Op een bepaalde manier staan ze door hun 'slimheid' dichter bij ons, waardoor we geneigd zijn menselijke eigenschappen aan hen toe te dichten en gevoelens voor hen op te vatten.

De ene vogelsoort leert sneller dan de andere, maar tegenwoordig interpreteren we de verschillen in temperament en aanleg om te leren (en kunstjes te doen) in termen van natuurlijke selectie. Het toneelstukje waarbij het puttertje aan een touwtje trekt, werd lange tijd gezien als een duidelijk bewijs van zijn intelligentie, hoewel hij niet veel anders doet dan wanneer hij grashalmen door zijn tenen haalt om bij de zaadjes aan de uiteinden te komen: iets wat hij in de vrije natuur ook doet. Ook het kunststukje van de bonte mees lijkt veel op zijn gedrag in het wild. Hij verstopt zaden, haalt ze weer tevoorschijn en trekt de papierachtige zaaddoosjes eraf om bij zijn voedsel te komen. Mezen beschikken over een geraffineerd cognitief vermogen, met hun grote ruimtelijke geheugen kunnen ze verborgen zaden makkelijk terugvinden.[22]

Dat onze voorouders het zo moeilijk vonden om dit soort kunstjes te duiden, kwam onder andere door de terminologie die ze hanteerden. Dat was zo'n verschrikkelijke warboel dat het wel fout moest gaan. De termen 'aangeboren' en 'instinctief' (letterlijk: van binnenuit) waren redelijk helder, en ze konden fraai gedemonstreerd worden met een tamme vogel die in staat is een volmaakt nest te bouwen. Maar termen als 'intelligentie' en 'verstand' zorgden voor verwarring – tot op de dag van vandaag. Een mooi voorbeeld is wat Plinius beweerde over de 'instinctieve slimheid' van vogels die nesten bouwen:

> Zwaluwen bouwen nesten van modder, die zij versterken met stro. Wanneer er geen modder voorhanden is, nemen zij met hun veren water op, dat zij

*De in Japan levende bonte mees is afgericht om een ingenieus kunstje op te voeren waarin de toekomst voorspeld wordt, inhakend op zijn natuurlijke neiging om zaden te verbergen en tevoorschijn te halen. (Temminck en Schlegel, 1845-1855)*

vervolgens boven het stof van zich afschudden. De binnenkant van het nest bekleden zij met zachte veren en wol, zodat de eieren warm blijven en het nest niet hard en ruw is wanneer de jongen zijn uitgekomen.[23]

In het verleden is vaak gedacht dat vogels en andere dieren slim en bewust opereren als ze iets vernuftigs doen, zoals het bouwen van ingenieuze nesten of het opvoeren van kunststukjes. Tegenwoordig karakteriseren we dergelijk gedrag als adaptatie, wat nog niet impliceert dat dit gedrag aangeboren is, of juist niet. De crux is of leren iets intelligents is dat op verstand wijst. Op een gegeven moment ging men uit van een glijdende schaal, met (genetisch bepaalde) instincten aan de ene kant en leren, verstand en intelligentie aan de andere: van *nature* tot *nurture*. In de woorden van Darwin: 'Cuvier beweerde dat instinct en intelligentie elkaar uitsluiten.'[24] De werkelijkheid is veel complexer, ontdekte Darwin. Eén manier om dieren in te schatten, was hun plek op de schaal: hoe dichter bij het verstand, en dus de mensen, hoe waardevoller ze moesten zijn.

Van alle kunstjes die vogels beheersen, is hun vermogen om te praten het meest indrukwekkend. Ray en Willughby schreven er het volgende over:

> Veel vogels zijn heel vindingrijk en gezeggelijk, getuige het feit dat zij zo makkelijk kunnen leren de menselijke stem na te bootsen en verstaanbaar te spreken, hetgeen met geen enkele viervoeter (voor zover ik zag of hoorde) ooit zal gelukken, ook al lijken hun organen daartoe beter geschikt, daar zij veel meer op die van de mens lijken.[25]

In hun encyclopedie vermelden Ray en Willughby verschillende gevallen van pratende papegaaien. Een daarvan was afkomstig van de Franse botanicus en ontdekkingsreiziger Charles de Lécluse. Het betrof een vogel die op het commando *Riez, perroquet, riez* ('Lach, papegaai, lach'), inderdaad in lachen uitbarstte, en vervolgens tot ieders vreugde zei: 'O grote gek die mij doet lachen.' Een ander verhaal verscheen voor het eerst in Conrad Gessners encyclopedie van 1555. Het moest illustreren hoe goed sommige papegaaien in staat zijn om op het juiste moment de juiste dingen te zeggen, wat vaak geïnterpreteerd werd als intelligent. Een papegaai van Hendrik VIII viel in Westminster Palace uit het raam en belandde in de Theems. De vogel herinnerde zich heel ad rem een zin die hij eens gehoord had, en riep: 'Een boot, een boot voor twintig pond!' Het hielp: de papegaai werd opgepikt door een schipper en bij de koning terugbezorgd.[26]

Een mooi verhaal, maar waarschijnlijk apocrief. Niettemin blijft het vermogen van papegaaien om sommige dingen of gebeurtenissen te koppelen aan bepaalde zegswijzen, fascinerend. In 1790 schreef William Smellie – natuurkenner, filosoof en vertaler van het werk van Buffon – nadat hij een voorbeeld had gememoreerd dat veel geloofwaardiger was:

> In dit geval, en in vele die daarop lijken, zijn de objecten en de geluiden overduidelijk in de geest van het dier met elkaar verbonden. In hoeverre deze associaties door geduldige en langdurige scholing verder ontwikkeld zouden kunnen worden, valt moeilijk te zeggen. Wel is duidelijk dat een papegaai op deze manier een aanzienlijke woordenschat met aanzienlijk veel zelfstandige naamwoorden, of namen van alledaagse dingen, kan worden bijgebracht. Maar zijn verstand zal hoogstwaarschijnlijk nooit toereikend zijn om werkwoorden en andere zinsdelen te gebruiken.[27]

Twee eeuwen later gaf een wetenschapper één papegaai precies die geduldige en langdurige scholing waar Smellie het over had – en kon hij aantonen dat de cognitieve vermogens van papegaaien veel groter zijn dan Gessner, Willughby, Ray of wie dan ook ooit hadden voorzien.

Ray's opvatting dat vogels en andere dieren níet wezenlijk anders zijn dan mensen, won geleidelijk meer terrein. Dat was voornamelijk te danken aan de geschriften van ornithologen als baron Von Pernau, Johann Zorn en Johann Leonard Frisch, die kort na 1700, geïnspireerd door *The Wisdom of God*, het gedrag van vogels observeerden, registreerden en naar vermogen interpreteerden. Ook op meer filosofisch terrein werd vooruitgang geboekt toen de ideeën van Descartes door de briljante filosoof David Hume werden aangevallen: 'Geen enkele waarheid komt mij meer evident voor dan deze, namelijk dat beesten met net zo veel rede en verstand behept zijn als mensen.' Wetenschapshistoricus Philip Gray verwoordde het in de jaren zestig van de vorige eeuw als volgt:

> Het is opmerkelijk dat in landen en bij volken waar dieren slechts als gebruiksvoorwerpen behandeld worden – wat in Hume's Engeland zelden het geval was –, weinig ontdekt is over het gedrag van dieren, en nog minder over het gedrag van mensen.[28]

De verwarring rond instinct en (aan)leren wordt belichaamd door de filosoof Abbé de Condillac die in zijn boek *Traité des Animaux* beweert dat instinctief gedrag bestaat uit 'verworven vaardigheid, vanuit ervaring ontwikkeld'. Daarmee zegt hij in feite dat instincten zijn aangeleerd – en demonstreert hij dat veel misverstanden rond diergedrag voortkomen uit een gebrek aan definities en, zoals in zijn geval, een enorme verwarring rond instinct en leervermogen.[29]

William Smellie ontwierp eind achttiende eeuw in zijn *Philosophy of Natural History* een zinnige classificatie van instincten. Deze loopt van 'zuivere' instincten (zoals het afscheiden van feces en urine, en het niezen) via instincten die zich 'kunnen aanpassen aan bijzondere situaties en omstandigheden' (bijvoorbeeld bij vogels die alléén in gebieden met apen hun nest aan het eind van een tak bouwen) tot 'instincten die verbeterd kunnen worden door ervaring en waarneming'; met dat laatste bedoelt hij 'leren'. Zonder die begrippen te noemen, maakt Smellie een onderscheid tussen instinct en leervermogen, maar tegelijkertijd erkent hij onbewust dat leren een overgeërfde component kan bevatten. Helaas blijkt uit niets dat Smellies opvattingen in zijn eigen tijd weerklank vonden.[30]

In een wanhoopspoging om voor eens en altijd te bepalen of mensen en dieren van elkaar verschillen, besloot Julien Offray de la Mettrie rond 1750 zelf dieren te gaan africhten. Hij stelde vast dat dieren een beperkt leervermogen hebben, wat hem ingaf dat er hoe dan ook een fundamenteel verschil bestaat tussen mensen en niet-mensen.[31] Eén persoon deelde die interpretatie niet: Charles Georges Leroy, jachtopziener van

Louis xv. De la Mettries uitkomsten waren precies wat men had kunnen verwachten, schreef hij: dieren leren slechts wat voor hun manier van leven noodzakelijk is, het is onlogisch méér van hen te verwachten. Een opmerkelijk moderne, evolutionaire opvatting.

Charles Georges Leroy was een bijzonder amalgaam van natuurhistoricus, denker en schrijver. Hij pendelde onvermoeibaar heen en weer tussen *la chasse* (de jacht) en de intellectuele kringen van Parijs, hij kende Buffon, en hij werd door hem geciteerd. En hij kende de dieren. Zijn enorme inzicht in hun gedrag stoelde grotendeels op zijn ervaringen tijdens de jacht. Rond 1765 maakte hij zijn ideeën, waarvan er sommige behoorlijk extreem waren, onder het pseudoniem 'de Naturalist van Neurenberg' wereldkundig. In 1870 verscheen daar een Engelse vertaling van onder de titel *The Intelligence and Perfectibility of Animals From a Philosophic Point of View*. Het heeft de vorm van een serie brieven aan 'een jonkvrouw, *comtesse* d'Angiviller', met wie de auteur 'intiem' verkeerde (dat beweert hij althans in het voorwoord van de Engelse editie):

> Het is al weer een tijd geleden, Madame, dat u mij vroeg naar de brieven over dieren en mensen van de Naturalist van Neurenberg. Het kostte mij zeer veel moeite dit werkje te vinden, dat inmiddels zeldzaam is, maar het doet mij genoegen het u nu te kunnen zenden. Het zal u ter ore zijn gekomen dat ook ik enige waarnemingen over de aard van dieren heb gedaan en daarover heb nagedacht, en u zoudt willen dat ik die met u deel. Wat u wenst, zal geschieden [...], vandaar dat ik aan de brieven van de Naturalist er enige van mijn eigen hand toevoeg [...].[32]

W.H. (Bill) Thorpe noemt in zijn geschiedenis van het onderzoek naar diergedrag uit 1979 Leroy een belangrijke figuur, vooral omdat hij vooruitliep op het idee van een 'ethogram': een beschrijving van het gedragsrepertoire van een soort.[33] Het ethogram was een fundamenteel begrip voor de pioniers van de studie van diergedrag, oftewel ethologen. Leroy drukte zich iets anders uit, maar zijn standpunt is duidelijk: 'Het liefst wil ik een biografie van elk dier.' Tekenend is dat ook hij inzag dat instinct, 'een soort erfelijke aanleg of neiging om bepaalde handelingen te verrichten', samen met aanleren een belangrijke determinant is voor diergedrag. Descartes' notie van automaten, die nog altijd bijval vond, verwierp hij volledig: 'Wie een groot aantal exemplaren uit verschillende soorten heeft bestudeerd [...], kan niet anders dan het idee van automatisme – alsof het louter machines zijn – volledig verwerpen.' Als dieren werkelijk automaten zijn, zei hij, dan zouden ze in eenzelfde situatie exact hetzelfde reageren, maar dat blijkt niet het geval te zijn. Mensen geloofden het echter omdat ze, anders dan hijzelf, niet nauwkeurig genoeg naar dieren hadden gekeken: '[D]eze uniformiteit is niet zo groot als ze op het eerste gezicht lijkt. Dat we verkeerd oordelen komt door een tekort aan voldoende waarnemingen, en omdat we mogelijkerwijs niet over de middelen beschikken om tot een juist oordeel te komen.'[34]

Het begrip *perfectibility* in de Engelse titel van Leroy's boek verwijst naar het vermogen van dieren om hun gedrag op basis van ervaring aan te passen en zichzelf te 'verbeteren', net zoals mensen dat doen. Leroy zag ook goed in dat het gedrag van elk dier toegesneden is op diens eigen levenswijze. Met andere woorden: gedrag is adaptief. Darwin had het boek van Leroy gelezen, maar zei er weinig over. Dat is nogal vreemd, omdat Leroy vooruitloopt op sommige darwinistische begrippen, inclusief adaptatie en de notie dat vrouwtjes zelf hun partner kiezen, wat de harde kern is van Darwins opvatting over seksuele selectie. Leroy liep eveneens vooruit op een aantal andere belangrijke noties, zoals blijkt uit de volgende passage over zelfzuchtige genen.

> Bij die soorten waar de zorg van ouderparen zich vooral richt op het belang van het eigen nest, zien wij geen genegenheid voor de soort als geheel, maar eerder een felle haat voor soortgenoten die niet tot het nest behoren [...]. De patrijs, die uiterst toegewijd en actief is als het het welbevinden van haar eigen broedsel betreft, achtervolgt en vermoordt zonder medelijden elke vogel die niet bij haar hoort [...].[35]

Thorpe was mede gecharmeerd van Leroy omdat deze gedetailleerde waarnemingen op hun waarde wist te schatten. Zo schreef Leroy bijvoorbeeld:

> Alleen een sportman [i.c. een jager] heeft een goed oog voor de intelligentie van dieren. Om dieren goed te begrijpen, moet men dichtbij hen hebben gestaan, hetgeen van de meeste natuurfilosofen niet gezegd kan worden [...]. Sportlieden, die observeren omdat zij daartoe alle gelegenheid hebben, hebben zelden de tijd en het vermogen om verbanden te leggen; maar filosofen, die zonder oponthoud raisonneren, krijgen nauwelijks de gelegenheid om te observeren.[36]

De blijvende betekenis van Leroy schuilt in zijn opvatting dat veel diergedrag 'het product van verstand' is, dat wil zeggen dat het iets als bewustzijn veronderstelt – wat de reden zou kunnen zijn dat Darwin verkoos weinig over Leroy's ideeën te zeggen. In een verder nogal matte bespreking van Leroy's boek beschrijft Alfred Russel Wallace hem als een 'hartstochtelijk onderzoeker van de natuur die zijn eigen waarnemingen deed, zijn eigen gedachten dacht en met veel van zijn ideeën ver vooruitliep op zijn tijdgenoten, de grote filosofen van de vorige eeuw'.[37]

Erwin Stresemann was minder positief. Hij vond dat Leroy een overdreven romantische kijk op diergedrag in de hand had gewerkt, die onder andere resulteerde in boeken als Scheitlins *Science of Animals Souls* uit 1840, waarin beweerd wordt dat 'sympathie, medeleven, liefde en haat, dankbaarheid, ijdelheid, respect, hoogmoed en trots' allemaal in diergedrag aan te wijzen zijn. Door de felle reactie op Descartes' kijk op dieren sloeg de balans te veel door naar de andere kant. Deze ideeën werden 'omarmd door een romantische generatie die zichzelf in de rol van dierenbeschermer zag', merkte Stresemann wanhopig op.[38]

De publicatie van Darwins *Origin* in 1859 betekende het einde van de duidelijke scheidslijn tussen mensen en niet-mensen. De verwarring over instinct en intelligentie duurde voort, maar Darwins ideeën bliezen nieuw leven (en zorgden voor behoorlijk wat controverse) in het onderzoek naar diergedrag waartoe Ray anderhalve eeuw eerder het startsein had gegeven. Darwins kijk op instinct was, zoals verwacht, beperkt. Hij constateerde dat veel instincten, met inbegrip van zelfbehoud, moederliefde, seksueel gedrag en het zoogpatroon van jonge dieren, aanwezig zijn bij

*Het gevarieerde gedrag dat mannetjes – zoals deze zwartkop – tijdens het broedseizoen tegenover vrouwtjes en rivaliserende mannetjes tentoonspreiden, stelde ornithologen vroeger voor raadsels. Was dergelijk gedrag aangeboren of was het aangeleerd? Kenden vogels dezelfde emoties als mensen? (Howard, The British Warblers, 1909)*

mensen en bij niet-mensen. Maar het leed volgens hem geen twijfel dat veel 'lagere dieren, net als de mens, overduidelijk plezier en pijn, geluk en narigheid kennen'.[39] Darwin wist het antropomorfisme van Scheitlin en anderen te omzeilen. Hij bemoeide zich niet met het instinct-intelligentiedebat, maar wees er wel op dat de opvatting dat instinct en intelligentie elkaar uitsluiten, simplistisch is.[40]

Bijna onvermijdelijk bevorderde Darwins bewijsvoering dat wij allen dieren zijn een geromantiseerde visie op de natuur, en op vogels in het bijzonder. In Engeland verzamelde George Romanes 'bewijzen' in de vorm van ontelbare dwaze anekdoten over de vergelijkbare intelligentie van mens en dier. Alfred E. Brehm deed ongeveer hetzelfde in Duitsland. Hij was de zoon van de bekende, zeer gerespecteerde academische ornitholoog Christian Ludwig Brehm, die actief was tijdens het zogenaamde gouden tijdperk van de veldornithologie (1820-1850).[41] Net als Ray zag Brehm senior, een dorpspastoor, de opmerkelijke samenhang tussen vorm en functie bij vogels als uitvloeisel van Gods wijsheid: 'Hoe religieuzer onze harten zijn, des te meer wordt de sluier opgelicht die zweeft tussen Gods hand en onze vertroebelde blik.'

Het is niet moeilijk om ornithologie die gevoed of gedreven wordt door religie te verwerpen, maar Brehms onderzoek naar de anatomische adaptaties en de lichaamsbouw van vogels leverde een belangrijke bijdrage aan de ornithologie. Zijn zoon Alfred, een bewonderaar van Scheitlins antropomorfisme, keek iets anders tegen de wereld aan. Verblind door zijn eigen populariteit verkondigde hij dat vogels een karakter, verstand en intellect hebben, en dat ze emoties kennen. Met zijn bewering dat vogels konden leren om instinctief iets te doen, zoals het bouwen van een nest, hield hij de niet-aflatende spraakverwarring over instinct en (aan)leren in stand.

De bijdrage van Brehm junior aan het doorgronden van vogelgedrag kan op zijn minst halfslachtig worden genoemd. Positief was dat hij de belangstelling voor vogels stimuleerde, ook al leunde hij daarbij zwaar op de popularitet die de natuurfilosofie in de eerste helft van de negentiende eeuw genoot. Tegelijk was Brehm junior een wandelende contradictie. Hij propageerde Darwins ideeën, maar zijn hang naar romantiek was volledig in strijd met de ontwikkelingen in de wetenschappelijke ornithologie. Een Duitse psycholoog uit zijn tijd vond zijn werk 'vulgaire psychologie', en men hoort een gefrustreerde Erwin Stresemann bijna kreunen als hij het heeft over Brehms onverantwoorde exuberantie.[42]

Brehms onmogelijke combinatie van darwinisme en antropomorfisme bracht hem rechtstreeks in conflict met Bernard Altum, voorzitter van de Deutsche Ornithologen-Gesellschaft. Altum was opgeleid als geestelijke (uiteindelijk zou hij kapelaan van de kathedraal van Münster worden), en geheel in de lijn der verwachtingen was hij een felle antidarwinist. Tegelijk verzette hij zich tegen Brehms ornithologische romantiek: 'Een dier denkt niet, reflecteert niet, stelt zichzelf geen doelen, en wanneer het toch doelgericht handelt, moet iemand anders dat bedacht hebben.' Met andere woorden: vogels kennen moraal noch verstand, en als ze toch iets verstandigs lijken te doen, worden ze geleid door God. Ondanks zijn godvrezendheid was Altum een goede onderzoeker. Zijn antipathie voor Darwin sorteerde weinig effect, maar door zijn felle aanval op Brehms romantische aanpak kreeg het onderzoek naar instinct weer een stevig wetenschappelijk fundament.[43]

Alfred Brehm inspireerde een nieuwe generatie ornithologen. Wat zijn tekortkomingen ook waren, zijn omvangrijke en gevoelige geschriften wekten bij zijn navolgers belangstelling voor wat dieren werkelijk doen. De belangrijkste onder hen was Oskar Heinroth, directeur van het Aquarium van de Berlijnse dierentuin. Heinroth kwam als eerste op het idee dat instinctief gedrag, bijvoorbeeld het baltsgedrag van eenden, een aanwijzing kan zijn voor de verhouding tussen soorten in de evolutie, net als de anatomische bouw.[44]

De betekenis van dit idee voor de geschiedenis van de ornithologie was enorm. Na de dood van John Ray hadden het systematisch onderzoek van vogels en het onderzoek van hun gedrag tweehonderd jaar lang gescheiden wegen bewandeld, maar door een begrip te introduceren dat binnen beide disciplines bruikbaar was, schiep Heinroth de mogelijkheid om beide terreinen met elkaar te verenigen. Zoals zo vaak gebeurt, kreeg iemand anders – in dit geval Konrad Lorenz – de credits voor het idee dat gedrag een taxonomisch instrument kan zijn, ook al noemde Lorenz Heinroth als zijn inspiratiebron.

Degene die er uiteindelijk in slaagde deze theoretische mogelijkheid werkelijkheid te laten worden, was Erwin Stresemann. Het was niet toevallig dat Stresemann Lorenz' talenten zo vroeg herkende en hem overhaalde om zijn medisch onderzoek te verruilen voor gedragsonderzoek, want deze nieuwe discipline zou na eeuwen controverses en verwarring eindelijk helderheid scheppen. De meeste opvattingen van eerdere gedragswetenschappers over instinct zijn inmiddels achterhaald, maar hun verfijnde waarnemingen en hun ingenieuze experimenten met vogels en andere dieren stonden aan de wieg van een spectaculaire bloei van gedragsstudies die tot op de dag van vandaag voortduurt.[45]

Lorenz' reputatie heeft de tand des tijds minder goed doorstaan dan die van zijn mede-Nobelprijslaureaten. Dat kwam onder andere omdat hij tijdens de Tweede Wereldoorlog sympathiseerde met de nazi's en zich daar nooit echt voor heeft willen verontschuldigen. Ook hield hij hardnekkig en op arrogante wijze vast aan zijn wetenschappelijke opvattingen toen die al lang achterhaald waren. En ten slotte wordt de manier waarop hij dieren gevangen hield en bestudeerde niet langer als wetenschappelijk beschouwd. Het onderzoek is sindsdien geïnstitutionaliseerd en geprofessionaliseerd, maar het valt niet te ontkennen dat Lorenz door zijn hechte band met ganzen, kauwen en andere soorten op ongeëvenaarde wijze allerlei nuances in hun gedrag wist te onderscheiden – een methode die volgens mij nog steeds veel te bieden heeft wanneer je dieren beter probeert te begrijpen.[46]

Niko Tinbergens reputatie staat nog steeds recht overeind, voor een deel omdat hij het onderzoeksterrein af wist te bakenen. Hij deed dat door de verschillende vragen die ten aanzien van gedrag gesteld kunnen worden, te herleiden tot vier 'waaroms'. De eerste twee daarvan hebben betrekking op mechanismen: (I) Waar wordt gedrag door aangedreven? (II) Hoe ontwikkelt gedrag zich tijdens het leven van een dier? De andere twee 'waaroms' hebben betrekking op de evolutie: (III) Hoe heeft gedrag zich in de loop van de evolutie ontwikkeld? (IV) Wat is de adaptieve functie van gedrag?[47]

Als we een grote karekiet horen zingen, kunnen we ons allereerst de

*Zingen is een zeer karakteristieke eigenschap van vogels, die ornithologen vanaf het allereerste begin gefascineerd heeft. Hoe komen mannetjes, zoals deze grote karekiet, aan hun luidruchtige en gevarieerde zang? Welk doel heeft zingen en waar wordt het door veroorzaakt? (Howard, The British Warblers, 1910)*

vraag stellen waar dit gedrag door gestimuleerd wordt. Wat zijn de interne mechanismen (hormonen, neuronen, spieren, hersenfuncties) die deze vogel aanzetten om te zingen, en wat de externe factoren? In de tweede plaats kunnen we ons afvragen waar de grote karekiet in de loop van zijn ontwikkeling op deze manier heeft leren zingen. Heeft hij het van een andere grote karekiet geleerd, of is zingen hem aangeboren? Deze laatste vraag richt zich op de ontwikkeling van het gedrag tijdens het volwassen worden van de grote karekiet. In de derde plaats kunnen we ons afvragen waarom deze vogelsoort op deze manier zingt: waarom zingt een grote karekiet meer als een rietzanger dan als een winterkoninkje?

Hier wordt Heinroths opmerking over gedrag als indicatie voor de plaats in de evolutie relevant: de zang van de grote karekiet en de rietzanger lijkt op elkaar omdat ze dezelfde voorouders hebben. Ten slotte kunnen we ons afvragen wat de functie van het gedrag is. Hoe bevordert zingen de kans dat een vogel nakomelingen zal voortbrengen? Deze laatste vraag betreft de adaptieve betekenis van gedrag. En dat is precies wat John Ray in de zeventiende eeuw al belangrijk vond en wat tegenwoordig de centrale vraag is voor een hele generatie onderzoekers (onder wie veel ornithologen) die zich bezighouden met gedragsecologie.[48]

Tinbergen professionaliseerde het onderzoek naar diergedrag. Hij maakte het wetenschappelijk acceptabel door anekdotes te vervangen door harde conclusies uit ingenieuze veldexperimenten en laboratoriumonderzoek. De ethologie is sinds Tinbergen inmiddels zo volwassen geworden, dat onderzoekers niet langer bang zijn om opnieuw onderwerpen aan te snijden die ooit verdacht of taboe waren, met name zaken als intelligentie en persoonlijkheid. Een goed voorbeeld is het maken en gebruiken van werktuigen door kraaien.

Voor de wipsnavelkraaien uit Nieuw-Caledonië is het heel gewoon om van twijgen of palmbladen een haakje te maken en daarmee insectenlarven uit boomholten te halen. Dat doen ze zo handig dat grote apen er onbeholpen bij afsteken. Wanneer je gevangen wipsnavelkraaien een stuk draad geeft – iets wat ze waarschijnlijk nooit eerder gezien hebben – kunnen ze dat ombuigen om voedsel 'aan de haak' te slaan. Om hun inventiviteit te testen, krijgen ze een stuk draad van tien centimeter en wordt er een 'onbereikbaar' stuk vlees in een emmertje gelegd, dat op de bodem van een doorzichtige plastic pijp staat. De kraaien schatten de situatie razendsnel in, maken van de draad een haak en halen daarmee het emmertje, en dus ook het voedsel, omhoog.[49]

Eén verklaring voor de geweldige slimheid van deze kraaien luidt dat ze daarvoor een speciale hersenmodule bezitten, die weinig verschilt van de modulen waarmee andere vogels slimme dingen doen, zoals aan een touwtje trekken, een ingenieus nest bouwen of in de juiste windrichting wegtrekken. Interessant is verder dat niet alle wipsnavelkraaien de problemen kunnen oplossen waarvoor onderzoekers hen stellen. Ook zijn niet alle puttertjes slim genoeg om aan het touwtje te gaan trekken. In gevangenschap is ongeveer een kwart van alle puttertjes 'uitvinder': ze trekken aan het touwtje zonder dat ze dat anderen zagen doen. Een tweede kwart is 'imitator': ze komen pas op het idee door anderen. De rest bestaat uit 'sufferds' die het kunstje nooit zullen leren.[50]

De eenvoudige proeven met wipsnavelkraaien verraden complexe cognitieve vermogens en roepen de vraag op hoe deze vogels zich het gebruik van werktuigen hebben aangeleerd. Een deel van het – fascinerende – antwoord komt uit het onderzoek naar een vogel die ook met werktuigen werkt: de spechtvink. Deze vogel, een van Darwins dertien beroemde vinkensoorten op de Galapagos-eilanden, gebruikt takjes of cactusnaalden (maar geen haken) om insectenlarven uit gaten of van onder een schors los te peuteren. Lang niet alle volwassen spechtvinken bedienen zich van werktuigen; onderling vertonen ze dezelfde verschillen als de Nieuw-Caledonische wipsnavelkraaien en puttertjes. Opvallend is wel dat volwassen spechtvinken die geen werktuigen gebruiken, dat ook niet leren als ze het anderen zien doen, terwijl jonge spechtvinken die in gevangenschap met takjes en cactusdoornen gespeeld hebben allemaal werktuiggebruikers worden, of ze dat andere vinken nu hebben zien doen of niet. Deze opmerkelijke resultaten tonen aan dat spechtvinken een genetisch voorgeprogrammeerd vermogen hebben om door trial-and-error tijdens een gevoelige periode in hun ontwikkeling werktuigen te leren gebruiken.[51]

Het verschil in aanleg van afzonderlijke kraaien, puttertjes en specht-

*Een favoriet kunstje gedurende minstens twee millennia: een puttertje trekt met een dunne ketting een emmertje omhoog uit een glazen houder om te kunnen drinken. (Detail van een schilderij van de Duits-Hollandse schilder Abraham Mignon, zeventiende eeuw.)*

vinken zou je net zo goed een verschil in persoonlijkheid kunnen noemen. Lorenz had vergelijkbare verschillen bij zijn ingeprente ganzen waargenomen: sommige waren schuw, andere zelfverzekerd. Maar tegelijkertijd was hij blind voor deze verschillen – totdat de grote evolutiebioloog Ernst Mayr hem erop attent maakte:

> In 1951 bezochten Gretel [Mayrs vrouw] en ik de Lorenzen in Buldern, in Westfalen. Lange discussies hadden we daar, twistgesprekken zelfs. In die tijd had Lorenz het altijd over dé grauwe gans, in zuiver typologische zin. Ik daarentegen hield vol dat elke grauwe gans anders is. 'Wanneer een grauwe gans alleen achterblijft,' zei Lorenz, 'zal hij of zij nooit meer een verbintenis aangaan.' Ik vroeg hem op hoeveel gevallen deze bewering gebaseerd was, maar zijn antwoord was nogal vaag. Maar hoe dan ook: omdat ik volhield dat elke gans als een afzonderlijk dier beschouwd moet worden, nam Lorenz uiteindelijk een speciale assistent in dienst om de activiteiten van elk lid van de groep op de voet te volgen. Elke gans kreeg zijn eigen kaart in de kaartenbak en iedere dag werd alles over elke gans genoteerd. Uiteraard had hij al binnen een jaar één of twee gevallen van achtergebleven ganzen die een nieuwe verbintenis aangingen. Ook veel andere apodictische uitspraken over de grauwe gans werden onderuitgehaald door afzonderlijke gevallen.[52]

Ook hierna ging Lorenz nooit op zoek naar verschillen in persoonlijkheid, misschien omdat hij erop beducht was van antropomorfisme beschuldigd te worden. Maar tegenwoordig is het onderzoek naar diergedrag de luiers ontgroeid, het heeft zijn horizon verbreed en 'persoonlijkheid' is opeens een hot issue geworden. Iedereen die intensief met dieren gewerkt heeft, weet dat afzonderlijke exemplaren onderling vaak grote verschillen vertonen, met name in hun gedrag ten aanzien van mensen.

Een van de opvallendste en minst plezierige voorbeelden betreft het vangen en houden van zangvogels. Wie in de negentiende eeuw met een fraai puttertje of een mooie goudvink een vogelconcours wilde winnen, moest een 'standvastige' kandidaat opvoeren: een vogel die trots en vastberaden op zijn stokje zat en iedereen die voorbijkwam zelfverzekerd

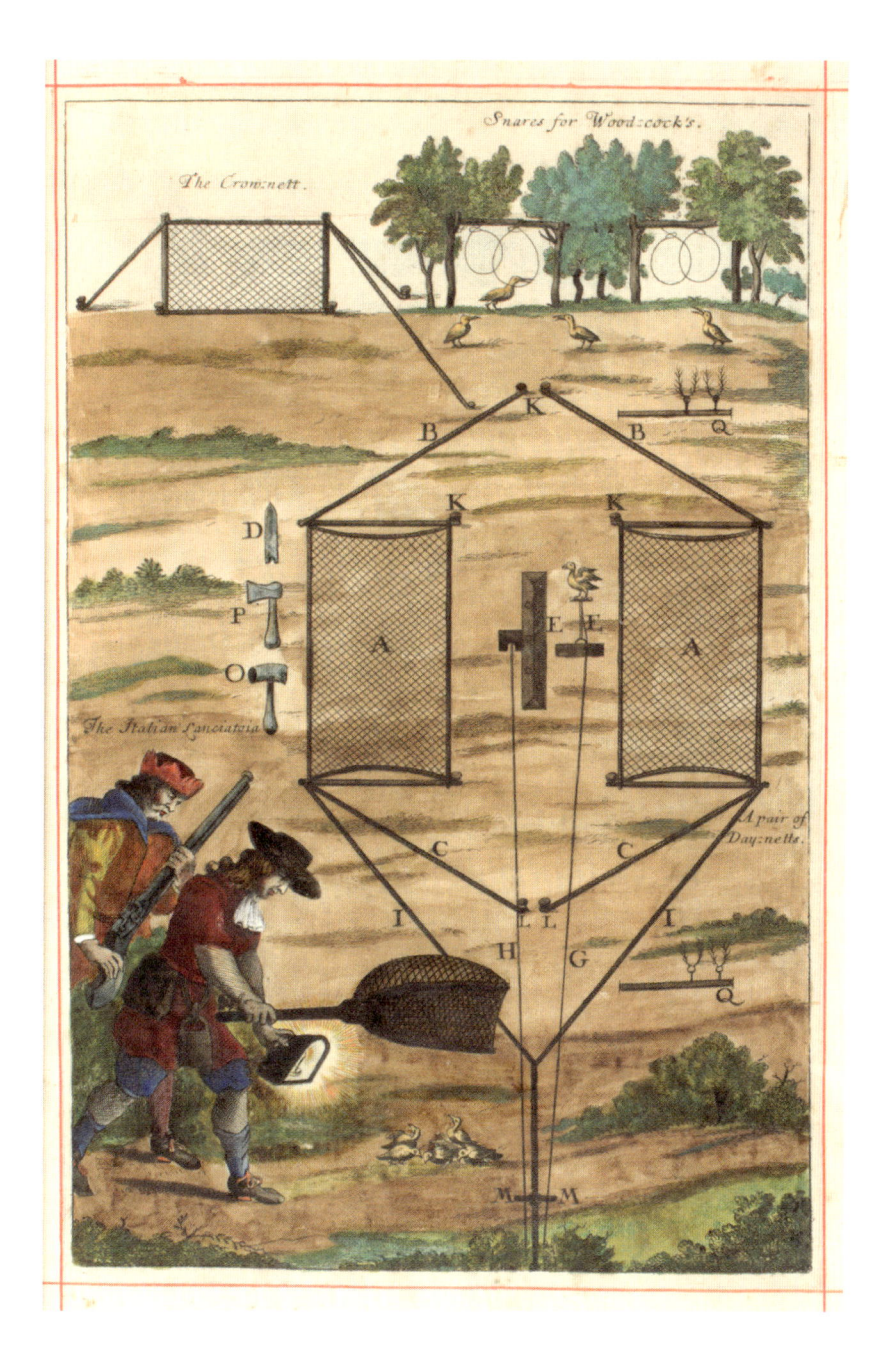

Door hun intensieve contact met vogels wisten vogelvangers dat exemplaren van eenzelfde soort in hun gedrag aanzienlijk van elkaar kunnen verschillen. Deze illustratie, die verschillende methoden weergeeft om vogels te vangen, komt uit Samuel Pepys' ingekleurde exemplaar van The Ornithology of Francis Willughby (Ray, 1678) en gaat terug op Olina (1622).

aankeek. Standvastigheid kan verbeterd worden door training, maar iedereen die vogels houdt, weet dat sommige exemplaren 'van nature' standvastiger zijn dan andere. Tot in de vorige eeuw betrok iedereen in Groot-Brittannië zijn exemplaren uit het wild om vervolgens langs brute maar eenvoudige weg vast te stellen, welk exemplaar het beste was. Na afloop van een succesvolle jacht zwaaide iedereen – zo wil het verhaal – de kooi om zijn hoofd om te kijken welke vogel op zijn stokje bleef zitten. De vogel die dat kon, mocht blijven, de rest werd vrijgelaten.

Vogelhouders zullen het begrip 'persoonlijkheid' waarschijnlijk nooit gehanteerd hebben als ze het over dit staaltje evenwichtskunst hadden, maar dat exemplaren wezenlijk van elkaar kunnen verschillen, was voor hen geen geheim. Monsieur Hervieux schreef kort na 1700 de eerste monografie over kanaries en behandelde daarin hun 'verschillende karaktertrekken en voorkeuren'; sommige vond hij melancholiek, andere vals. Valkeniers en duiven- en pluimveehouders wisten eveneens dat exemplaren onderling aanzienlijk kunnen verschillen.

Vanaf 1930 ervoeren de meeste ethologen deze individuele variaties als een ongemakkelijke, storende ruis bij hun veronderstellingen over soortspecifiek gedrag waarin slechts ruimte is voor begrensde adaptatie. En dat terwijl tegen de tijd dat Lorenz zijn beroemde onderzoek naar ganzen deed, veel psychologen hun carrière hadden gebouwd op persoonlijkheid – bij mensen. Waarom mochten individuele verschillen bij mensen wel onderzocht worden, maar diende men die bij dieren te negeren? Het antwoord moet, denk ik, gezocht worden in het feit dat psychologen en ethologen opereren binnen gescheiden territoria. Voor de laatsten was onderzoek naar zoiets mistigs als persoonlijkheid iets subjectiefs: een terugkeer naar het antropomorfisme waarvan ze zich vroeger ten koste van veel strijd bevrijd hadden.

Psychologen vragen bij hun onderzoek naar 'persoonlijkheid' hun proefpersonen vaak zichzelf te karakteriseren: zijn ze extrovert, praten ze graag, zijn ze actief, sympathiek, verlegen enzovoort. Al vrij snel werd duidelijk dat verschillende eigenschappen vaak samen optreden:

mensen die zichzelf actief vinden, zijn meestal ook spraakzaam, en vice versa. Psychologen noemen deze combinaties 'persoonlijkheidsdimensies'. Ze komen in alle culturen voor, en men gaat er dan ook van uit dat ze genetisch bepaald zijn. Of dat inderdaad zo is, valt bij mensen moeilijk hard te maken. Recent onderzoek onder niet-mensen, met name vogels, toonde echter overtuigend aan dat dit inderdaad het geval is. Dat wil niet zeggen dat omgevingsfactoren niet van belang zijn – dat zijn ze wel degelijk. De bewering dat persoonlijkheid erfelijk is, duidt slechts op een genetische component.

Een groep onderzoekers van het Nederlands Instituut voor Ecologie heeft gekeken hoe zelfverzekerd of verlegen koolmezen zijn. Met de stopwatch in de hand registreerden ze hoe snel een vogel in een nieuwe omgeving naar een nieuw object toegaat. Bijvoorbeeld: men plaatst een koolmees in een volière waarin zich iets bevindt wat deze vogel nooit eerder gezien heeft, zoals plastic speelgoed. Vervolgens meet men hoe lang het duurt voor de mees daaropaf stapt. De verschillen die men zo op het spoor komt, zijn zeer evident en veranderen niet. Kunstmatige selectie tijdens fokexperimenten heeft bovendien aangetoond dat deze verschillen erfelijk zijn. Tegelijkertijd toont dit onderzoek aan dat persoonlijkheden een zeker vermogen tot aanpassing hebben – anders zouden alle koolmezen na verloop van tijd tot één 'optimale' persoonlijkheid geëvolueerd zijn.

Het mooie van het experiment met de koolmezen is dat wilde exemplaren slechts een paar uur opgesloten hoeven te worden. Daarna worden ze weer vrijgelaten en kan de voortplanting en alles wat daarna komt, in hun natuurlijke omgeving gemonitord worden. Dit ingenieuze onderzoek toonde bovendien aan dat de jaarlijkse fluctuaties in ecologische omstandigheden ervoor verantwoordelijk zijn dat er verschillende persoonlijkheidstypen blijven bestaan. Wanneer er voldoende voedsel is, zoals beukennootjes, komen zelfverzekerde mannetjes en verlegen vrouwtjes het best de winter door. Maar wanneer voedsel schaars is, hebben verlegen mannetjes en zelfverzekerde vrouwtjes de beste overlevingskansen.

Het sekseverschil is relevant omdat de mannetjes van de koolmees

*De grijze roodstaartpapegaai uit Afrika kan veel meer dan het nabootsen van de menselijke stem. De beroemdste aller tijden, Alex, beschikte over het cognitieve vermogen van een vier- of vijfjarig kind. (Frisch, 1743-1763)*

de vrouwtjes altijd domineren. In jaren dat er voldoende voedsel is, verloopt de strijd om voedsel op vriendschappelijke wijze en komen alle vogels goed de winter door – met het gevolg dat in de lente de mannetjes onderling een heftige territoriumstrijd moeten voeren. In die situatie brengen zelfverzekerde mannetjes het er beter vanaf: ze zijn agressiever en beter in staat het broedterritorium te verdedigen. Vrouwtjes kunnen het rustig aan doen als er niet om voedsel wordt gestreden. Conflicten, en alle druk en spanning die daarbij horen, blijven hun dan bespaard. Als de wintervoorraad schaars is, is het sterftecijfer hoog en doen verlegen mannetjes het relatief goed, omdat er weinig hoeft te worden gevochten. Doortastende vrouwtjes hebben juist profijt bij voedselschaarste, het verhoogt hun overlevingskansen aanzienlijk.[53]

Niet alleen afzonderlijke exemplaren verschillen qua temperament en persoonlijkheid, ook soorten doen dat. Met name kraaien en papegaaien hebben de reputatie bijzonder slim te zijn. Wat is er zo bijzonder aan deze vogels? Zowel kraaien als papegaaien leven in een complexe omgeving waarin flexibel gedrag onontbeerlijk is om te kunnen overleven. In feite lijken kraaien en papegaaien in hun gedrag eerder op primaten (apen, halfapen en mensapen) dan op vogels. Ze worden geconfronteerd met dezelfde ecologische problemen, bevinden zich in een even veeleisende omgeving en consumeren een even grote verscheidenheid aan voedsel. Ook leven ze in complexe sociale verbanden en blijven ze lang afhankelijk van hun ouders. En net als primaten beschikken kraaiachtigen (kraaien, eksters en gaaien) en papegaaien verhoudingsgewijs over grote voorhersenen, hoogontwikkelde cognitieve vermogens en meer flexibiliteit in hun gedrag dan welke groep vogels ook.

De beroemdste papegaai aller tijden was misschien wel Alex, een grijze roodstaart die in september 2007 op 31-jarige leeftijd overleed – op het moment dat ik dit boek voltooide. Zijn eigenaar en trainer was Irene Pepperberg, die haar academische carrière begon als scheikundige in Harvard, overstapte naar diercommunicatie, maar terecht bekend is geworden door haar opmerkelijke onderzoek naar

Kraaiachtigen, oftewel corvidae, worden als de meest 'intelligente' vogels gezien. De hier afgebeelde Noord-Amerikaanse gaaien, geschilderd door Alexander Wilson (Wilson en Bonaparte, 1832), zijn de blauwe (linksboven), de Canadese (rechtsboven), de Stellers gaai (midden) en de struikgaai (beneden).

de cognitieve vermogens van papegaaien. Het mooie van het werken met papegaaien is dat je ze kunt leren om te vertellen wat ze denken. Pepperberg werkte meer dan twintig jaar met Alex. Zijn woordenschat was niet uitzonderlijk groot, maar hij vormde wél een uitzondering omdat hij – anders dan de meeste papegaaien – meende wat hij zei.

Pepperberg leerde Alex om meer dan honderd objecten aan hun kleur, vorm en materiaal te herkennen. Wanneer hem een bak met allerlei verschillende objecten getoond werd en hem gevraagd werd hoeveel groene ballen daarin zaten, gaf hij exact het juiste antwoord. Daarmee bewees hij dat hij wist wat 'kleur' en 'vorm' is, en in staat was die met elkaar te verbinden. Door per test het aantal, het type en de kleuren te wijzigen, toonde Pepperberg overduidelijk aan dat Alex dit soort vragen goed begreep. Geen enkel ander dier, vogel noch zoogdier, heeft hem dat ooit nagedaan. Het intellectuele vermogen van Alex is gelijk aan dat van een vier- of vijfjarig kind, concludeerde Pepperberg. Maar emotioneel vertoont hij het 'negatieve, egocentrische gedrag van een twee- of driejarige' – vandaar dat er 'zo veel in de steek gelaten' papegaaien zijn.[54] De parallel met kinderen is intrigerend, want kinderen doorlopen verschillende cognitieve fasen, al naargelang hun vermogen om een mens of voorwerp dat uit het zicht verdwijnt, te volgen en daarvan een beeld in hun geheugen op te slaan. Papegaaien munten hierin uit, net als kraaien die voedsel verstoppen en later weer tevoorschijn halen.

Vogels die voedsel verbergen, kunnen zich opvallend goed herinneren wáár. Een andere kraaiachtige, de grijze notenkraker, is bijvoorbeeld in staat zich de honderden plekken te herinneren waar hij zijn voedsel verborgen heeft. Nog opmerkelijker is dat sommige kraaiachtigen weten dat het ene soort voedsel eerder bederft dan het andere en vóór de uiterste houdbaarheidsdatum geconsumeerd moet worden.

Nicky Clayton, werkzaam aan de universiteit van Cambridge, deed onderzoek naar struikgaaien en ontdekte dat ze over het onwaarschijnlijke vermogen beschikken om verschillende zaken precies op het juiste moment weg te halen, wat erop wijst dat ze zich de noties 'waar', 'wat' en 'wanneer' eigen hebben gemaakt. Maar ze kunnen véél meer. Zo slagen struikgaaien er soms in de voorraden van andere gaaien in te pikken omdat ze zich herinneren waar die hun voedsel hebben verborgen. Vogels die wisten dat ze door een andere gaai bespied werden toen ze hun voedsel verborgen, verstopten het daarna ergens anders – dat wil zeggen: als ze zelf ook ooit gestolen hadden. Vogels die zelf nooit iets stalen, verborgen hun voedsel nooit voor een tweede keer als ze bespied werden.

Deze opvallende uitkomsten wijzen erop dat struikgaaien zich de sociale context van hun vorige actie herinneren en hun actuele gedrag aanpassen om de kans op diefstal te verkleinen – wat suggereert dat ze vooruitdenken en de kennis die ze al stelend opdoen, gebruiken om te voorkomen dat ze zelf bestolen worden! Bovendien herinneren ze zich welke vogel hen betrapt heeft toen ze een bepaalde buit verborgen, zodat ze gericht kunnen handelen: ze brengen alleen het voedsel in veiligheid waarmee hun concurrent hen betrapt heeft. Omgekeerd doen ze geen moeite hun buit te verplaatsen als hun levenspartner hen bezig heeft gezien, omdat partners hun voorraden meestal delen en zich gezamenlijk tegen potentiële indringers beschermen.[55]

We moeten concluderen dat vogels als papegaaien en kraaien voorgeprogrammeerd zijn om bepaalde dingen te leren, vooral als het om overleven gaat. Ten slotte kunnen we door al deze recente onderzoeken al die curieuze gevallen begrijpen die volgens vroegere ornithologen hoe dan ook op bewuste afwegingen wijzen. Ze bewijzen overduidelijk dat er geen scherpe scheiding bestaat tussen *nature* en *nurture*. Er gaapt geen diepe, onoverbrugbare kloof tussen aangeboren gedrag en aangeleerd gedrag, er is sprake van een glijdende schaal die bepaald en beïnvloed wordt door de omgeving. In een makkelijke, niet veeleisende omgeving volstaan aangeboren reflexen en voortschrijdend inzicht door trial-and-error om als vogel het leven te kunnen leiden. Aan het andere eind van de schaal, bij soorten met complexe sociale structuren, levend in een omgeving waar het vinden van voedsel geen sinecure is en werktuigen noodzakelijk zijn (eikelspechten, kraaiachtigen en papegaaien), heeft natuurlijke selectie gezorgd voor grotere hersenen en een grotere flexibiliteit in gedrag.

De bijna perfecte synthese tussen het gedrag van vogels en de wereld waarin ze leven, waar John Ray en anderen zo door geïmponeerd waren, is het resultaat van een complexe reeks interacties tussen genen en omgeving: een product van natuurlijke selectie, en niet van Gods voorzienigheid. Zoals we in het volgende hoofdstuk zullen zien, is de vogeltrek daarvoor het beste bewijs.

*De meeste in Europa broedende ooievaars trekken 's winters naar Afrika. Deze afbeelding is afkomstig uit John Gould's,* The Birds of Great Britain *(1873)*

# 4

# Verdwijnende fantasieën
## *De opkomst van de vogeltrek*

Ik ben in een middeleeuws kasteel – eigenlijk: kasteeltje – aan de rand van het slaperige stadje Radolfzell in Zuid-Duitsland. Het is koud buiten. Over de berijpte velden werpt een lage winterzon lange schaduwen, die van appelbomen in de omliggende boomgaarden vallen. Anders dan je zou verwachten herbergt dit kasteeltje een befaamd vogeltrekstation.[1] Voor me staat een computerscherm, met in pixels de vage omtrekken van Afrika. Midden in het zwarte continent flitst een stip aan en uit, in hetzelfde ritme als mijn hartslag. Het lijkt net of er echt een hart klopt, maar het is in werkelijkheid het signaal van een zendertje op een ooievaar, die bewegingloos in de hete savanne staat. De zender is vijf maanden geleden aangebracht, kort voordat de vogel zijn nest in oostelijk Duitsland verliet. Het signaal wordt een paar maal per dag door een satelliet opgevangen, die langs de hemel glijdend de precieze locatie en lichaamstemperatuur van de vogel doorgeeft, en of deze bezig is met vliegen, lopen of stilstaan. De ooievaar bevindt zich nagenoeg uit het zicht van mensen, maar ik kan hem moeiteloos 'zien', wat me een gevoel van ontzag geeft, en van nederigheid. Een paar klikken met de muis en... ik beleef zijn reis naar het zuiden opnieuw: zijn dagelijkse vordering door Oost-Europa, over de Bosporus en Turkije, via Eilat en Sudan tot in Tsjaad, waar hij nu al een paar weken verblijft, terwijl het in Europa winter is. Nog een muisklik en... ik zie een tweede ooievaar. Deze vogel is in hetzelfde deel van Duitsland geringd, maar is daarna een stuk verder zuidwaarts gevlogen: hij overwintert in de buurt van Kaapstad. Als hij in het daaropvolgende voorjaar naar Europa terugvliegt, zal hij zo'n 24.000 kilometer hebben afgelegd. Deze blikken op het leven van vogels zijn mij vergund door de wonderen der technologie, maar de vogeltrek zelf is een nog veel groter wonder. Voorlopig zijn satellietzenders alleen bruikbaar bij grote vogels (zoals albatrossen, arenden, zwanen en ooievaars), maar binnenkort kunnen we dankzij minizendertjes op zonne-energie ook zwaluwen en gierzwaluwen volgen op hun heldhaftige reizen heen en terug over de Sahara.

Toen John Ray *The Wisdom of God* schreef, twijfelde hij niet aan het bestaan van de vogeltrek, maar wat hem interesseerde, was het hoe en waarom van migratie:

> Hoe kan het dat ze elk jaar naar dezelfde plek worden geleid, soms zelfs naar een heel klein eilandje, zoals Bass Rock in de Frith [sic] bij Edinburgh. De bassaanganzen [jan-van-genten] die naar die specifieke rots vliegen, kunnen deze vanaf de kust onmogelijk zien liggen en derhalve kan de rots geen aantrekkingskracht op hen uitoefenen. Koude en hitte kunnen een vogel wellicht in een rechte lijn van zich afstoten, maar dat zij landvogels ertoe zouden kunnen bewegen een brede oceaan over te steken waarvan zij het eind niet kunnen zien, ware vreemd en onverklaarbaar. Men zou denken dat het aanzicht van zo veel water en de bij hen aanwezige verdrinkingsangst sterker zouden zijn dan hun afkeer van onaangename luchttemperaturen en de honger. Daarbij, hoe kunnen ze naar hun verscheidene verblijven een juiste koers aanhouden, terwijl ze die, zoals ik eerder aangaf, niet van afstand kunnen zien? Dit zou, voordat het kompas was uitgevonden, zelfs voor een mens moeilijk zijn geweest. Denken we bijvoorbeeld dat een kwartel helemaal over de Middellandse Zee naar de overkant kan kijken? En toch, zoveel is duidelijk, vliegen ze van Italië naar Afrika, onderweg herhaaldelijk neerstrijkend op schepen midden op zee, om uit te rusten wanneer ze vermoeid zijn en uitgeput van het vliegen. Dat zij zich zo in de juiste richting laten meedrijven, komt hun zeer gelegen en dienovereenkomstig zien we hen dit doen, ofschoon dit onmogelijk lijkt,

tenzij zij met rede begiftigd zouden zijn, ofwel gestuurd en beheerst door een intelligente hogere macht.[2]

Wat Ray aannam – dat jan-van-genten, kwartels en zangers trekken – is nu gemeengoed geworden. Maar in de zeventiende eeuw was het bestaan van vogeltrek geenszins algemeen aanvaard. De meeste mensen dachten dat vogels zich na de zomer in scheuren en spleten of in de modderige bodem van een vijver verscholen om daar te overwinteren, niet dat ze de zee over vlogen. Dit is eigenlijk merkwaardig als je bedenkt dat het verschijnsel van de vogeltrek al eeuwen voor Christus bekend was, of althans werd verondersteld.

Van sommige soorten was het overduidelijk dat ze trekken. Ooievaars verdwijnen in de winter en verschijnen weer in het volgende voorjaar. En omdat het zulke grote vogels zijn, die bovendien in enorme groepen overvliegen, kon men ze in de oudheid daadwerkelijk zien trekken. Hun grootte en 'zelfverzekerde' manier van doen nam alle twijfel weg of ze de zee wel konden oversteken.

Maar dat gold niet alleen voor grote vogels. Uit een Grieks gedicht uit de zesde eeuw voor Christus, toegeschreven aan Anakreon en tijdens Ray's leven door Thomas Stanley in het Engels vertaald, blijkt het geloof in het bestaan van kleinere trekvogels:

> Eed'le zwaluw, bent u er weer –
> Die telkenjare gaat en keert,
> In de lent' een nest boetseert,
> de winter niet trotseert
> maar zich vertreedt een wijl
> bij Memphis' tempel aan de Nijl.[3]

De oud-Egyptische stad Memphis en de Nijl verwijzen dus naar de bestemming van de zwaluwentrek vanuit Hellas.

Drie eeuwen later verwoordde ook Aristoteles het populaire geloof in vogeltrek:

*Volgende bladzijden: ooievaars, kraanvogels en eenden trekken over zee. Uit Friedrich II, Über die Kunst mit Vögeln zu jagen, dertiende eeuw (Sauer e.a., 1969).*

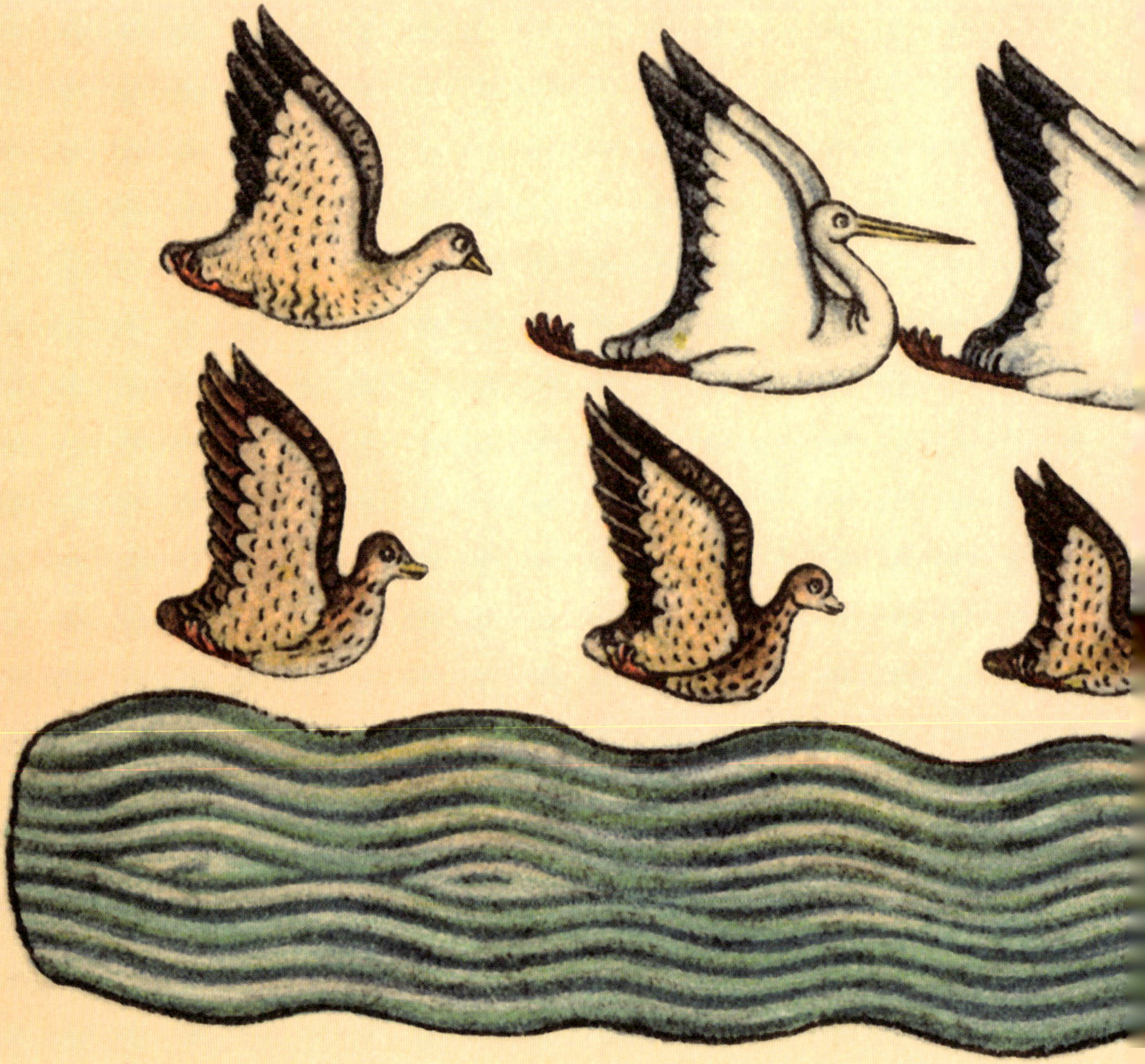

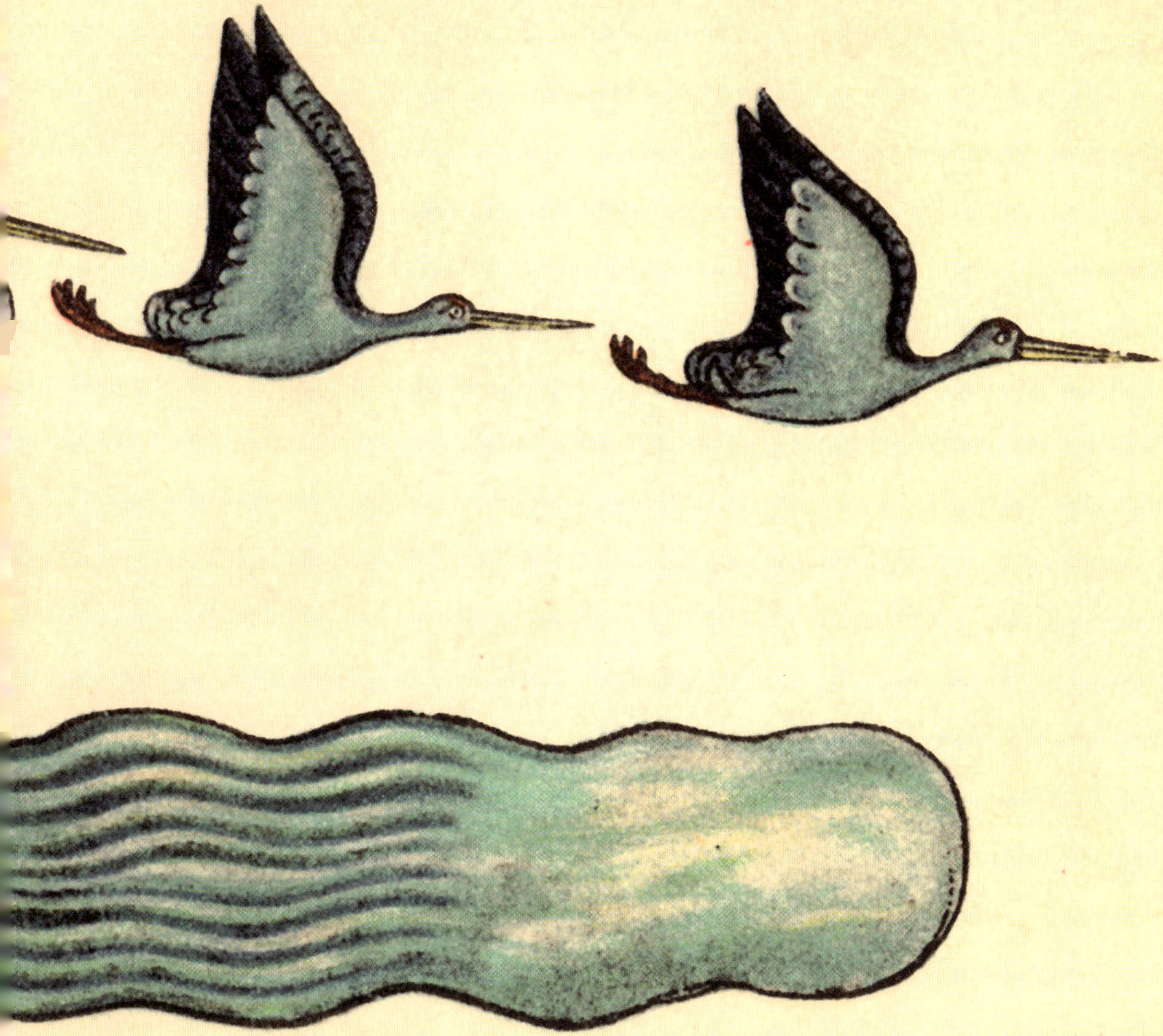

> Want alle dieren worden instinctief temperatuurveranderingen gewaar en, zoals mensen 's winters onderdak zoeken en vermogende lieden de zomer in de koelte en de winter in de zon doorbrengen, kunnen ook dieren met de seizoenen veranderen van leefgebied [...]. Andere trekken en verlaten [...] deze koude contreien: na de herfstnachtevening tijgen ze naar warme landen om de naderende winter voor te zijn; en na de lentenachtevening tijgen ze van warme landen naar de koude om de naderende hitte voor te zijn.[4]

Gedurende duizenden jaren was het voor jagers en voor toevallige waarnemers overduidelijk dat vogels met de seizoenen verschijnen en verdwijnen. Zwaluwen, ooievaars en nachtegalen arriveren als voorbodes van de lente. Maar van de meeste vogels bleef het gissen waar ze vandaan kwamen en waar ze weer naartoe gingen. Hun aankomst had soms zelfs een sterke religieuze betekenis. Zo werden de Israëlieten als door een wonder van de hongerdood gered, toen trekkende kwartels juist op tijd neerstreken: 'En het geschiedde aan den avond, dat er kwakkelen [kwartels] opkwamen, en het leger bedekten.'[5]

Aristoteles' ideeën in *Historia animalium* over vogeltrek lijken erg modern, maar vanwaar dan zijn vreemde opvattingen over winterslaap? En hoe kon het nog tweeduizend jaar duren voordat die ideeën verdwenen?

Dit was eigenlijk de schuld van Aristoteles zelf. Na zijn duidelijke stellingname over migratie beweerde hij:

> Een groot aantal vogels echter verschuilt zich – ze trekken dus niet allemaal weg naar warme landen, zoals meestal gedacht wordt [...]. Zwaluwen bijvoorbeeld, worden vaak in gaten en holen aangetroffen, goeddeels ontdaan van hun veren [...]. En wat het verschijnsel van tijdelijke verdoving betreft, heeft men geen verschil waargenomen tussen vogels met gekromde klauwen en die met rechte. Alle ooievaars, zwarte lijsters [merels], zomertortels en leeuweriken bijvoorbeeld verschuilen zich. Het geval van de zomertortel is het meest algemeen bekend, want wie durft te beweren dat hij ooit 's winters een zomertortel heeft gezien? Aan het begin van zijn schuilperiode is deze duif gezet en mollig, maar later gaat hij in de rui om uiteindelijk weer zijn

molligheid te herwinnen. Sommige duiven verstoppen zich; andere doen dat niet maar trekken gelijktijdig met de zwaluwen weg. Lijsters en spreeuwen verschuilen zich en van de vogels met gekromde klauwen houden alleen wouwen en uilen zich enkele dagen schuil.[6]

Waarom Aristoteles en andere natuurvorsers er niet uit kwamen, is niet moeilijk te begrijpen. Ze wisten dat bepaalde zoogdieren, zoals vleermuizen – vóór de zestiende eeuw als vogels beschouwd – in *torpiditeit*\* overwinteren, waar ze uitgehaald kunnen worden door ze te verwarmen.[7] Dat er af en toe een vogel dood of torpide in een gat of spleet werd aangetroffen, versterkte de indruk dat ook sommige vogelsoorten een winterslaap houden. Zoals de meeste mythes bevat ook deze een kern van waarheid. Voor bepaalde vogels (onder andere boerenzwaluwen en gierzwaluwen) geldt inderdaad dat ze torpide kunnen raken, al is het maar voor korte tijd en alleen bij voedselschaarste of hevige kou, en dat ze daar door opwarming uit gehaald kunnen worden.[8]

In de dertiende eeuw liet Frederik II van Hohenstaufen – keizer van het Heilige Roomse Rijk en een kundig valkenier – Aristoteles' geschriften in het Latijn vertalen, maar diens passages over winterslaap nam hij niet over in zijn eigen werk. Hij liet ook de bestiaria links liggen, toentertijd dé handboeken over natuur. Maar hij ging nog verder: hij negeerde ook de filosofie van de kerk inzake natuur. De keizer baseerde zijn kennis alleen op directe waarneming en inductief redeneren – niet op wat voorgeschreven was. Aangezien hij de vogeltrek zelf had waargenomen, twijfelde hij niet aan het bestaan ervan.

Frederiks gezonde verstand blijkt uit zijn visie op het jaarlijks verschijnen en weer verdwijnen van de brandgans. Van deze soort werd gedacht dat hij spontaan uit op zee drijvend wrakhout ontstond. Dit fabeltje is afkomstig van de middeleeuwse geestelijke Giraldus Cambrensis uit Wales, een neef van bisschop David van de Sint-Davidkathedraal. Deze had dit verhaal zelf weer opgepikt tijdens een bezoek met prins Jan zonder

---

\* met vertraagde lichaamsfuncties, koud en verstijfd om energie te sparen

*Keizer Frederik II (van Hohenstaufen) was een kundig valkenier.
In zijn* Über die Kunst mit Vögeln zu jagen *staan voortreffelijke observaties
over het leven van vogels. (Sauer e.a., 1969)*

Land aan Ierland in 1185-1186. Giraldus schreef in zijn *Topographica Hibernica*:

> Er zijn hier vele vogels genaamd *Bernaca**; de Natuur schept ze – hoogst uitzonderlijk – op tegennatuurlijke wijze. Ze lijken op moerasganzen, maar zijn kleiner. Ze groeien op dennenhout dat in zee is geworpen, en zijn in het begin een soort gom. Later klemmen ze zich met hun snavel aan het hout en hangen ze als zeewier af in het water. Ze zijn dan omsloten door een schelp, zodat ze ongestoord kunnen groeien. In de loop van de tijd tooien ze zich met een sterk verenkleed, waarna sommige in het water vallen, maar andere vrijelijk wegvliegen, de hemel in. Ze halen hun voedsel en hun groei uit zee of uit het boomsap van het drijfhout of via een geheim, wonderbaarlijk voedingsproces. Ik heb herhaaldelijk met eigen ogen meer dan duizend van zulke jonge vogels aan een stuk drijfhout in het water zien hangen, ingesloten in hun schelp en al redelijk gevormd. Ze leggen dan ook geen eieren, zoals andere vogels, en broeden nooit, noch schijnen ze – in welke uithoek van de aarde ook – een nest te bouwen. Vandaar dat bisschoppen en andere geestelijken in delen van Ierland er niet voor terugschrikken in de vastentijd van deze vogels te eten. Immers, ze zijn niet van vlees, noch geboren uit vlees.[9]

Frederik II vond dit klinkklare onzin. De ganzen broedden volgens hem gewoon in verre oorden, van waaruit ze na afloop van het broedseizoen weer terugkeerden.[10] Maar het zeepokfabeltje kwam sommigen goed uit: het veroorloofde de geestelijkheid tijdens de vasten gans te eten. Mettertijd werd het verhaaltje aangedikt en verluchtigd met wonderlijke afbeeldingen, waardoor in de zestiende eeuw William Turner zich schoorvoetend liet overtuigen. Hij schreef Conrad Gessner dat hij er toch in was gaan geloven. Gessner nam het op zijn beurt op in zijn encyclopedie. Aldrovandi deed hetzelfde en John Gerard meldde in zijn *Herball* (uit 1597) dat hij binnen in zeepokken, onder wit dons, vogels had gevonden. Bovendien nam hij een afbeelding op van brandganzen die uit schelpen

---

* *barnacle* = zeepok; *barnacle goose* of *tree-goose* = brandgans [vert.]

Volgende bladzijden: *twee pagina's met miniaturen uit* Über die Kunst mit Vögeln zu jagen *van Frederik II (het oorspronkelijke manuscript in de Vaticaanse bibliotheek; Sauer, 1969)*

*bistarda*

*anas campestris*

*grus*

*coturnix* *perdix*

*upupa* *agro*

*pica*

rapaces sub se comprimant· ut
Bistarde· et que dicuntur anates
campestres similes sunt bis
tardis· sed longe minores· et in
estate turpem sonum faciunt
ad desiderium coitus· Per
uolatum suum multiphe
defendunt aues· Nam alie p
longum uolatum fiunt et
uadere ut grues· alie p uelo-
ad euemendum ad locum def-
sionis sue· ut pdicam· et cotur-
nicum· modi· alie p diuame-
ta et per cessiones quas faciunt in uolando· ut modi ay-
ronum· cornices· upupe· uan-
nelli· pice· et plures alie· Ali-
ud p uolatum ad altiora se q-
runt defendere· et hoc duobus
modis· hit enim directe as-
cendunt· ut columbi· turtu-
res· anates campestres· aut
in gyrum circumuolando ascendunt ad defensionem sui· ut
ayrones qui sicut qdam est du-
plici uiruc'· defensione· p uolatum diuctum· scilicet et
ascensum· et omis que per uolatum
querunt defendere se ascenden-
do· idcirco ascendunt qd non
possunt supari· et uinci ab auibus rapacibus· in magis ascende-
do· Alie sunt que queunt defendere se uolando uersus loca
de quibus timent rapaces quī

nis ad ea non descendunt· ut
anseres· anates· et plures alie
de auibus que uolant circiter
loca in quibus sunt aq magna
nemora· calami· et canne· de
quibus loas timent aues rapa-
ces· ad huiusmodi enim loca timent
descendere· et accedere· Alie ad
maiorem securitatem sui uolatum suum faciunt in crepuscu-
lis· et in nocte· ut noctue· bu-
uones· et liuerzim· qui p eo q
sunt timorosi nocte uolant
securius· **De modo defen-**
E modo autem **sionis**
defensionis quem habent
aues refugiendo ad lo-
ca securiora dicendum est· q u-
niuersali̇r omnes aues ad plus
si possunt refugiunt ad loca
naturitatis sue· ut ad similia
illis· Ille siquidem que nate sunt
ape aquas ad eas configiunt
qua qdam natando in eas
solum habent defensionem ut
pellicani· qdam submergendo
se penitus sub aquis· ut modi mergorum· anatum· et a-
liarum plurium· qdam non
penitus submergendo se· sed
in parte ut omnis anseri-
modi· aues uero que non na-
tant· neq sunt aquatice timore auium rapatium ad aqs
configiunt· sciunt enim q

*anser*

*anas*

*scandus* *columbus* *anser* *pelicanus* *mergus* *anates*

*cygnus*

aues rapaces & aquis timet et circa aquas debilissime sunt ut dixi in capitulo de diuisione auium. plures itaque auium ad aquas confugiunt quedam pro defensione sua. quedam pro cibo. quedam pro utroque. Ille uero que nate sunt inter arbores ad arbores confugiunt. ut modi cornicum. picarum. gallorum plurium. Et ille que nate sunt prope aquas. et ipse eedem quicquam inter arbores confugiunt. quia ad aquas quam ad arbores ut modi ayronum. Si uero nate sunt super prata. fructices. aut dumos ad ea confugiunt. ut turdi. sturnelli. et auiculari plures. que nate sunt in rupibus ad rupes confugiunt ut rapaces. sed que nate sunt super terram et sunt coloris terre sunt terram latitando et tre se comendant. ut perdices coturnices. lopardi. alaudi campestres. calandre. et auicule plures. de quibus multe sunt adeo stolide in cautela sui quod ardentes se esse sciuntur ter ra capiuntur. etiam manibus hominum. que insequitur eas. ripar ad terram confugiunt. Perdices fasiani. et p mode adiutoriorum loca querunt defen

sionem sibi nusque libenter recedunt longe a loco apto defensioni sue. defensionibus specialibus et pugnationibus predictis generalibus utitur maior pars auium. que pluribus quedam paucioribus. Spetiales autem defensiones insunt auibus. et ipse ut bistardis. et anatibus campestribus est specialis defensio emittere longe a se stercus suum in aues rapaces que persequuntur eas.
Rursus bistarde et anates campestres contra aues rapaces horripilant plumas agitando se et eleuant alas deponendo caput ad modum gallorum pugnantium quod pro timore faciunt. Si tamen bistardes et anates campestres contra aues rapaces perueniunt alis et pectore aues rapaces. Est et alie aues que refugiunt ad societatem et congregationem aliarum sue speciei ut inter eas securiores sint. et p eas defendantur sicut sunt columbini et sturnelli. et alie fere omnes. imo etiam tota agmina in se ipsa densius se constringunt auibus rapacibus facientibus insultum. Et causa quare in societate turbides sunt signum est quod plures sunt species auium que concurrit ad defendendum

op een boom komen. Zo schreven natuurfilosofen de mythe van elkaar over en deden ze weinig anders dan lippendienst aan de traditie bewijzen. En zolang het tegendeel niet was aangetoond, zou het onvermeld laten van 'zeepokganzen' een ernstige omissie zijn geweest. Maar er is één interessante uitzondering. Albertus Magnus bestreed het verhaal wél: 'Ze verkondigen eveneens dat deze dieren kunnen worden voortgebracht door rottend hout in zee [...] en dat niemand deze vogels ooit zou hebben zien copuleren en eieren leggen. Welnu, dit is volstrekt onjuist, want [...] ikzelf en vele van mijn vrienden hebben hen zien copuleren en eieren leggen, en hen ook zien broeden.'[11]. Dit is een boude bewering van Albertus, want al noemt hij het zeepokkenverhaal terecht onzinnig, hij kan zelf onmogelijk brandganzen hebben zien broeden. Want juist omdat niemand de broedgebieden in het hoge Noorden ooit had gezien, heeft de mythe zo lang kunnen standhouden. Pas nadat de Nederlandse ontdekkingsreiziger Gerrit de Veer de brandganzen in 1596 op Spitsbergen had zien broeden, kon de mythe weerlegd worden.[12] Frederiks idee van een afgelegen broedplaats werd zo eindelijk bevestigd. Maar omdat zijn

*Het geloof dat brandganzen uit op zee drijvend hout ontstaan, bleef eeuwen intact, mede omdat geestelijken daardoor tijdens de vasten gans mochten eten. (Dertiende-eeuws bestiarium).*

geschriften voor 1780 nog niet ontdekt waren, hebben zijn verstandige inzichten geen rol kunnen spelen in de zich voortslepende discussie over het winterverblijf van vogels.[13]

De verschillende auteurs van bestiaria hadden geen enkele moeite met vogeltrek, afgezien van die van de brandgans. Zwaluwen bijvoorbeeld 'vliegen de zee over. En daar, overzee, leven zij 's winters'. En de ooievaar, 'die boodschapper van de lente – onze broedende kameraad, en vijand van de slang – kan over oceanen trekken; nadat de ooievaars zich in colonnes hebben verzameld, vliegen ze rechtstreeks door naar Azië'. En ook de kwartel 'steekt zodra de zomer voorbij is, de zee over'. Albertus Magnus schaarde zich aan de zijde van de voorstanders van de vogeltrek. Hij laakte schrijvers die beweerden dat ooievaars ergens in het oosten overwinteren en dat 'er een vlakte in Azië ligt waar ze elkaar opwachten'. Volgens hem kan dit niet kloppen: het heeft geen zin naar het oosten te vliegen want het klimaat is er hetzelfde. Over de kwartel zegt hij: 'Velen geloven dat deze vogel, als hij weggaat, over zee trekt.'[14]

Tot zover klopt zijn verhaal. Maar dan pookt Albertus onverhoeds het bijna gedoofde vuurtje van de winterslaap weer op. Hij noemt de hop 'een welbekende vogel die 's winters als een vleermuis slaapt'.[15]

Het vuur bleef bijna tweehonderd jaar onopgemerkt smeulen totdat in de zestiende eeuw de aartsbisschop van het Zweedse Uppsala, Olaus Magnus, een debat deed oplaaien dat een van de langst aanhoudende in de geschiedenis van de ornithologie zou worden:

> Hoewel schrijvers inzake de natuur gemeld hebben dat boerenzwaluwen van verblijfplaats wisselen, doordat ze, wanneer de winter aanbreekt, naar warmere streken vliegen, hebben visserslui niettemin dikwerf met hun netten uit noordelijke wateren, bij toeval, een overvloed aan zwaluwen opgehaald, dicht tegen elkander hangend als een samengeklonterde massa.[16]

Afbeeldingen van zwaluwen in de modder trokken enkele vooraanstaande natuuronderzoekers over de brug, maar anderen bleven sceptisch, en om het pleit te beslechten gaf de Royal Society of London rond 1660 haar lid Johannes Hevelius, een Poolse sterrenkundige, opdracht naar de volgende kwestie een onderzoek in te stellen: 'Is het waar [...] dat zwaluwen 's winters onder bevroren wateren worden gevonden en tot leven kunnen worden gebracht, mits zij worden opgevist en bij het vuur gehouden?'[17] Hevelius kwam met een verrassend antwoord:

> Zoveel is zeker, dat zwaluwen zich tegen de herfst in meren laten zinken. [...] Velen hebben [mij] verzekerd dat ze de vogels tegelijk met vissen in een net opgehaald hebben zien worden en bij een vuur tot leven gewekt.[18]

De bron van deze valse informatie was Johannes Schefferus, die met Hevelius correspondeerde. Schefferus, hoogleraar aan de universiteit van Uppsala, bleef trouw aan zijn Zweedse landgenoot Olaus Magnus én zijn alma mater. Toen Buffon een eeuw later Hevelius' werkwijze weergaf, ontstak hij alsnog in woede omdat naar zijn mening de Royal Society wel wist dat de Pool voorstander van de onderdompelingstheorie was, dus dat

*Een net vol vissen en zwaluwen. De opvatting dat zwaluwen onder water overwinterden, werd door deze houtsnede verduidelijkt. De illustratie bij het foutieve verhaal van Olaus Magnus uit 1555 toont vissers op het ijs van een Scandinavisch meer met hun vangst vissen en vogels (Olaus, 1555).*

als zij een betrouwbaar antwoord had gewenst, zij een onafhankelijker iemand had moeten benoemen, en liever een natuuronderzoeker dan een sterrenkundige.[19]

De door de Royal Society onderschreven opvatting dat zwaluwen en gierzwaluwen de winter onder water doorbrachten, won steeds meer terrein. Nieuwe deelnemers aan het debat verkondigden dat ook zij het verschijnsel hadden waargenomen: ze hadden gezien hoe boerenzwaluwen uit hun onderwaterverblijf werden opgevist.[20]

De echte ornithologen lieten zich niet overtuigen. Belon wist uit eigen ervaring dat vogels trekken. En Ray's tijdgenoot Thomas Browne schreef in zijn studie over de vogels van Norfolk: 'Naast gewone vogels die altijd in ons land verblijven, zijn er vele alleen in de winter waarneembaar en anderen die bij seizoenswisselingen van verblijfplaats veranderen. De vogels die in de lente arriveren, komen grotendeels uit het zuiden en zij die in de herfst of winter arriveren, uit het noorden.'[21] Browne, die van beroep arts was en geregeld met John Ray correspondeerde, stond bekend om zijn nuchtere benadering van natuurverschijnselen. Maar toen Ray in de jaren voor 1678 zijn *Ornithology* schreef, had hij zich nog geen definitief oordeel over vogeltrek gevormd, althans wat zwaluwen betreft. Het werd een compromis waarmee hij de kool en de geit wilde sparen:

> Wat er 's winters met boerenzwaluwen geschiedt – of ze naar andere streken vliegen, dan wel torpide in holle bomen of dergelijke plaatsen liggen –, hierover zijn de natuuronderzoekers het niet eens en ook wij hebben geen sluitend antwoord. Het lijkt ons het waarschijnlijkst dat ze naar warmere oorden tijgen […] of dat ze zich in holle bomen en rotsspleten en oude gebouwen schuilhouden, of in water onder het ijs in noordelijke streken, zoals Olaus Magnus rapporteert.[22]

Dertig jaar later echter, in *The Wisdom of God*, heeft hij het idee van een winterslaap losgelaten:

> Van de vogeltrek van een heter naar een kouder land, of van een kouder naar een heter, naargelang van het seizoen van het jaar, zoals hun natuur

hun die voorschrijft, weet ik geen verklaring te geven – zo vreemd en bewonderenswaardig is het. Wat drijft ze ertoe hun kwartieren te verlaten?[23]

De opvatting dat sommige vogelsoorten een staat van torpiditeit ondergaan of onder water verblijven, hield stand tot in de negentiende eeuw. Zelfs de grote Linnaeus geloofde het, tenminste totdat een van zijn studenten hem de les las.[24]

Voordat we dergelijke ideeën naïef gaan noemen of bespotten, doen we er goed aan te beseffen dat de wetenschap nog in de kinderschoenen stond. Aderlating was aan de orde van de dag en veel mensen geloofden nog in eenhoorns en draken. Het fabeltje van de winterslaap van vogels was een uit vele.[25]

Halverwege de achttiende eeuw was de algemene opvatting dat verreweg de meeste vogels die in de herfst verdwijnen, trekvogels zijn, maar zwaluwen en gierzwaluwen bleven een geval apart: oppervlakkig gezien leek er genoeg bewijs voor hun winterslaap. Maar het debat moest zijn hoogtepunt nog bereiken en werd goeddeels beslist door de inbreng van drie personen.

De eerste was de edelachtbare Daines Barrington, Engels rechtsgeleerde en lid van de Royal Society, die er stellig van overtuigd was dat zwaluwen niet trekken. Het was gewoon te onlogisch dat ze zoiets gevaarlijks zouden aandurven.[26]

De tweede was Thomas Pennant, een bereisd en vermogend patriciër, schrijver van het hooglijk gewaardeerde *British Zoology*. Hij was een groot liefhebber van vogels en aanhanger van John Ray. Al op zijn twaalfde bezat hij een exemplaar van de *Ornithology*. Pennant had meer praktische ervaring met vogels dan Barrington en misschien als gevolg daarvan geloofde hij heilig in vogeltrek.[27]

Het derde en laatste lid van dit illustere gezelschap was Gilbert White, een beminnelijk dorpspastoor, een man van het slag John Ray. White's *Natural History and Antiquities of Selborne*, een uitgave van zijn correspondentie met Pennant en Barrington, waarvan de eerste druk uit 1789 stamt, zou een van de best verkochte Engelse boeken aller tijden worden.[28]

*De hop: 'die welbekende vogel die 's winters slaapt als een vleermuis',
aldus de dertiende-eeuwse geestelijke en veelzijdig geleerde Albertus Magnus.
(Afbeelding van Johann Walther, circa 1650.)*

Het was een vreemd trio: Barrington, de advocaat, die kon aantonen dat zwart wit is en, erger nog, dat torpiditeit aannemelijker is dan trek; Pennant, onwrikbaar in zijn geloof in de vogeltrek; en ten slotte – tussen twee vuren – de weifelende White. Hun discussie was echter geen discussie met drie deelnemers, maar voornamelijk een briefwisseling tussen White en de twee anderen.

Barrington dacht dat een biologisch raadsel als de vogeltrek met de kracht van logica kon worden opgelost:

> Een ieder die tracht de onmogelijkheid van andermans stelsel of hypothese aan te tonen [...], zou verplicht moeten worden er zelf een op te stellen. Doch zolang dit niet noodzakelijk geacht wordt, kan ik, zonder enig probleem, stellen dat althans ik overtuigd ben dat boerenzwaluwen (en wellicht andere vogels) de winter in torpiditeit doorbrengen.[29]

Barrington stelde zich tot levenstaak aan te tonen dat alle voor de vogeltrek aangevoerde bewijzen onlogisch waren. Daartegenover was voor Pennant het neerstrijken van zwaluwen op schepen midden op zee afdoende bewijs. Had Columbus op zijn tweede reis niet een zwaluw gezien toen hij nog tien dagen van het West-Indische Santo Domingo verwijderd was? En had de Franse plantkundige Michel Adanson niet in zijn *Reis naar Senegal* beschreven hoe 130 zeemijl uit de Afrikaanse kust vier zwaluwen op de hoofdtouwen van zijn schip gingen zitten, waarna ze gevangen werden en vastgesteld werd dat het om Engelse boerenzwaluwen ging? En dan was er nog het vroeg achttiende-eeuwse scheepsjournaal van Charles Wager, hoofd van de Admiraliteit, die tijdens het binnenzeilen van het Kanaal noteerde dat een grote zwerm zwaluwen op het want was neergestreken: 'ze bedekten elk touw; ze kropen op elkaar als bijen in een korf; dekken en kampanje zaten onder de vogels, die uitgeput en uitgehongerd leken – niets dan veren en botten – maar na een nacht rust hervatten ze hun vlucht.'[30]

Onweerlegbaar bewijs voor de vogeltrek, zou je denken. Maar Barrington verwierp het met zijn altijd verrassend dwarse logica: 'Het schijnt derhalve dat vogels geenszins ervoor berekend zijn hele oceanen over te steken waarmee ze nog niet eerder ervaring hebben gehad. Ze zijn veeleer altijd dermate vermoeid dat ze, wanneer ze een schip tegenkomen, al hun voorzichtigheid uit het oog verliezen en hun lot in handen der zeelui leggen.'[31] Barrington vervolgt met de beschuldiging van onzorgvuldigheid aan het adres van Adanson: hij zou niet hebben gecontroleerd of zijn zwaluwen uit Europa kwamen. Had hij dit wel gedaan, dan zou hij gezien hebben dat het om Afrikaanse zwaluwen ging, die alleen maar van de ene landtong naar de andere gleden. En dan speelt Barrington zijn laatste troefkaart uit: als zwaluwen werkelijk zouden trekken, waren er veel meer waarnemingen op volle zee geweest dan het handjevol van nu.

Het vogeltrekkamp riposteerde dat zwaluwen die op schepen terechtkomen de uitgeputte slachtoffers van ongunstige omstandigheden zijn, en dat trekkende zwaluwen normaliter hoog vliegen en zo mogelijk 's nachts, – vandaar de weinige meldingen. Ook op deze – correcte – redenering heeft Barrington een weerwoord. Met veel sarcasme wijst hij erop dat vogels 'inderdaad' hoog vliegen: had Charles Morton al niet geschreven dat ze 's winters naar de maan vliegen?[32] Barrington had bovendien zelf grondig bestudeerd hoe hoog vogels vliegen: 'Ik betwijfel ten sterkste of een vogel ooit een grotere hoogte heeft bereikt dan tweemaal St.-Paul's Cathedral, het kruis op de koepel meegerekend; het stijgen tot [...] zulke buitengewone hoogten [...] ontbeert elke bewijsgrond.' Hij vraagt ook of de 'rarefactie' [verdunning] van de lucht op grote hoogte niet te hinderlijk voor de ademhaling is. Verder stelt hij dat als vogels zo hoog konden vliegen, ze dat ook op andere momenten zouden doen – en dat gebeurt niet. Bovendien is het idee dat ze 's nachts zouden trekken bespottelijk, want zoals iedereen weet, slapen vogels dan. En als je ze in het donker stoort, raken ze meestal gedesoriënteerd: 'Het is dan ook ondenkbaar dat ze voor zo'n verre reis uilenlicht zouden verkiezen.'

Inmiddels weten we – hoofdzakelijk dankzij radarstudies in de Tweede Wereldoorlog – dat veel kleine vogels wel degelijk 's nachts trekken, en wel op relatief geringe hoogte (rond de 700 meter). Ook is het verschijnsel 'zichtbare trek', die overdag plaatsvindt, duidelijk aangetoond.[33]

Barringtons vaardig verwoorde argumentatie tegen de vogeltrek is vaak overtuigend. Maar in al zijn argumenten vóór torpiditeit staat hij erg zwak. Hij realiseert zich dat ook: 'Ik heb ze zelf, moet ik bekennen, nooit in die staat [van torpiditeit] gezien, maar aangezien ik gevallen dat ze aldus aangetroffen zijn, vernomen heb van andere personen met een onberispelijke waarheidsliefde, heb ik op dit punt eigenlijk geen twijfel.' En: 'waarom zou het uitzonderlijk zijn als vogels in de winter torpide zijn, als ook vleermuizen in deze staat worden aangetroffen?'

Vreemd genoeg verzuimde Barrington op Buffons vraag in te gaan hoe een vogel zes maanden lang onder water kan overleven.[34] Ook liet hij de proeven onbesproken van verschillende onderzoekers die zwaluwen onder water hielden totdat ze al binnen enkele minuten bezweken.[35] Barrington verwierp eveneens de resultaten van Buffons experiment waarin hij zwaluwen in een ijskelder stopte om te zien of ze er torpide werden, wat niet gebeurde. Met zijn typische redeneertrant veegde Barrington dit van tafel: 'Alleen al de naam ijskelder bezorgt een mens rillingen. Toch plaatste ik in een kelder bij Hyde Park Corner op 23 november een thermometer, die ik er 48 uur lang achterliet, waarna het kwik 43,5 op de schaal van Fahrenheit [6,4° C] aanwees.' En dat was lang niet koud genoeg: bij dat soort temperaturen had hij nog zwaluwen rond zien vliegen. Spottend voegde hij eraan toe dat Buffon zijn experiment in de verkeerde tijd van het jaar had uitgevoerd, wanneer vogels nog niet torpide konden raken.

En dan legt Barrington de lezer, met een beroep op diens logica, een laatste vernietigend bewijsstuk voor: zoals bekend broeden er zwaluwen in Lapland. Waarom zouden die naar Afrika trekken en vervolgens weer helemaal terug naar Lapland, als er onderweg genoeg andere geschikte leefgebieden zijn? Het juiste antwoord luidt dan ook: vogels trekken niet![36]

Het lijkt erop dat Barrington overal een antwoord op had. Richard Mabey karakteriseert hem als iemand om wie 'een geur van zelfingenomenheid hangt, alsof de natuur hem telkens opnieuw teleurstelt door zich niet netjes overeenkomstig het door hem voorgeschreven model te gedragen. Zijn zorg en hartstocht gaan eerder uit naar de theorie dan naar wezens van vlees en bloed.'[37] Een *geur* van zelfingenomenheid? Zeg maar gewoon: superarrogant! Zoals veel knappe koppen was Barrington

*Huis- en boerenzwaluwen speelden een hoofdrol in het debat waarom vogels 's winters verdwijnen. Lang nadat van veel vogels bekend was dat ze trekken, werd van zwaluwen nog gedacht dat ze een winterslaap hielden. (Schilderij van George Edward Collins)*

buitengewoon kritisch op de ideeën van een ander, maar was hij allesbehalve kritisch jegens zijn eigen ideeën.

Thomas Pennant was niet minder overtuigd van zijn gelijk dat vogeltrek wél bestond, maar zijn pleidooi was veel bondiger dan dat van Barrington. In *Britisch Zoology* schreef hij:

> Van de drie standpunten [trek, torpiditeit en onderdompeling] is het eerste het meest waarschijnlijke, namelijk dat ze wegtrekken en de zon volgen zodat ze voort kunnen gaan hun voedsel uit de natuur te halen, bij temperaturen die voor hun gestel geschikt zijn. Dat dit voor bepaalde soorten Europese zwaluwen het geval is, is onweerlegbaar aangetoond.[38]

Gilbert White was er nog steeds niet uit of zwaluwen trekken – ingeklemd als hij zat tussen de twee andere briefschrijvers. Op 28 februari 1769 schreef hij Pennant:

> Toen ik afgelopen herfst vaak vroeg opstond om de huiszwaluwen en boerenzwaluwen opeengehoopt op de schoorstenen en het riet van huisjes in de buurt te zien zitten, kwam er als vanzelf een gevoel van stille blijdschap over me, maar vermengd met een zekere gêne: blijdschap, omdat ik waarnam met hoeveel ijver en stiptheid die arme vogeltjes aan hun sterke drang tot trekken of schuilen toegaven, zoals hun Schepper dat in hun geest heeft ingeprent; en gêne, omdat ik bedacht dat we ondanks al onze onderzoekingen en andere inspanningen nog steeds niet zeker weten naar welke gebieden zij trekken – en des te meer gêne nu we bemerken dat sommige helemaal niet trekken.[39]

In februari 1771 schrijft hij in een brief aan Barrington:

> U bent, meen ik te weten, geen groot vriend van de vogeltrek. En de van vele kanten bevestigde meldingen uit alle delen van het Koninkrijk, dat althans vele leden van de zwaluwfamilie ons 's winters niet verlaten, maar zich oprollen als een vleermuis of insect en wegdoezelen om in een torpide staat de onaangename maanden door te komen, lijken uw ongeloof te

staven. [...] Toch mogen we, naar mijn mening, de vogeltrek niet in zijn algemeenheid verwerpen, omdat hij in sommige streken zeker voorkomt, zoals mijn broer in Andalusië mij uitvoerig heeft laten weten.[40]

Gilbert White's broer John was in juli 1750 uit Oxford weggestuurd nadat hij zich op een bruiloft in Wallingford had misdragen. Een student uit een vermogende familie huwde er met de dochter van een kroegbaas – die van de Lamb, een pub 'zonder goede naam' – en naderhand vermaakte John de bruid en haar zusters in zijn kamers op de universiteit. De verbanning van de Corpus Christi-universiteit betekende voor John dat hij een onbekommerd bestaan moest inruilen voor een baan ver van huis. Hij werd aalmoezenier voor het garnizoen in Gibraltar. In 1756 verhuisden hij en zijn vrouw daarheen. In de vijftien jaar die volgden had John ongekende mogelijkheden om directe ooggetuige van vogeltrek te zijn. Hij deed zijn broer verslag van zijn waarnemingen. Gilbert had zich geen dwingender bewijs voor het bestaan van de vogeltrek kunnen wensen, dan de zwaluwen en andere vogels met eigen ogen over de Straat van Gibraltar te zien wieken.[41] Toch volhardde hij in zijn geloof in winterslaap. Zijn *Natural History of Selborne* is doorspekt met vroege voorjaarswaarnemingen van zwaluwen, op zachte dagen: jaar in jaar uit somde hij de aantallen op. 'Het is een redelijke veronderstelling dat de drie soorten Britse *Hirundinidae* [boeren-, oever- en huiszwaluwen] dit eiland nooit verlaten, maar alle deelgenoot zijn van dezelfde staat van versuftheid.' Wanneer zij in de lente weer opduiken, zo beweert hij, gebeurt dat altijd in de nabijheid van water. Als het te koud wordt, 'trekken ze zich onmiddellijk weer enige tijd terug.' Dit alles strookt volgens hem het beste met het idee van winterslaap: 'Dat ze zich dan in hun hibernakel [winterverblijf] terugtrekken, snijdt hout: het is in de buurt, wat niet geldt voor warmere klimaten.' White ziet daarbij de mogelijkheid over het hoofd dat vroeg gearriveerde vogels verdwijnen omdat ze in slecht weer terechtkomen: ze zijn gewoon dood!

De vraag is: waarom houdt White – verder toch zo'n scherpzinnig natuurbeschouwer – zo hardnekkig aan de winterslaap vast? Richard Mabey geeft hierop volgens mij het juiste antwoord: White's belangstelling voor zwaluwen en gierzwaluwen had waarschijnlijk eerder een emotionele dan een wetenschappelijke achtergrond. Hij hield gewoon van zwaluwen, hij was ontroerd als hij ze duidelijk op hun nest zag zitten of merkte dat ze helemaal niet schuw waren. Hij wilde gewoon dat het waar was dat ze hier overwinteren. Dan kon hij op donkere avonden bij het haardvuur fantaseren dat zijn zwaluwen in zijn nabijheid waren.[42]

White hield zo de controverse in stand die zich tot in de negentiende eeuw voortsleepte. In 1808 nam Thomas Forster, een Engelsman die de natuur en de sterren bestudeerde, het bewijsmateriaal nog eens door: 'Of de soorten zwaluwen ons in het voorjaar bezoeken en in de herfst weer vertrekken, of dat ze [...] van nature sterk [van trekvogels] verschillen en 's winter torpide zijn – dat is de vraag.' 'Het is lastiger,' vervolgt hij zijn nogal ingewikkelde betoog, 'om te trachten de tegengestelde meningen en bewijzen te verzoenen door aan te nemen dat sommige soorten trekken en andere zich in torpide toestand bevinden, dan om te veronderstellen dat de oorzaak van de torpiditeit van verschillende exemplaren aan toevallige omstandigheden kan liggen.' Forster besluit: 'De resultaten van mijn onderzoekingen hebben mij overtuigd dat zwaluwen trekvogels zijn, die jaarlijks dezelfde streken opzoeken, overeenkomstig andere trekvogels.'[43]

Hoera, een duidelijke uitspraak! Maar nee hoor, ook Forster kan de verleiding van een voorbehoud niet weerstaan: 'Terwijl het vrij zeker is dat de meerderheid der zwaluwen wegtrekt, is het niet uitgesloten dat van elke soort vele exemplaren zich dicht bij hun zomerkwartier verbergen.' Toch is hij de laatste auteur die de mogelijkheid van de winterslaap van zwaluwen openhield. Binnen twee jaar na zijn uitspraken was die opvatting geheel uit de vogelboeken verdwenen.

Schema 1. Auteurs die winterslaap of onderdompeling als reden aanwijzen voor de winterse afwezigheid van boerenzwaluwen, tegenover auteurs die migratie noemen. Het keerpunt lijkt kort na 1800 te liggen.

| Datum | Auteur | Torpiditeit/Onderdompeling | Vogeltrek |
|---|---|---|---|
| 1250 | Albertus Magnus | + | + |
| 1358 | Conrad von Megenberg | | + |
| 1555 | Olaus Magnus | + | |
| 1555 | Pierre Belon | | + |
| 1597 | Gerard de kruidendokter | + | |
| 1600 | Ulisse Aldrovandi | + | |
| 1603 | Caspar Schwenckfeld | + | |
| 1651 | William Harvey | + | |
| 1660 | Jean-Baptiste Faultrier | | + |
| 1660-1670 | Thomas Browne | | + |
| 1660-1670 | Johannes Hevelius | + | |
| 1678 | Francis Willughby en John Ray | + | + |
| 1691 | John Ray | | + |
| 1702 | Baron Von Pernau | | + |
| 1724 | Daniel Defoe | | + |
| 1733–1763 | Johann Leonard Frisch | | + |
| 1742 | Charles Owen (in: Garnett, 1969) | + | + |
| 1742–1743 | Johann Zorn | | + |
| 1743–1751 | George Edwards | | + |
| 1745 | Anoniem | | + |
| 1747 | Mark Catesby | | + |
| 1750 | Jacob Theodor Klein | + | |
| 1750 | René Antoine de Réaumur | + | |
| ca. 1758 | Carl Linnaeus (in: Brusewitz, 1979) | + | |
| 1760 | Peter Collinson | | + |
| 1764 | Johan Leche (in: Brusewitz, 1979) | | + |
| 1768 | Thomas Pennant | | + |

| Datum | Auteur | Torpiditeit/Onderdompeling | Vogeltrek |
|---|---|---|---|
| 1771 | Alb. von Haller (in: Roger, 1997) | + | |
| 1771 | Charles Bonnet (in: Roger, 1997) | | + |
| 1772 | Daines Barrington | + | |
| 1774 | Oliver Goldsmith | + | + |
| 1775 | James Cornish | + | |
| 1779 | Comte de Buffon | | + |
| 1780 | John Legg | | + |
| 1789 | Gilbert White | + | + |
| 1790 | William Smellie | | + |
| 1795, 1796 | Johann Bechstein | + | + |
| 1797–1804 | Thomas Bewick | | + |
| 1802 | George Montagu | | + |
| 1805 | Georges Cuvier | + | |
| 1808 | Thomas Forster | + | + |
| 1812 | Thomas Gough | | + |
| 1823 | John Blackwall | | + |
| 1823 | Christian Ludwig Brehm | | + |
| 1824 | Edward Jenner | | + |
| 1829 | John Knapp | | + |
| 1830 | Robert Mudie | | + |
| 1832 | Sarah Waring | | + |
| 1835 | Edward Stanley | | + |
| 1835 | James Rennie | + | + |
| 1836 | Frederic Shoberl | | + |
| 1837 | James Cornish | | + |
| 1846 | Leonard Jenyns | | + |
| 1852 | Anne Pratt | | + |
| 1859 | Francis Buckland | | + |
| 1871 | James Ward | | + |

De toneelschrijver August Strindberg stond in 1907 nog steeds op het standpunt dat zwaluwen de winter onder water doorbrengen. Ik heb hem niet in dit schema opgenomen omdat hij geen echte natuurkenner was.

Het antwoord op Ray's vraag hoe en waarom bepaalde vogels trekken, kwam niet voort uit het bestuderen van wilde vogels, zoals je zou verwachten, maar van vogels in gevangenschap. Trekvogels zoals nachtegalen en allerlei zangertjes die in een kooi zaten, werden in de lente en de herfst opeens zichtbaar opgewonden. Rusteloos heen en weer huppend en de hele nacht klapwiekend, vlogen ze eigenlijk zonder van hun plaats te komen. Ik vermoed dat Ray, ondanks zijn passie voor vogels – of juist vanwege die passie – geen nachtegalen in gevangenschap hield. Had hij dat wel gedaan, dan zou hij deze seizoengebonden opwinding zeker hebben opgemerkt. Vreemd genoeg heeft niemand hem van het bestaan van die zogenaamde trekonrust verteld. Dat had best gekund, ook al stamt het oudste citaat over trekonrust dat ik aantrof, pas uit 1707, dus twee jaar na Ray's dood. Het is van de onbekende schrijver van de *Traité du Rossignol* [Verhandeling van de nachtegaal]:

> In de maand februari of maart, en half september, worden de nachtegalen die zich in de kamer of in een kooi bevinden, ongedurig. Tijdens drie, vier dagen volle maan verzetten ze zich uit alle macht: ze vliegen tegen het glas of de tralies van hun kooi, 's avonds, 's nachts en 's morgens, alsof ze iets – ik weet niet wat – in zich voelen wat hen dwingt hun plaats van verblijf te verlaten, hetgeen ze op andere tijden nooit doen. Dit is het instinct, de innerlijke gids, die nachtegalen [in het wild] bij gunstige wind rechtstreeks naar de plaats doet vliegen waarheen ze wensen te gaan.[44]

Deze onbekende vogelvanger met zijn zeldzame inzicht beschrijft én begrijpt het verschijnsel trekonrust: als onderdrukte migratie.

Mogelijk naar het voorbeeld van de *Traité du Rossignol*, begonnen anderen steeds meer dit soort waarnemingen door te geven. Buffon meldt het gedrag bij nachtegalen: 'Ze zijn alom als trekvogel bekend en dit aangeboren gedrag is in hen zo sterk aanwezig, dat ze, indien gekooid, in voorjaar en herfst zeer rusteloos worden – vooral 's nachts – dus in tijden die normaal voor hun trek zijn bestemd.' Buffon beschrijft ook dat kwartels in kooien in exact dezelfde periode dat wilde kwartels gaan trekken, hevig opgewonden raken.[45] Hij is er ongetwijfeld zelf getuige

*De nachtelijke opgewondenheid van wielewalen, door Johann Naumann in gevangenschap gehouden, stelde hem in staat te voorspellen waar ze de winter doorbrachten. (Naumann, 1905)*

van geweest – zo nauwkeurig is zijn beschrijving:

> De vogels werden rusteloos en begonnen te fladderen met ongewone geagiteerdheid, telkens tijdens het trekseizoen, dat er tweemaal per jaar is: in september en april. De gespannenheid duurde elke keer dertig dagen en ving steeds een uur voor zonsondergang aan. De gevangenen bewogen naar voren en naar achteren, van het ene eind van het vogelhuis naar het andere, en schoten soms met zo'n geweld tegen het gaas aan de bovenkant, dat ze verdoofd van de klap neervielen. Met deze vruchteloze gevechten brachten ze de nacht door.[46]

In 1797 schreef de Duitse boer, vogelhouder en groot amateur-ornitholoog Johann Andreas Naumann dat de wielewaal – hij had er verschillende in zijn volière – 'zingt tot hij ons eind juli of begin augustus op een nacht verlaat. In mijn volière worden ze altijd rusteloos als de trektijd begint en gaan ze heen en weer vliegen. Dit duurt tot november. Uit dit gegeven kan men afleiden dat deze soort zeer ver trekt, vermoedelijk helemaal tot in Afrika [...] In maart worden ze 's nachts weer onrustig.'[47]

Tegenwoordig gebruiken we internationaal de Duitse term *zugunruhe* om de rusteloosheid in tijden van migratie aan te geven.[48] Vogelhouders ontdekten niet alleen het verband tussen zugunruhe en het verloop van het trekseizoen, maar waren ook in staat uit het dagelijks patroon van de onrust af te leiden of de in het wild levende soortgenoten van hun kooivogels 's nachts trekken, zoals zangers en kwartels, of overdag, zoals spreeuwen.

In de jaren zestig van de vorige eeuw, tweehonderdvijftig jaar na de eerste vermelding van trekonrust, besloot de jonge Duitse ornitholoog Eberhard (Ebo) Gwinner de eerste wetenschappelijke studie naar het verschijnsel te doen. Gwinner was werkzaam in het Max Planck-instituut in het Duitse Seewiesen en gefascineerd door zugunruhe. Zijn idee was dat vogels van een inwendige klok gebruikmaken bij het zoeken naar hun winterverblijf. Het bestaan van zo'n klok werd al rond 1940 geopperd. Al sinds Aristoteles werd aangenomen dat de trekdrang instinctief was. De

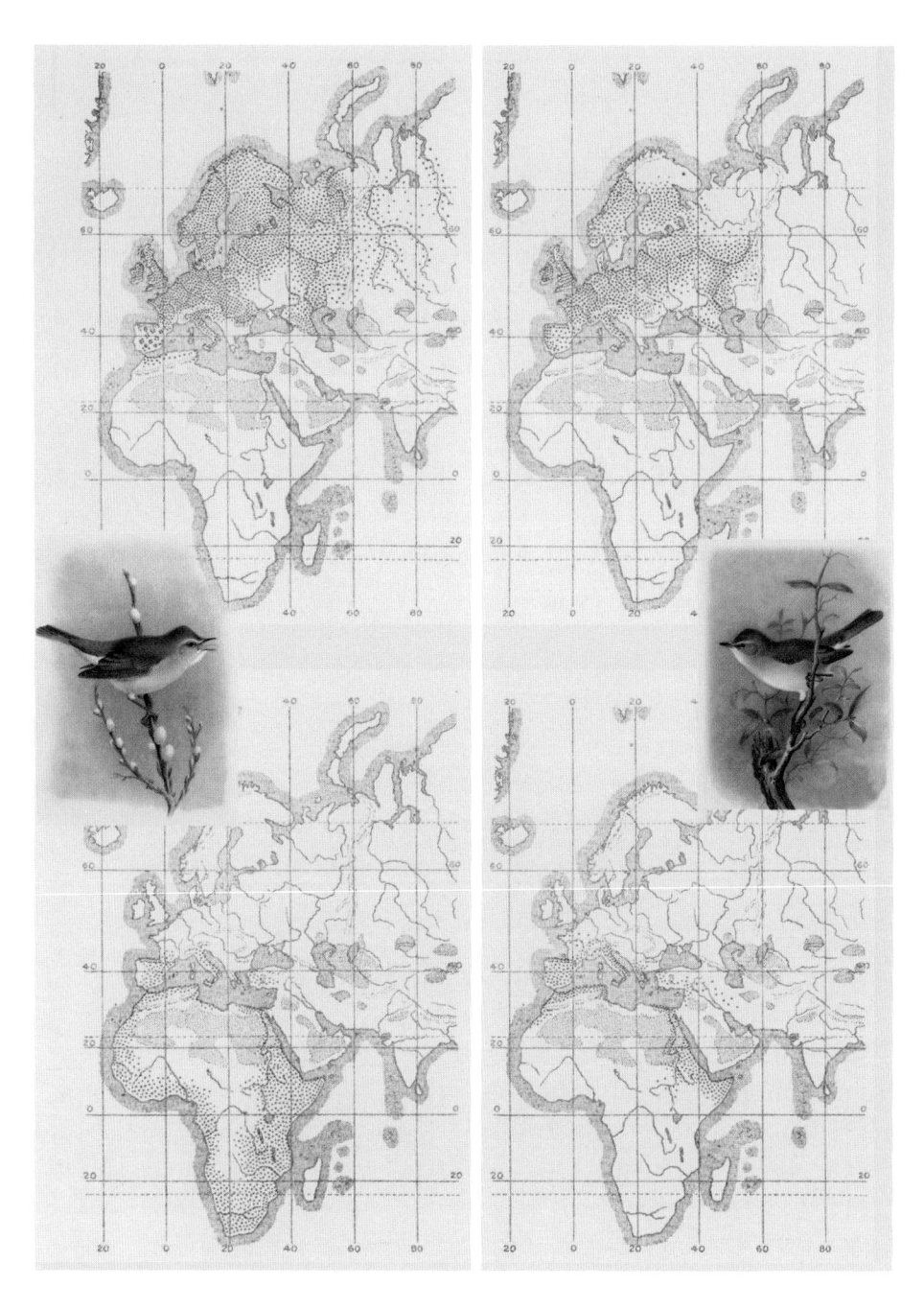

*Verspreiding van de fitis* (links) *en de tjiftjaf* (rechts) *in de zomer* (boven) *en de winter* (onder). *Fitissen overwinteren zuidelijker in Afrika dan tjiftjaffen, zo blijkt uit deze kaartjes.* (Eliot Howard, The British Warblers, 1914)

schrijver van de *Traité du Rossignol* had opmerkzaam vastgesteld: 'Eigenlijk kennen we niet de echte oorzaak van de veranderingen van plaats [bijvoorbeeld migratie]. Waarschijnlijk heeft God in het karakter van deze vogel, evenals in dat van de andere trekvogels, een bepaald instinct of een bepaalde geneigdheid geschapen om naar behoefte van plaats te veranderen, zonder dat wij daarvan de reden kunnen ontdekken.'[49]

Op basis van Naumanns waarnemingen van wielewalen dacht Gwinner dat het bij dit 'bepaalde instinct' of deze 'bepaalde geneigdheid' om een fysiologisch mechanisme ging dat voldoende zugunruhe opwekt om een trekvogel naar zijn winterverblijf te brengen, maar niet verder. Om deze hypothese te toetsen koos hij twee nauw verwante soorten zangertjes: de tjiftjaf, een korteafstandstrekker die de winter in Zuid-Europa of Noord-Afrika doorbrengt, en de fitis, een langeafstandstrekker die in centraal of zuidelijk Afrika overwintert. Naar de huidige maatstaven was het een bescheiden experiment, met in elke groep slechts een paar vogels, maar de resultaten waren helder en kwamen geheel overeen met de voorspelling: de zugunruhe van de fitis duurde veel langer dan die van de tjiftjaf.[50]

Het overtuigde echter lang niet iedereen, en om de kritiek te pareren dat de rusteloosheid alleen maar veroorzaakt werd doordat de vogels niet in hun winterverblijf vertoefden, voerde Gwinner nog een vernuftig experiment uit. Hij nam zangers mee in het vliegtuig naar Afrika om te zien of hun zugunruhe daar verdween. Dat was niet het geval, waarmee hij op elegante manier bewezen had dat de verblijfplaats niet van invloed is op de rusteloosheid.

Het verband tussen de duur van zugunruhe en de trekafstand was een geweldige ontdekking. In 1974 kende de Duitse ornithologische vereniging Gwinner de eerste Erwin Stresemannprijs toe. Ik hoop maar dat hij in zijn dankwoord Naumann erkentelijk is geweest. De prijs was verdiend. Gwinner vervolgde zijn onderzoekingen en toonde aan hoe aanvang en duur van de vogeltrek afhangen van een biologische klok. Waar die zich in de vogelhersenen precies bevindt, moet nog worden vastgesteld, maar we weten nu dat de klok ook ander met migratie samenhangend gedrag regelt, zoals de reusachtige honger in de herfst, die de trekvogel van een extra vetlaag voorziet, de brandstof voor onderweg.[51]

## VERDWIJNENDE FANTASIEËN

In de jaren na Gwinners belangrijke ontdekkingen werd aangenomen dat alleen trekkende zangvogels een inwendige klok bezitten, maar een toevallige ontmoeting met een waadvogel wees anders uit. Kort voor de millenniumwisseling kwam de Nederlandse ornitholoog Theunis Piersma erachter dat een kanoet al bijna twintig jaar als huisdier bij een gezin woonde. De strandloper was met een beschadigde vleugel aangetroffen op een dijk in Zeeland. De vleugellamme kanoet kon nog wel rennen, maar Jaap en Map Brasser, een Zeeuws echtpaar van middelbare leeftijd, gingen met hun zwarte hondje Bolletje achter hem aan en wisten hem te vangen. Ze namen hem mee naar huis waar ze hem verpleegden en voedden. Toen Peter gered werd, was hij een volgroeide kanoet van onbekende leeftijd – een van de miljoenen kanoeten die Nederland in de winter aandoen na hun broedtijd in de Groenlandse pooltoendra.

Peter kon nooit meer vliegen ondanks Jaaps inspanningen als fysiotherapeut. Hij werd heel tam: als zijn verzorgers televisie keken, stond hij aan

*Een vleugellamme kanoet die een Zeeuws echtpaar jarenlang als huisdier hield, leverde het eerste bewijs voor een inwendige klok bij andere vogels dan zangvogels. De klok regelde de jaarlijkse cyclus van deze strandloper, waaronder de omslag van rood broedkleed naar grijs winterkleed. (Selby, 1825-1841)*

hun voeten te slapen – tenzij er een natuurdocumentaire was, dan hielden de intrigerende geluiden hem wakker. Peter en Bolletje werden trouwe speelkameraadjes en nog lang na Bolletjes dood ging Peter zodra hij diens geblaf op een cassettebandje hoorde, op zoek naar zijn oude vriend.

In maart 1997 namen Jaap en Map – bezorgd om de wettelijke status en de levensverwachting van hun gast – contact op met Piersma, die vanwege zijn onderzoek en tv-optredens in Nederland als 'de kanoetenman' bekendstond. Piersma zocht ze op, raakte gecharmeerd van Peter en zag meteen welke unieke mogelijkheden voor wetenschappelijk onderzoek deze casus bood. Hij rekruteerde Jaap en Map als vrijwillige onderzoeksassistenten. Elke vrijdag wogen ze Peter op een brievenweger en beschreven ze de kleur van zijn verenkleed. Piersma wilde ontdekken of Peter net als zangvogels een biologische klok bezat die de jaarlijkse fluctuaties in gewicht en kleur regisseerde. Drie jaren van plichtsgetrouwe dataverzameling leverden het ondubbelzinnige bewijs voor het bestaan van een klok: elk voorjaar nam Peters gewicht toe van 130 tot 190 gram en ontwikkelde zich tegelijkertijd zijn steenrode broedkleed. En als zijn lichaamsgewicht in de herfst weer afnam, verloor hij ruiend zijn rode veren. Vóór deze studie – met zijn ultieme vorm van publieksparticipatie – was dit jaarlijkse ritme alleen bij zangvogels vastgesteld. Peter bezat duidelijk een biologische klok, maar had een ongewone cyclus van achttien in plaats van de gebruikelijke twaalf maanden. Of dit aan zijn leeftijd lag of aan een leven dat zich hoofdzakelijk binnenshuis afspeelde, is niet duidelijk. Kanoeten, die 's winters in gigantische troepen leven, zijn bij uitstek sociale wezens. Het is denkbaar dat Peters banden met zijn pleeggezin sterker waren dan zijn binding aan de seizoenen. Hij ontwikkelde, in de woorden van zijn biograaf: 'een geheel eigen cyclus en [...] bleef zo lang mogelijk rood, in de hoop dat Jaap, Map en de hond ook dikker zouden worden en verkleuren, waarna ze gezamenlijk naar Groenland af konden reizen'.[52]

Halverwege de achttiende eeuw voerde vogelliefhebber Johann Leonard Frisch een ingenieus experiment uit op boerenzwaluwen die bij zijn huis in Duitsland broedden:

> Met het oog op hun mysterieuze winterverblijf heb ik met waterverf rood gekleurde draadjes als ringetjes om de poot van verschillende, in de vlucht gevangen boerenzwaluwen vastgemaakt, kort voor hun vertrek. Hoewel de verf met water gemakkelijk van de draadjes afgaat, kwamen de zwaluwen in de lente toch allemaal terug mét het rode draadje om hun poot.[53]

Met dit simpele hulpmiddel doorbrak Frisch definitief de mythe van het winterverblijf onder water en toonde hij tegelijkertijd aan wat al eeuwen van postduiven bekend was en van andere soorten gedacht werd: dat bepaalde vogels het geheimzinnige vermogen hebben om jaar in jaar uit hun weg 'naar huis' terug te vinden.

Er waren voor Frisch' proef wel vaker vogels gemerkt. De oude Grieken 'ringden' duiven met de post die ze bezorgden. Middeleeuwse valkeniers bevestigden een metalen ringetje aan hun vogels met daarop de naam van de eigenaar. In 1702 stelde baron Von Pernau, ook een vogelliefhebber, voor om bij nachtegalen en kramsvogels een teen af te knippen om ze zo te kunnen identificeren en vast te stellen of ze elk jaar naar dezelfde streek terugkeren. Voor zover bekend bracht hij dit plan niet in de praktijk; of misschien wel, maar dan schreef hij er niet over.[54] En Edward Jenner, vooral bekend om zijn ontdekking van vaccinatie maar ook een enthousiast vogelliefhebber, verwijderde een klauw van gierzwaluwen teneinde ze te kunnen identificeren – een techniek die overigens nauwelijks diervriendelijker is dan het afsnijden van een hele teen. Het lukte hem zo vast te stellen dat vogels jaren achtereen op dezelfde locaties broeden. Daarbij had hij het geluk dat een van zijn vogels zeven jaar na het merken door een kat werd gegrepen en dat hem dat gemeld werd.[55]

Ondanks de proeven van deze pioniers is lang gedacht dat het merken van vogels ter vermeerdering van kennis over migratie niet goed uitvoerbaar is – totdat in 1899 Hans Christian Mortensen, een Deense leraar, eigenhandig genummerde ringen van aluminium voor spreeuwen vervaardigde. Enkele verre terugmeldingen leerden hem en de rest van de wereld hoe waardevol deze methode was: de ornithologie werd er voorgoed door veranderd.[56]

## DE OPKOMST VAN DE VOGELTREK

*Een indigo-gors in een trechterkooi. Steve Emlen vond rond 1960 dit slimme en goedkope kooitje uit om trekonrust mee te registreren. Een stempelkussen op de bodem maakt dat de vogel aan één kant van de trechter met zijn pootjes een inktspoor achterlaat, en dat geeft de trekrichting aan.*

Nu het ringen bewezen had dat vogels hun weg weten te vinden, was de volgende vraag: hoe doen ze dat?

Toen de Duitse zoöloog Gustav Kramer naar de lichaamshouding van een vogel in zijn kooi keek, viel hem op dat deze zich steeds in de richting draaide waarheen hij zou trekken als hij niet gevangen had gezeten. Deze toevalstreffer wijzigde de koers van het trekonderzoek. Het lijkt misschien merkwaardig dat dit gedrag pas zo kort geleden, rond 1940, is ontdekt. Mensen observeerden immers al eeuwenlang kooivogels: waarom had niemand gemerkt dat trekvogels tijdens rusteloosheid met hun lichaam altijd in dezelfde richting gaan zitten? Toen Kramer en zijn studenten dit hadden vastgesteld, bouwden ze speciale kooien om het verschijnsel te meten. Het werd een stukje wetenschap met weinig techniek en veel arbeid: waarnemers lagen onder de gaasbodems van de kooien op de grond te turven op welke zitstokken vogels plaatsnamen en in welke richting ze hun lichaam hielden. Later kwamen er modellen met zitstokken voorzien van microschakelaars, die de gewenste informatie automatisch verzamelden. Maar ook deze 'Kramerkooien' hadden hun beperkingen: ze waren zo kolossaal en duur dat maar enkele vogels tegelijk konden worden geregistreerd. En als zo'n kooi buiten werd geplaatst, gingen de schakelaartjes kapot door het vocht.[57]

Gefrustreerd door deze tekortkomingen, maar met onverminderde zin om grote aantallen trekvogels te onderzoeken, begon de Amerikaanse bioloog Steve Emlen, in de jaren zestig doctoraalstudent aan de universiteit van Michigan, aan goedkopere, handigere oriëntatiekooien te werken:

> Ik begon te experimenteren met vogels in trechtervormige kooien van dun aluminium die ik vanonderop observeerde. Ik kwam erachter dat veel soorten zugunruhe vertoonden: ze sprongen alsmaar op tegen één zijkant van de kooi, en dan meestal precies de kant op van hun trekrichting. Deze eerste trechterkooi was veelbelovend: klein, makkelijk te vervoeren en zonder vochtgevoelige elektronica. Maar het bleef wel nodig zelf het vogelgedrag binnen de kooi te observeren.
>
> In de herfst van 1963 reisde ik van Ann Arbor in Michigan naar Madison in Wisconsin om Thanksgiving Day met mijn ouders te vieren. Ik maakte van de gelegenheid gebruik om met mijn vader over mijn geslaagde en vooral mijn mislukte ontwerpen voor oriëntatiekooien te praten. Mijn vader, John T. Emlen Jr., was een gerespecteerd ornitholoog en gedragsecoloog aan de universiteit van Wisconsin. In onze niet-aflatende discussies kwam hij als eerste op het idee papier in de trechters te gebruiken waarop de vogels hun eigen 'verslag' konden achterlaten. Van daaruit groeide al gauw het idee vloeipapier te gebruiken. Dat bleek zo'n sterk materiaal dat ik toen de hele trechter daarvan ben gaan maken, zodat er geen aluminium meer nodig was. Het idee om de vogel zijn eigen gegevens te laten 'noteren' leidde tot verschillende tussenontwerpen van kladpapier, carbon, krijt op schrijfpapier enzovoorts, tot we uiteindelijk voor drukinkt kozen, waarbij het stempelkussen als bodem van de trechterkooi dienstdeed.[58]

De vogel nam met zijn pootjes inkt van het kussen op en liet sporen op het vloeipapier achter, zodra hij – uit zugunruhe – begon te hippen. De dichtheid en de verdeling van de inktafdrukken maakten het Emlen mogelijk de intensiteit en richting van het nachtelijk gehuppel van de vogel te kwantificeren. Dit ontwerp – mooi in zijn eenvoud – bracht een omwenteling in het onderzoek naar vogeltrek teweeg, omdat wetenschappers verschillende kooitjes naast elkaar konden gebruiken.

Uit de resultaten konden onderzoekers opmaken dat kleine vogels genetisch geprogrammeerd zijn om in een bepaalde richting te trekken. Dit klinkt eenvoudig, maar om een eenmaal ingeslagen richting te blijven volgen, heeft een vogel ook een kompas nodig. De schrijver van de *Traité du Rossignol* filosofeerde begin achttiende eeuw dat nachtegalen misschien de maan als gids voor hun nachtelijke trek gebruiken, maar daarvoor bestaat geen bewijs.[59] Waar ze wel gebruik van maken, zijn de sterren. Dit geldt in ieder geval voor nachttrekkers. Voor vogels die overdag trekken, dient de zon als kompas, aangevuld met een verfijnde dagklok, die de koers bijstelt naarmate de zon zich langs de hemel verplaatst. Maar alleen op het kompas van de zon of de sterren kan een trekvogel geen koers houden. Hij heeft nog twee hulpmiddelen tot zijn beschikking: het magnetisch veld van de aarde en zijn eigen reukzin.[60] Op de vraag waarom vogels zo veel navigatiesystemen gebruiken, luidt het antwoord: voor de zekerheid. Sommige systemen werken onder bepaalde condities nu eenmaal minder goed, en natuurlijke selectie heeft ervoor gezorgd dat als een systeem faalt, er altijd een tweede beschikbaar is.

Aristoteles, Frederik II en John Ray namen allen aan dat migratie aangeboren is. 'Aangeboren' staat gelijk aan wat we tegenwoordig de 'erfelijke' of 'genetische' component noemen. Overtuigend aanvullend bewijs voor een aangeboren mechanisme bleek het vermogen van bepaalde jonge vogels om de route van en naar het winterverblijf te vinden: vogels zonder trekervaring en zonder volwassen soortgenoten in de buurt om het voorbeeld te geven.

Halverwege de vorige eeuw toetste de Nederlandse ornitholoog Ab Perdeck het idee van een richtinggevend kompas voor de trekroutes naar de winterkwartieren, in het meest ambitieuze vogeltrekexperiment ooit.

Sinds de zeventiende eeuw hebben Nederlandse vogelvangers gebruikgemaakt van 'vinkenbanen', waarin ze trekkende spreeuwen en andere kleine vogels voor menselijke consumptie met netten vingen. Hoewel aan deze vorm van vogeljacht in de jaren dertig een einde kwam, was het voor Perdeck geen probleem de vinkers met hun netten en ander werktuig terug te vinden. Hij vroeg hun te helpen bij het vangen van grote aantallen vogels die voor zijn experiment nodig waren. Het onderzoek nam een aantal jaren in beslag rond 1950. In deze periode vingen de ex-vinkers zo'n elfduizend spreeuwen op hun najaarstrek naar het zuiden. Ze ringden elke vogel, stelden op grond van het verenkleed het geslacht vast en leidden uit de ontwikkeling van de schedel de leeftijd af: jonge vogel / dit jaar uitgekomen / adulte vogel. Door de kopveertjes licht te bevochtigen konden ze door de huid heen het schedeltje zien. Vervolgens stopten ze de spreeuwen in kartonnen dozen en vervoerden die achter op de motor naar Schiphol. De vogels werden naar Zwitserland gevlogen en daar losgelaten, zodat ze hun trek vandaar uit konden voortzetten, maar ze waren inmiddels wel zo'n 600 kilometer in zuidoostelijke richting verplaatst. Perdecks vraagstelling was: zouden ze hun trek voortzetten alsof er niets gebeurd was, en dus 600 kilometer te ver zuidoostelijk uitkomen? Of zouden ze 'weten' waar ze waren en in welke richting ze moesten vliegen en dus de trekroute bijstellen om alsnog in het beoogde wintergebied te arriveren? Als de vogels louter van een inwendig kompas gebruik zouden maken, kon je verwachten dat ze 600 kilometer te ver naar het zuidoosten zouden doorvliegen. Maar als ze in het juiste wintergebied belandden, zou dat een indicatie zijn dat ze wisten waarheen ze moesten vliegen, dankzij een echt, eigen navigatievermogen.[61]

Alles stond of viel met de medewerking van het publiek. Perdeck hoopte dat als mensen een geringde vogel – dood of levend – aantroffen, ze hem dat zouden melden. Om de kans op terugmeldingen te vergroten maakte hij zijn experiment overal bekend. Uiteindelijk ontving hij meldingen van wel 354 geringde vogels, een geweldig resultaat. Na analyse van de gegevens kwam Perdeck met een spectaculaire onthulling. De jonge spreeuwen gedroegen zich alsof ze alleen op hun inwendig kompas afgingen en eindigden ten zuiden van hun normale overwinteringsgebied.

**BLACKCAP**
SYLVIA ATRICAPILLA.

*Door zwartkoppen (boven: het vrouwtje) uit trekkende en niet-trekkende populaties met elkaar te kruisen en daarna het gedrag van de jongen met dat van de ouders te vergelijken werd eindelijk de genetische basis van vogeltrek bewezen.*
*(Dresser, Birds of Europe, 1871-1881)*

De adulte vogels vlogen echter naar hun gebruikelijke winterverblijven en konden de afwijking door de verplaatsing per vliegtuig zelf corrigeren. De voor de hand liggende verklaring voor het verschil tussen jonge en volwassen vogels is dat de vogeltrek niet volledig door een aangeboren richtingsgevoel wordt gestuurd, maar ook op ervaring berust. Voor een jonge vogel zonder ervaring is een aangeboren programma dat zowel de richting als de afstand dicteert, evolutionair waarschijnlijk de beste optie. Maar oudere, meer ervaren vogels zijn in staat hun ervaring te benutten om bij te sturen, mochten ze door slecht weer of een experimenterende ornitholoog uit de koers raken.

Nieuw bewijs volgde toen in een later stadium opnieuw naar Perdecks spreeuwen werd gekeken. Na hun overwintering in het 'verkeerde' gebied trokken de jonge vogels in het voorjaar naar het noordoosten en keerden terug naar exact dezelfde plek waar ze opgegroeid waren, dus niet 600 kilometer zuidoostelijk daarvan! Hoewel ze op hun eerste trek naar het zuiden een heel stuk waren verplaatst, slaagden ze er op een of andere manier in hun geboortegrond terug te vinden om er te broeden. Maar toen ze voor de tweede keer naar het zuiden trokken, vlogen ze rechtstreeks naar het 'verkeerde' wintergebied terug! Voor deze merkwaardige uitkomst bestond een simpele, maar interessante verklaring. De jonge spreeuwen hadden iets geleerd van het gebied waar ze geboren waren: ze waren ingeprent op dat gebied. Toen ze de eerste keer naar het zuiden migreerden, stuurde hun inwendige kompas hen een bepaalde richting uit, en toen ze door Perdecks experiment verplaatst waren, wisten ze niet welke kant ze op moesten, dus vlogen ze doodleuk in de genetisch geprogrammeerde richting om te overwinteren op de 'verkeerde' plaats. Maar in de lente daarna gebruikten ze zowel hun inwendige kompas als hun door inprenting verworven ervaring en konden ze terugkeren naar het beoogde broedgebied. Toen ze in de herfst opnieuw naar het zuiden trokken, vlogen ze weer naar het 'verkeerde' gebied waar ze de eerste winter hadden doorgebracht, omdat ze ook hierop ingeprent waren.

Perdecks prachtige onderzoek heeft in twee opzichten aan ons inzicht in vogeltrek bijgedragen. Het ondersteunde de opvatting dat duur en richting van migratie erfelijk zijn. En het toonde aan dat vogels op een gebied inprenten door zich in hun geest een beeld van hun trekroute te vormen, waarmee ze in staat zijn, indien nodig, wijzigingen in het genetische programma aan te brengen.

Aan het slot van dit relaas keren we terug naar het kasteel in Radolfzell voor een ontmoeting met de directeur van het Max Planck-instituut voor vogeltrek. Ietwat gezet en pronkend met zijn lange Rip van Winklebaard, straalt Peter Berthold een opgewekt soort teutonisch zelfvertrouwen uit. Het was zijn levensdoel om eens en voor altijd vast te stellen of de duur en richting van zugunruhe erfelijk zijn. Hij koos daarvoor de zwartkop uit, een vogelsoort die in grote delen van Europa goed vertegenwoordigd is. Sommige populaties van de zwartkop trekken over lange én korte afstanden, en andere, zoals die op de Kaapverdische eilanden, trekken nooit. Het onderzoek hiernaar kan baanbrekend zijn, maar ook ópbrekend: er zijn enorme inspanningen voor nodig. Berthold heeft het geluk dat een kerntaak van het Max Planck-instituut het ondersteunen is van onderzoek waarvoor geen andere ondersteuning bestaat.

Bertholds eerste doel was: vaststellen of zwartkoppen uit verschillende regio's – en dus met verschillende trekrichtingen en trekafstanden – ook verschillende zugunruhe-patronen aan de dag leggen. Eén onderzoekspopulatie werd gevormd door ter plaatse gevangen zwartkoppen, de tweede was een – deels trekkende – populatie op de Canarische Eilanden. Vogels voor dit experiment moesten nog naïef zijn en geen trekervaring hebben. De beste manier om hier zeker van te zijn, was de jongen uit het nest te halen en ze zelf groot te brengen. Iedereen die dit wel eens gedaan heeft, weet hoe zwaar dit werk is. Van zonsopgang tot zonsondergang, moesten de jongen meermalen per uur gevoed worden. Nadat ze uitgekomen waren, werden ze, zodra hun herfst-zugunruhe begon, naar oriëntatiekooien overgebracht. Zoals verwacht verschilden de vogels uit beide populaties behoorlijk in de duur en oriëntatie van hun rusteloosheid. Voor Berthold betekende dit: groen licht voor het eigenlijke experiment.

De opzet was zwartkoppen uit beide populaties te kruisen om te zien hoe hun kroost zich in de oriëntatiekooi zou gedragen. Het klinkt simpel: neem uit elke populatie een vogel, laat ze paren en wacht tot er jonkies komen. Maar als je vogels in een volière aan hun lot overlaat, zullen ze wel gaan zingen, copuleren, eieren leggen en broeden, maar niet hun jongen voeden. En zonder het speciale insectendieet dat alleen in het wild beschikbaar is, kunnen zwartkoppen geen jongen grootbrengen. Berthold bedacht een oplossing: hij stelde een team van onderzoeksassistenten samen dat de bossen in de omgeving op zwartkopnesten uitkamde. Zodra de eieren van de gevangen vogels op het punt stonden uit te komen, werden ze uit de volière gehaald en verwisseld met eieren uit de nesten in de bossen. Na het uitkomen verzorgden de ouders in het wild de volièrejongen totdat ze een week oud waren. Daarna brachten de onderzoeksassistenten de nestjongen over naar de volière. Ik heb in mijn leven maar een paar zwartkopnesten gezien (al moet ik toegeven dat ik er niet echt naar gezocht heb), maar het moet enorm veel moeite hebben gekost de nesten te vinden, te controleren of ze in goede staat waren, en de eieren en jongen te verwisselen. Het was die moeite echter meer dan waard. De resultaten waren fantastisch: de hybride nakomelingen vertoonden een zugunruhe-patroon dat het midden hield tussen dat van de beide populaties van hun ouders. Hetzelfde geldt voor hun oriëntatierichting en voor hun rusteloosheidsduur: een sluitend bewijs voor de erfelijkheid van zugunruhe.[62]

Ik was nog een jonge docent toen deze experimenten afgerond werden. De resultaten werden in 1982 op het Internationaal Ornithologisch Congres in Moskou bekend gemaakt. Ik herinner me dat mijn promotor Chris Perrins, normaal geen uitbundig iemand, in een staat van grote opwinding van het congres terugkwam: Berthold stal de show met het meest frappante vogelonderzoek ooit vertoond.

Bertholds resultaten droegen er ook toe bij dat een nieuw trekpatroon van een Britse populatie zwartkoppen verklaard kon worden. In de jaren zeventig ontdekten vogelaars dat een groeiend aantal zwartkoppen in Groot-Brittannië overwinterden en niet meer — zoals voordien — naar Afrika trokken. Door een combinatie van toegenomen wintervoedering en klimaatverandering konden ze de winter doorkomen. Toen Peter dit nader bekeek, ontdekte hij dat van de in Duitsland gevangen zwartkopjes een uiterst klein gedeelte de neiging vertoonde naar het noordwesten te trekken, terwijl van de in Groot-Brittannië overwinterende groep de meerderheid die neiging vertoonde. De combinatie van meer voedsel en mildere temperaturen betekent kennelijk dat de vogels die van Duitsland naar Groot-Brittannië trekken, in het voordeel zijn vergeleken bij vogels die naar het zuiden trekken. Nu ze zich de lange reis op en neer naar Afrika besparen, zal het aantal dat de winter overleeft, relatief groot zijn. Een tweede voordeel behalen de 'blijvers' doordat ze eerder in het voorjaar naar hun broedgebieden kunnen terugkeren en dus eerder een territorium kunnen opeisen dan de uit Afrika terugkerende vogels. Voor de milieuveranderingen in Groot-Brittannië plaatsvonden betaalden de weinige zwartkoppen die noordwestelijk trokken, vermoedelijk een hoge prijs om hun erfenis veilig te stellen.[63]

*De nachtegaal is een van populairste kooivogels. Observatie van zijn gedrag gaf in de zeventiende en achttiende eeuw voor het eerst inzicht in de biologische basis van trekgedrag. (Meyer, 1835-1850)*

# 5

# Verhelderende ontdekkingen
## *Licht en de broedcyclus*

De nachtegaal is de kampioen onder de zangvogels. Zijn prachtige zang heeft mensen tot tranen toe bewogen, dichters in vervoering gebracht en vogelvangers naar het bos gedreven om hem te vangen. Met zijn bijna ontroerende trillers en aangrijpende pauzes weet hij mensen echt te raken. Het verlangen om zijn lied te bezitten, leidde ertoe dat hij eeuwenlang gevangen werd en in grote aantallen werd opgesloten. Eenmaal gekooid, viel er aan een nachtegaal echter weinig plezier te beleven: de meeste stierven na één, twee dagen, en de weinige die het wel overleefden, zongen alleen een paar weken in de lente.

Met de kanarie lag het stukken eenvoudiger. Hij was tam, kon makkelijk in gevangenschap worden gekweekt en zong het hele jaar door: luid, vrolijk en gevarieerd. Maar hij haalde het natuurlijk niet bij de nachtegaal. Om het beste van twee werelden te verenigen, droomden vogelhouders er al sinds de middeleeuwen van om nachtegalen en kanaries met elkaar te kruisen. Ondanks een aantal stoutmoedige pogingen is ze dat echter nooit gelukt.

Een poging om de zang van de nachtegaal te koppelen aan de krachtige lichamelijke gesteldheid van de kanarie slaagde wonderlijk genoeg wél: in de jaren twintig van de vorige eeuw zette de Duitse vogelkweker Karl Reich een kanarietype op de wereld dat zong als een nachtegaal. Het klonk zo goed, dat ornithologen dachten dat Reich echte nachtegalen in huis had.

Reichs kanaries vielen in de prijzen. De opnamen die hij maakte, werden wereldwijd verkocht, iedereen wilde zijn geheim kennen. Sommige concurrenten waren zo jaloers, dat ze hem van bedrog beschuldigden, maar Reich speelde hooguit vals door niemand te vertellen hoe hij zijn prijsdieren gecreëerd had. Vogelkwekers wisten dat je jonge kanaries kunt leren om bijna alles te imiteren: een andere kanarie, een kneu, zelfs een fluitje. Maar ze hadden nog nooit een kanarie horen zingen als een nachtegaal. De periode waarin een nachtegaal zingt, is namelijk zo kort dat hij al uitgezongen is wanneer jonge kanaries hun nest verlaten en leren zingen.

Reich had een slimme manier gevonden om nachtegalen te laten zingen wanneer jonge kanaries met hun zangles begonnen. De truc was hun jaarlijkse cyclus zo te veranderen dat ze later met zingen begonnen dan gebruikelijk en daar tot ver in de zomer mee doorgingen. Om aan alle nieuwsgierigheid een einde te maken, vertelde Reich dat hij zijn methode gevonden had in een oud boek en dat het erom ging de temperatuur waarin de vogels 's winters verkeren te verhogen. (Het eerste klopte, het tweede niet.) Dat klonk aannemelijk, maar niemand nam merkwaardigerwijs de moeite het te controleren. Dat zou ook niet zo simpel zijn geweest: het boek was erg oud – het was gepubliceerd in 1772 – en zeer zeldzaam. Maar als men het wel had gedaan, zou men slechts een beschrijving hebben gevonden van de aloude praktijk van vogelvangers om vogels te 'muiten'.[1]

Muiten betekent in deze context: verminderen van licht. Wat Reich zijn klanten en concurrenten niet vertelde, was dat hij het moment waarop een nachtegaal begon te zingen, uitstelde door de hoeveelheid licht waarin de vogel zat te veranderen. Dat was op zich niets nieuws, maar hier werd het het begin van een belangrijke ontdekking: hoe vogels hun jaarlijkse cyclus reguleren.

Een vogeljaar bestaat uit een reeks activiteiten, onder andere broeden, ruien (vervangen van de veren) en, bij bepaalde soorten, trekken. De agendering van al deze activiteiten binnen de jaarlijkse cyclus is cruciaal. Eén afwijking, en een ramp is geboren. In streken met een gematigde temperatuur zullen vogels zich in de lente voortplanten, in de herfst naar het zuiden trekken en in de daaropvolgende lente weer naar het noorden. De rui vindt voor of na deze trek plaats, maar soms valt hij ermee samen. Hoe weten vogels dat het lente is en dat het de hoogste tijd is om te gaan paren? Hoe weten ze wanneer ze hun veren moeten laten vallen en nieuwe moeten laten groeien? Hoe weten ze dat ze moeten gaan trekken? Kortom: hoe houden ze hun jaarlijkse agenda bij? De speurtocht naar het antwoord op die vraag werd een van de grootste succesverhalen in de geschiedenis van de ornithologie.

Eeuwenlang hebben vogelvangers in de herfst kleine vogels tijdens hun trek naar het zuiden onderschept. De oudste en meest effectieve methode daarbij was die met het slagnet. De oude Egyptenaren werkten er al mee, en ook in veel oude vogelboeken wordt deze techniek beschreven, onder andere in de *Ornithology* van Ray en Willughby.[2]

Een slagnet alleen was niet voldoende. Lokvogels, of 'kwinkers', waren onontbeerlijk wilde er iets in het net komen. Lokvogels waren er in twee varianten. De eerste was de 'baanloper' (ook bekend als 'broekvogel'), die in het midden van het vanggebied werd neergezet. Het ongelukkige dier had een tuigje om van zacht leer, koord of zijde, dat via een korte lijn met een draaias verbonden was, die op zijn beurt via een lange lijn aan een scharnierende stok vastzat. Als er een trekvogel overvloog, gaf de vogelvanger een ruk aan de stok waardoor de broekvogel de lucht in werd geslingerd om vervolgens, als de lijn gevierd werd, naar beneden te fladderen alsof hij wilde neerstrijken. Het andere type lokvogel werd in kleine kooien gestopt die langs de rand van het net stonden. Hun taak was het om te zingen.

Trekken en zingen gebeurt gewoonlijk in verschillende perioden van het jaar, dus was het nog niet eenvoudig om de lokvogels te laten zingen op het moment dat hun wilde soortgenoten overvlogen. Vogelringers hebben veel van de oude vangmethoden overgenomen en daarmee acceptabel gemaakt. Het is tegenwoordig bijvoorbeeld heel gebruikelijk om trekvogels met opnamen van vogelgezang naar netten te lokken.

Een van de eerste verslagen van muiten dateert van 1575 en is van de hand van de Italiaanse vogelhouder Cesare Manzini.[3] (De techniek zelf is waarschijnlijk van veel ouder datum.) Manzini beschrijft het als volgt:

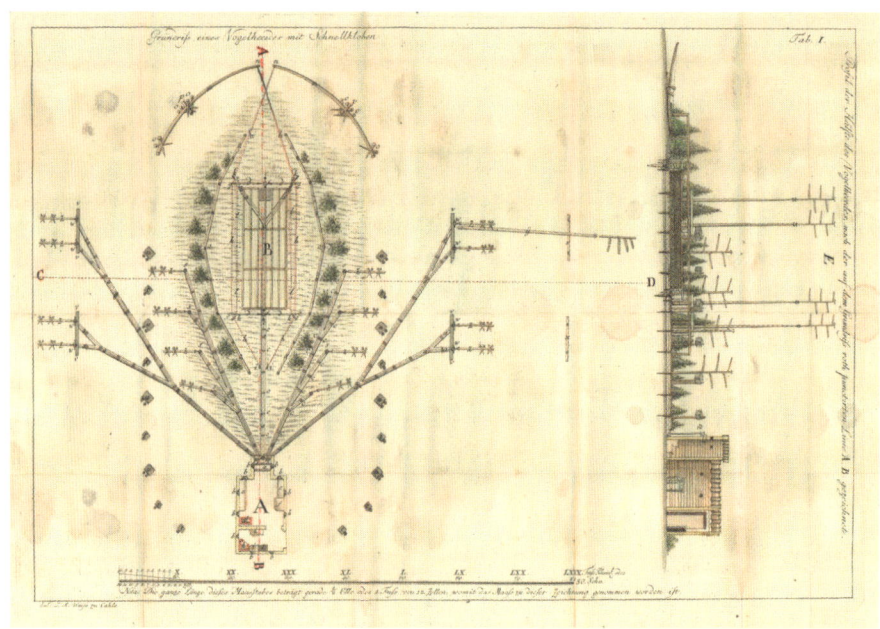

*Het vangen en houden van vogels was vanwege hun mooie zang en hun veren op veel plekken in Europa ooit zeer populair. Vogelvangers gebruikten grote slagnetten en zingende lokvogels om wilde vogels te lokken.*
*(Bechstein, 1801-1822, en Birkner, 1639)*

Hoewel alle andere vogels, met uitzondering van de vink, in de winter zingen, zoals putters, kneuen, groenlingen en aanverwante soorten, zijn er niettemin soorten die ophouden met zingen wanneer zij uit hun isolement komen, vanwege de rui. Daarom moet men de vogels die men zelf bij het vangen wil gebruiken, vanaf de bloeimaand purgeren, en wel aldus: eerst geve men ze beetwortelsuiker, gemengd met een weinig rein water, de dag erna een blad van deze plant; de derde, daaropvolgende dag zette men ze op de grond, zodat zij gedurende een tijdspanne van tien dagen kunnen eten, en elke dag sluite men ze in het donker enigszins af van het licht. Na tien dagen geve men ze weer beetwortelsuiker, en doet men ze in een doos op een donkere, afgezonderde plek. In de avond gebruike men een lantaarn, die de vogels dan twee uur kunnen zien; in die tijd kan men hun drinkbak schoonmaken, en ook geve men ze elke acht dagen vers hennepzaad, en elke vier dagen een beetwortelblad, en elke twintig dagen suiker, vooral de vink, die makkelijk blind wordt. Om te voorkomen dat zij pokken krijgen, is het noodzakelijk dat men de kooi elke twintig dagen ververst, ook vanwege een andere reden, namelijk de kwalijke reuk, die hen makkelijk kan doden. Deze dingen dienen te geschieden vóór de tiende van de oogstmaand, vanaf dan moet men ze opnieuw purgeren, op dezelfde manier als hierboven beschreven, en hun geleidelijk toestaan de lucht te zien, tot de twintigste van die maand, ervoor zorg dragend dat zij niet in de zon komen. Zo zullen zij in de fruitmaand en de wijnmaand goed dienstdoen bij het jagen en vangen [...].[4]

Berichten die hierna verschenen, maakten duidelijk dat het 'purgeren' met beetwortelbladen niet belangrijk is. Wel belangrijk is het muiten, het verminderen en uiteindelijk stoppen van het licht: dat versnelt de jaarlijkse cyclus van de vogels, waardoor hun kunstmatige herfst en rui sneller verloopt. Na drie maanden in het donker wordt het licht dan geleidelijk weer opgevoerd, zodat de vogels geslachtsrijp aan een 'nieuwe lente' beginnen – die in werkelijkheid de herfst is.

Reich gebruikte een aangepaste versie van deze methode: tijdens een kunstmatig verlengde winter hield hij zijn vogels in een laag lichtniveau en stelde hun rui daarmee uit, zodat ze twee maanden later dan normaal

*Volgende bladzijden: De bestudering van vogels in gevangenschap droeg enorm bij aan de ontwikkeling van de ornithologie. Deze kunstzinnige volière van Emil Schmidt, bewoond door een groot aantal niet-Europese en Europese soorten (respectievelijk links en rechts), is afkomstig uit Karl Russ' boek over vogelhouden, dat werd gepubliceerd in 1888.*

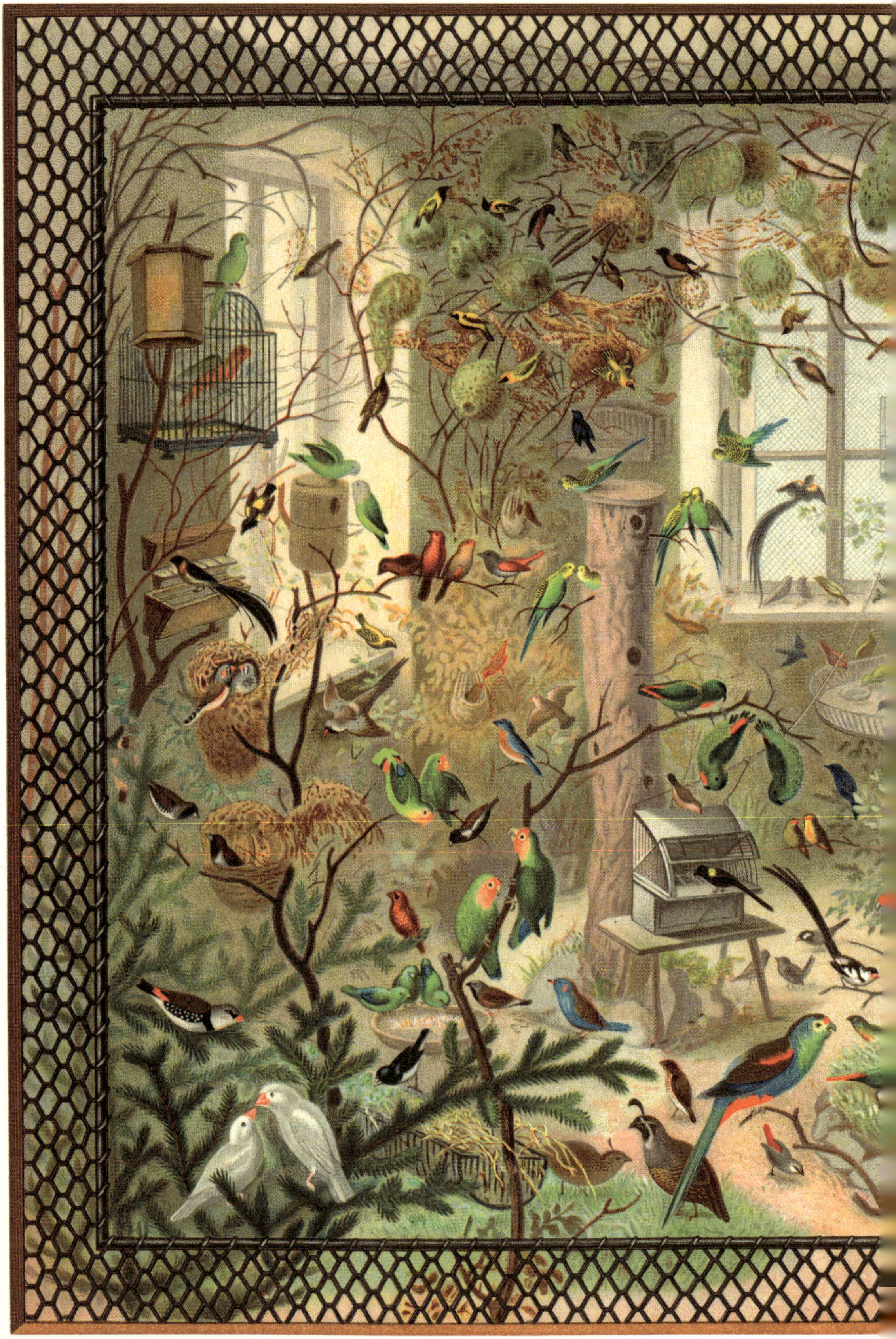

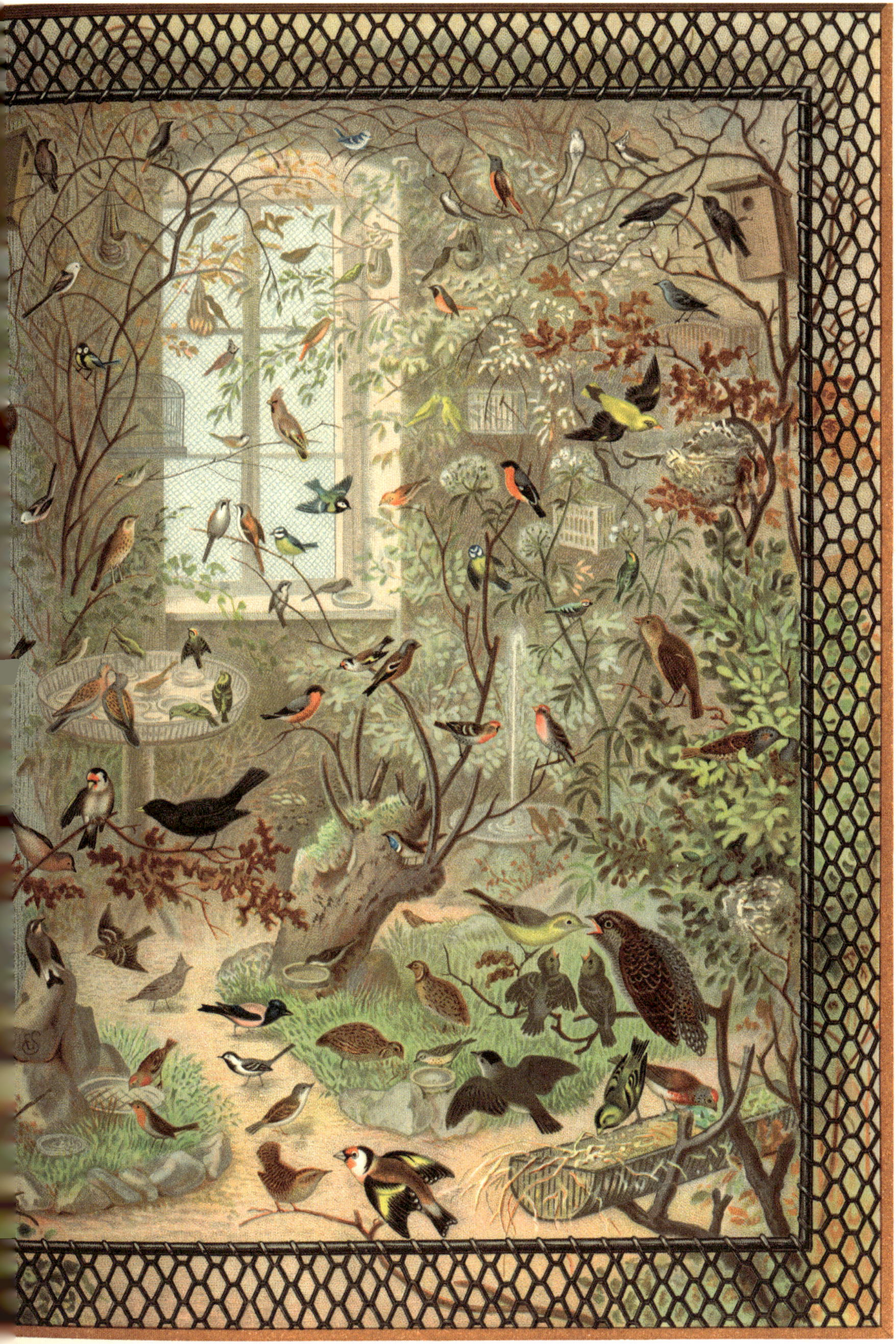

met zingen begonnen. Reich was een meester in het manipuleren van de jaarlijkse cyclus van zijn vogels. Hij kon zijn nachtegalen op elk moment van het jaar laten zingen.[5]

Zingende lokvogels waren voor alle manieren van vangen onontbeerlijk, daarom bevat vrijwel elk boek over vogelhouden dat na dat van Manzini verscheen iets over muiten.[6] Sommige van deze beschrijvingen behelzen uitgewerkte handleidingen, maar zelfs de geringste lichtreductie leek al het gewenste effect te hebben. Reich had het geluk dat de praktijk van het muiten aan het begin van de twintigste eeuw bijna helemaal uitgestorven was, zodat hij zijn methode geheim kon houden.

De 'muit'-truc sijpelde slechts langzaam door naar de ornithologische gemeenschap, en toen het zo ver was, had men daar zelf al het belang van licht ontdekt. Merkwaardigerwijs heeft het wel heel lang moeten duren voor het effect van het muiten van de voortplantingscyclus tot *andere* segmenten van de vogelhouderij doordrong.

Kanariekwekers hadden hun vogels dolgraag het hele jaar door horen zingen, vooral in de winter, maar op de een of andere manier schijnen ze nooit de link tussen muiten en zingen gelegd te hebben. Hadden ze dat wel gedaan, dan hadden ze ook in de donkere maanden van het jaar van sommige kanaries kunnen genieten. Het scheelde niet veel, want aan het eind van de achttiende eeuw wisten sommige kwekers dat je kanaries door kunstmatig licht en kunstmatige warmte ook buiten het normale seizoen kunt laten paren:

> Het is weinig bevredigend dat men alleen in de zomer van het broeden van kanaries kan genieten. Men heeft mij dan ook dikwijls gevraagd of kanaries ook in de winter broeden. Dat is niet alleen mogelijk, het gebeurt ook. Bovendien schenkt het de vogelhouder die 's winters bezigheden aan huis heeft, veel genoegen. Maar ik moet er meteen aan toevoegen dat niet alle kanaries daartoe in staat zijn, en wanneer men niet over een warme, goedverlichte kamer beschikt, is alle moeite vergeefs.[7]

Kanariekwekers zagen licht nooit als de sleutel; hun verslagen laten zien dat ze de temperatuur belangrijker vonden. Met pluimveehouders was het precies hetzelfde. De grote Franse natuuronderzoeker en veelzijdig erudiet René Antoine de Réaumur kreeg rond 1750 de opdracht om de Franse pluimveehouderij te industrialiseren. Hij liet de kooien van hennen verwarmen en was er heilig van overtuigd dat ze voortaan hartje winter zouden gaan leggen. Dat weigerden ze – en De Réaumur kon slechts concluderen dat het niet de kou was die ze tegenhield, maar de rui. Hij kwam ook op het spoor van iets wat we tegenwoordig als 'energetische uitruil' tussen ruien en leggen zouden bestempelen:

> … al de tijd dat [de rui] duurt, vloeit er een aanzienlijke hoeveelheid voedingsvloeistof weg, die aangewend wordt voor het aanmaken en vermeerderen van nieuwe veren, en het is niet vreemd dat er in die tijd binnen het lichaam van de hen te weinig van resteert om eieren te laten groeien.[8]

De Réaumur bedacht vervolgens dat het mogelijk moest zijn om een hen een winter lang eieren te laten leggen, mits de rui eerder zou optreden. Hij overwoog zelfs alle veren van hennen te plukken, en hij verzocht zijn lezers dringend dat ook te proberen. Hij waarschuwde wel niet alle veren tegelijk te plukken: 'de natuur dient nagevolgd te worden door ze geleidelijk van haar af te nemen'. Opvallend is dat De Réaumur er ondanks al zijn vindingrijkheid blijkbaar niet van op de hoogte was dat vogelhouders hun dieren in de muit doen om een vroegtijdige rui te bewerkstelligen, en dat licht daarbij een belangrijke rol speelt.

Een van de eerste expliciete uitspraken dat licht voor vogels belangrijk is, kwam niet van een vogelhouder, en ook niet van een ornitholoog, maar van een Finse dichter, Johan Runeberg. Op zijn ziekbed schreef hij in 1870, terwijl hij naar de vogels buiten keek, *De leeuwerik*, met onder andere de volgende regels:

> Alleen de zon zal zij volgen, boven land en boven de oceaan,
> Helemaal tot aan haar zuidelijke huis en tot aan het noorden.[9]

Het is niet duidelijk wanneer Runeberg dit gedicht schreef. Via een anoniem artikel in *The Times* drong zijn visionaire inzicht door tot de ornithologen – om er een hausse aan ingezonden brieven te veroorzaken.

Een van de briefschrijvers die Runebergs ideeën probeerde te torpederen, was de Engelse ornitholoog Alfred Newton. Waarom, valt makkelijk te begrijpen: de veronderstelling dat vogels niet naar een zachter klimaat trekken om er meer voedsel te bemachtigen, maar vanwege de langere dagen daar, kon een serieuze test niet doorstaan. Newton wees erop dat sommige vogels al vóór de omslag naar de herfst wegtrekken, en wel naar streken die op dat moment kortere in plaats van langere dagen kennen. Uiteraard had Newton gelijk, maar hij liet een geweldige kans liggen. Als hij op Runebergs schouders was gaan staan en niet op diens idee, zou hij binnen de ornithologie wellicht een revolutie teweeg hebben gebracht.

Runebergs idee – voor zover het die naam verdient – was dat licht de evolutionaire oorzaak van de trek is, en niet de initiële aanleiding ervan. Er bestaat een subtiel maar uiterst belangrijk verschil tussen deze twee dingen, waarop ik later terug zal komen.

Ongeveer veertien jaar nadat Newton Runebergs idee vermorzeld had, kwam de Sheffielder Henry Seebohm, een bekende amateur-ornitholoog – en succesvolle staalfabrikant – met een bijna identieke suggestie met betrekking tot de trek van waadvogels.[10] Het is niet duidelijk of Seebohm Runebergs gedicht of Newtons ingezonden brief kende. Waarschijnlijk niet, maar dat doet er niet toe, want niemand merkte zijn schrandere idee op. Begin twintigste eeuw kreeg het verband tussen licht, trek en evolutie echter een herkansing toen fysioloog Edward Schäfer het ter sprake bracht in een lezing tijdens een bijeenkomst van de Edinburgh Natural History Society, getiteld 'Over de invloed van daglicht als determinerende factor bij vogeltrek'.

Schäfer, geboren in Hamburg maar opgeleid op University College London, werd later voor zijn fysiologisch onderzoek geridderd. In 1918 veranderde hij zijn naam nogal excentriek in Sharpey-Schäfer als een eerbewijs aan zijn vriend William Sharpey, de vader van de Engelse fysiologie. Uit niets blijkt dat Schäfer speciale belangstelling voor vogels had, maar hij was gefascineerd door de rol die hormonen mogelijkerwijs spelen

*Pogingen om tijdens de wintermaanden kanaries te kweken, faalden omdat vogelhouders zich op de temperatuur richtten, en niet op het licht. Deze illustraties van gekweekte kanaries komen uit een populair boek uit 1868 van de Eerwaarde Francis Smith.*

bij de seizoengebonden activiteiten van vogels. Zijn hoofdthema bouwde voort op de ideeën van zowel Runeberg als Seebohm: vogels zijn eerder op zoek naar daglicht dan naar voedsel. Wanneer ze in de herfst naar het zuiden vliegen, is dat vanwege de langere dagen daar, net als wanneer ze in de lente naar hogere breedtegraden vliegen. Wat nieuw was – maar wat Schäfer kennelijk niet besefte – was zijn terloopse opmerking dat de lengte van de dagen wellicht de prikkel is om te gaan trekken:

> De invloed van de verschuiving van licht naar donker is een constante factor die misschien zelfs een rol speelt bij het prikkelen van het trekinstinct.[11]

Schäfers *brainwave* duurde te kort en was te goed verstopt om opgemerkt te worden. Het zou dertien jaar duren voor ornithologen openstonden voor het idee dat daglengte de seizoengebonden prikkel tot zowel het paren als de trek kan zijn. Het belletje ging merkwaardigerwijs pas rinkelen toen er in 1922 een artikel verscheen dat niet over vogels ging maar over planten, en waarin beschreven wordt dat de *fotoperiode* (daglengte) de omgevingsprikkel is die bloemen doet bloeien. De botanici Wight Garner en Harry Allard, in dienst van de Amerikaanse overheid, toonden aan dat ze het bloeien op bijna elk moment in het jaar konden 'aanzetten': op precies dezelfde manier en op bijna precies hetzelfde tijdstip dat Reich dat met de zangseizoenen van zijn nachtegalen deed.

Het onderzoek van Garner en Allard verloste de ornithologen uit hun intellectuele torpiditeit en dwong hen om over seizoengebonden prikkels te gaan nadenken. Van harte ging dat niet, en een gefrustreerde Allard schreef in 1928 uiteindelijk zelf maar een artikel over vogeltrek, ontroerd als hij was dat een dichter en twee botanici, en niet een ornitholoog, als eersten het belang van licht hadden ingezien:

> Er schuilt iets moois in die gedachte, omdat de wetenschap die met haar koele, moderne gezichtspunten en methoden de schoonheid van de poëzie vermorzelt, hier tevens bewijst dat de eenvoudigste dichterlijke inspiratie het min of meer bij het rechte eind had.[12]

Tegenwoordig wordt de Canadese fysioloog Bill Rowan algemeen gezien als de pionier van het onderzoek naar daglengte en voortplantingscyclus. Rowan was een excentriekeling die in glorieuze afzondering werkte, zonder contact met andere onderzoekers of vogelhouders. Al van kind af aan was hij geïnteresseerd in trekvogels, en toen hij in de jaren twintig van de vorige eeuw bioloog werd, wilde hij achterhalen wat de externe stimulus voor vogeltrek is. Eerst elimineerde hij de factoren die tot dan toe de beste papieren hadden gehad: temperatuur en luchtdruk. Vervolgens ontwikkelde hij via een aantal logische stappen de hypothese dat licht de aanjager is, omdat daglicht de enige factor is die elk jaar een voorspelbaar patroon volgt. In haar biografie over Rowan schrijft Marianne Gosztonyi Ainley: 'De rol van daglicht bij plantengroei en vogeltrek was al door anderen vastgesteld. Maar Rowan had nooit toegang tot hun werk gehad, noch tijd om het te lezen, en kwam op eigen kracht tot dezelfde conclusie.'

Jarenlang had de overwerkte Rowan weinig anders gedaan dan gegevens verzamelen en op zijn probleem broeden – het papier was geduldig. Maar in de zomer van 1924 móest hij wel tot actie overgaan toen Gustave Elfrig een artikel publiceerde in het Amerikaanse vogelblad *The Auk*. De kop erboven behelsde een retorische vraag: of *fotoperiodiciteit* [daglengte] een factor is bij het initiëren van de vogeltrek. Elfrings hypothese leunde op het onderzoek van Garner en Allard naar het effect van daglicht bij bloemen. Het was een fysiologische hypothese: de in de lente optredende trekdrang van vogels wordt veroorzaakt door de groei van hun geslachtsklieren.

Ervan overtuigd dat Elfrig er volledig naast zat, ontplofte Rowan ongeveer. Zijn eigen onderzoek wees erop dat daglengte *zowel* de ontwikkeling van geslachtsklieren stimuleert *als* de aandrang om te gaan trekken: het eerste is níet de oorzaak van het tweede. Hij had absoluut gelijk. Later onderzoek bij vogels waarvan de geslachtsklieren chirurgisch verwijderd waren, bewees dat ze dan nog steeds trekdrang vertoonden.

Zoals zo vaak gebeurt in de wetenschap (ook toen al), werd Rowan er in de herfst van 1924 door de concurrentie – en door de angst dat Elfrig met de eer zou gaan strijken – toe aangezet om met zijn beslissende experimenten te beginnen. Dat was makkelijker gezegd dan gedaan. De rector

418   Northern Junco [Snow Bird]
Passeriformes Fringillidae *Junco hyemalis*

*De junco (een Noord-Amerikaanse gors) werd door Bill Rowan in experimenten gebruikt om de grote invloed van daglengte op de voortplantingscycli van vogels aan te tonen. We zien hier een Oregonjunco en een grijze junco. (Audubon, 1827-1838).*

van de universiteit wees zijn werk af, onderwijsverplichtingen waren hem een gruwel, subsidies werden afgeknepen en het kostte hem moeite om voldoende vogels voor zijn experimenten te vangen (en te houden). Maar Rowan was koppig. Hij bouwde volières in zijn achtertuin en droomde ervan door het verlengen van de dag lente-activiteit in herfstgeslachtsklieren op te wekken om 'de bezitter ervan te prikkelen, zodat ze als ze losgelaten werden, in de herfst naar het noorden zouden trekken en niet naar het zuiden'. Ondanks alle moeilijkheden zette hij zijn experiment voort. Het effect van een extra lamp van 75 watt bleek enorm. Uitgelaten schreef hij aan een collega:

> Het is me gelukt om met Kerstmis in grote volières in mijn tuin bij temperaturen tot 52° F onder nul [–47° C] bij junco's [een Noord-Amerikaanse gors] langs experimentele weg lentekoorts te ontwikkelen. Ze zongen de hele dag [...] en toen ik ze opensneed bleken ze grote lentetestikels te hebben [...].[13]

Rowan slaagde er nooit in om een omkering van de richting van de trek aanschouwelijk te maken, voornamelijk omdat het onmogelijk was exact vast te stellen waar zijn vogels heen vlogen als ze vrij werden gelaten: ze verdwenen onmiddellijk in het kreupelhout. Maar aan het eind van de jaren zestig bevestigde Steve Emlen van de universiteit van Michigan zijn hypothese op vernuftige wijze. Indigogorzen die hij in speciale oriëntatiekooien met kunstmatig licht in de waan bracht dat het lente was, huppelden onafhankelijk van de tijd van het jaar in noordelijke richting, terwijl degenen die dachten dat het herfst was, naar het zuiden wilden.[14]

Als we ervan uitgaan dat Rowan de wetenschappelijke literatuur inderdaad niet kende en zijn ontdekking op eigen noemer deed, wekt het geen verbazing dat hij van muiten nog nooit gehoord had. Dat gold namelijk ongeveer voor alle ornithologen. Op één uitzondering na.

In Nederland was het vangen van vogels in de jaren dertig nog heel gewoon. Piet Damsté, een jonge onderzoeker, besloot voort te bouwen op Rowans resultaten en uit te zoeken hoe muiten in zijn werk ging. Bij experimenten met gevangen groenlingen ontdekte hij dat de geslachtsklieren

*In de jaren zestig van de vorige eeuw gebruikte Steve Emlen indigogorzen en speciale kooien om te testen of vogels die aan extra licht werden blootgesteld en zo in 'lentecondities' werden gebracht, zich op het noorden oriënteerden en vogels die in 'herfstcondities' werden gebracht, op het zuiden (geschilderd door Mark Catesby, 1741-1743).*

snel inkrompen, de spermaproductie terugliep en de zang verstomde als hij deed wat vogelhouders al heel lang deden: in mei de hoeveelheid beschikbaar licht verminderen. In absolute duisternis doorliepen de vogels een volledige rui: ze verloren al hun veren en kregen een nieuw kleed. In augustus stelde Damsté ze geleidelijk aan meer licht bloot. Hun geslachtsklieren groeiden meteen snel weer aan en de mannetjes waren na minimaal drie weken weer helemaal geslachtsrijp: ze produceerden sperma en zongen de hele dag. Om een of andere reden werden vrouwtjes nooit helemaal geslachtsrijp; ook legden ze nooit eieren in deze proefopstelling, waarschijnlijk omdat enkele cruciale factoren ontbraken. Niettemin legden Damstés experimenten op elegante wijze de onderliggende processen bloot die vogelhouders al eeuwenlang met veel succes toegepast hadden – zonder er lang bij stil te staan.[15]

Licht was dus de aanjager. Maar hoe ging het precies in z'n werk? Het antwoord was ingewikkeld en riep een hele serie nieuwe vragen op. Om te beginnen: hoe nemen vogels licht waar? Het voor de hand liggende antwoord is: met hun ogen. Maar dat klopt niet. Via een aantal weerzinwekkende – en inmiddels onaanvaardbare – experimenten onthulde de Franse onderzoeker Jacques Benoit in de jaren dertig dat vogels licht ontvangen via hun schedel. In de eerste plaats toonde hij aan dat eenden waarvan de gezichtszenuwen zijn doorgesneden of waarvan de ogen chirurgisch verwijderd zijn, in de lente nog steeds geslachtsrijp worden wanneer de hoeveelheid licht toeneemt. Ten tweede liet hij door een doorgesneden (dode) eendenkop op fotopapier te leggen, zien dat licht – met name rood licht – de hersenen bereikt via de huid en de schedel.

Dit was een zeer opmerkelijke en totaal onverwachte ontdekking, maar je kunt het zelf heel makkelijk controleren door je hand op een zaklantaarn te leggen: vlees en botten houden het licht niet tegen. Jaren later kon met behulp van glasvezeltechnieken die bepaalde gedeelten van het vogelbrein aanlichtten, worden aangetoond dat de 'receptoren' om veranderingen in de daglengte te registreren zich in een gebied bevinden dat de 'basale hypothalamus' wordt genoemd: hetzelfde gebied dat bij mensen de lichaamstemperatuur, de dorst en de dagelijkse en jaarlijkse schommelingen reguleert.[16]

Benoit deed nog een experiment dat ons inzicht in de manier waarop de voortplantingscyclus bij vogels geregeld is, aanzienlijk vergrootte. Tot zijn eigen verbazing ontdekte hij dat de geslachtsklieren van woerden die in absolute duisternis worden vastgehouden nog steeds een seizoengebonden verloop vertonen: groei in de lente en regressie in de herfst. Deze opmerkelijke observatie leidde uiteindelijk tot de ontdekking van een inwendige klok.

Benoits experiment bewees dat het proces waarvan de voortplantingscyclus deel uitmaakt veel ingewikkelder verloopt dan iemand ooit had kunnen vermoeden. Naast de seizoengebonden schommelingen in de daglengte – een extrinsieke factor – was er een interne klok – een intrinsieke factor – actief, en die twee werkten harmonieus samen. Dit was een belangrijke ontdekking, maar een die door zijn karakter eerder ingang vond bij fysiologen en medici dan bij ornithologen.

Als professor aan de Parijse Sorbonne behoorde Benoit tot het academische keurkorps. Hij was zelfverzekerd, flamboyant en dol op snelle auto's – hij gebruikte zijn esculaapteken om ongestraft de maximumsnelheid te overtreden.[17] Zijn onderzoek was zeker een onderscheiding waard geweest, maar om de een of andere reden gunde het Franse academische establishment hem die niet. Dat verbaasde me, en ik vroeg mijn ornithologische collega's naar het waarom, maar niemand wist het antwoord. Uiteindelijk stuitte ik op een serie gebeurtenissen die typerend zijn voor een van de treurigste episoden uit de geschiedenis van mijn vakgebied. Het eerste bedrijf ervan speelt zich af eind jaren vijftig, als Benoits laboratorium er een nieuwe onderzoeker bij krijgt.

Vanaf het allereerste begin hangt er iets vreemds om *le père* Leroy. Hij is jezuïet, maar bovendien kost het hem de nodige moeite om in de onderzoeksgroep te integreren. Ervan uitgaande dat dit het gevolg is van een lang verblijf in China, houdt Benoit hem echter de hand boven het hoofd. Hij geeft Leroy een project dat buiten het kader van het onderzoek valt en vindt het prima dat hij op z'n eentje werkt. Het betreffende project is zeer eigentijds: het betreft het inspuiten van het DNA van een bepaalde eendensoort in een andere, in de hoop dat daarmee mutaties op gang komen die op de jongen worden overgedragen. Het was lange-

*In de jaren dertig en veertig werkte de Nederlandse onderzoeker Piet Damsté met groenlingen om erachter te komen hoe vogelhouders met de 'muit'-techniek een vogel in de herfst konden laten zingen in plaats van in de lente (geschilderd door Johann Walther, ca. 1650).*

termijnwerk, maar als het lukte zou het een bom zijn onder conventionele erfelijkheidspatronen. Ondanks de ontdekking van de structuur van het DNA door Watson en Crick enkele jaren daarvoor, in 1953, was het geloof in de erfelijkheid van verworven eigenschappen (dat wil zeggen: erfelijkheid langs niet-mendelliaanse weg) nog lang niet dood. Vandaar dit eendenproject. Leroy pakte zijn onderzoek voortvarend aan. Na een tijdje kon hij Benoit tot diens opperste verbazing melden dat het experiment geslaagd was: de jongen van de geïnjecteerde vogels hadden zwarte en roze snavels in plaats van gele, zoals hun ouders! Het protocol voor het openbaar maken van belangrijke wetenschappelijke ontdekkingen schreef voor dat men een verzegelde brief naar de Académie des Sciences stuurde om te garanderen dat men de primeur kreeg – en niemand anders dezelfde ontdekking zou opeisen. Aldus geschiedde. Benoit, die zijn opwinding nauwelijks de baas kon, schreef een verslag van Leroy's bevindingen en stuurde dat op naar de Académie.

Niet lang daarna liet Leroy Benoit een krantenartikel zien dat behelsde dat een aantal onderzoekers in Amerika er met behulp van DNA óók in geslaagd was de kleur van een vogel te veranderen. Benoit was verbijsterd. Erop gebrand zijn primeur veilig te stellen, vond hij dat hij de inhoud van zijn verzegelde brief openbaar moest maken. Zoiets was natuurlijk groot nieuws, alle Franse media rukten uit om het te verslaan. Van de ene dag op de andere was Benoit een wetenschappelijke superster. Iedereen was opgewonden, inclusief president De Gaulle – die ongetwijfeld een Nobelprijs aan de horizon zag gloren.

Benoit zocht naarstig contact met de auteur van het Amerikaanse onderzoek. Dat lukte hem pas nadat hij zijn eigen kaarten op tafel had gelegd – waarna hij erachter kwam dat van een vergelijkbare ontdekking geen sprake was. Hij begreep er op z'n zachtst gezegd niets van. De andere onderzoekers in zijn laboratorium wisten echter precies wat er gebeurd was: Leroy had alles geënsceneerd. Hij had geknoeid met de onderzoeksresultaten en zelf het artikel geschreven dat Benoit dwong naar buiten te treden. En de media waren door Leroy zelf ingeseind om te garanderen dat de presentatie alle aandacht kreeg. Benoit weigerde het te geloven, zo oneerlijk kon een jezuïet niet zijn. Ten koste van zijn eigen reputatie bleef hij achter Leroy staan. De wetenschappelijke gemeenschap zou het hem nooit vergeven.[18]

De onderzoeken van Rowan, Benoit en anderen stimuleerden een hausse aan experimenten naar de timing van broedseizoenen bij vogels. Het was zonneklaar dat vogels in gematigde streken als Groot-Brittannië en Noord-Amerika zich in de lente voortplanten, als de dagen lengen. Het was ook duidelijk dat – zoals alle vogelhouders wisten – niet alle vogels zich tegelijk voortplanten. Verschillende soorten reageren op verschillende manieren op verschillende lichtniveaus.

Rowans onderzoek toonde aan dat licht een belangrijke stimulus is voor trek én voortplanting. Benoit liet zien hoe licht de hersenen binnendringt en de groei van geslachtsklieren stimuleert, waardoor mannetjes geprikkeld worden om te gaan zingen. Daarna spitste de vraagstelling zich toe op de link tussen hersenen en geslachtsklieren. De oplossing luidde: hormonen.

Het vermoeden dat chemische 'dragers' een rol spelen, bestond al lang, met name bij de Duitse fysioloog Johannes Müller. En in de jaren veertig van de negentiende eeuw wist Arnold Berthold hun bestaan aan te tonen door de testikels van een jonge haan over te planten op een andere. Omdat hij daarbij geen zenuwcellen of ander zenuwweefsel transplanteerde, moest er naar alle waarschijnlijkheid sprake zijn van een chemische reactie.[19] De Franse fysioloog Charles Edouard Brown-Séquard deed iets vergelijkbaars toen hij eind negentiende eeuw een aftreksel uit de genitale klieren van apen inspoot bij patiënten, en zo opvallende verjongingseffecten bereikte. Deze resultaten wekten veel belangstelling; ze prikkelden zowel Brown-Séquards patiënten als andere onderzoekers.[20]

In de jaren vijftig van de vorige eeuw lagen de basisprincipes van de vogel-endocrinologie goeddeels vast: licht is belangrijk, opgevangen door de hersenen activeert het de afscheiding van hormonen uit de pijnappelklier, wat de seizoengebonden groei van de geslachtsorganen bevordert.

Tussen 1950 en 1970 werden regelmatig nieuwe hormonen ontdekt, maar de techniek om vast te stellen hoe ze werken bleef uiterst primitief. Het doden van vogels in een bepaald stadium – geslachtsrijp of niet-geslachtsrijp bijvoorbeeld – en het inschatten van de hormonale inhoud van hun endocriene klieren maakte deel uit van het onderzoek. Erg nauwkeurig was het allemaal niet, er viel onmogelijk te meten wat onderzoekers echt wilden weten: de mate waarin bepaalde hormonen geproduceerd worden.

Hormonen waren hot, onderzoeksgroepen over de hele wereld gingen met elkaar de strijd aan om erachter te komen hoe ze werkten. Wie daarin als eerste zou slagen, zou eeuwige roem vergaren. Eén groep, bestaande uit Brian Lofts en Ron Murton en geleid door Jock Marshall, zat in het St Bartholomew's Hospital in Londen. Marshalls deelname vloeide voort uit zijn promotieonderzoek in Oxford, verricht onder supervisie van John Baker, de pionier van het onderzoek naar seizoengebonden voortplantingsgedrag van vogels. Marshall was een boeiende persoonlijkheid. Al zijn proefdieren schoot hij persoonlijk uit de lucht, ook al had hij op vijftienjarige leeftijd bij een schietongeluk een arm verloren. Tijdens de Tweede Wereldoorlog zette hij zijn werkzaamheden in Noord-Afrika voort, in uniform. De geslachtsklieren van de vogels die hij ving zette hij op pure gin. Later schonk hij ze aan Lofts, maar deze maakte er nooit gebruik van. Als aandenken aan zijn briljante promotor stonden ze in een glazen pot op zijn bureau.[21]

Ook elders werd endocrinologisch onderzoek gedaan. In de Verenigde Staten waren twee groepen actief, de ene geleid door Albert Wolfson van de Northwestern University in Chicago, de andere door Don Farner van Washington State University. Brian Follett, die een leidende figuur zou worden in het endocrinologisch onderzoek, vertelde me hoe hij de markante en bevlogen Don Farner in 1962 op een conferentie in Bristol had leren kennen. Follett was in die tijd gefocust op de fysiologie van zoogdieren, maar raakte enthousiast toen Farner hem vertelde dat de voortplanting bij vogels op een simpele manier met licht kan worden uitgezet, alsof je een schakelaar omdraait.

Follett ging samen met Farner aan de slag – om te ontdekken dat hij het veld in moest om zijn eigen proefdieren, witkruingorzen, te vangen. Ze beperkten zich tot de mannetjes. Niet uit seksisme, maar omdat mannetjes in gevangenschap geslachtsrijp worden en vrouwtjes niet.

Folletts taak bestond eruit de hormonen uit de pijnappelklier tijdens de voortplantingscyclus te volgen. Dat was ongelooflijk moeilijk: de hoeveelheid hormonen in het bloed was onwaarschijnlijk klein en zelfs met een 'groot aantal gebundelde pijnappelklieren' kwamen ze niet verder dan een zeer ruwe schatting met een 'zeer slechte graad van nauwkeurigheid', zoals hij zelf zei. Later stapte Follett over op de Japanse kwartel, die (anders dan huiskippen) gevoelig is voor fotoperioden en in grote aantallen gekweekt kan worden. Hij leent zich daarom veel beter voor endocrinologisch onderzoek.

Ook daarna bleef de armzalige (on)nauwkeurigheid van de metingen een bron van frustratie voor Follett en zijn collega's. Maar eind jaren zestig daagde er hoop door de ontwikkeling van een nieuwe techniek, *radio-immuno-assay* (RIA). Deze methode houdt onder andere in dat substanties als hormonen gelabeld worden met radioactief jodium dat wel goed gemeten kan worden. De twee Amerikaanse onderzoekers die RIA ontwikkelden, Sol Berson en Rosalyn Yalow, ontvingen in 1977 de Nobelprijs voor hun toepassing bij het meten van insulineniveaus bij mensen. Follett en zijn collega's Colin Scanes en Frank Cunningham waren net een paar weken te laat:

> Op een magische, waarlijk magische dag in 1970 verkregen we de eerste resultaten en overbrugden we in één keer een grote kloof. Ik overdrijf niet. Tot dan toe deden we weinig anders dan een vogel doden, zijn pijnappelklier eruit halen en de inhoud daarvan meten met een precisie van plus of minus honderd procent. De gevoeligheid van deze test was zodanig dat we per meting 4000 nanogram* hormonen nodig hadden. Wanneer de veranderingen bij een aantal vogels groot genoeg waren, konden we gaan denken aan veranderingen in de afscheiding. De RIA kwam uit op 10 picogram**, dus was de winst in gevoeligheid een factor 400.000. Dat betekende dat we per vogel bloedmonsters van 100

---

\* nanogram: één miljardste van een gram
\*\* picogram: één miljoenmiljoenste van een gram

*Kennis over de 'broedkalender' van allerlei vogels ontstond pas in de negentiende en twintigste eeuw, meer bij eierverzamelaars dan bij ornithologen. Dit zijn de eieren van verschillende Europese zangers: (van boven naar beneden) de waterrietzanger, de rietzanger, de kleine karekiet, de bosrietzanger en (onderste twee rijen) de grote karekiet. (Howard, 1907)*

microliter\* konden nemen om herhaaluitslagen over het LH-hormoon te verkrijgen [...]. Er wordt vaak gezegd dat alles in de wetenschap afhangt van technologische doorbraken – we weten wat we willen meten, maar we beschikken eenvoudigweg niet over de juiste apparatuur – en dat bleek bij ons en vele anderen met de komst van radio-immuno-assay inderdaad het geval: het transformeerde de endocrinologie.[22]

In 1974 gebruikte de onderzoeksgroep deze nieuwe methodologie met succes bij een inmiddels als klassiek bekendstaand experiment. Follett en zijn collega's Philip Mattocks en Don Farner toonden daarin aan dat de gevoeligheid van vogels voor licht een inwendig ritme kent, en dat er alléén hormonen worden afgescheiden als de daglengte met dat ritme samenvalt.

Rond 1975 was het mysterie hoe vogels licht ontvangen en daarop reageren goeddeels opgelost. Onbeantwoord bleef echter waarom activiteiten als voortplanting, rui en trek qua timing zo nauw luisteren. John Baker, een zoöloog uit Oxford, had deze vraag bijna veertig jaar eerder al opgeworpen. Volgens hem ging het bij de broedcyclus in feite om twee uiteenlopende vragen. De eerste is hoe vogels 'weten' wanneer ze moeten paren. Deze vraag is inmiddels, zoals we gezien hebben, door de endocrinologen beantwoord. De tweede vraag betreft de uitkomst en het nut om in een bepaalde periode van het jaar te paren.[23]

Baker kende aan deze vragen – hoe? waarom? – een brede betekenis toe, omdat ze behalve voor de voortplantingscyclus van vogels relevant zijn voor allerlei aspecten van de biologie. De eerste vraag gaat over mechanismen, de tweede over adaptieve betekenis. Oftewel in Bakers bewoordingen: directe versus onderliggende factoren. De dichter Johan Runeberg had die twee door elkaar gehaald door licht ten onrechte als de onderliggende factor bij de vogeltrek aan te merken. Tegen de jaren dertig was het zonneklaar dat licht een directe factor

---

\* microliter: één miljoenste van een liter; honderd microliter bij elkaar is een paar druppels

is, dat wil zeggen dat het de omgevingsprikkel is die zowel aanzet tot paren als – later in de voortplantingscyclus – tot migratie.

In hetzelfde decennium was er maar weinig aandacht voor de evolutionaire (of onderliggende) redenen voor de timing van trek en voortplanting. Dat is merkwaardig, want John Ray had juist dat probleem in *The Wisdom of God* aan de orde gesteld toen hij schreef: 'De […] periode van het jaar […] dat dieren zich voortplanten is die waarin er genoeg voedsel en ondersteuning voor hen voorhanden is.' Dat idee was drie eeuwen eerder ook al eens geopperd door Frederik II, die in zijn verhandeling over de valkerij zeer verstandig had opgemerkt dat vogels zich in de lente voortplanten:

> Dit jaargetijde kent, algemeen beschouwd, een gelijkmatige temperatuur welke aanmoedigt tot overvloedig bloed en sperma, en een overdaad van deze twee sappen roept bij beide seksen de wens op zich over te geven aan de coïtus, hetgeen uitmondt in vermenigvuldiging van de soort. Daarenboven wordt de lente gevolgd door de zomer, een seizoen dat meer dan andere geëigend is om uitvliegende jongen groot te brengen […]. Indien men daartegen inbrengt dat de herfst, dankzij haar gelijkmatige klimaat, evenzeer gunstig voor het bouwen van nesten is, antwoorden wij dat indien vogels in dat jaargetijde zouden nestelen en broeden, streng winterweer het nest zou beschadigen en de uitvliegende jongen zou verwonden voordat deze tot wasdom waren gekomen, een vol verenkleed bezaten en zich aan de kou gewend hadden.[24]

Frederik II en John Ray kwamen onafhankelijk van elkaar tot hun opvattingen. Tot in de twintigste eeuw waren zij de enigen die zich serieus bezig hadden gehouden met wat wij nu de 'adaptieve betekenis van broedseizoenen' noemen. Ray verpakte zijn visie uiteraard in woorden over Gods voorzienigheid, maar ondertussen had hij het wel degelijk over aanpassingsgedrag.

De twee vragen van Baker reikten verder dan het broedseizoen bij vogels. Ze werden een belangrijk richtsnoer binnen de biologie en speelden een centrale rol bij de ontwikkeling en de omschrijving van

## LICHT EN DE BROEDCYCLUS

*John Ray vermoedde reeds in de zeventiende eeuw – en terecht – dat vogels hun voortplanting zodanig plannen dat ze jongen krijgen wanneer het meeste voedsel voorhanden is. Dit zijn jonge wielewalen. (Frisch, 1743-1763)*

diergedragstudies. Ook deelden ze de onderzoekers op in twee kampen: zij die geïnteresseerd waren in fysiologie (directe factoren), en zij die gefascineerd werden door ecologie, gedrag en evolutie (onderliggende factoren). Gedurende lange tijd ontwikkelden deze twee groepen zich los van elkaar, bijna zonder onderlinge uitwisseling. Bij fysiologische studies werden de vogels vaak opgesloten en onderworpen aan allerlei proeven, terwijl de focus op ecologie, gedrag en evolutie betekende dat ze in hun natuurlijke omgeving bestudeerd werden, een enkel experiment daargelaten.

Toen ikzelf in de jaren zestig en zeventig als jonge bioloog aan de slag ging, stond fysiologisch onderzoek me erg tegen; ik gaf verreweg de voorkeur aan het observeren van vogels in hun habitat. Naarmate de ornithologie en aanverwante disciplines als gedragsecologie in de jaren negentig volwassen werden, werd het belang van geïntegreerd onderzoek naar directe en onderliggende factoren echter steeds duidelijker.[25]

Baker, die zich liet inspireren door een beginnende comeback van Darwins ideeën, was zijn tijd vooruit toen hij in de jaren dertig schreef: 'Er zijn weinig onderwerpen die meer schreeuwen om een evolutionaire en ecologische aanpak dan broedseizoenen.'[26] Niet iedereen was het met hem eens. Het baanbrekende artikel over dit onderwerp, dat hij aanbood aan het toonaangevende ornithologische tijdschrift *The Ibis*, werd botweg afgewezen door hoofdredacteur C.B. Ticehurst, die bekend stond om zijn conservatieve opvattingen. David Lack uitte zijn frustraties hierover bij Ernst Mayr in de Verenigde Staten. Deze antwoordde: 'Er zijn in Engeland heel wat uitstekende jonge kerels die dit radicaal zouden kunnen veranderen, maar ze hebben nog nooit een poging ondernomen om de oude garde de wacht aan te zeggen. Als het je lukt genoeg mensen bij elkaar te krijgen […], zal het een klein kunstje zijn de zaak flink op te schudden.'[27] Na deze aanmoediging van Mayr wekt het geen verbazing dat Lack 'de zaak' later flink opschudde.

Bakers artikel verscheen uiteindelijk in 1938 als een hoofdstuk van een liber amicorum voor de Oxfordse zoöloog E.S. Goodrich. Tegenwoordig lijkt het vanzelfsprekend dat vogels zich voortplanten in de meest geschikte periode om jongen groot te brengen, zoals Frederik II en Ray al vermoedden. Maar het is achteraf makkelijk praten; zodra een idee geuit wordt, lijkt het vaak of het er altijd al geweest is.

Baker zal het destijds niet beseft hebben, maar zijn ideeën veroorzaakten een van de grootste ornithologische doorbraken van de twintigste eeuw. Enerzijds inspireerde hij fysiologen als Brian Follett om door te gaan met hun onderzoek naar directe factoren die het begin (en het eind) van de voortplanting bepalen, anderzijds motiveerde hij ecologen te achterhalen of broedseizoenen adaptief zijn. De invloedrijkste ecoloog was David Lack. Ray's hypothese werd een van zijn belangrijkste thema's, hoewel hij, als ik het goed zie, absoluut geen weet had van Ray's beschouwingen over broedseizoenen van vogels. Terwijl Lack buitengewoon belezen was!

De oude ornithologen wisten reeds dat het broedseizoen van kruisbekken vergeleken bij dat van andere kleine vogels extreem vroeg valt. Het vrouwtje (linksonder) legt haar eieren vaak in februari, wanneer er nog sneeuw op de grond ligt. Deze illustratie komt uit Samuel Pepys' exemplaar van The Ornithology of Francis Willughby.

## VERHELDERENDE ONTDEKKINGEN

De sleutel tot de evolutie van vogelbroedseizoenen was dat verschillende soorten zich in verschillende perioden van het jaar voortplanten. Dat men sinds mensenheugenis jonge vogels uit hun nest haalde om ze met de hand groot te brengen, betekent dat men wist – in ieder geval in Europa – dat er broedseizoenen voor vogels bestaan. En dat de meeste dieren in Europa zich in de lente voortplanten was zo evident dat natuurhistorici als Belon, Gessner en Aldrovandi nauwelijks de moeite namen dat in hun encyclopedieën te vermelden. Tegelijkertijd was het voor degenen die kooivogels of valken wilden bemachtigen en op zoek waren naar nesten in een bepaald stadium, cruciaal te weten wanneer verschillende soorten zich voortplanten.

Kennis over de broedcyclus van nachtegalen was sinds Aristoteles wijd verbreid, voor een deel omdat de mannetjes hun terugkeer uit hun winterverblijf met opzichtige vocale hoogstandjes kenbaar maken. Bovendien wisten vogelvangers dat ze jongen die ze wilden temmen onmiddellijk uit het nest moesten halen als ze uit het ei waren gekropen. Ook Gessner wist dat kruisbekken onwaarschijnlijk vroeg nesten bouwen, vaak al in januari of februari, terwijl veel zangers zich vóór mei niet voortplanten.

De eerste systematische beschrijving van verschijnselen in het planten- en dierenrijk duikt echter pas op in de tuinalmanakken van begin achttiende eeuw. Gilbert White begon in 1751 aan zijn *Garden Kalendar*, waarin hij zowel zijn bezigheden in zijn botanische tuin als het weer bijhield. Linnaeus' *Calendarium flora*, waaraan hij in 1757 begon, deed dienst als almanak voor de boeren. Ze bevatte gegevens over het tijdsverloop van smeltende sneeuw, overvliegende zwanen, onderlopende kelders en zwaluwen die zichzelf verdrinken, waarmee Linnaeus hun verdwijnen aan het eind van de zomer bedoelde. In 1767 zond Daines Barrington – voor wie het maken van tabellen synoniem was met wetenschap – Gilbert White een pakket voorgedrukte formulieren om zijn waarnemingen op vast te leggen, waaruit na verloop van tijd de *Natural History of Selborne* ontstond.[28]

Een enthousiaste volgeling van Gilbert White was de eerwaarde Leonard Jenyns, een zeer nauwgezet en gedreven natuuronderzoeker, opgeleid in Eton en Cambridge. Zijn vader, kanunnik van de kathedraal van Ely, bezorgde hem een aanstelling als kapelaan in Swaffam Bulbeck, naast het familielandgoed in Bottisham, bij Cambridge. Net als Darwin had Jenyns een passie voor kevers. Maar toen ze hun verzamelingen vergeleken, ontdekte Darwin dat Jenyns van de oude stempel was: saai en wereldvreemd.

Jenyns had veel vrije tijd en grote belangstelling voor flora en fauna. In 1820 begon hij aan een gedetailleerde 'kalender van periodieke fenomenen'. Twaalf jaar lang legde hij alles vast wat te maken had met seizoengebonden patronen van planten en dieren: het eerste eikenblad, het eerste viooltje, het tijdpad van broedseizoenen. Vanuit zijn wetenschappelijke rigueur begreep Jenyns dat dergelijke biologische data aan schommelingen onderhevig zijn. Vandaar dat hij per fenomeen niet alleen de gemiddelde waarde gaf over de geregistreerde jaren, maar óók de uiterste waarden.[29] Bijvoorbeeld: de gemiddelde datum waarop vinken begonnen met leggen was 28 april, maar gemeten over twaalf jaar zat er een speling in van bijna twee maanden: tussen 17 maart en 14 mei. Bij de nachtegaal was de bandbreedte een stuk minder: van 8 tot 18 mei, met een gemiddelde van 13 mei.

Jenyns' langlopende onderzoek leverde de eerste getalsmatige beschrijving van broedseizoenen van vogels op. Zo wist hij hard te maken dat er in koele lentes later gebroed wordt dan in zachte lentes. Jenyns constateerde ook dat de volgorde waarin verschillende soorten broeden gelijk bleef, ongeacht hoe de lente was. Dit duidde erop dat elke soort zijn eigen broedseizoen kent en dat alle soorten in dezelfde mate door het weer beïnvloed worden. Jenyns mag dan een ouwe sok zijn geweest – met zijn belangstelling voor kwantificering was hij zijn tijd ver vooruit.

Een eeuw later maakte David Lack broedseizoenen tot een van de zwaartepunten van zijn onderzoek. Bij hem was het doorgronden van de evolutie van dit verschijnsel ingebed in een veel ruimere opvatting van vogelecologie, waarin ook aandacht was voor voortplantingsscores, levensloop en de vraag waarom de aantallen vogels fluctueerden. Wat betreft de voortplantingsseizoenen werd Lack geconfronteerd met het vraagstuk dat Frederik II en John Ray vele jaren eerder al hadden opgeworpen: beginnen vogels met paren op een zodanig gekozen moment dat hun jongen uitkomen wanneer er het meeste voedsel voorhanden is? Dat lijkt nogal logisch, maar het viel moeilijk aan te tonen, omdat het niet eenvoudig is om de beschikbare hoeveelheid voedsel in de natuur te meten. De Duitse ornitholoog Bernard Altum deed eind negentiende eeuw een poging, maar zonder veel succes.[30]

Lack toetste zijn hypothese bij koolmezen, die hun jongen voeden met rupsen uit bossen. De hoeveelheid rupsen die per seizoen beschikbaar is, kon hij goed inschatten door samen te werken met insectologen uit Oxford die konden inschatten hoeveel uitwerpselen van rupsen er van de boomtoppen naar beneden vielen. De uitkomsten waren opmerkelijk en overtuigend: koolmezen leggen hun eieren op een tijdstip dat de periode waarin de jongen gevoed moeten worden precies samenvalt met de periode waarin een maximaal aantal rupsen beschikbaar is. Later onderzoek bevestigde dat de agendering van de voortplanting bij koolmezen erfelijk is én onderworpen aan natuurlijke selectie.[31]

Het vereist een goede planning om precies op het juiste moment jongen te krijgen. Het betekent dat er al weken voor het uitkomen van eieren voorbereidingen getroffen moeten worden: een nest bouwen, paren, voedingstoffen opnemen ten behoeve van de eierproductie enzovoort. Daarmee zijn we bijna weer terug bij het muiten en andere fysiologische processen.

Lack begreep dat vogels als koolmezen niet met de voortplanting beginnen als reactie op een toename van het aantal rupsen. In maart zijn er namelijk geen rupsen: dat zijn dan nog slechts overwinterende eitjes. Nee, de directe prikkel die vogels vertelt dat ze aanstalten moeten maken voor de voortplanting, is de lengte van de dag. Zo eenvoudig is het, daar komt geen bewuste overweging aan te pas. Een vogel die met voortplanting begint bij een daglengte die garandeert dat hij op het juiste moment jongen zal krijgen, zal veel nakomelingen verwerven. De genen om 'op tijd' met de voortplanting te beginnen, zullen langs die weg door de volgende generatie overgeërfd worden.

Vogels die op de verkeerde daglengte reageren en te vroeg of te laat broeden, zullen weinig of helemaal geen jongen nalaten en ineenschrompelen tot herinneringen aan de evolutie.

*Aristoteles begreep als eerste dat elk arendenpaar ruimte om zich heen nodig heeft. (Selby, 1825-1841)*

# 6

# Het nieuwe aan veldstudie
## *De ontdekking van het territorium*

Vogelaars kon je een eeuw geleden op de vingers van één hand tellen. Nu zijn het er miljoenen. De eerste vogelaars hadden het moeilijk: men beschouwde ze als excentriekelingen. Erger nog, vanwege hun hartstocht voor vogels kijken en veldstudie werden ze door beroepsornithologen publiekelijk gekleineerd en beschimpt. In die tijd hield 'echte' ornithologie zich bezig met het indelen van vogels. En deze classificatie en taxonomie moesten in natuurhistorische musea door professioneel opgeleide heren worden uitgevoerd. Een van hen beschreef de situatie met onverholen sarcasme:

> Van de twee soorten vogelkunde is populaire vogelkunde de meest onderhoudende, met haar smaak voor ongerepte wouden, groene beemden, rivieroevers, zeekusten en vogelzang, en al die andere boeiende zaken in de Natuur-buiten-de-deur. Maar systematische vogelkunde is als een van de twee samenstellende delen van de biologie (de wetenschap van het leven) de leerzaamste en dientengevolge de belangrijkste.[1]

Maar toen kwam Edmund Selous – we schrijven eind negentiende eeuw. Selous besloot tegen de sterke stroom van ornithologische bezwaren op te roeien. Vergeleken met zijn jongere broer, een jager van naam en faam op Afrikaans groot wild, was hij een zonderling. Verlegen, op zichzelf en wereldvreemd verkoos hij het gezelschap van vogels boven dat van mensen. Met zijn boek *Bird Watching* (1901) was hij de bedenker van de term 'vogels kijken' én van de manier om het te doen. Maar de manier waarop Selous naar vogels keek, verschilt sterk van hoe dit tegenwoordig wordt gedaan. Zijn passie om ze in hun natuurlijke omgeving te observeren was wetenschappelijk gemotiveerd, en de heren in de musea voelden zich bedreigd omdat Selous en diens volgelingen zich daarmee op hun academisch territorium begaven.

Selous' eerste wetenschappelijke artikel verscheen in 1899 in *The Zoologist* en ging over zijn waarnemingen van een koppel nestelende nachtzwaluwen. Hij sloeg ze van dichtbij gade vanachter een vlierstruik. Dit was nieuw: afgezien van jagers had niemand ooit op deze manier vogels geobserveerd. De resultaten mochten er zijn. De uitgever van *The Zoologist* zelf stak de loftrompet over dit unieke opstel En *The Saturday review* verkondigde dat Selous Gilbert White's waarnemingen van de nachtzwaluw had overtroffen. Het blad noemde hem 'een geboren veldonderzoeker van de natuur'.[2]

Selous had meer in zijn mars dan vogels kijken. Hij zag zichzelf als een pionier met een roeping: de ornithologie moest veranderen, het moest maar eens afgelopen zijn met de praktijk van doodschieten, verzamelen en classificeren: 'De zoöloog van tegenwoordig verdient die naam niet. De zoöloog van de toekomst zal van een ander slag zijn: die trekt eropuit met lenzen [een verrekijker] en een aantekenboekje: voor het kijken en het denken.'[3] Het voorstel om het geweer te verruilen voor een verrekijker was zeker baanbrekend. Geen wonder dat beroepsornithologen een hekel aan Selous hadden.

Selous was enthousiast over Darwins begrip 'seksuele selectie', dat inhield dat verschillen tussen de seksen in uiterlijk en gedrag het gevolg zijn van de concurrentiestrijd om een partner. Mannetjes hebben zich geëvolueerd tot grotere en sterkere dieren dan vrouwtjes, omdat hun dat voordelen biedt in de gevechten om een vrouwtje. Mannetjes zijn ook opvallender getooid omdat vrouwtjes mannetjes met het opvallendste kleed aantrekkelijker vinden en het liefst met hen paren. Selous besefte dat seksuele selectie slechts theorie was, hoofdzakelijk ontleend aan observatie van vogels in gevangenschap. Daarom wilde hij nagaan of het proces ook in de natuur voorkomt.

Selous vermoedde van wel, op basis van zijn waarnemingen van sterk van elkaar verschillende vogels als roeken en kemphanen. Over een periode van dertig jaar legde hij in een reeks boeken zijn waarnemingen en opvattingen vast. Als je die nu leest, is het moeilijk te zeggen wat hij nu precies ontdekte. Er staan zonder meer voortreffelijke beschrijvingen van gedrag in. Dat Selous een scherpzinnig waarnemer was, is evident. Maar door zijn hoogdravende en duistere stijl is hij vaak moeilijk te volgen. Of hij ergens algemene conclusies trekt, valt nauwelijks te bepalen. Neem zijn nagenoeg onbegrijpelijke beschrijving van het baltsvertoon van de fuut:

> Het is hoofdzakelijk een fysiologische reactie op een seksstimulus, maar dat de geconcentreerdheid van zijn strakke blik op zo plotseling blootgestelde delen, wijl onder invloed van genoemde stimulus, via de overerving leidt tot haar dominante overdracht, wel met inbegrip van die van tijd tot tijd

*Edmund Selous' studie van de nachtzwaluw (hier afgebeeld) oogstte bijval. Begin twintigste eeuw bekeek en beschreef hij als eerste vanuit een schuilhut het broedgedrag van vogels. (Meyer, 1835-1850)*

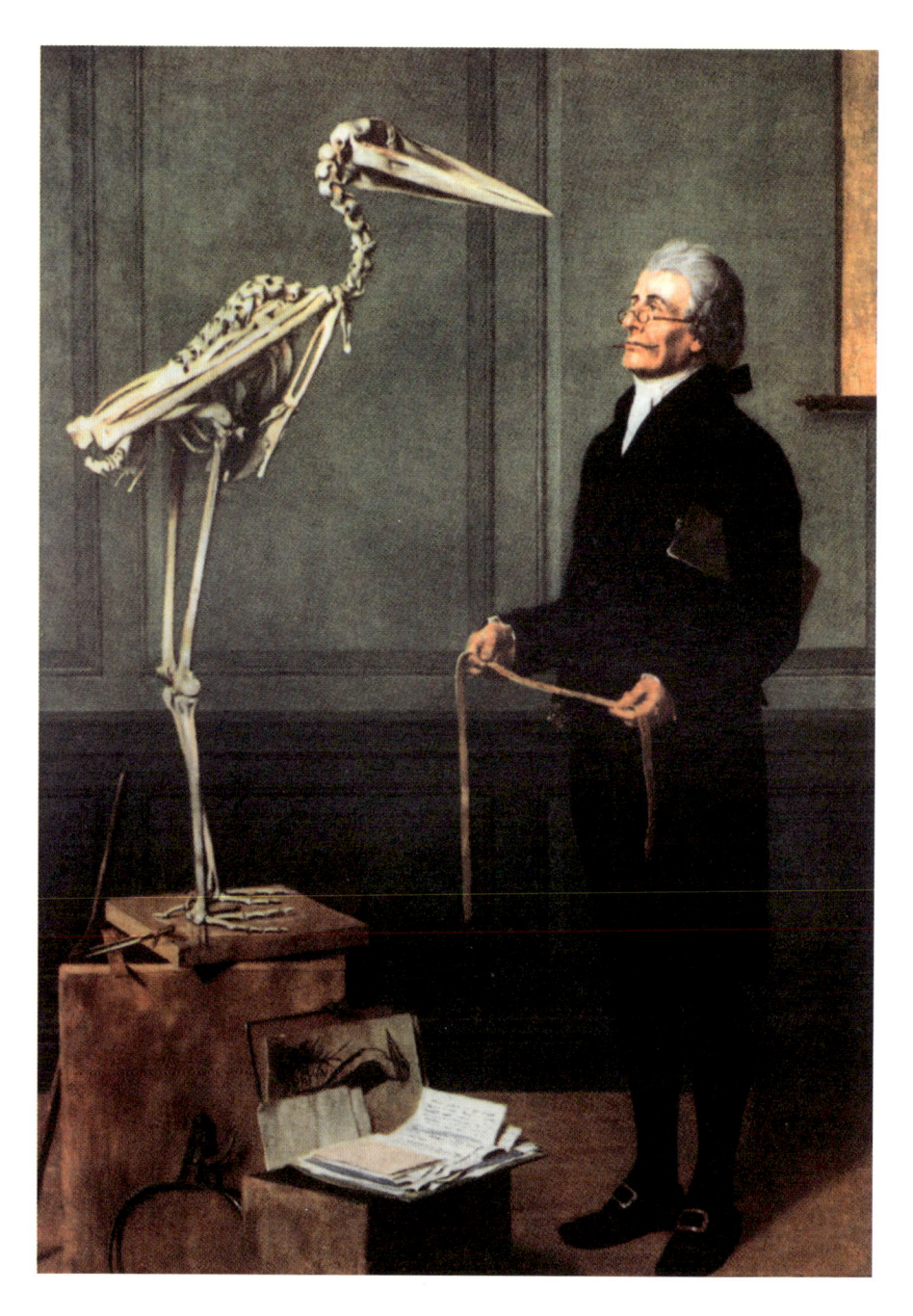

*Tussen 1700 en circa 1910 werd in natuurhistorische musea het enige vogelonderzoek van naam uitgevoerd. De daar werkzame heren ornithologen verachtten en bespotten veldonderzoekers als Selous. (Schilderij van Henry Marks (1878), getiteld: 'Weten is meten'.)*

optredende variaties, zoals vermoedelijk inbegrepen is binnen het bereik van zulke dominantie – voornoemde delen.[4]

Ik vraag me af of Selous' schrijfstijl ook voor zijn tijdgenoten zo cryptisch was. Hoogdravendheid paste bij het tijdperk waarin hij leefde; misschien vond men zijn stijl daarom juist heel knap. Hoe het ook zij, duidelijk is dat Selous anderen inspireerde. Als dé pionier van het veldonderzoek luidde hij de hele beweging van veldstudies in. David Lack dichtte hem een grote rol toe in de geschiedenis van de ornithologie. Maar Selous' naam is meer gebaseerd op wat hij deed dan op wat hij ontdekte. Eigenlijk ontdekte hij alleen maar een methode om vogels in het veld te bestuderen. Verder was er geen enkele onthulling, geen feitelijk bewijs voor seksuele selectie, geen grote, eigen theorie – niets wat de tand des tijds heeft doorstaan.[5]

Een andere figuur uit het begin van de twintigste eeuw oefende meer invloed op volgende generaties uit: Eliot Howard. Met zijn *Territory in Bird Life* introduceerde hij het begrip 'territorium' en schreef hij een van de invloedrijkste vogelboeken van de twintigste eeuw. In zijn tijd zorgde het boek, dat tegenwoordig nagenoeg vergeten is, voor veel ophef onder ornithologen, omdat het liet zien hoe belangrijk territorium voor de leefwijze van vogels is. Als gevolg van Howards opvattingen heerste er op een bepaald moment zelfs een 'territoriumgekte' onder studenten ornithologie, naar verluidt zelfs over de hele wereld. De grote evolutiebioloog Ernst Mayr drukte zich later minder lovend uit, en terecht, zoals we zullen zien. Howards boek, aldus Mayr, 'is onder ornithologen meer omstreden dan welke andere recente publicatie ook'.[6]

Eliot Howard, een vogelkenner van goede komaf, werd in 1873 geboren in Kidderminster in de Engelse Midlands. Al vanaf zijn jonge jaren – hij zat op een kostschool in Stoke Poges en Eton – ging zijn hart uit naar de studie van de natuur. Hij studeerde technische wetenschappen aan het Mason College, de latere universiteit van Birmingham, waarna hij directeur van een grote staalfabriek in Worcestershire werd. In zijn vrije tijd bleef hij vogels kijken en bestuderen.[7] Howard had het getroffen. Zijn landgoed Clareland keek uit over de rivier de Severn en kende een diversiteit aan habitats, van met riet omzoomde meren tot en met moerasland. Het was rijk aan vogels, waaronder diverse soorten gorzen en zangers. Toen hij in de dertig was, koos hij de zangers als de meest geschikte groep voor zijn detailstudie en begon hij met systematische waarnemingen van hun gedrag in de vrije natuur.

Het was een uitstekende keus. Zangers zijn trekvogels en daarom begint hun seksuele activiteit duidelijker en abrupter dan bij standvogels. Dit vergemakkelijkt het waarnemen aanzienlijk:

> Aangezien de voorjaarstrek ondernomen wordt met het oog op voortplanting, vormt de aanvang van de ontwikkeling van geslachtsorganen waarschijnlijk de prikkel tot de lange, inspannende reis. De mannetjes arriveren bovendien eerder dan de vrouwtjes en dat is voor ons een reusachtige hulp bij het achterhalen van de betekenis van veel van hun gedrag.[8]

Met de bezielende voorbeelden van Darwin en de vijftien jaar oudere Edmund Selous, ook een darwiniaan, voor ogen, ging Howard enthousiast op zoek naar bewijzen voor seksuele selectie bij vogels in het wild. Hij was gespitst op het paargedrag en concentreerde zijn waarnemingen daarom op het begin van het broedseizoen: de paar- en territoriumvorming en de balts, culminerend in de copulatie, die hij met een vreemde mengeling van preutsheid en ongeremde geestdrift beschreef. Hoe bezield Howard door Darwins werk ook was, het stelde hem teleur dat Darwin voor het formuleren van zijn ideeën over natuurlijke selectie terugviel op informatie uit de tweede hand, hem verschaft door vogelhouders als John Jenner Weir en Bernard Brent. Howard was terecht kritisch: voor 1900 bleef de bemoeienis met diergedrag hoofdzakelijk beperkt tot anekdotes over menselijk gedrag van tamme of halftamme huisdieren (door George Romanes gebundeld in zijn populaire boek *Animal Intelligence*). Voor Howard waren dat soort waarnemingen waardeloos vergeleken met het 'onpartijdige onderzoek van de wilde natuur'.[9]

Hoe vaker hij naar het gedrag van zijn zangers keek, des te kritischer werd hij over wat hij noemde: 'Darwins pittoreske theorie' van seksuele

*Twee zwartkoppen vechten om een territoriumafbakening (rechts mengt een tjiftjaf zich ook in de strijd). Eliot Howard ontdekte, ontwikkelde en verdedigde het begrip territorium in het leven van vogels. Zijn boeken bevatten enkele van de beste afbeeldingen van vogelgedrag ooit, hier geschilderd door Henrik Grönvold. (Howard, 1909)*

selectie. Hij zag mannetjes nooit met elkaar wedijveren om een vrouwtje, noch ooit een vrouwtje actief een mannetje uitkiezen, zoals Darwin beweerde. Veel gevechten tussen mannetjes waar hij getuige van was, speelden zich af voor de aankomst van de vrouwtjes. Eenmaal gearriveerd leken de vrouwtjes – nogal onverwacht – niet geïnteresseerd in het vertoon van de mannetjes. In zijn notities over de kleine karekiet schreef Howard:

> Wie let op de gedragingen van vogels tijdens het seizoen waarin hun geslachtsorganen zich ontwikkelen, moet wel de talrijke gevechten opmerken die tussen mannetjes van dezelfde soort plaatsgrijpen. Darwin geloofde dat het primaire doel van deze gevechten het bezit van een vrouwtje is, maar [...] ik ben geneigd te denken dat het bezit van een territorium voor een mannetje van groter belang is.[10]

Vergeleken met Selous' dikdoenerij zijn Howards vroegste beschrijvingen van het gedrag van verschillende soorten zangers een verademing. Ze zijn geschreven in eenvoudig, duidelijk Engels dat zijn geestdrift op de lezer overbrengt en getuigt van zijn vermogen precies op te schrijven wat hij zag. Howard was vooral geïnteresseerd in de verschillen tussen individuele vogels – veel ornithologen verdoezelden die – en was nieuwsgierig naar wat er in vogelkopjes omging. Hij was ervan overtuigd dat wie het verstand van vogels leert begrijpen, ook hun gedrag kan verklaren.

Omdat zijn hardnekkige pogingen om het vogelverstand te doorgronden weinig opleverden, wendde hij zich tot een deskundige: Conwy Lloyd Morgan, hoogleraar zoölogie aan het University College in Bristol, wiens gezaghebbende boek *Habit and Instinct* (1896) veel informatie over vogels bevatte, waaronder zelfs een heel hoofdstuk: 'Some Habits and Instincts of the Pairing Season'.[11] Morgan gaf regelmatig wijze raad aan Howard, die na zijn middelbare school geen enkele biologieopleiding had gevolgd. Ook Morgan interesseerde zich voor het verstand. Hij was de eerste die zich afvroeg of gedrag als het gebedel van nestvogels om voedsel of een bepaalde trekgewoonte, instinctief kan zijn – het oude, vertrouwde dilemma: aangeboren of aangeleerd? Morgans pionierswerk op het gebied van dierpsychologie moedigde ornithologen aan om allerlei interessante vragen te stellen. Dit gold des te meer voor iemand als Howard, die vogels in het wild bestudeerde. Vijfentwintig jaar lang bleef Morgan Howards mentor. Hij probeerde hem weg te houden van alle bovennatuurlijke gedoe en het gespeculeer over menselijk gedrag van dieren. Hij drong er bij Howard op aan wetenschappelijk te blijven en hielp hem zijn waarnemingsvaardigheden aan te scherpen. Hij slaagde maar gedeeltelijk. Howards obsessie met de vogelgeest dreef hem, in de woorden van Lack, naar 'zweverige, bovennatuurlijke zones, waar niemand hem volgde, althans tot nu toe'.[12] Morgan besefte dat het doorgronden van het vogelverstand voor Howard (en voor iedereen) te ingewikkeld, te eindeloos en te hoog gegrepen was. Nu, een eeuw later, zijn we hiermee nog steeds maar een klein stapje verder.

Het verslag van Howards waarnemingen verscheen in negen losse delen, waarvan het eerste in 1907 over de sprinkhaanzanger. *British Warblers* [Britse zangers] is een voortreffelijk geïllustreerde luxe-uitgave. Op Howards aanwijzingen vervaardigde de Deense kunstenaar en natuurliefhebber Henrik Grönvold de benodigde schilderijen en foto's. Ik ken nauwelijks betere afbeeldingen van vogelgevechten en balts.[13]

Het onderwerp vogelgedrag in de vrije natuur lag begin twintigste eeuw ver verwijderd van de hoofdrichtingen van de zoölogie: embryologie en vergelijkende fysiologie. Gedrag werd – tezamen met evolutie – beschouwd als 'filosofische natuurlijke historie' en deze werd vanwege haar zweverige opvattingen door de 'echte, op feiten gerichte wetenschap' buiten de deur gehouden. Maar niet door iedereen. Een enkeling zag veldornithologie als een wenkend perspectief. Zo iemand was drukker-uitgever Harry Witherby, in 1907 oprichter van het gezaghebbende *British Birds*. Dit tijdschrift zou het leeuwendeel van het debat dat over Howards territoriumopvattingen uitbrak, publiceren.

Ook Julian Huxley was een sleutelfiguur voor deze periode. Als kleinzoon van de zoöloog Thomas Henry Huxley was hij een geboren darwinist. Zijn grootvader droeg sinds de beroemde British Association-vergadering van 1860 in Oxford de bijnaam 'Darwins buldog' omdat hij natuurlijke selectie tegenover bisschop Wilberforce op felle wijze had verdedigd. In zijn tienerjaren begon kleinzoon Julian met vogels kijken, aanvankelijk alleen als liefhebberij, maar toen hij eenmaal Selous' *Bird Watching* had gelezen, groeide zijn belangstelling voor vogelgedrag en in het bijzonder voor de evolutionaire duiding van dat gedrag. Na zijn afstuderen als zoöloog in 1909 in Oxford werd hij daar docent zoölogie. In 1912, toen hij nog niet precies wist waarin hij zich als onderzoeker zou specialiseren, besteedde hij zijn paasvakantie samen met zijn broer aan het bestuderen van het baltsgedrag van de fuut op het Tring-stuwmeer. Het in 1914 daarover verschenen artikel was een toonbeeld van helderheid en een mijlpaal in het onderzoek naar diergedrag. Ik herinner me dat de docent ons over dit onderzoek vertelde en ik geïnspireerd raakte omdat je binnen twee weken al een belangrijke bijdrage aan de ornithologie kon leveren. Bovendien bewonderde ik zijn verstandige keuze voor een type vogel dat alles open en bloot doet en zich niet steeds verstopt, zoals Howards zangertjes.

Huxley interesseerde zich net als Selous en Howard voor seksuele selectie. Zijn waarnemingen met betrekking tot futengedrag bevestigde het verschijnsel dat Howard bij zangers had gezien en dat recht inging tegen Darwins bewering dat baltsvertoon zich geëvolueerd zou hebben tot hulpmiddel bij de partnerkeuze. Futen, zo stelde Huxley vast, geven hun vertoning pas ten beste als het paar al gevormd is. Bleef de vraag: waarvoor dient dan dat schouwspel met al die eigenaardige houdingen, bewegingen en kreten? Een darwinistische interpretatie wilde dat die gedragingen een functie hadden. Huxley kwam tot de slotsom dat het vertoon ertoe diende de band tussen de partners te versterken.[14] Het is een logische gedachte, waarmee ook tegenwoordig nog gedrag tussen partners wordt uitgelegd dat anders onverklaarbaar blijft. Maar eigenlijk is zo'n uitleg nietszeggend. Als je beweert dat bepaald gedrag helpt bij de instandhouding van de paarband, zeg je in feite: We hebben geen benul waar het voor dient. Bovendien weten we nu dat de paarband door vogels niet zo trouw onderhouden wordt als Huxley en Howard veronderstelden. Omdat niemand nog heeft weten te bedenken hoe dat uitbundige vertoon te onderzoeken, vormt het nog altijd een van de minst begrepen vraagstukken uit de ornithologie.

Al aan het begin van zijn zangerobservaties werd Howard zich bewust van het bestaan van territoria. In zijn beschrijving van de tjiftjaf (1908) maakt hij er voor het eerst melding van: 'Het broedterritorium is voor de mannetjes een zaak van het grootste belang, het leidt herhaaldelijk tot langdurige, hevige gevechten wanneer twee tjiftjaffen hun zinnen op hetzelfde gebied hebben gezet.'[15]

Naarmate hij de volgende delen van zijn reeks over de zangers voltooide, scherpte hij zijn opvattingen aan. Zo ontdekte hij dat Darwin in nog een ander opzicht fout zat, althans wat de zangers betrof: mannetjes concurreren om territoria, niet om vrouwtjes. Howard besprak zijn nieuw verworven opvattingen met Morgan, die inzag dat de richting die Howard nu insloeg, minder bloed, zweet en tranen zou kosten dan zijn eigen vogelverstandtheorieën en veel vruchtbaarder was. Op 5 februari adviseerde hij hem: 'Ga een boekje schrijven met je voornaamste bevindingen.'[16]

*Territory in Bird Life* verscheen in 1920 en verkondigde een duidelijke boodschap: het territorium is in het vogelleven een algemene regel, en misschien zelfs wel een wet. Voor de illustraties riep Howard opnieuw de hulp van Grönvold in, nu samen met een andere vogelkunstenaar, George Lodge. Beiden waren meesters in het weergeven van vogels in actie. Samengevat luiden Howards belangrijkste conclusies over het territorium: in de lente veroveren en verdedigen mannetjes een territorium, gedreven door hun strijdlust tegenover andere mannetjes van dezelfde soort; ze bezetten met tussenruimtes een bepaald terrein, zodat hun aantal beperkt blijft; een territorium stelt de voedselvoorziening voor de jongen veilig en is een middel tot instandhouding van de paarband; territoriumbezitters zijn binnen hun territorium bijna onoverwinnelijk; mannetjes wedijveren met elkaar om territoria, niet om vrouwtjes; en zang en uiterlijk vertoon van het mannetje dienen als dreigement aan andere mannetjes en als uitnodiging aan vrouwtjes.

Hoewel *Territory in Bird Life* enkele positieve recensies kreeg, reageerden de meeste critici nogal uit de hoogte. Francis Jourdain, geestelijke en befaamd ornitholoog, noemde het 'een aantrekkelijk, diepzinnig werkje'.[17] De directe uitwerking van het boek op de ornithologische gemeenschap mag geen naam hebben. Howard zal teleurgesteld zijn

Volgende bladzijden: *Julian Huxley's studie van het baltsgedrag van de fuut, uitgevoerd in slechts tien dagen rond Pasen 1912, is nu klassiek. Huxley was een pionier in het onderzoek naar diergedrag. (Selby, 1825-1841)*

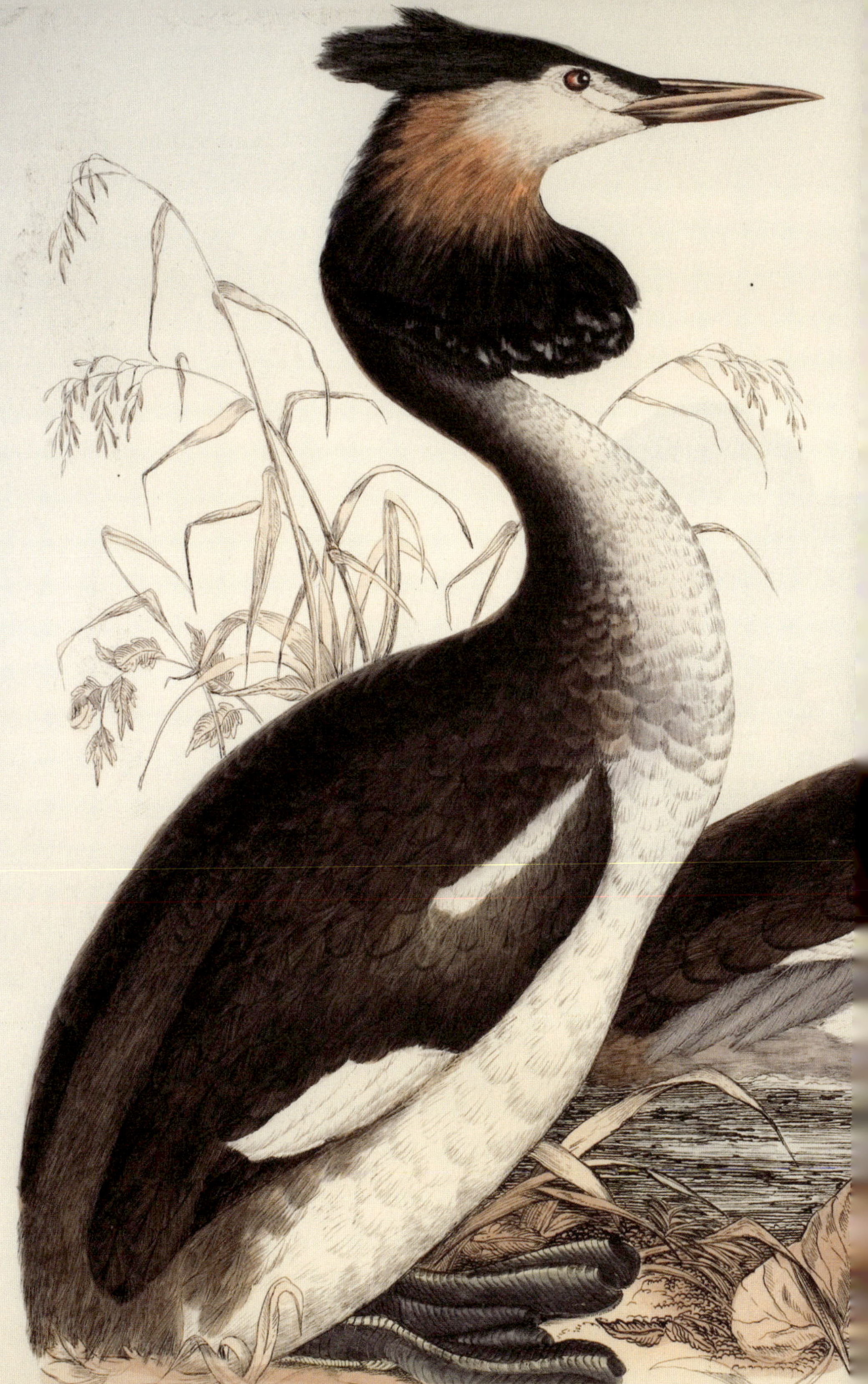

PLATE LXXIII.

GREAT CRESTED GREBE.
1. Adult. 2 Young after 2<sup>nd</sup> moult.

geweest, maar er zijn weinig grote wetenschappelijke ontdekkingen die onmiddellijk op applaus worden onthaald. Morgan, Howards mentor, zal zijn wenkbrauwen opgetrokken hebben. Omdat Howards vorige werk was genegeerd, had hij hem aangeraden *Territory* te schrijven, en nu werd ook dat genegeerd![18] Maar Morgan had zich geen zorgen hoeven maken. Toen eenmaal doordrong hoe belangrijk Howards boek was, werd het invloedrijker dan hij ooit had kunnen bevroeden. Het duurde wel even – nieuwe inzichten in de biologie hebben tijd nodig. Mogelijk is er voor onderzoekers een kritische drempel voordat ze het belang van een onderzoek inzien en erkennen dat nader onderzoek nuttig kan zijn. Meestal is de jongere generatie blij met nieuwe ideeën, terwijl oudere, meer ervaren vakmensen, als behoedzame geliefden, de zaken even aanzien voor ze zich durven overgeven. Zij hebben nieuwigheden immers zien komen en gaan, en weten hoeveel doodlopende wegen er in de research zijn. We kunnen de belangstelling voor het territorium afmeten aan het aantal artikelen over dit onderwerp vóór en na Howards boek: het zijn er elf tussen 1900 en 1910, vijftien tussen 1910 en 1920 en achtenveertig in de tien jaar na de publicatie. Dat is weliswaar een forse toename, maar een geringe vergeleken met wat nog komen zou.

Pas toen E.M. (Max) Nicholson in zijn boek *How birds live* (1927) aan Howards opvattingen aandacht besteedde, ontwaakte de belangstelling.[19] Max Nicholson was een belangrijk iemand in het natuuronderzoek. Ambitieus, altijd goed geïnformeerd en meer politicus dan wetenschapper was hij buitengewoon invloedrijk Hij populariseerde het vogels kijken en wist samen met James Fisher de kloof tussen vogelaars en wetenschappers fors te verkleinen Nicholsons boek draagt als ondertitel: A *brief account of bird life in the light of modern observation* ('Korte beschouwing van het vogelleven in het licht van moderne observaties'). Het baarde opzien dat hij een heel hoofdstuk aan het territorium wijdde, hij sloeg daarmee de scepsis weg uit de handen van de sceptici. Plotseling was territorium een punt van aandacht geworden en gingen de harten van beroepsornithologen sneller kloppen.

Het hoofdstuk over territorium in Nicholsons boek maakte de ornithologen niet alleen attent op het thema, het zorgde er ook voor dat zij op

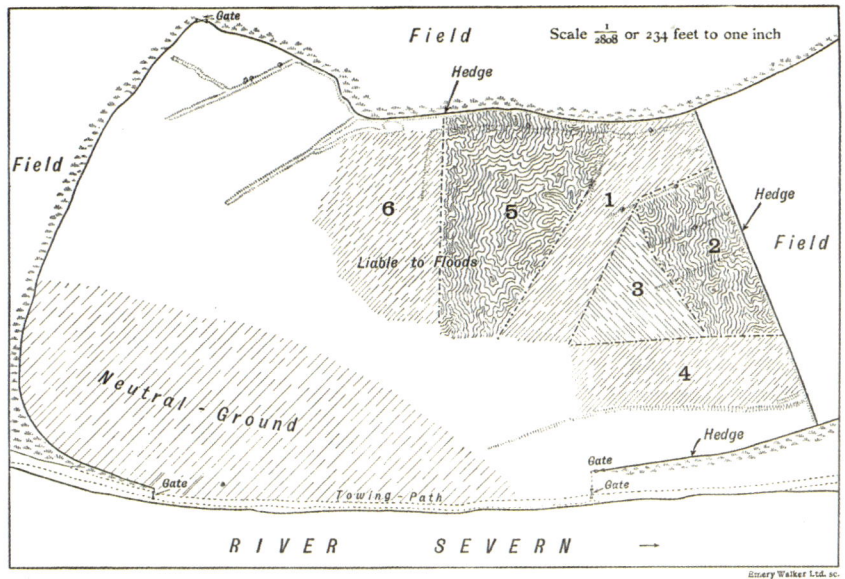

*Van zes kievitsparen op de natte weilanden van zijn landgoed Shoreland op de oever van de Severn bracht Eliot Howard in 1916 de territoria in kaart. (Gould, The Birds of Great Brittain, 1873, boven; Howard, 1920.)*

de mogelijk zwakke plekken in Howards theorie afschoten, zoals haaien op bloed. Nicholson schreef: 'Howard verdient altijd de eer dat hij het territorium als eerste op waarde heeft geschat en – met recht – zo uitgebreid mogelijk heeft onderzocht, maar of zijn theorie ook aanvaard zal worden zonder ingrijpende wijzigingen te ondergaan, valt sterk te betwijfelen.'[20] Het is niet helemaal duidelijk of Nicholson werkelijk onder de indruk was van Howards opvattingen. Gelet op hoe hij over hem schrijft, zou ik denken van niet. Maar toen David Lack Howard later aanviel en Nicholson in die aanval meesleurde, brak deze een lans voor Howard: 'Ik ben trots in de beklaagdenbank te staan naast een man die met zijn betekenis voor het huidige vogelonderzoek voor niemand onderdoet.'[21]

De beroepsornithologen begonnen vragen te stellen. Welke bewijzen had Howard dan wel verzameld om zijn beweringen te staven? Is er geen andere verklaring voor territoria, bijvoorbeeld het vermijden van ziekten? Zijn Howards opvattingen wel gegrond? Wat bedoelt hij eigenlijk met territorium? Is de titel 'pionier' gerechtvaardigd? En omdat wetenschappers een obsessie hebben voor wie 'de eerste' is geweest, had niemand anders al eerder deze ideeën geopperd? Dit soort vragen werden vanaf het begin van de jaren dertig door beroepsornithologen gesteld – in een rolbezetting van louter sterren.

Een van hen was Margaret Morse Nice, bekend om haar uitgesproken productieve ideeën. Als een van de weinige vrouwelijke ornithologen van haar tijd kreeg Mrs. Nice, zoals ze genoemd werd, veel waardering voor haar uitstekende onderzoek naar de life history van de Amerikaanse zanggors. Ze kon snel op Howards boek en de nasleep daarvan reageren, omdat ze door haar veldwaarnemingen goed in het onderwerp was ingevoerd. Nice schreef een paar overzichtsartikelen die van het begrip territorium uitgingen. In een daarvan las ik tot mijn verbazing dat Edmund Selous nooit Howards *Territory* heeft gelezen en zich toch zonder enige terughoudendheid over het onderwerp uitliet, maar volgens Nice zo kortzichtig dat hij meer kwaad dan goed deed.[22] Ik vermoed dat Selous jaloers was: zijn werk had het pad geëffend, maar iets zo belangwekkends als territorium had hijzelf nooit weten te ontdekken.

Ook David Lack was het verschijnsel niet ontgaan. Hij hield zich met territoria bezig in het laatste jaar van zijn studie zoölogie in Cambridge, in 1932. Met zijn vader, die chirurg was, schreef hij in 1933 in *British Birds* een uitgebreid overzichtsartikel. Lack had aanvankelijk Howards opvattingen overgenomen, maar zijn vader, die zich steeds meer voor vogels was gaan interesseren, had hem laten zien dat er in Howards theorie zwakke plekken zaten, waarna ze in een gezamenlijk artikel met diens territoriumbegrip de vloer aanveegden. Ze vochten zijn bewering aan dat territoria overal voorkomen en dat ze er vooral voor dienen dat de jongen genoeg te eten krijgen. De Lacks brachten daartegen in dat het territorium 'slechts een aangelegenheid van het mannetje is en dat waarschijnlijk de belangrijkste betekenis in het feit ligt dat hij over een min of meer prominent, afgebakend hoofdkwartier beschikt, waar hij kan zingen en zich ook anderszins kan vertonen'.[23] Met andere woorden, territorium is geen hoofdzaak en Howard overdrijft. Het oordeel van de Lacks was te negatief: veel opvattingen van Howard zijn later gegrond gebleken. Het artikel van de Lacks trok niettemin veel aandacht en bood ornithologen de kans nu eindelijk eens vast te stellen welke vragen centraal hoorden te staan. David Lack zei later, dat zijn 'artikel de zaak opporde. Ik kreeg de erkenning, maar eigenlijk deed mijn vader al het denkwerk.'[24] Hij was al te bescheiden. Volgens Bill Thorpe, zijn studiementor in Cambridge, was Lack 'voor zijn leeftijd ongelooflijk onderlegd en ervaren'.[25] Tien jaar later had hij zelf ervaring met territoria opgedaan en bleken Howards opvattingen meer gedegen dan Lack aanvankelijk had gedacht. In zijn *Life of the Robin* schreef Lack dan ook: 'Hoewel Howard in sommige van zijn opvattingen door andere schrijvers is voorgegaan, verdient hij alle eer het belang van territoria voor vogels te hebben aangetoond.'[26]

De eerste die Howards opvattingen over territorialiteit besprak, nog vóór Margaret Nice en David Lack, was de jonge Duitse bioloog Wilhelm Meise, een van Erwin Stresemanns studenten. Zijn recensie uit 1930 bleef in Groot-Brittannië praktisch onopgemerkt, misschien omdat zij in het Duits geschreven was. Maar het artikel bevatte belangrijke informatie over eerdere pioniers van het territoriumonderzoek, die pas enkele jaren later dankzij Ernst Mayr ontdekt werden. Meise gebruikte Howards rietgorsobservaties om het begrip territorium te illustreren. Hij tekende daarbij aan: 'De resultaten van Howards research worden door sommige schrijvers als iets geheel nieuws opgevat [...] De eerlijkheid gebiedt te zeggen dat wij – zonder aan de prestaties van moderne werkers te willen afdoen – dan eerder denken aan Bernard Altum, die zijn tijd een halve eeuw vooruit was met zijn inzichten in bepaalde biologische vraagstukken.'[27]

Mayr kende het werk van Altum, Selous, Howard en Nicholson. Hij bestempelde territorialiteit als een gewichtige kwestie toen hij in 1929 in Nieuw-Guinea zijn onderzoeksprojecten uitstippelde. Eén item op zijn lijstje was: 'Een kritische toetsing van de territoriumtheorie (Howard, Nicholson)'.[28] Toen hij in 1930 naar New York verhuisde, behield hij zijn belangstelling voor het onderwerp, maar het duurde tot april 1935 tot hij er weer over publiceerde. Hij schreef (in het Engels) een stuk over Altums sleutelrol.[29] Mayr stuurde een afschrift van het artikel aan Howard, die in een keurig, naar links hellend handschrift, dat zijn introverte aard verried, terugschreef:

> Ik ga nog altijd uit van een aangeboren basis, die kenbaar wordt wanneer een mannetje een grondgebied bezet en zich onmiddellijk onverdraagzaam betoont jegens de andere mannetjes binnen dat gebied. Het maakt geen verschil voor die aangeboren basis of een zeekoet, al lang voordat er een ei is gelegd, een stuk richel op een klif bezet en binnendringers wegjaagt, of dat een kemphaan een positie op een baltsplaats inneemt en binnendringers verjaagt.[30]

Howards brede visie op territorium werd uiteindelijk correct bevonden en in 1939 door de Amerikaanse herpetoloog Gladwyn Noble samengevat in wat tegenwoordig als de beste definitie van territorium geldt: 'elk verdedigd gebied'.[31]

Toen ik al deze beschouwingen las, bleef ik zitten met het gevoel dat het de gevestigde ornithologenwereld enorm irriteerde en frustreerde dat nota bene een amateur de territoriumrevolutie had gelanceerd. Howard zal door de recensie van Lack senior en junior diep gekwetst zijn geweest. Voor zover ik weet had hij geen kennis van vroegere vakliteratuur en was hij nagenoeg op eigen kracht tot zijn inzichten gekomen. Zo was bijvoorbeeld het werk van Altum over het territorium geheel aan hem voorbijgegaan.

Howard liet na zijn boek het onderwerp territoriumgedrag rusten. Maar in 1948, tien jaar na zijn dood, namen Julian Huxley en James Fisher het initiatief hem voor zijn hele loopbaan te huldigen door een betaalbare herdruk van *Territory in Life Bird* uit te brengen. Ze vonden het nodig zelf een historische toelichting te verzorgen. Huxley en Fisher waren prominente, van zichzelf overtuigde steunpilaren van de Britse ornithologie, maar niet de aangewezen personen voor zo'n inleiding (Margaret Nice of David Lack hadden die beter kunnen schrijven). Huxley, die een stormachtige publieke loopbaan kende, gold in de jaren dertig als een van de knapste koppen van Engeland.[32] Ook James Fisher was een bekende figuur. Hij heeft een grote bijdrage geleverd aan de popularisering van het vogels kijken – van zijn boek *Watching Birds* zijn meer dan drie miljoen exemplaren verkocht – en aan het overbruggen van de kloof tussen vogelaars en beroepsornithologen.[33] Hij is omschreven als 'een regelrecht product van de Britse *upper class*, die, als zo veel mensen met die achtergrond, een aan arrogantie grenzende zelfverzekerdheid paarde aan het vermogen om vlot om te gaan met mensen van alle rangen en standen.'[34]

In hun inleiding bij de herdruk van Howards *Territory* stellen Huxley en Fisher dat Aristoteles reeds over seizoengebonden agressie van vogels had geschreven, maar dat 'de eerste vermelding in de biologische literatuur dat bepaalde vogels in het broedseizoen landeigenaar worden' te vinden is in Olina's beschrijving van de nachtegaal uit 1622. Eigenlijk had niet dit illustere tweetal, maar de in Oxford gevestigde bibliofiele ornitholoog W.B. Alexander deze passage ontdekt toen hij in 1936 Ray's *Ornithology* las:

> Het is eigen aan deze vogel om bij zijn eerste verschijning (aldus Olina) een plaats te bezetten of tot zijn domein te maken, waarin hij nimmer een andere nachtegaal zal toelaten dan zijn partner.[35]

Het viel Alexander op dat dit een van de door Ray aan de Engelse editie van *Ornithology* toegevoegde alinea's was, die dus in de oorspronkelijke Latijnse uitgave ontbraken. Ray heeft Olina's uiteenzetting hierop dus moeten naslaan.³⁶ Maar vreemd genoeg heeft Ray niet Olina's opmerking overgenomen dat de nachtegaal 'doorgaans binnen zijn domein zingt'. Hij zag de belangrijke link tussen territorium en zang over het hoofd.

Giovanni Pietro Olina's kostbare uitgave *L'Ucceliera* uit 1622 maakte deel uit van een golf van enthousiasme voor wetenschap en objectiviteit tijdens de renaissance. Het werd geschreven voor (en zelfs gedeeltelijk door) zijn werkgever Cassiano del Pozo, die het boek gebruikte als onderdeel van zijn strategie om lid van de Accademia del Lincei te worden, het meest prestigieuze wetenschappelijke genootschap van Italië.³⁷

Ook Olina's boek was echter verre van oorspronkelijk. Tot de negentiende eeuw was plagiaat gemeengoed onder schrijvers, en dat gold niet alleen voor schrijvers van vogelboeken. Voor hun *L'Ucceliera* ontleenden Dal Pozzo en Olina hele citaten woordelijk en zonder bronvermelding aan een werk van Antonio Valli da Todi uit 1601. Deze Valli da Todi

*Dit felle gevecht tussen twee alken om een paar vierkante centimeter richel van een klif illustreert het grote belang van een territorium voor vogels. Schilderij van George Lodge (Howard, 1920)*

had zijn boek weer gebaseerd op eerder werk van Cesare Mancini. We weten helaas erg weinig over Valli da Todi en Mancini. Blijft de vraag: wie was dan de ontdekker van territorialiteit? Om daarachter te komen heb ik de relevante passages van de drie schrijvers vergeleken. Al snel werd duidelijk dat de zinsneden over territorialiteit van nachtegalen uit de pen van Valli da Todi gevloeid zijn en niet uit die van Mancini: hij wijdt er geen woord aan.[38]

Valli da Todi schreef het volgende over de nachtegaal:

> Zodra hij in die delen [van het land] aankomt, kiest hij een domein waarin hij geen enkele nachtegaal gedoogt uitgezonderd het eigen vrouwtje; en wanneer andere nachtegalen arriveren, begint hij te zingen in het centrum van dat domein en maakt hij zijn nest op een steenworp afstand [*un tiro di sasso lontano*] van zijn zangpost; en hij zingt nimmer dicht bij het nest, uit angst dat slangen of andere dieren het dan vinden.[39]

Het was dus Valli da Todi en niet Olina die als eerste over territoriumgedrag bij vogels berichtte en het verband tussen zang en territorium zag. Dat Valli da Todi zelf met slagnetten en vogelkooien werkte, is een belangrijk gegeven. Hij had dus ervaring uit de eerste hand met het vangen en observeren van nachtegalen.

Maar toch betwijfel ik zeer of Valli da Todi wel de eerste was die de territoriumzang opmerkte. Het ligt voor de hand dat ook Griekse vogeljagers hiervan wisten, maar dat geen van hen er ooit toe gekomen is dit aan Aristoteles te vertellen.

Aristoteles was er zich van bewust dat vogels een lap grond verdedigen en dat doen voor de voedselvoorziening. In *Historia animalium* zegt hij: 'Elk paartje arenden heeft een zekere ruimte nodig en staat daarom een andere arend niet toe zich in de nabijheid te vestigen. Arenden jagen niet in de buurt van hun nest maar vliegen ver weg om prooi te zoeken.' En elders: 'In nauwkeurig afgebakende percelen vindt men slechts een enkel paartje raven omdat het aanwezige voedsel ontoereikend is voor meer dan twee vogels.'[40] Ongeveer in dezelfde tijd schreef Zenodotos, een Grieks filoloog en hoofd van de bibliotheek in Alexandrië: 'Eén bosje herbergt geen twee roodborstjes,' – een observatie die doet vermoeden dat het agressieve gedrag van de roodborst al heel lang bekend is, evenals hun altijd aanwezige onderlinge afstand.[41]

Valli da Todi's beschrijving van territoriumgedrag bij nachtegalen werd nadien door vele anderen, zonder bronvermelding, overgeschreven. De sleutel tot dit welig tierende plagiaat is de passage waarin Valli het nachtegaalterritorium beschrijft als de radius van een steenworp:

> Aangezien nachtegalen solitair zijn, is hetgeen hen bindt slechts liefde en harmonie. In de laatste dagen van april of de eerste van mei vangen ze aan hun nest te bouwen. Dan draagt het mannetje zorg voor het kiezen van een stuk terrein en de verdediging daarvan tegen andere vogels. Ondanks dat het maar een kleine vogelfamilie is die een klein perceel bewoont, wagen andere nachtegalen zich niet in de buurt, anders worden ze zonder mededogen aangevlogen. Aldus bewoont een nachtegalenpaar een ruime steenworp in de rondte.[42]

Tegenwoordig wordt de omvang van een nachtegaalterritorium geschat op tussen de 0,3 en 0,7 hectare. Dit komt neer op een straal van zo'n 31 tot 47 meter, wat aardig overeenstemt met een gemiddelde steenworp.[43] De vogelvangers vroeger wisten dat nachtegalen territoriaal zijn. Ook was hun bekend dat verschillende vogelsoorten zich in verschillende habitats vestigen. Zo was van nachtegalen bekend dat zij hun territorium zoeken in koel, schaduwrijk, bebost terrein, vaak in de buurt van water.[44]

Ook van knobbelzwanen is al heel lang bekend dat ze territoriaal zijn. In Engeland waren knobbelzwanen koninklijk bezit. De zwanen op het laagste rak van de Theems worden nog altijd uit naam van de kroon geclaimd door het hoofd van de hofhouding en door twee 'eerzame gilden', het wijnkopersgilde en het lakenverversgilde. Deze werden al in de vijftiende eeuw met dit recht van zwaandrift begiftigd. Hoewel de zwanen zich in het vrije veld bewogen en niet tam waren, werden ze nauwlettend bewaakt en tijdens een jaarlijkse plechtigheid van een eigendomsmerk voorzien. Knobbelzwanen gedragen zich niet erg schuw en zijn gemakkelijk te observeren. De opzichters waren dan ook vertrouwd met hun gedragspatroon. Artikel 21 van de in 1632 in opdracht van John Witherings gedrukte 'Rechten, keuren en gebruiken betreffende zwanen', gebaseerd op rechtsbesluiten van ten minste vijftig jaar oud, luidt:

> Doch is het de Jachtmeester noch enige Jager geoorloofd enige zwaan weg te nemen indien die met een zwaansmannetje broedt of gepaard gaat, en een eigen ren [een territorium] heeft, zonder andermans toestemming op dit broeden inbreuk te doen.[45]

Het is opmerkelijk dat John Ray zich van dit alles niet bewust was. Sterker nog, toen hij later de korte passage over het nachtegaalterritorium aan *Ornithology* toevoegde, liet hij het daarbij Ik vermoed dat hij territoriaal gedrag gewoon nooit zelf heeft waargenomen, omdat hij geen vogelvanger was of praktiserend veldornitholoog – niemand was dat nog – en er het belang niet van inzag. Alleen zij die hun handen wel vuilmaakten, namelijk vinkers en zwanenhoeders, wisten iets van territoria. Tussen dit gewone volk en de ontwikkelde ornithologen gaapte een kloof.

In hun inleiding op Howards boek, stelden Huxley en Fisher met veel aplomb dat de achttiende eeuw weinig nieuwe kennis over territoriumgedrag heeft toegevoegd. Ze hadden het hopeloos bij het verkeerde eind: die eeuw kende meerdere interessante bijdragen en zelfs twee heel belangrijke.

Aan het eind van de zeventiende eeuw strandde de gevluchte Hugenoot François Leguat op het eiland Rodrigues in de Indische Oceaan. Met merkbaar plezier aanschouwde hij de vreemde capriolen in de broedtijd van een grote, niet-vliegende, duifachtige vogel, die de 'solitair' werd genoemd. Leguat constateerde dat de vogel – het moet een soort dodo zijn geweest – geen vogels van de eigen soort binnen 180 meter van zijn nest verdroeg. Het grotere mannetje viel alleen de mannelijke indringers aan, het vrouwtje de vrouwelijke. Met behulp van een benige knobbel op elk van beide vleugels (zo groot als een musketkogel) brachten ze een luid geratel voort. Dat afschrikwekkende alarm bleven ze gedurende de hele broedtijd produceren totdat de jongen zelfstandig waren. Aan het eind van de achttiende eeuw stierf de Rodrigues-solitaire uit. Fisher en

Huxley valt het niet kwalijk te nemen dat ze Leguats verslag over het hoofd hebben gezien: het werd pas na 1950 herontdekt en gepubliceerd door Edward A. Armstrong, die een eigen beschouwing over de solitaire als volgt afsloot: 'De naam van de vogel houdt zijn uitzonderlijke territoriumgedrag in ere.'[46]

Het valt Fisher en Huxley moeilijker te vergeven dat ze Stresemanns artikel in *The Auk* (1947) gemist hebben over de bijzondere ornithologische waarnemingen van baron Von Pernau, heer van slot Rosenau bij het Duitse Coburg, was een vermogend man met een scherpe geest en een passie voor vogels. Begin achttiende eeuw stelde hij vast dat bepaalde soorten, zoals de nachtegaal, de roodborst en de gekraagde roodstaart, een territorium verdedigen en 'niet toelaten dat andere vogels van hun soort in de buurt komen, behalve in de lente hun vrouwtje'. Anders gezegd, mannetjes houden andere mannetjes op afstand. Von Pernau suggereerde dat de beschikbaarheid van voedsel hiermee te maken heeft:

> De Nachtegaal ziet zich gedwongen, omwille van het verkrijgen van voedsel, zijn gelijken te verjagen, want als ze met velen bijeen zouden blijven, konden ze onmogelijk genoeg wormen vinden en zouden ze onvermijdelijk van honger omkomen. De Natuur heeft hun de aandrang geschonken om elkander zo veel mogelijk te ontvlieden.[47]

En over de vink:

> Het meest genoeglijke aan de Vink is dat het mannetje, zodra de zon in maart sterker wordt, een eigen plek kiest – evenals andere vogels doen – die meestal uit maar enkele bomen bestaat, en vervolgens geen ander mannetje toestaat daar te verschijnen. Ze zingen de ganse dag fervent vanuit de toppen van voornoemde bomen om een van de overkomende vrouwtjes, die tijdens de trek altijd als laatste arriveren, te verleiden omlaag te komen.[48]

Von Pernau had een buitengewone kennis van kleine vogels in het wild: hij wist dat mannetjes in maart een territorium innemen, dit tegen andere

*De inmiddels uitgestorven Rodrigues-solitaire (Leguat, 1707). Ook al verwacht je van een schipbreukeling geen afgerond onderzoek, François Leguat presteerde dit op het eiland Rodrigues met de 'solitaire' eind zeventiende eeuw toch.*

mannetjes verdedigen en zingen om een vrouwtje aan te trekken, en ook dat ongepaarde mannetjes vaker zingen dan gepaarde. Deze observaties over territorialiteit zijn maar enkele voorbeelden van zijn uitzonderlijk inzicht in de biologie van vogels. Een twintigste-eeuwse commentator stelde hem zelfs op één lijn met contemporaine wetenschappers.[49]

Ook uit andere achttiende-eeuwse vermeldingen van territoriaal gedrag blijkt dat velen van het verschijnsel op de hoogte waren. De onbekende auteur van *The Bird Fancier's Recreation* schreef: 'Want allen die de natuur van de nachtegaal kennen, hebben waargenomen dat hij nimmer een mededinger duldt.'[50] Eleazar Albin zei net zoiets: de nachtegaal 'zal niet wijken voor enigerlei mededinger, hetzij een vogel, hetzij een mens.'[51] In een brief aan Daines Barrington uit februari 1772 (die pas in 1789 werd gepubliceerd) heeft Gilbert White het over de 'jaloezie die onder de mannetjes heerst, zodat ze elkaar nauwelijks in dezelfde heg of op hetzelfde veld kunnen velen. [...] De rivaliteit tussen mannetjes bij veel soorten voorkomt dat ze opeengepakt zitten.'[52] Over de kemphaan schreef Thomas Pennant in 1768: 'elk mannetje blijft in het bezit van een stukje grond.'[53] Ook hij had veel van zijn informatie aan vogelvangers te danken.

Een van de weinige achttiende-eeuwse bronnen over territoriumgedrag die Huxley en Fisher wel noemen, is *A History of Earth and Animated Nature* van Oliver Goldsmith, wellicht de eerste die het woord 'territorium' heeft gebruikt:

> Het is een feit dat al deze vogeltjes voor zichzelf een territorium afbakenen waarin zij geen lid van de eigen soort permitteren te vertoeven. Ze bewaken hun domein met opperste argwaan en waakzaamheid. Slechts zelden vinden we twee mannelijke pachters [sic] samen in eenzelfde heg.'[54]

Huxley mag dan een van de knapste koppen van zijn tijd zijn geweest, hij had moeten weten dat Goldsmith ornitholoog noch natuuronderzoeker was en dat zijn opmerkingen over voorjaarsrivaliteit tussen vogels waarschijnlijk niet van hemzelf waren. Goldsmith was een briljante, maar een beetje buitenissige broodschrijver. Hij was nooit kieskeurig in wat hij schreef en vertaalde, hij deed het uit de losse pols. Tegenwoordig staat hij vooral bekend als toneelschrijver, dichter en romancier. Toen zijn vriend Samuel Johnson vernam dat Goldsmith een boek over de natuur ging schrijven, zei hij: 'Als hij al een koe van een paard kan onderscheiden, is dat, dunkt me, meteen ook de grens van zijn kennis.'[55] Maar dit heeft Goldsmith niet tegengehouden – 'Op het eerste gezicht lijkt *Animated Nature* een werk van overweldigende eruditie.' Het werd een van de populairste natuurboeken van zijn tijd, maar de hele inhoud was gestolen uit *Histoire Naturelle des Oiseaux* van Buffon en *Ornithologie* van Brisson.[56] Een biograaf van Goldsmith merkte terecht op dat 'hij heel bedreven was in het pronken met andermans veren'.[57]

Bernard Altum was (zoals Mayr goed had gezien) bijna alle opvattingen van Howard over het territorium een halve eeuw vóór geweest:

> Afzonderlijke paartjes moeten nestelen op exact dezelfde onderlinge afstand. De reden voor deze noodzaak is de hoeveelheid en het type voedsel dat ze voor zichzelf en hun jongen dienen te vergaren […] Ze hebben een territorium nodig met een vaststaande omvang, die varieert naar rato van de opbrengst van de betreffende lokaliteit. […] Nu zullen veel van mijn lezers vragen: Wat is het verband tussen de zang […] en de territoriumkwestie? […] Vogels zingen dag in dag uit, de hele ochtend en namiddag, en door deze zang worden de grenzen van de territoria bepaald […]. Sommige soorten hebben echter geen duidelijk omschreven territorium. Op een enkele toren kunnen wel honderd paar kauwen nestelen.[58]

Altum stelt vervolgens dat de zinsnede 'mannetjes die om een vrouwtje vechten' onjuist is:

> Mannetjes vechten om de omvang van een territorium vast te stellen, zonder overigens te beseffen hoezeer dit voor hen van levensbelang is, en om de gezondste exemplaren te selecteren voor de voortplanting – verder nergens om.[59]

Terwijl Altums ideeën in Duitsland veel bekendheid genoten, had in Groot-Brittannië niemand ervan gehoord: een indicatie hoe gebrekkig de informatie-uitwisseling toen nog verliep. De overeenkomsten tussen de conclusies van Howard en Altum zijn opvallend. Het enige punt van verschil betreft de vraag of vogels die in kolonies nestelen, zoals kauwen, een territorium verdedigen of niet. Altum, die de term voorbehield aan soorten die een uitgestrekt, multifunctioneel territorium verdedigen, meende van niet. Maar Howard beschouwde het territorium als een voor alle vogels geldende wet, en dus zouden ook in kolonies nestelende vogels een territorium, hoe klein dan ook, moeten verdedigen. Later zouden Niko Tinbergen en Konrad Lorenz, die beiden vogels in kolonies bestudeerden, Howards bewering bevestigen. Anderen waren echter van oordeel dat Howard te veel onder zijn begrip territorium probeerde te vangen: het zou voor alle vogels opgaan, maar hield niet voor elke soort hetzelfde in. De kern van het probleem was dat Howard had nagelaten het begrip te definiëren. Had hij dat wel gedaan, dan had de controverse niet bestaan, of was op z'n minst van een heel andere orde geweest.

De oplossing begint bij het onderscheiden van verschillende typen territoria. Ernst Mayr kwam – helder als altijd – als eerste op het idee om de soorten territoria schematisch weer te geven. Zijn classificatie behelsde vier typen: a) een multifunctioneel territorium waarbinnen alle activiteiten zich afspelen; b) een deelgebied waarbinnen het paren en nestelen plaatsvinden, maar niet het voeden; c) een plaats om te paren; d) de zone rond het nest. Voorbeelden van deze vier typen zijn achtereenvolgens: a) roodborst (Europa) en roodborstlijster (Amerika); b) sperwer; c) kemphaan en andere leksoorten; d) in kolonies nestelende vogels, zoals alken en meeuwen. Margaret Nice corrigeerde en verbeterde Mayrs schema: ze voegde winterterritoria (van roodborstjes en andere) en *roestterritoria* [rust- en slaapgebieden] toe. Na deze aanvulling constateerde ze dat Noble's definitie van territorium, als 'elk verdedigd gebied', nog steeds alle territoriumtypen dekte.[60]

Ornithologen debatteerden niet alleen over definities. De grootste sterren onder hen werden geheel in beslag genomen door drie uiteenlopende opvattingen over de betekenis van territoria voor adaptatie.

*Purperkeeljuweelkolibrie (boven) en witbuikjuweelkolibrie (onder). Kolibries van beide seksen verdedigen een voedselterritorium van nectar producerende bloemen. De mannetjes verdedigen een piepklein paarterritorium. (Salvin en Godman, 1879–1904)*

Ten eerste de rol van het territorium in de paarvorming. Howard had onomstotelijk aangetoond dat mannetjes niet om een vrouwtje maar om een territorium wedijveren. Aanvankelijk leek dat Darwins begrip seksuele selectie onderuit te halen, maar in de jaren dertig loste Tinbergen deze paradox op: 'een territorium is voor een mannetje een "potentieel vrouwtje", het maakt (functioneel gezien) geen enkel verschil of een vrouwtje in een nieuw territorium al meteen verschijnt of pas na enige tijd.' Mannetjes eisen een territorium op door met hun zang andere mannetjes af te stoten en vrouwtjes aan te trekken, zoals Altum en Howard vaststelden.[61]

Het tweede geschilpunt betrof Howards stelling dat een multifunctioneel territorium de voedselvoorziening voor de jongen veiligstelt. Lack, de scepticus, liet zich niet overtuigen. Doordat Margaret Nice en Niko Tinbergen verschillende soorten hadden onderzocht, verschilden hun visie op de relatie tussen territorium en voedsel. Iemand als Lord Tavistock, een vakbekwaam vogelhouder, stelde zich openlijk vijandig op tegenover dat veronderstelde verband: zelfs een mens zou in een stukje fitisterritorium genoeg voedsel kunnen vinden voor wel twaalf fitissen. Hij bestempelde het hele vraagstuk als 'dat eeuwige waanidee over voedseltekort'.[62] Het is duidelijk dat veel vogels in het broedseizoen inderdaad een aanzienlijk deel van hun voedsel binnen hun territorium vinden. De vraag was echter: is voeding de *belangrijkste* reden voor het verdedigen van een lap grond? Over deze zaak is nog geen definitieve uitspraak gedaan. Verder meldden Nice en Tinbergen, op grond van hun beider uitvoerige veldwaarnemingen, dat paartjes die een exclusief gebied verdedigen, tijdens hun geslachtsdaad en in de broedtijd niet door andere vogels worden gestoord.[63]

Het derde geschilpunt was de opvatting dat het bestaan van territoria overbevolking voorkomt, omdat individuele vogels over het terrein verspreid worden. De eerste die deze opvatting formuleerde, was de Ierse natuurkenner Charles Moffat, in 1903:

> In dat geval zou na verloop van tijd het land, althans de stukken die voor nidatie [het broeden] geschikt zijn, volledig in percelen onder de vogels

worden verdeeld. Elk perceel zou dan aan een bepaald paar toebehoren, ik bedoel: vrij van alle andere paren van dezelfde soort. En zodra deze ideale situatie bereikt was, zou het aantal broedparen elk jaar exact gelijk zijn, evenals het aantal nesten en het aantal jonge vogels. En ongeacht of er in de winter veel of weinig sterfte was – het totale aantal vogels in het land zou exact hetzelfde blijven.[64]

Een grotere aanhanger van het populatieregulerend effect van territoria dan Moffat is moeilijk te vinden. Hij dacht ook dat er vogels zonder territorium moeten zijn die gewoon op een vrije plek wachten. Ter ondersteuning van dit idee verwees hij naar de vele meldingen van jachtopzieners dat als ze van een paartje één vogel geschoten hadden, ze de overblijvende vogel al binnen een paar dagen met een nieuwe partner aantroffen. De visie dat territorialiteit voor het evenwicht in de natuur zorgt en zo een optimale wereld in stand houdt, oefende – toen en later – een sterke, intuïtieve aantrekkingskracht uit op onderzoekers. Ook op Eliot Howard: 'Het vestigen van territoria dient ertoe de verspreiding van paartjes te reguleren: het maximum aantal kan zo in een minimum aan ruimte worden ondergebracht.' Max Nicholson steunde in zijn boeken deze opvatting.[65]

David Lack was het hier geheel mee oneens. Hij zette zijn positie vakkundig uiteen in zijn boek uit 1943 over de roodborst:

> Het begrip 'optimale spreiding' is een misvatting. Natuurlijke selectie werkt via individuele overleving, en dat hoeft niet te resulteren in een toestand die voor de hele soort het beste is. Alleen het belang van het territorium voor één paartje en hun jongen is hier relevant.[66]

Maar het idee van populatieregulering via optimale spreiding bleek te verleidelijk om op te geven en het werd zelfs een hoofdthema in de discussies over evolutie en ecologie. Vero Wynne-Edwards, hoogleraar zoölogie aan de universiteit van Aberdeen, was de grote protagonist van deze opvatting. Deze ornitholoog publiceerde in 1962 een lijvig boekwerk over de populatieregulering bij dieren door sociaal gedrag, waaronder territoriumgedrag.[67] Zijn opvattingen gingen terug op de onjuiste premisse die Lack al bij Moffat, Howard en Nicholson had bekritiseerd.

De kwestie werd uiteindelijk door David Lack uit de wereld geholpen. Hij stelde dat aangezien natuurlijke selectie over afzonderlijke vogels verloopt en niet omwille van de hele soort bestaat, elk effect op de populatieomvang louter *een uitvloeisel* en niet de functie van territoriumgedrag is – een subtiel doch wezenlijk onderscheid.[68]

Heerste er in de eerste dertig jaar van de twintigste eeuw al een koortsachtige stemming in de wereld van de ornithologie, de temperatuur steeg na het uitbreken van het territoriumdebat naar recordhoogten. Het item leverde alleen al tussen 1930 en 1940 ruim driehonderd artikelen op. De opleving maakte deel uit van een bredere ontwikkeling: het samenkomen van museumornithologie en veldornithologie. Deze omslag werd eerst in Duitsland door Stresemann bewerkstelligd en vijfentwintig jaar later in Groot-Brittannië door Lack junior en in de Verenigde Staten door Mayr. De toename in Groot-Brittannië van de belangstelling voor veldornithologie kan vooral aan Selous worden toegeschreven, maar het was Howard die vogels kijken uiteindelijk een wetenschappelijke status verleende.

Het is nu moeilijk voor te stellen hoe geïsoleerd Howard en Selous moeten zijn geweest en hoe mateloos het Britse ornithologische establishment zich aan hen moet hebben geërgerd. Dat het tweetal er toch in slaagde het veldonderzoek naar vogels van de grond te krijgen, kwam vermoedelijk doordat ze als amateurs buiten het systeem stonden. Beiden waren einzelgängers, elk op zijn eigen manier. Selous maakte de eerder gewekte verwachtingen nooit waar en toen hij op leeftijd kwam, ontpopte hij zich als een ruziemaker en verspeelde hij zijn populariteit. Howard was veel vriendelijker, meer teruggetrokken en nuchterder: 'alle intellectuele verwaandheid was hem vreemd'.[69] Hij was ook bescheiden genoeg om raad te vragen aan een topwetenschapper, Conwy Lloyd Morgan. Met de wijze Morgan als leidsman was het Howard die een hoofdthema van de ornithologie naar voren bracht en conceptueel uitwerkte, dat ecologie, gedrag en evolutie in zich verenigde.

Daarom stond Howard en niet Selous aan de wieg van de revolutie: hij moedigde het debat aan, wierp een veelheid van biologische vraagstukken op en bracht volgende generaties ornithologen tot veldonderzoek. Het was Mayrs verdienste dat hij uiteindelijk het belang van Howards bijdrage inzag. In december 1937 schreef hij aan Stresemann: 'Ik ben nu naar volgend jaar aan het toewerken, dan wil ik Elliot [sic] Howard verkozen zien worden tot erelid [van de American Ornithologists' Union].'[70] In 1938 werd Howard inderdaad – en terecht – gekozen; het zal hem goed hebben gedaan. In 1959, lang na Howards dood, plaatste David Lack op het eeuwfeest van de British Ornithologists' Union diens *British Warblers* in zijn topvijf van vogelboeken.[71] Tegenwoordig zijn er honderden veldornithologen, dankzij Howard.

*Goudvinken die op jonge leeftijd geleerd hebben om drie verschillende volkswijsjes te fluiten, waren ooit zeer geliefde huisdieren. De gehechtheid aan hun eigenaren en hun vermogen om een wijsje te perfectioneren, zijn onovertroffen. (Geschilderd door K. Schloesser, omstreeks 1890.)*

# 7

# Groepszang in het groen
## *Vogelzang*

In 1943 nam Jürgen Nicolai, een achttienjarige vogelliefhebber, dienst in het Duitse leger. Hij was maar kort onder de wapenen, want met Kerstmis 1944 raakte hij in een gevecht met de Russen gewond. Na een kort verblijf in het ziekenhuis werd hij teruggestuurd naar het front, maar onderweg werd hij gevangengenomen door de Britten, die hem overdroegen aan de Belgen. Als krijgsgevangene moest hij verscheidene jaren zwaar werk doen in de Belgische kolenmijnen; pas in 1947 kwam hij vrij. Kort na zijn thuiskomst zag hij een advertentie in een plaatselijke krant waarin een tamme goudvink werd aangeboden. Nicolai kocht de vogel en zijn leven lang zou hij goudvinken blijven houden. Het was een passie die hij combineerde met zijn liefde voor de wetenschap en die resulteerde in een uitzonderlijk onderzoek naar het vermogen van vogels om te leren zingen.

Nicolai werd gefascineerd door het bijna legendarische vermogen van goudvinken om elk wijsje dat mensen hun voorfluiten, na te doen. In de jaren vijftig werd hij student aan de universiteit van Mainz, waar hij uiteindelijk bij Konrad Lorenz zou promoveren. Vogelhouden zat hem in het bloed. Als kind had hij Harzer kanaries gekweekt, en hij wist alles van 'fluitende goudvinken': een eeuwenoud gebruik onder de houtvesters in de streek rond Vogelsberg in Midden-Duitsland, die de jongen uit het nest halen, tam maken en leren zingen door ze verschillende maanden achter elkaar een volkswijsje voor te fluiten. De trainers deden hun twintig tot dertig leerlingen het wijsje in dezelfde toonsoort en op dezelfde toonhoogte voor, tot ze het precies konden nafluiten. De training was intensief, maar had niet altijd effect, omdat de houtvesters het geslacht van hun jonge vogels niet kenden. (De helft bestond uit vrouwtjes die nooit leerden zingen, en niet alle mannetjes werden volleerde performers.) Goudvinken die wel konden fluiten, waren als huisdier zeer geliefd en werden naar landen in heel Europa uitgevoerd.

Toen de handelaren ontdekten dat exemplaren die een Engels volksliedje beheersten meer geld opbrachten dan vogels die een Duits of Nederlands liedje floten, werd Londen een centrale marktplaats. In het victoriaanse Engeland was men er gek op. Goedkoop waren de fluitende goudvinken niet; ze waren alleen weggelegd voor wie rijk en beroemd was. Lizzie Siddal, het prerafaelitische supermodel uit die dagen, was zo iemand, net als natuurschilder Joseph Wolf, die onder andere de goudvink van koningin Victoria portretteerde. In Rusland bezat de familie van tsaar Nicolaas II er een.[1]

Niet alleen vanwege hun gefluit waren goudvinken geliefde huisdieren. Het mannetje is een prachtige kleine vogel: zwarte kop, witte stuit, staalblauwe vleugels en een mooie, rozerode borst. (De Engelse benaming, *bullfinch*, is een verbastering van het Duitse *Blutfink* of *Blödtfinck*, oftewel 'bloedvink'.) Goudvinken zijn bovendien heel erg trouw. In de natuur gedragen ze zich zuiver monogaam en koppels blijven het hele jaar bij elkaar. Als een van de twee uit het zicht verdwijnt, roepen ze naar elkaar; wanneer ze weer verenigd zijn, voedt het mannetje zijn partner door voedsel dat hij in zijn krop heeft opgeslagen in haar opengesperde snavel te leggen. Ook kunnen gekooide goudvinken mensen – en waarschijnlijk ook andere goudvinken – herkennen die ze lange tijd niet gezien hebben. Als ze handtam zijn, krijgen ze een diepgaande, duurzame band met hun eigenaar, die lijkt op een vaste band.

Nicolai had weinig hoeven te betalen voor de vogels die hij in zijn experimenten gebruikte. Het waren afgekeurde exemplaren van houtvesters: vogels die nooit goed geleerd hadden om een wijsje te fluiten, maar niettemin ingeprent waren op mensen. Hij merkte al gauw dat

*Een mannetjesgoudvink, waarschijnlijk een tam exemplaar, door Albrecht Dürer vanuit drie verschillende perspectieven vereeuwigd. Verworven door Filips II van Spanje, thans in het Escoriaal ten noordwesten van Madrid.*

mannetjes zonder vrouwtje zich aan het eind van het eerste levensjaar sterk aan hun eigenaar hechtten. Zijn promotor Konrad Lorenz had grote belangstelling voor inprenting en het wekt dan ook nauwelijks verbazing dat hij het experiment op de voet volgde. Een van de mannetjes die zich aan Nicolai gehecht had, wist precies wanneer zijn baasje wegging: als hij zijn jas aantrok. Hij begon hem dan te roepen en zat klaar met een krop vol voedsel tot Nicolai terugkwam en op zijn 'avances' inging door het half verteerde voedsel tussen zijn duim en wijsvinger te nemen.[2]

Sinds de middeleeuwen weten we dat de goudvink over het zeldzame vermogen beschikt om zich een of twee wijsjes eigen te maken, een enkele keer zelfs drie. 'Het is de vogel die het snelst leert, hij weet met zijn stem heel goed een fluit na te bootsen,' schreef William Turner in 1544.[3]

In zekere zin was dat niets bijzonders: men wist al dat andere kleine vogels getraind kunnen worden om een nieuw wijsje te leren. De goudvink vormt echter een uitzondering omdat hij van zichzelf niet zingt maar wel het cognitieve vermogen – en de motivatie – heeft om een ingewikkeld wijsje te reproduceren dat een mens hem geleerd heeft. Eigenlijk zingt de goudvink wél een eigen lied, zij het heel simpel en onmelodieus, als een piepende kruiwagen. Maar anders dan bij andere zangvogels is dit geen territoriumzang, omdat de goudvink geen territorium verdedigt. De mannetjesgoudvink zingt alleen maar voor zijn partner, op een heel rustige en bescheiden manier. Het was met name dit zachtaardige, intieme karakter van hun zang dat, samen met de zuiverheid van toon, goudvinken tot zulke geliefde huisdieren maakte.

Als je alles op een rijtje zet, zijn goudvinken vreemde vogels. Hoewel ze geclassificeerd worden als vinken, zijn ornithologen er nog steeds niet uit of het net zulke 'echte' vinken zijn als puttertjes en kneuen. In de jaren zestig van de vorige eeuw leidde Ian Newton, op dat moment verbonden aan het Edward Grey Institute in Oxford, een minutieus onderzoek dat aantoonde dat de goudvink qua gedrag en in ecologisch opzicht wezenlijk verschilt van alle andere vinkensoorten.[4] In de eerste plaats is er geen enkele vink die zó graag een hechte relatie wil met zijn partner of met zijn eigenaar. Ten tweede weten alle Europese vogelringers dat de goudvink een gespannen en teer dier is: een gevangen vogel valt vaak zonder duidelijke reden dood neer in iemands hand. Zelfs als ze eenmaal gekooid zijn, zijn ze kwetsbaar. Zelf heb ik verscheidene jaren goudvinken gehad. Ze ontroerden me enorm, maar tegelijkertijd frustreerden ze me mateloos. Alleen al het overbrengen naar een andere kooi kon het einde betekenen van een ogenschijnlijk kerngezonde vogel. In de derde plaats heeft de mannetjesgoudvink uitzonderlijk kleine testikels, wat betekent dat hij minieme hoeveelheden sperma voortbrengt, dat ook nog eens een afwijkende vorm heeft. Deze bijzondere voortplantingskenmerken kunnen gerelateerd worden aan hun soortspecifieke, hechte relaties: in een huwelijk waarin de vrouwelijke partner volledig trouw is, hoeft het mannetje slechts een beetje sperma te produceren en in te brengen.[5] Tot nu toe heeft niemand afstammingsonderzoek naar goudvinken gedaan, we weten dus niet of er ooit relaties met andere partners voorkomen. Maar ik voorspel dat zal blijken dat de goudvink honderd procent monogaam is. Ten slotte: de hersenen van de goudvink. Dankzij zijn vermogen om wijsjes te leren verdient de goudvink een plek in de eliteklas van de vogelzangschool. Maar wat in zijn leefpatroon doet zo'n sterk beroep op deze cognitieve vaardigheid?

Om deze vraag te kunnen beantwoorden bestudeerde Nicolai nauwgezet het oude gebruik om goudvinken volkswijsjes te leren. Hij wilde vooral achterhalen hóe die vinken dat leren. Tijdens de lange jaren van zijn promotieonderzoek, dat hij in 1956 afsloot, gebruikte hij bandopnamen en sonogrammen (gevisualiseerde weergave van geluid) om de wijsjes die de trainer en de vogel floten met elkaar te vergelijken. De goudvink bleek een absolute perfectionist: hij oefende net zo lang tot hij zijn trainer overtroefde. Ook wist de goudvink onwaarschijnlijk goed hoe hij een wijsje moest beginnen en eindigen.[6]

Toen Nicolai zijn onderzoek al lang had afgerond en geswitcht was naar andere onderwerpen, zetten andere onderzoekers zijn werk voort. Daaruit bleek onder andere dat goudvinken hun strottenhoofd en hun ademhalingsorganen op een bijzonder ingenieuze manier coördineren;

vandaar hun grote vermogen om wijsjes te reproduceren.[7] Er valt nog steeds veel te ontdekken over deze ongewone vogels en ik voorspel dat ook de hersenen van de goudvink ons nog zullen verrassen.

Het feit dat allerlei kleine vogels afgericht kunnen worden om te zingen, maakte al vroeg duidelijk hoe vogels zich hun zangrepertoire eigen maken: door te leren, niet door instinct. *Nurture*, geen *nature*. Zoals Von Pernau in het begin van de achttiende eeuw al zei: 'We moeten onder ogen zien dat een jonge vogel van willekeurig welke soort, die nooit een volwassene van zijn eigen soort hoort en ook geen jong van een andere soort in zijn buurt heeft, zijn eigen lied nooit helemaal onder de knie krijgt en nogal gebrekkig zal zingen.'[8]

Daines Barrington kwam een eeuw later naar aanleiding van eigen onderzoek waarschijnlijk geheel onafhankelijk tot dezelfde conclusie:

> Vogels zijn net zo min geboren met noten als mensen met taal; of hun organen hen in staat zullen stellen de geluiden te imiteren die ze regelmatig horen, hangt volledig af van de leermeester bij wie ze opgroeien.[9]

Barrington gebruikte voor het merendeel van zijn experimenten kneuen omdat het geslacht daarvan, anders dan bij goudvinken, makkelijk vast te stellen is als ze eenmaal drie weken oud zijn: op basis van de hoeveelheid wit op de vleugels. Op die manier hoefde hij geen tijd te verspillen aan vrouwtjes. Door zijn kneuen op te laten groeien bij diverse andere soorten ontdekte Barrington dat ze altijd het lied imiteren van hun stiefvader. Dat kan tot curieuze resultaten leiden, ontdekte ikzelf. Ik hield een koppel sijsjes dat in dezelfde volière broedde als enkele kanaries. Toen het mannetje volwassen werd en in de lente daarop begon te zingen, bracht hij een zuiver kanarielied ten gehore! Hoewel ik wist dat zoiets kon gebeuren, kon ik maar niet wennen aan het beeld – en het geluid – van een sijsje dat het lied van een andere soort zong.

De eerste pioniers van het leren zingen van vogels, zoals Von Pernau en Barrington, moeten ook vreemd van dit fenomeen hebben opgekeken. Nicolai vermeldde iets heel merkwaardigs op dit punt. Een van zijn mannetjesgoudvinken adopteerde het lied van zijn kanarie-pleegvader,

*Twee vogels die vroeger vaak in Europa als kooivogel gehouden werden: de vink (boven), die vaak meedeed aan zangtoernooien, en het puttertje (onder), dat geliefd was om zijn gevarieerde en melodieuze zang. (Frisch, 1743-1763)*

en toen dit mannetje aan een vrouwtjesgoudvink gekoppeld werd, zong hun kroost ook alleen maar als een kanarie – en hún kroost ook![10]

De kneujongen die Barrington voor zijn onderzoek gebruikte, waren allemaal drie weken oud toen hij ze begon op te kweken; hij kon dus niet uitsluiten dat ze hun vader al eens gehoord hadden. Barrington wist dus dat zijn experimenten niet waterdicht waren. Idealiter, zei hij, zouden de jongen veel eerder uit het nest gehaald moeten worden, het liefst voordat ze uitkomen, zodat ze de zang van hun eigen soort niet kunnen horen. Maar hij zag ook in dat het erg moeilijk is om vogels vanaf het allereerste begin op te kweken, omdat 'bijna alles tegen opkweken pleit'. Hij stuitte echter op twee gevallen die zijn ideeën bevestigden: vogels die vanaf hun tweede of derde levensdag uit het nest waren gehaald. Het eerste was een kneu van een Londense apotheker die slechts één zinnetje kende: 'Pretty boy.' Het tweede was een puttertje waarvan hij aanvankelijk dacht dat het een winterkoninkje was, maar later aannam dat het van jongs af aan elders was grootgebracht en de zang van een winterkoninkje had overgenomen. Barrington verkneukelde zich erover dat de eigenaren absoluut niet wisten dat het puttertje niet zijn eigen lied zong.[11]

Barrington was zich ook terdege bewust dat vogels veel op hun zang moeten oefenen. Zijn grootste intellectuele rivaal, graaf De Buffon, had beschreven hoe uitvliegende nachtegalen beginnen te zingen zodra ze zichzelf gaan voeden. Daarna ontwikkelt hun zang zich stapsgewijs, tot ze de kunst in december volledig beheersen. Later onderzoek bij vinken, een van de weinige geschikte soorten voor vogelzangonderzoek, toonde aan dat jonge vogels verschillende leerfasen doorlopen. Ze beginnen met de 'subzang', een rustig brabbelende, onsamenhangende zang die uitloopt in de 'plastische zang', die al veel op de kenmerkende soortzang lijkt, maar de structuur van de uiteindelijke 'volle zang' ontbeert. De subzang klinkt alsof de vogel aan het oefenen is en liever niet gestoord wil worden – wat ook niet gebeurt. Hij zingt letterlijk voor zichzelf, hij luistert kritisch en schaaft aan zijn eigen uitvoering. Dat laatste is cruciaal, want exemplaren die op volwassen leeftijd doof worden, zingen nog steeds normaal, maar exemplaren die hun gehoor verliezen tijdens het inoefenen van de subzang, leren nooit volwaardig zingen.[12]

Om zijn lezers het belang van het leeraspect bij zangstudies in te prenten, trok Barrington een parallel met de waardering van muziek door mensen:

> Ook ben ik ervan overtuigd, hoe paradoxaal dat ook mag klinken, dat de inwoners van Londen een beter onderscheidingsvermogen hebben, en hiervan meer afweten, dan die van alle andere delen van het eiland bij elkaar.

Zijn verklaring luidde dat inwoners van Londen dankzij de opera hoogstaander muziek hoorden dan boertjes van buiten, wat doorsijpelde naar straatmuzikanten en straatzangers – tot op zekere hoogte, voegde hij eraan toe. Voorzichtigheidshalve benadrukte hij dat hij niet wilde beweren dat er een aangeboren verschil bestaat tussen het muzikale gevoel van plattelanders en Londenaren, maar dat zij slechts 'niet over dezelfde mogelijkheden beschikken om te leren van mensen die zuiver spelen'.[13]

Het is duidelijk dat Barrington geloofde in de doorslaggevende rol van *nurture*, leren en omgevingsfactoren – of hoe je het ook wilt noemen – bij vogels die leren zingen. En wanneer hij eenmaal iets vond, was het moeilijk hem op andere gedachten te brengen, zoals we gezien hebben bij zijn onvermurwbare standpunt over het overwinteren van zwaluwen. De meesten die na hem kwamen, lijken Barringtons opvatting dat vogels *leren* zingen blindelings te hebben overgenomen. Buffon zelf stond echter wel degelijk open voor andere ideeën, meer dan wij denken. In de inleiding tot zijn *Natural History of Birds* zegt hij onomwonden: 'Een zoet geluid en een melodieus lied zijn kwaliteiten welke een vogel deels van nature heeft en welke hij zich deels eigen maakt.' Hij onderkent dat vogels bepaalde wijsjes kunnen leren, maar staat verder niet stil bij de 'natuurlijke' kant van vogelzang. Ik vermoed echter dat hij bedoelt dat de elementaire kenmerken van vogelzang aangeboren zijn.[14]

Het aangeboren vermogen om te kunnen zingen werd in 1960 definitief aangetoond toen zoöloog Bill Thorpe uit Cambridge vinken in

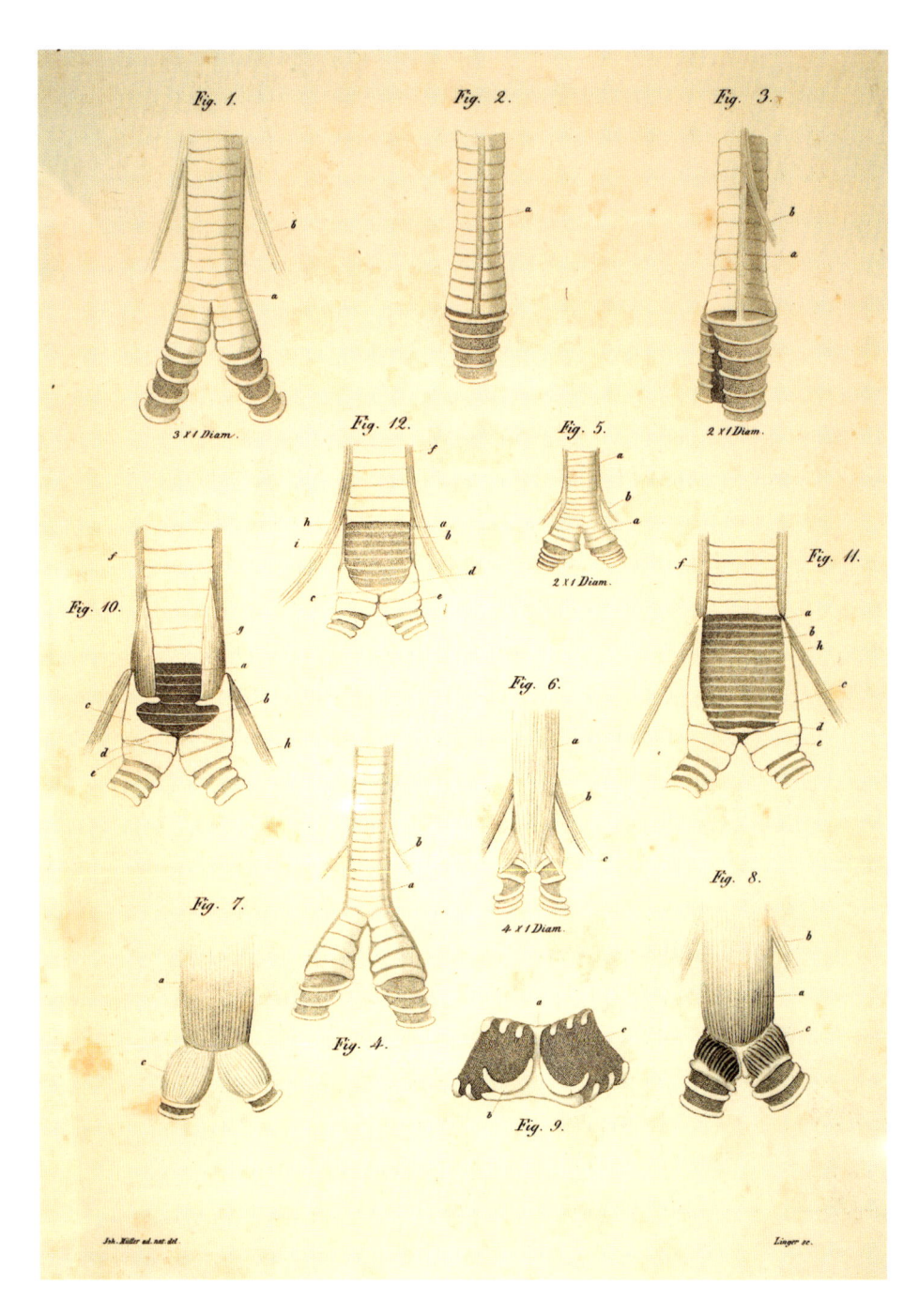

*Het zangorgaan van vogels, de syrinx, heeft een ingewikkelde structuur en verschilt sterk van soort tot soort. Deze voorbeelden komen uit Müller e.a. (1878).*

absolute stilte grootbracht. Hoewel de zang van deze vogels weinig gelijkenis vertoonde met de normale vinkenslag, was ze vanwege de kwaliteit van de geproduceerde klanken duidelijk als zodanig herkenbaar. In feite waren er al sinds de negentiende eeuw bewijzen voorhanden dat bepaalde aspecten van vogelzang aangeboren zijn en een genetische basis hebben. Duitse kanariekwekers richtten destijds hun inspanningen op het kweken van een vogel die een rollende zang kon voortbrengen, de Harzer. Met succes: door een combinatie van selectietechnieken en vroegtijdige training konden kwekers uit de Harz een kanarie met een unieke, rollende zang op de wereld zetten.[15] Er is ook een aantal in het wild levende soorten, zoals de koolmees, bij wie de zang aangeboren is.[16] Maar de soorten die Barrington bestudeerde – de vink, het puttertje, de veldleeuwerik en de nachtegaal – *leerden* allemaal om te zingen; vandaar dat hij zo hardnekkig aan zijn eigen opvattingen vasthield.

Barrington wilde ook graag weten hoe vogels hun zang maken. Rond 1775 verzocht hij de beroemde chirurg Sir John Hunter om het strottenhoofd van een aantal vogelsoorten voor hem te bekijken:

> Ik nam een haan van de filomeel [nachtegaal], een haan en een hen van de merel, een haan en hen roek, een haan kneu, en ook een haan en hen vink, welke de zeer eminente anatomist, de heer Hunter, Fellow van the Royal Society, zo welwillend was voor mij open te snijden, en verzocht hem vooral aandacht te besteden aan de organen van de verschillende vogels welke wellicht aan het zingen medewerkten.[17]

Hunter rapporteerde dat de 'spieren van de larynx' méér ontwikkeld waren bij soorten met betere stemmen, zoals de nachtegaal, en dat ze bij mannetjes groter waren dan bij vrouwtjes. Hij beschreef ook de luchtzakken\* van vogels en speculeerde over hun betekenis voor het zingen:

---

\* De luchtzakken van vogels zijn verlengstukken van het ademhalingsapparaat. Het zijn dunne, doorzichtige zakken die als een blaasbalg lucht naar de longen persen, maar geen rol spelen in de uitwisseling van gassen.

> In hoeverre de constructie van ademhalingsorganen vogels bij het zingen van dienst is, dient nader te worden bezien, daar de uitgesponnen zang van een kanarievogel, tussen twee ademhalingen door, daaruit schijnt voort te komen.[18]

Rond 1600 berichtte Aldrovandi dat een vogel waarvan de kop verwijderd was nog steeds in staat was zanggeluiden te produceren: een duidelijke aanwijzing dat de bron van het geluid eerder in het lijf gezocht moest worden dan in de kop. Deze eenvoudige maar ietwat pijnlijke observatie – die voor kippenboeren geen verrassing zal zijn geweest – stak de draak met de visie van Aristoteles en de meeste andere oudere schrijvers die, analoog aan de menselijke anatomie, de tong als het belangrijkste orgaan voor vogelgeluid hadden aangemerkt. Daar stond tegenover dat Aristoteles wel degelijk het belang van het strottenhoofd voor de menselijke spraak had ingezien, hoewel de overeenkomsten tussen het menselijke strottenhoofd, de larynx, en het vogelstrottenhoofd, de syrinx, pas veel later onderkend werden.[19]

Erasmus Darwin, Charles Darwins slimme grootvader, vervaardigde een sensationele spreekmachine die het mechaniek van het menselijke strottenhoofd en de mond – nogal grof – nabootste. Een paar blaasbalgen joegen lucht over een zijden membraan dat er, samen met een paar leren lippen, voor zorgde dat de machine enkele eenvoudige woorden sprak. De machine van Darwins grootvader leverde belangrijk inzicht op over de mogelijke werking van het stemapparaat bij vogels en bij mensen, maar het was duidelijk dat de ingewikkelde, mooie zang van vogels iets subtielers vereiste.[20]

Het strottenhoofd van vogels zit zeer ingewikkeld in elkaar en verschilt qua ontwerp aanzienlijk van soort tot soort. Het eerste vermoeden over de werkwijze ervan ontstond pas tussen 1950 en 1960. Onderzoekers kwamen toen op het slimme idee om lucht langs de syrinx van verdoofde vogels te leiden. Het experiment toonde – net als Erasmus Darwins spreekmachine – aan dat geluid veroorzaakt wordt door lucht die langs de membranen van de syrinx glijdt. Later plaatsten onderzoekers op ingenieuze wijze minuscule camera's in de luchtpijpen

TABULA LXV.

*Spreeuwen waren vanwege hun wonderlijke gave om zowel vogels als mensen te kunnen imiteren geliefde kooivogels. Ten onrechte werd daarbij aangenomen dat het noodzakelijk was hun tong 'los' te maken om ze te laten praten. Op deze illustratie van Schaeffer (1779) staat daarom ook de tong van een spreeuw afgebeeld.*

van levende, zingende vogels. Op die manier konden ze aantonen dat het geluid niet veroorzaakt wordt door membranen, maar door het verbindingsweefsel in de syrinx.[21]

Een menselijk wezen zonder tong kan niet spreken omdat de tong van vitaal belang is om de geluiden die door de larynx worden voortgebracht, vorm te geven en te moduleren. De oude ornithologen namen aan dat hetzelfde gold voor vogels. Aldrovandi en anderen dachten nog steeds dat de tong een cruciale rol speelt – ook al hadden ze gezien dat vogels zonder kop geluiden blijven voortbrengen. Toen hij in de bek van een gekooide nachtegaal keek, was hij dan ook verbijsterd dat hij geen tong zag: 'welke omstandigheid mij aanzienlijk verbaasde, daar de kleine vogel zulk een zoet lied zong en zulk een vibrato in zijn stem had, terwijl hij niet over een tong beschikte, tenzij deze wellicht in zijn keel verborgen zat'. Aldrovandi had gelijk, de tong was inderdaad verborgen: hij lag plat op de mondbodem. Alle vogels hebben weliswaar een tong, maar bij de meeste speelt die bij het stem geven geen enkele rol.[22]

Op een nare manier leidde de obsessie met de tong als stemorgaan tot de niet-noodzakelijke, wrede praktijk om vogels die hadden leren praten, zoals de spreeuw en de ekster, te verminken. Zo ving ik in mijn jeugd, in de jaren vijftig, een jonge spreeuw om hem te leren praten. Mijn oom, een boer, zei toen met veel aplomb dat ik zijn tong moest splijten, wilde dat lukken. En in een verslag werd aanbevolen

> het zwarte deel met een scherpe schaar af te knippen, niet verder dan het gekleurde gedeelte, dan wordt de tong vanzelf rond. Vervolgens moeten de witte vlekken aan beide zijden van de tong afgeknipt worden en, om meer ruimte te maken, eveneens een klein deel van het membraan dat de tong met de keel verbindt. Hierna dienen de bloedende delen behandeld te worden met een weinig ongezouten boter, en deze operatie herhale men drie maal, dat wil zeggen één maal per week, bijvoorbeeld op vrijdag. Nadat de tongriem losgeknipt is, kunnen de spraaklessen beginnen.[23]

De oudste verwijzing naar tongmutilatie bij vogels vond ik in het vogelhoudersboek van Valli da Todi uit 1601. Ik veronderstel echter dat het gebruik veel ouder is, niet in de laatste plaats omdat het idee om vogeltongen te splijten, in te korten of los te snijden hoogstwaarschijnlijk voortkwam uit de oude remedie voor kinderen met een te korte tongriem. Als het membraan aan de onderkant te veel naar voren stak, waardoor het bewegen van de tong en het spreken van een kind bemoeilijkt werd, sneed men als oplossing het membraan door om 'de tong los te maken'. Voor kinderen én voor vogels lijkt me dat een zeer onaangename operatie. Ik heb geprobeerd te achterhalen hoe vaak dit bij vogels gebeurde. Daarbij viel me op dat in een tiental boeken dat tussen 1728 en 1889 melding maakte van knippen in de tong, alle auteurs zonder uitzondering vinden dat het wreed is, en totaal overbodig: 'Het splijten van de tong, zoals zo veel mensen aanraden en toepassen opdat de vogel [...] helderder zal spreken, heeft geen enkel nut. Ook zonder deze insnijding spreken zij goed, zoals ik door ondervinding leerde, eksters evenzeer als andere pratende vogels.' Droevig genoeg gold hetzelfde voor kinderen.[24]

Sindsdien is duidelijk geworden dat bij de vader aller imitatoren, de papegaai, de grote, vlezige tong inderdaad een vitale rol speelt bij het stem geven. Zo voerde een team biologen een vernuftig experiment uit met enkele monniksparkieten die in het zuiden van de Verenigde Staten – waar ze gezien worden als een plaag – gedood waren in het kader van faunabeheer. Ze vervingen de syrinx door het speakertje van een gehoorapparaat, speelden geluiden af via het uiteinde van het stemorgaan en namen de geluiden op die via de snavel naar buiten kwamen. Tot hun verbazing merkten ze dat door het bewegen van de tong met 'een fractie van een millimeter grotere verschillen ontstonden dan tussen "a" en "o" in menselijke spraak' – wat zou kunnen verklaren waarom papegaaien de menselijke spraak zo goed kunnen nabootsen.[25]

Het produceren van zang of andere geluiden hangt bij vogels uiteraard niet alleen van de syrinx af of, zoals bij de papegaai, van de tong. John Hunter zag al in dat het hele ademhalingsapparaat erbij betrokken is, net als (indirect) de testikels en de hersenen. Dat testikels en zang samenhangen, wisten mensen al heel lang. Met de opkomst

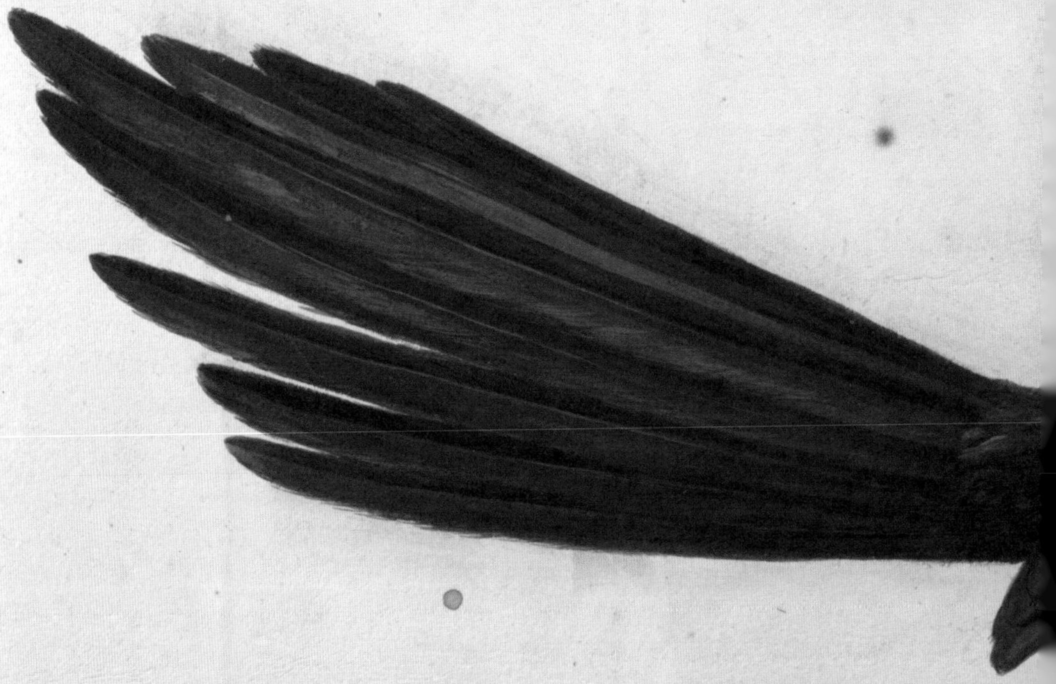

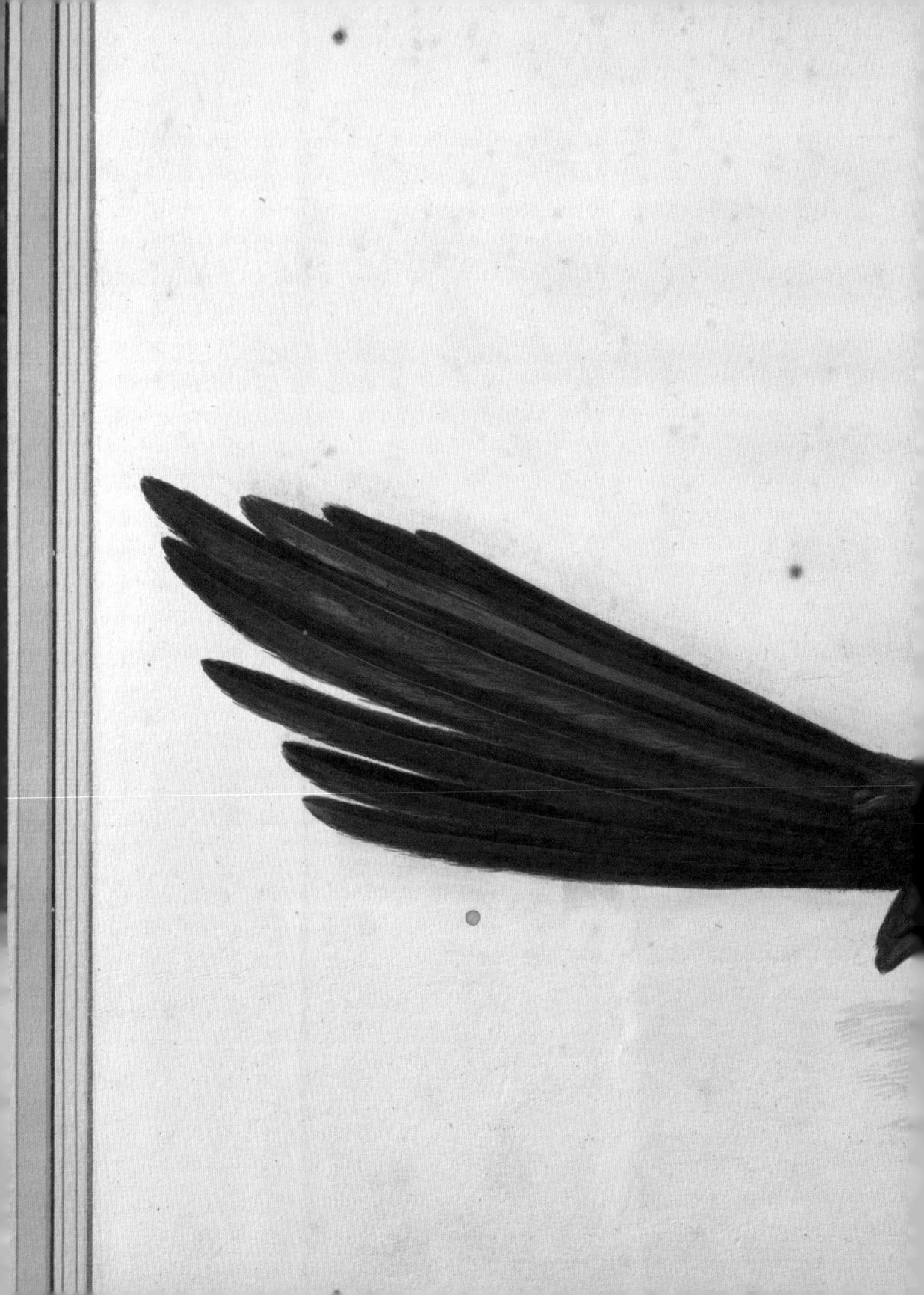

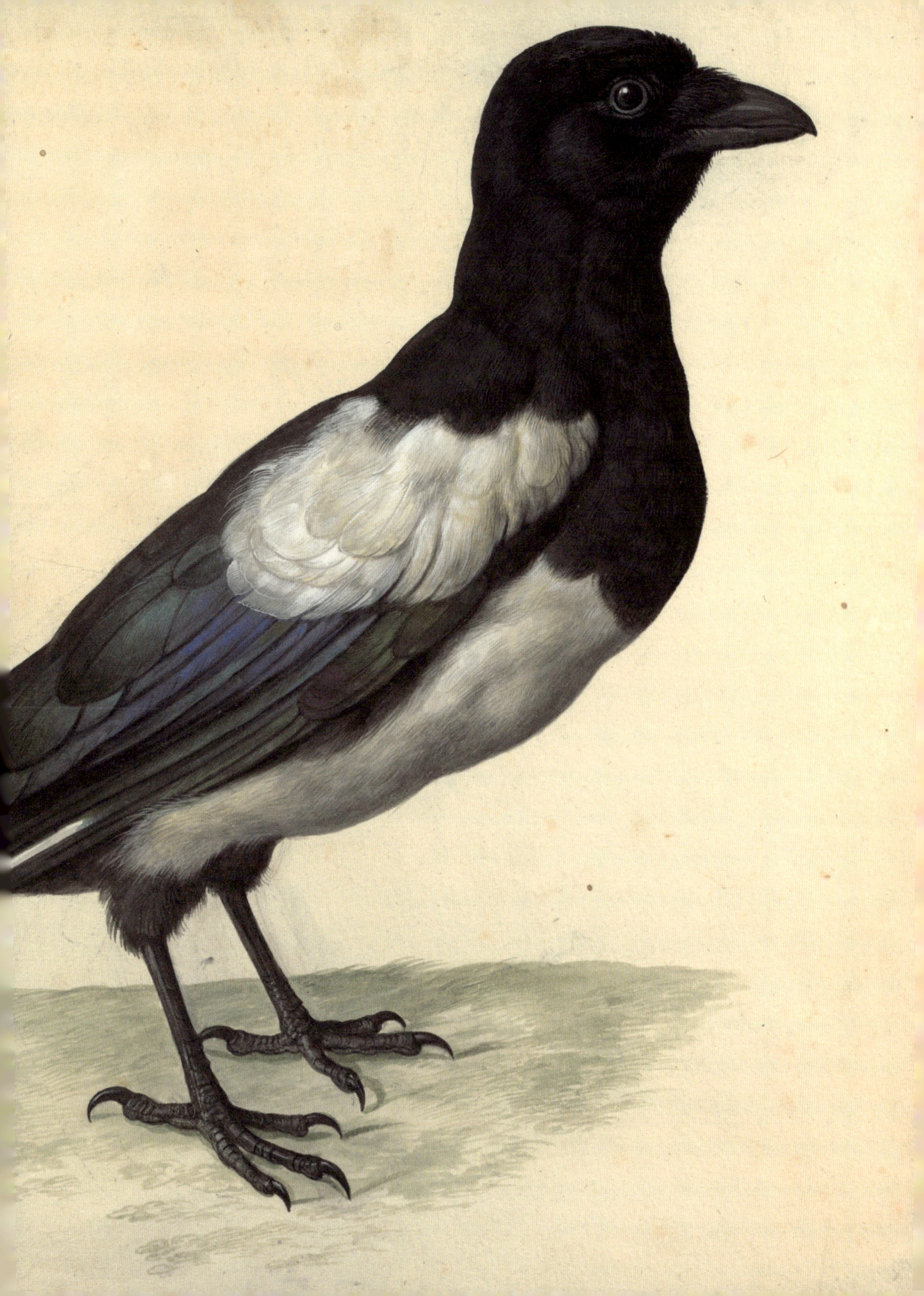

van de Europese opera in de zestiende eeuw kwam tegelijk het gebruik in zwang om jongens vóór hun puberteit te castreren teneinde hen hun hoge zuivere stem te laten behouden; eeuwen daarvoor deden menselijke castrati al dienst als haremwacht. Castreren had soms een verbluffend effect, en men vergeleek de stem van een castrato met die van een nachtegaal. Operabezoekers waren er dol op en riepen: 'Viva il coltello,' Leve het mes! In de hoop dat hun zonen beroemde zangers zouden worden, leverden arme ouders ze vanaf ongeveer 1500 uit aan barbaarse barbier-chirurgijnen. En toen Barrington merkte dat hanen zodra ze gecastreerd waren met kraaien stopten, vroeg hij zich af:

> ... of deze ingreep niet het zingen van nestvogels zou kunnen verbeteren, zoals men ook meent dat ze bijdraagt aan een veredeling van de menselijke stem. Daarop antwoord ik dat castratie geenszins zulk een gevolg waarmerkt; daar de stemmen van het merendeel der Italiaanse eunuchen zo zwak zijn dat zij geen ander bestaansmiddel hebben dan het uitvoeren van muziek; en dit is een van de redenen dat er in Italië zo weinig composities gepubliceerd worden, daar ze deze 'rafels der maatschappij' zouden doen verkwijnen. [26]

Barrington, die duidelijk moeite had met het bestaan van eunuchen, vermoedde dat castratie bij vogels tot gevolg had dat de spieren van de syrinx zich niet zouden ontwikkelen. Hij probeerde dat uit door een 'operateur' over te halen een zes weken oude merel te castreren, maar het ongelukkige beestje overleed. Barrington kon 'slechts gissen' wat de gevolgen zouden zijn geweest, maar hij blijkt het goed gezien te hebben. De testikels van een vogel en diens syrinx staan met elkaar in contact: via testosteron.

Testosteron, in de jaren dertig voor het eerst aangetoond, is cruciaal voor het zingen. Omdat de testikels er de belangrijkste bron van zijn, stopt of vermindert het zingen bij castratie onverbiddelijk, zoals Barrington ontdekt zou hebben als zijn merel het overleefd had. Castratie bij jonge mannen reduceert het testosterongehalte tot nul en blokkeert de puberteit. Vandaar hun falsetstem.

Fernando Nottebohm nam in de jaren zestig de proef op de som bij een jonge mannetjesvink wiens zang nog niet gerijpt was. Meteen nadat de vink gecastreerd was, stopte hij met zingen. Maar toen hij een paar jaar later – lang nadat vinken normaliter hun zang volledig beheersen – testosteron toegediend kreeg, begon hij te zingen en imiteerde hij een bandje met vinkenzang. De conclusie luidde dat 'de kritische periode om iets te leren niet bepaald wordt door leeftijd, maar door het stadium van neurale ontwikkeling waarin de vogel verkeert, óf rechtstreeks door testosteron'.[27]

Een van Nottebohms studenten, Art Arnold, deed verder detailonderzoek en gebruikte daarvoor een zebravink (in plaats van de Europese vink, die in Noord-Amerika niet voorhanden is). Zijn experimenten leverden totaal onverwachte resultaten op: in tegenstelling tot de Europese vinken floten gecastreerde zebravinken vrijwel volledige wijsjes! Critici verdachten Arnold ervan dat hij de castratie verknoeid had door stukjes testikel achter te laten, die vervolgens weer aangroeiden. Maar tegen mij zei hij: 'Ik heb echt heel secuur gekeken of er geen stukjes […] waren achtergebleven […] en ben ervan overtuigd dat de operatie geslaagd was.'[28]

De ware reden dat gecastreerde zebravinken gewoon doorzingen, is bijna niet te geloven. Behalve dat hij, net als de Europese vink en andere vogels, testosteron produceert in zijn testikels, produceert de zebravink óók testosteron in zijn hersenen! Deze zeer bijzondere eigenschap zou wel eens een aanpassing kunnen zijn aan het nomadische leefpatroon van de zebravink, die op de savannen elke gelegenheid tot voortplanting moet aangrijpen. Bij andere zangvogels is testosteron alleen maar nodig tijdens de laatste leerfase, wanneer het zingen geperfectioneerd wordt.[29]

Zodra testosteron in de jaren dertig kunstmatig geproduceerd kon worden, spoten gewetenloze vogelhandelaren vrouwtjeskanaries ermee in om ze te laten zingen – en te verkopen – als mannetje. Hóe testosteron ervoor zorgt dat vrouwtjes gaan zingen, ontdekte Nottebohm in de jaren zeventig. Tot zijn eigen verbazing en die van anderen, merkte hij dat zenuwcellen die in vrouwelijke hersendelen het zingen aansturen, onder invloed van testosteron twee keer zo lang worden. Dat was een gedenkwaardige ontdekking – niet alleen voor de ornithologie, maar voor de biologie als geheel en voor de neurobiologie in het bijzonder.

Omdat vogels zich met auditieve feedback ingewikkelde stemwendingen eigen kunnen maken, vormen ze een uitstekend model voor het aanleren van de menselijke spraak. De resultaten van onderzoek naar zangvogels hebben dan ook drastische gevolgen gehad voor het onderzoek naar de ontwikkeling en de functie van hersenen bij mensen. Veel dat bij vogels ontdekt werd, blijkt voor andere zoogdieren ook op te gaan. Kort gezegd: de geluidscentra in de hersenen van zangvogels zijn significant groter bij mannetjes dan bij vrouwtjes en eveneens groter bij soorten die over een uitgebreider zangrepertoire beschikken. Barrington zou er blij mee zijn geweest.

Wanneer in de lente het mannetje geslachtsrijp wordt, groeien zijn testikels en de zangcentra in zijn hersenen onder invloed van sekshormonen enorm. Dat hersenen veranderen, waarbij onder andere nieuwe neuronen worden aangemaakt, werd vroeger onmogelijk geacht, omdat men er steeds van uitging dat hersencellen zichzelf niet reproduceren en ook niet bijgemaakt worden – vandaar dat hersenletsel blijvend is. Toen men eenmaal begreep dat de oude dogma's niet klopten, leidde dat tot een revolutie in het hersenonderzoek, waarbij kwam vast te staan dat bepaalde hersengebieden van mensen en andere zoogdieren wel degelijk in staat zijn nieuwe neuronen te produceren. Het ziet ernaar uit dat daardoor – en door nieuwe ontwikkelingen in de stamcelbiologie – een nieuwe behandeling van verschillende neurologische afwijkingen als Parkinson en Alzheimer mogelijk is.[30]

'Heer, met welk een muziek hebt Gij de heiligen in de hemel bedeeld, wanneer Gij slechte schepselen op aarde al zulke muziek schenkt!' Zo schreef Izaak Walton in de zeventiende eeuw over de nachtegaal.[31] Vogelzang hoort tot de esthetisch hoogste, meest enerverende natuurlijke genoegens, en over het doel ervan is veel gespeculeerd.

De titel van een recente wetenschappelijke studie, *Nature's Music*, beschrijft en bejubelt in twee woorden hoe wij de vocale verrichtingen van vogels ervaren. Een van de samenstellers, Peter Marler, is de meest gezaghebbende figuur van een dynastie van onderzoekers van vogelzang die dateert uit de jaren vijftig. Zijn boek focust op wetenschap, maar tegelijkertijd geeft het een inspirerend resumé van de vele terreinen waarop tegenwoordig onderzoek wordt gedaan. Enkele oudere boeken over vogelzang en zangvogels hebben even aansprekende titels, zoals *The Choristers in the Groves* (Koorzangers in de bosjes) en *The Sweet Songsters of Great Britain* (Zoete zangers van Groot-Brittannië).[32]

In de predarwinistische tijd werd het sterke, aangrijpende effect van vogelzang beschouwd als de hoogste uitdrukking van Gods scheppingskracht. Opvallend is dat Edward Armstrong in de jaren zestig van de vorige eeuw beweerde dat de esthetische waardering voor vogelzang pas na de renaissance begonnen is, met uitzondering van zeldzame 'precieuze uitingen van genot' bij Plinius, Ierse monniken en Chinese dichters. Als dat klopt (wat ik betwijfel), moet Pierre Belon een van de eersten zijn geweest. Bijna overal in zijn enorme encyclopedie schrijft hij met wetenschappelijke distantie, maar wanneer hij aan de nachtegaal toekomt, wordt hij bijna lyrisch. 'Zou er,' vraagt hij zich af, 'één mens met onderscheidingsvermogen zijn die geen bewondering voelt wanneer hij zulk een melodie uit de keel van zo'n wild vogeltje hoort opstijgen? [...] Zou het een leermeester hebben gekend die het de techniek van zulk een volmaakte muziek heeft bijgebracht?'[33]

Ook Darwin was niet ongevoelig voor de schoonheid van vogelzang, maar hij had iets anders op het oog: begrijpen welke voordelen het brengt en hoe het zich ontwikkeld heeft. Een van de boeken die hem daarbij hielp, was *The Music of Nature* (1832) van William Gardiner waarin op karakteristiek omslachtige, victoriaanse wijze de relatie tussen vogelzang en muziek onderzocht wordt.[34] Darwin schreef onder andere:

> Muziek wekt bij ons verschillende emoties, zij het niet de naarste als ontzetting, angst, woede enz. Het roept eerder vriendelijke gevoelens op als tederheid en liefde, welke al snel overgaan in aanbidding [...]. Eveneens ontlokt het ons een gevoel van triomf en onoverwinnelijke

oorlogszucht [...]. Waarschijnlijk hebben vogels bijna dezelfde emoties, maar dan veel zwakker en minder gecompliceerd, wanneer het mannetje op volle sterkte zijn zang doet horen om, rivaliserend met andere mannetjes, de vrouwtjes in te spinnen.[35]

Geen wonder dat vogelzang musici geïnspireerd heeft. Speciaal om deze reden hield Mozart een tamme spreeuw. Toen hij de vogel in 1784 kocht, was het al een volleerd uitvoerend musicus die, zeer opmerkelijk, een deel van Mozarts eigen Concerto in G major (KV 453) kon fluiten – wat wellicht de voornaamste reden was om hem aan te schaffen. Wie de vogel afgericht had, was een raadsel; het betreffende stuk had zijn première nog niet beleefd. De vogel woonde drie jaar bij Mozart. Toen hij in 1787 stierf, eerde Mozart hem met een uitgebreide begrafenis.

Mozarts biografen deden de zaak af als een gril die weinig invloed had op de scheppingskracht van de componist. Maar vogelzangonderzoeker Meredith West wijst erop dat geen van deze biografen ornitholoog was, en dat niemand van hen, anders dan zijzelf, een spreeuw als huisdier had gehad. West luisterde nauwkeurig naar de muziek die Mozart componeerde in de tijd dat hij met de spreeuw was. Eén stuk, *Ein musikalischer Spaß* (KV 522), stak af bij de rest. Musici noemen het een 'schitterende schelmenstreek' en een 'parodie op pover componeren'. Maar West herkende er 'de handtekening van een spreeuw in [...], de gebroken frasering van de hele serenade, de moeizame herhalingen en het excentrieke einde dat klinkt alsof de instrumenten ermee opgehouden zijn'.[36]

Het was toeval dat West spreeuwen bestudeerde. Aanvankelijk deed ze onderzoek naar de ontwikkeling van de zang bij een heel andere soort, de bruinkopkoevogel. De spreeuw nam ze erbij om een koevogel gezelschap te houden, maar van hen tweeën bleek de spreeuw het meest interessant. Dat spreeuwen geluiden kunnen nadoen en toevoegen aan hun eigen repertoire was reeds lang bekend, of het nu gaat om de zang van andere vogels, menselijke spraak of mechanische geluiden. Plinius verhaalt hoe de jonge Caesar spreeuwen en nachtegalen leerde praten, en Nicholas Cox schreef aan het eind van de zeventiende eeuw dat

*De geelgors is een van de weinige vogels waarvan de zang in mensentaal kan worden weergegeven: A little bit of bread and no cheese. Dit opmerkelijke portret is van Marcus zum Lamm en dateert uit het midden van de zestiende eeuw. (Kinzelbach en Hölzinger, 2001)*

In 1650 bracht Athanasius Kircher een muziekencyclopedie uit waarin ook de muzieknotatie van de zang en de roep van vogels was opgenomen. Hier zien we zijn poging om de zang van de nachtegaal in kaart te brengen, en ook de wat eenvoudiger roep van haan, kip, kwartel, koekoek en ara.

de spreeuw 'door elk slag mensen gehouden wordt om te leren pijpen, fluiten of praten'.[37] Johann Bechstein, die in de negentiende eeuw een van meest populaire vogelboeken aller tijden schreef, was ook een uitgesproken fan:

> De spreeuw wordt in gevangenschap bijzonder tam [...]. Wanneer zijn tong niet losgemaakt wordt om woordjes te herhalen, leert hij toch deuntjes te fluiten (wat de vrouwtjes ook kunnen) en de stemmen van mensen en dieren alsmede de zang van vogels te imiteren. Zeer betrouwbaar is hij in dit opzicht echter niet, daar hij niet alleen snel vergeet wat hij geleerd heeft, maar ook oude en nieuwe lessen door elkaar haalt [...].'[38]

Wat Bechstein een tekortkoming van spreeuwen noemde – het door elkaar halen van lessen – nam West ook waar bij haar tamme vogel. Maar het is geen gebrek, het is gewoon wat spreeuwen doen: het bewerken en herindelen van hun fonoteek opdat een oneindig en dynamisch repertoire ontstaat. De vogel van West incorporeerde menselijke stemmen in zijn zang, maar dan wel op de typische, verwarrende spreeuwenmanier, waardoor een zin als *We'll see you later* veranderde in *See ya later*, *See you* en *We'll see*. Bovendien was de spreeuw erg kieskeurig wat betreft de zinnen en geluiden die hij inlijfde. Met zijn hoofd licht opzij gehevan en duidelijk luisterend, negeerde hij allerlei gewone frasen; hij specialiseerde zich in zeldzame geluiden. Vervolgens stootte hij geluiden uit alsof hij wilde zien wat het effect daarvan was, waaruit West concludeerde dat de mimicry van de spreeuw een manier is om nieuwe stimuli te krijgen. Het eindeloos aanleren van nieuwe geluiden is eenvoudigweg een deel van de natuurlijke aard van de vogel, en uitermate functioneel. Later onderzoek heeft aangetoond dat mannetjesspreeuwen met een groter repertoire een grotere kans op nakomelingen hebben.[39]

Veel mensen hebben spreeuwen als huisdier gehouden, onder andere gedragsecoloog en ornitholoog John (later Lord) Krebs. Verscheidene jaren hield hij een spreeuw op zijn werkkamer in Oxford, die uiteindelijk perfect kon imiteren hoe hij de telefoon opnam. In een poging de vogel te leren zingen, liet Krebs een weekend lang een bandje draaien met Tamino's fluitpartij uit *Die Zauberflöte*. Toen hij op maandag terugkwam, gaf de vogel een perfecte uitvoering van de eerste maten ten beste.[40]

Mozart gebruikte muzieknotatie om de geluiden van zijn spreeuw te beschrijven, zoals de zeventiende-eeuwse geleerde Athanasius Kircher en anderen ook al hadden gedaan.[41] Maar ze wisten allemaal dat dit aan vogelzang geen volledig recht deed. Het grootste obstakel was dat het zo moeilijk was om vogelzang te 'verstaan' en te meten. Toen Barrington in de jaren zeventig van de achttiende eeuw de zang van verschillende soorten probeerde te karakteriseren, bestond zijn enige gereedschap uit zijn oren en zijn hersenen. Hij was de eerste die vogelzang probeerde te kwantificeren door soorten af te zetten op een schaal aan de hand van variabelen als warmte, sprankeling en toonbereik. Niettemin was dit een uiterst subjectieve onderneming, en slechts weinigen waren het dan ook met zijn rangorde eens.

Een beschrijving van vogelzang met behulp van adjectieven als 'sonoor', 'schel' of 'vrolijk', of het vergelijken van bepaalde geluiden met lettergrepen, zoals Bechstein uitgebreid deed met de vink, biedt weinig hoop op resultaat en zegt weinig of niets over hun echte geluid.[42] Iets nauwkeuriger zijn fonetische weergaven als *A little bit of bread and no cheese* voor de geelgors en *Take two then Taffy* voor de houtduif; en in Noord-Amerika *Drink your teeee* voor de towie, of *Pleased, pleased, pleased to meetcha* voor de roestflankzanger. Het grote voordeel van zulke klanknabootsende rijmpjes is dat je ze gemakkelijk kunt onthouden en er geen muziek voor hoeft te kunnen lezen. Anderzijds zijn er maar weinig vogels waarvoor zulke rijmpjes bestaan, en bovendien zijn ze erg subjectief, zoals duidelijk blijkt uit de weergave van het gekraai van de haan. In Engeland zegt men *cock-a-doodledo* (Shakespeare maakte er *cock-a-diddle-dow* van), in Frankrijk *corcorico*, in Duitsland *kikeriki*, in Japan *kokke-kokko* [en in Nederland 'kukeleku'].[43]

Andere fonetische weergaven zijn preciezer, zoals die van de vinkenslag, die uit vier onderdelen bestaat:

*De roestflankzanger, een Noord-Amerikaanse vogelsoort waarvan de zang aldus kan worden geparafraseerd:* Pleased, pleased, pleased to meetcha. (*Audubons* Birds of America, *1827-1838*)

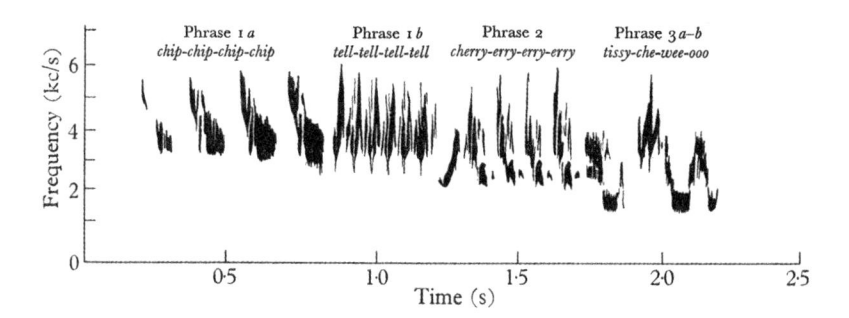

*In de jaren veertig van de vorige eeuw zorgde de sonograaf, die een beeld geeft van geluid (met 'duur' langs de horizontale as en 'intensiteit' of 'frequentie' langs de verticale as), voor een revolutie in het onderzoek naar vogelzang. Hier is duidelijk de samenhang te zien tussen het sonogram van de vink en de fonetiek van de vinkenslag. (Thorpe 1961)*

Heel wat moeilijker was het om de complexe zang van de nachtegaal weer te geven, maar dichter en vogelliefhebber John Clare kreeg het voor elkaar. Hij bracht veel tijd door met het luisteren naar nachtegalen en wist het karakter en de cadans van hun zang beter te vangen dan wie dan ook:

> Chew chew chee chew chew
> Chew – cheer cheer cheer
> Chew chew chew chee
> Tweet tweet tweet jug jug jug.[44]

Enzovoort.

In de jaren veertig van de vorige eeuw kwam met de uitvinding van de spectrograaf (of sonograaf), die een beeld produceert van de frequentie en duur van geluid, een eind aan de subjectieve weergave van vogelzang. Bill Thorpe begreep dat deze nieuwe techniek enorme mogelijkheden bood. In 1950 schafte hij zo'n apparaat aan en daarna veranderde het onderzoek naar vogelzang radicaal.

Thorpe was opgeleid als insectoloog. Aanvankelijk bestudeerde hij welke rol inprenting en leren bij dieren spelen bij hun voorkeur voor het eten van bepaalde planten. Geleidelijk aan bleek hij meer geïnteresseerd in leerprocessen dan in insecten, en ergens in de jaren veertig kreeg hij, zoals Robert Hinde noteerde, 'het gevoel dat het kernprobleem de relatie tussen instinctief en aangeleerd gedrag is en dat vogels, gezien hun stereotiepe bewegingspatronen en duidelijk leervermogen, daarvoor ideaal studiemateriaal zijn.'[45]

Omdat Thorpe een hartstochtelijk vogelaar was, viel de overgang van vlooien naar vogels hem niet zwaar. In 1950 richtte hij een observatiepost op in Madingley, even buiten Cambridge. Dat vereiste wel enige territoriale onderhandelingen met David Lack, die recent directeur was geworden van het Edward Grey Institute in Oxford: Thorpe vreesde dat Lack niet zou investeren in volières in Oxford als hij dat zelf in Cambridge zou doen. Het probleem loste zich vanzelf op toen Lacks onderzoeksteam koos voor vogels in het wild.

Thorpe nam Robert Hinde in dienst. Die vertelde mij: 'Bill Thorpe en ik moesten alles [over het houden van vogels] van de grond af aan leren. Gelukkig hadden we een geweldige laboratoriumassistent, Gordon Dunnett, die zelf vogelliefhebber was, of werd. [...] Ik bracht heel wat tijd door met het bezoeken van vogelliefhebbers in Cambridge. Ik weet nog hoe verbaasd ik was dat zo veel badkamers vogelkamers waren geworden. We kochten een paar oude papegaaienvolières van de hertog van Bedford [...]. In het begin hielden we allerlei soorten vogels, vooral vinken.'[46]

Thorpe besloot, geïnspireerd door de resultaten van een recent Deens onderzoek, dat de vink hét ideale onderzoeksobject was.[47] Instinct en leren waren de kernbegrippen van de nieuwe diergedragswetenschap en nadat hij gezien had wat er al over leren bij dieren bekend was, kon Thorpe een heleboel oude ideeën onderuithalen en zich focussen op wat hij echt relevant vond. Peter Marler sloot zich in 1951 bij het team aan en gaf meteen leiding aan een prachtig gedetailleerd onderzoek naar vinken in de vrije natuur en in gevangenschap. Dit baanbrekende project leek in veel opzichten op het onderzoek naar koolmezen dat Robert Hinde eerder, onder Lacks supervisie, in Oxford had uitgevoerd. De verslagen ervan zijn nog steeds de moeite van het lezen waard – omdat men destijds vond dat je alles van je onderzoeksobject af moest weten voordat je aan een experiment begon. Hinde en Marler stonden beiden aan het begin van een fraaie carrière. Hinde breidde zijn belangstelling uit naar primaten en menselijk gedrag, Marler bleef trouw aan vogelzang.[48]

Thorpe onthulde ongekend nauwkeurig hoe vogels zich hun zang eigen maken, maar zijn onderzoek gold niet het waarom van vogelzang. Vele ideeën werden er geopperd, maar een consensus werd nooit bereikt. Darwin had het keurig samengevat: 'Natuuronderzoekers zijn onderling zeer verdeeld over het oogmerk van het zingen van vogels.'[49]

In Thorpe's dagen waren ze dat nog steeds. Sommigen zagen vogelzang als een vorm van zelfexpressie – een emotionele uitlaatklep – zonder duidelijke functie. Anderen dachten dat het een geschenk van God aan de mensheid was. Weer anderen zagen het als iets nuttigs – zonder te zeggen waarvóór, waarmee ze de functievraag omzeilden. En nog weer anderen dachten dat mannetjes zongen om hun partner tijdens het lange broedproces wat afleiding te bezorgen: 'Het zijn alleen maar de vrouwtjes die broeden, bijvoorbeeld bij de kanarie, waarbij de mannetjes blijven zingen om hen in de verveling op het nest wat verpozing te bieden.'[50] Buffon maakte zich geen illusies over het doel van vogelzang:

> De natuurlijke klanken van vogels [...] geven uitdrukking aan de verschillende gradaties van hartstocht [...]. De vrouwtjes zijn stukken stiller dan de mannetjes [...]. Bij het mannetje komt het [lied] voort uit tedere emotie [...]. En het bewijs dat liefde bij vogels de ware bron van muziek is, is dat het zingen helemaal ophoudt, of zijn lieftalligheid verliest, wanneer het broedseizoen voorbij is.[51]

Voor Darwin was vogelzang het resultaat van seksuele selectie. Zoals Buffon opmerkte, is zang een van de grootste verschillen tussen mannetjes en vrouwtjes, en van evident belang voor de voortplanting. Net als andere door selectie verkregen kenmerken, zoals een uitgebreide verentooi of de geweien van herten, speelt zang bij het overleven geen duidelijke rol. Eerder is het andersom: omdat zingen veel energie kost en mannetjes een makkelijker prooi maakt voor roofvogels, zal het hun overlevingskansen eerder verkleinen dan vergroten. In Darwins optiek kon dit soort kenmerken zich alleen maar ontwikkelen als de voordelen die ze via de voortplanting opleverden, groter waren dan de nadelen voor het overleven. Voor dit fenomeen gebruikte hij de term 'seksuele selectie', wat zijns inziens inhoudt dat bepaalde exemplaren meer nakomelingen hebben dan andere. (Analoog aan 'natuurlijke selectie', waarbij sommige – beter aangepaste – exemplaren beter overleven dan andere.) Darwin meende dat seksuele selectie op twee manieren plaatsvindt: door competitie tussen mannetjes en door het keuzegedrag van vrouwtjes. Het idee dat mannetjes onderling concurreren was niet nieuw (zijn grootvader had er al op gezinspeeld), maar het concept van vrouwtjes die kiezen was Darwins geesteskind.

Het is heel goed mogelijk dat Darwin dit concept ontleende aan Johann Bechsteins *Natural History of Cage Birds*, voor het eerst gepubliceerd in Duitsland in 1795. Darwin bezat een van de talloze Engelse edities waarin Bechstein de fraaie en krachtige zang van de mannetjeskanarie bespreekt: het raison d'être voor het houden van kanaries, zoals hij zegt. Maar tegelijk beweert Bechstein, bijna terloops, dat vrouwtjeskanaries de voorkeur geven aan de beste zanger. Door te suggereren dat het zingen van het mannetje ten doel heeft hem aantrekkelijker te maken, deed Bechstein niets anders dan – in een duidelijker kader – herhalen wat veel vogelhouders al eeuwen vermoedden.[52]

De tweede verklaring voor vogelzang – mannelijke competitie – was ook gemeengoed onder vogelvangers. In hun beroepsuitoefening maakten ze er gebruik van:

Proefondervindelijk heeft men inderdaad vaak kunnen vaststellen dat, wanneer men een nachtegaal naast een andere in een kooi op het land zet, vlakbij de plek waar die ander zijn nest heeft en zonder dat zij met elkaar kunnen vechten, een van de twee zichzelf doodzingt, omdat zij in hun zucht elkaar te overtreffen en hun hartstocht tentoon te spreiden speciale noten proberen en tot te grote hoogte worden gedreven. Het is algemeen bekend dat zowel grote als kleine vogels elkaars aanwezigheid niet verdragen wanneer zij zingen, met name niet in de buurt van hun nest [...].[53]

Het nauwkeuriger verband tussen de frequentie van een lied enerzijds en de stadia van de voortplantingscyclus van een bepaald nachtegalenpaar anderzijds gaf nog beter aan wat er speelde:

Bijna gelijktijdig met het uitkomen van een nachtegalennest komt het zingen van het mannetje tot zwijgen [...]. Een groter contrast kan men zich niet indenken, en er kan geen moment genoemd worden dat beter aangeeft wat zingen voor de huishouding van deze vogel betekent, immers, als het nachtegalennest in dit vroege stadium vernietigd wordt of de inhoud ervan weggehaald wordt, hervindt het mannetje snel zijn stem en klinkt vanuit zijn geliefde schuilplekken opnieuw zijn betoverend coloriet.[54]

Dit hernemen van de zang door mannetjesnachtegalen verklaarde nog niet wat de functie van het zingen is. Bovendien kwam het onderscheid tussen de twee emoties liefde en agressie niet aan de orde.

George Montagu, beroemd vanwege zijn *Ornithological Dictionary* – en berucht omdat hij zijn vrouw inwisselde voor de illustratrice ervan –, was waarschijnlijk een van de eersten die inzag dat de zang van mannetjes twee functies heeft: de expressie van liefde én van mannelijke rivaliteit. Hij begreep ook dat de hoeveelheid zang mannetjes met en mannetjes zonder partner van elkaar onderscheidt en aangeeft in hoeverre zij beschikbaar zijn: voor mensen die luisteren, maar ook voor vrouwtjes van dezelfde soort. Het lijkt er echter op dat Montagu niet op de hoogte was van Bechsteins interpretatie van kanariezang en er niet bij stilstond dat de keus van vrouwtjes wel eens bepaald zou kunnen worden door de kwaliteit van de mannetjeszang.

Niettemin markeert Montagu's opmerking over de tweeledige functie van vogelzang het begin van het moderne tijdperk in het onderzoek naar de betekenis van vogelzang.

Dit kon niet voorkomen dat bijna een eeuw later de grote Alfred Newton in zijn *Dictionary of Birds* schreef: 'Een allesomvattende uiteenzetting over de zang van vogels lijkt nog nooit te zijn geschreven.' Newton, een fanatieke systematicus die zijn bureau in het natuurhistorisch museum zelden verliet, noemt enkele beslissende artikelen, onder andere dat van Barrington. Maar hoewel hij het belang van het zingen voor – in zijn misprijzende woorden – 'de huishouding van vogels' inzag, onderstreepte hij slechts het reeds bekende verband tussen zang en de eerste stadia van de voortplanting, waarop hij de etiketten 'liefde' en 'lust' plakte. Aan een ondubbelzinnige functie voor zang waagde hij zich niet.[55]

De beslissende test voor Montagu's dubbele-functie-hypothese liet lang op zich wachten. Begin twintigste eeuw voerde Wallace Craig een minutieus onderzoek uit naar door duiven geproduceerde klanken; eigenlijk geen zang, maar het duivenequivalent daarvan. Craigs inmiddels vergeten artikel stond vol originele inzichten, onder andere dat het koeren van mannetjes het voortplantingssysteem van vrouwtjes stimuleert.[56] In de jaren zeventig probeerde Don Kroodsma aan de Rockefeller University in New York – zonder expliciete verwijzing naar Craig of Bechstein – de hypothese te testen dat vrouwtjes de voorkeur geven aan de beste zangers en daardoor ook het meest geprikkeld worden. Kroodsma liet bij afgezonderde vrouwtjeskanaries ingewikkelde of eenvoudige zangopnamen horen en registreerde hoe snel ze begonnen met het bouwen van nesten. Op deze manier mat hij in hoeverre ze geprikkeld werden. De vrouwtjes die de ingewikkelde zang hadden gehoord, bouwden sneller nesten dan vrouwtjes die het met de meer simpele varianten moesten doen. Dat bewees niet alleen dat vrouwtjes verschillende zangtypen kunnen onderscheiden, maar ook dat ze op ingewikkelde zang het heftigst reageren.[57]

Twintig jaar later waren Eric-Marie Vallett en zijn collega-onderzoekers aan de universiteit van Parijs in staat exact vast te stellen wat vrouwtjeskanaries zo prikkelend vinden: snelle trillers van twee noten die wel tot zeventien keer per seconde uitgebracht worden. Ze maken deel uit van sommige zang, maar zijn voor het menselijk oor nauwelijks waarneembaar. Als deze 'sexy lettergrepen', zoals Vallett ze noemde, aan vrouwtjes in eenzame afzondering werden voorgespeeld, hadden ze een bijzonder prikkelend effect op hun hersenen, waardoor ze zich wel voor de geslachtsdaad moesten aanbieden. Sexy lettergrepen bestaan uit geluid met een hoge en een lage frequentie dat door de twee wanden van de syrinx voortgebracht wordt. Omdat dat van mannetjes nogal wat vergt, geven ze een betrouwbare indicatie van hun kunnen. Met andere woorden: door te selecteren op het vermogen om sexy geluiden te produceren verwerft het vrouwtje een hoogwaardige partner. Onderzoek naar andere vogelsoorten toont eveneens aan dat mannetjes met een groter repertoire meer kans maken bij vrouwtjes.[58]

Het duurde tot de jaren tachtig voor de territoriale functie van vogelzang gericht onderzocht werd. De initiator was John Krebs, die een conceptueel eenvoudig maar logistiek ingewikkeld experiment met koolmezen deed. In een stukje bosrijk gebied bij Oxford bracht hij de grenzen van de territoria van alle koolmezen in kaart. Vervolgens nam hij al hun zang op, nam alle mannetjes gevangen en plaatste kleine luidsprekers langs de oude grenzen. Via sommige luidsprekertjes klonk de zang van de oorspronkelijke bewoners, via andere een 'controlegeluid' – een fluitje – en bij een derde groep klonk helemaal niets. Voor zover zang stond voor 'verboden toegang' verwachtte Krebs dat de stilteterritoria als eerste bezet zouden worden door mannetjes die op zoek waren naar nieuw grondgebied, daarna zouden de fluitjesterritoria aan de beurt komen, en als laatste de territoria waar koolmeeszang klonk. Krebs voorspellingen kwamen wonderwel uit: zang functioneert duidelijk als verbodsbepaling voor andere koolmezen.

Vervolgens herhaalde Krebs het experiment, maar nu met zang waarvan de grootte van het repertoire wisselde, om zo de hypothese te toetsen dat grotere repertoires beter werken als teken om weg te blijven dan kleine. Een van mijn mede-promovendi, Ruth Ashcroft, werkte als onderzoeksassistent mee aan dit project, en toen ik haar cynisch naar de uitkomsten vroeg, gaf ze toe dat ze zelf ook nogal sceptisch was geweest. Maar de scores spraken duidelijke taal: grotere repertoires waren effectiever. Krebs noemde dit 'het *Beau Geste*-effect': een groter repertoire wekt bij potentiële kandidaten de illusie dat er meer koolmezen zijn dan in werkelijkheid. (Lezers van de inmiddels vrijwel vergeten avonturenroman *Beau Geste* van Percival Wren uit 1924 zullen de analogie weten te waarderen.) Hierna ontdekten andere onderzoekers dat koolmezen met grotere repertoires ouder zijn en zich beter voortplanten – misschien omdat ze over betere territoria beschikken – en dat ze bij vrouwtjes het meest geliefd zijn.[59]

George Montagu, die vanwege zijn onconventionele leefstijl onder vuur had gelegen, krijgt dankzij deze uitkomsten alsnog gelijk. Hij zou er heel blij mee zijn geweest. Hoe beter de zang, hoe beter het territorium en hoe beter de partner voor het vrouwtje. Zang is, zoals we in het volgende hoofdstuk zullen zien, een voorspel voor seks.

*Het oudst bekende plaatje van een zebravink (Vieillot, 1748-1831). Het is de Timorzebravink, niet de meer bekende Australische ondersoort. De zebravink is een ideale onderzoekssoort; het is de eerste zangvogel waarvan het genoom is ontcijferd.*

# 8

# Een delicaat evenwicht
## *Sekse*

Heel, heel af en toe valt het oog van een vogelaar op een wel zeer vreemde vogel die aan één kant een mannelijk, en aan de andere kant een vrouwelijk verenkleed heeft. Zulke vogels, *halfsiders* genoemd, lijken wel het slachtoffer van een sadistische grap te zijn. Bij vogelfokkers zijn deze vreemde exemplaren bekender, hoewel ze ook bij hen uiterst zeldzaam zijn. Van de vijftienduizend zebravinken die de laatste vijfentwintig jaar in een Amerikaans laboratorium werden gefokt, was er maar één halfsider. Deze vogel verwierf een sterrenstatus: hij verscheen in *Science* als de eerste halfsider die met moleculaire technieken was onderzocht. Deze zebravink, met het mannelijke kleed rechts en het vrouwelijke links, gedroeg zich als een mannetje: hij zong normaal en baltste en copuleerde met vrouwtjes. Die vrouwtjes legden vervolgens eieren, maar die kwamen niet uit. Inwendig had hij links een eierstok en rechts een testikel, die zaad aanmaakte. DNA-onderzoek wees uit dat genetisch de linker hersenhelft mannelijk en de rechter helft vrouwelijk was.[1]

Een halfsider is een hermafrodiet, of meer bepaald een laterale gynandromorf*. Deze is genetisch meestal mannelijk in de rechterhelft

---

\* lateraal: aan de zijkant; gynandro-: vrouwelijk-mannelijk; -morf: gedaante

en vrouwelijk in de linkerhelft van het lichaam, hoewel het tegenovergestelde ook voorkomt. Halfsiders bestaan niet alleen bij vogels. Soms wordt er ook onder zoogdieren een aangetroffen. Aldrovandi nam in zijn boek over monsters (1642) een afbeelding op van een zeldzame, menselijke gynandromorf. Halfsiders, menselijk of anderszins, trokken vroeger veel belangstelling, niet in het minst van de kerk, die iedere seksuele afwijking als een misdaad beschouwde.[2]

In 1474 werd in Basel een jonge haan schuldig bevonden aan het leggen van eieren en ten aanschouwen van een grote menigte op de brandstapel terechtgesteld. Voordat de beul met zijn toorts de takken in brand stak, sneed hij de haan doormidden en vond hij nog drie eieren, waarmee bewezen was dat het schepsel niet deugde en het vonnis alleszins gerechtvaardigd was.[3] De brandstapel was destijds een normale reactie op biologisch onverklaarbare verschijnselen die het geloof ondergroeven. Biologische analyses deden er nog niet toe; alleen de symbolische duiding van een vogel was relevant. In de middeleeuwen was niemand erop gericht de natuur objectief te verklaren; integendeel, men zocht in de natuur naar 'een uitgewerkte, absolute en artificiële zingeving'.[4]

Ook een kip die van geslacht veranderde, werd als voorteken van grote rampspoed gezien:

> Een kraaiende kip, een fluitende vrouw
> zijn allebei slecht, voor God en voor jou.

Uit een hanenei kon een basilisk komen en als dat beest – deels vogel, deels slang – je aankeek, was je er geweest. De basilisk werd al in de Bijbel genoemd, deed gedurende de hele middeleeuwen mensen doodsangsten uitstaan en stond zelfs nog in de encyclopedieën van Gessner en Aldrovandi. De wezel was de enige die de strijd met de basilisk veilig kon aangaan: hij beschermde zichzelf door het eten van wijnruitblad. De kathedraal in Worcester bezit een mooi, middeleeuws koorbankreliëf dat een gevecht van twee wezels (elk met een wijnruitblaadje in de mond) met een basilisk verbeeldt.[5]

In onze tijd kijken we misschien met verbazing naar de vanzelfspre-

*Hermafrodieten: twee goudvinken die halfsiders zijn. Bij de vogel links is de linkerhelft van het lichaam mannelijk en de rechterhelft vrouwelijk. Bij de vogel rechts is dat omgekeerd. Halfsiders hebben één testikel en één eileider. Onder goudvinken lijken dergelijke hermafrodieten vaker voor te komen dan bij andere soorten. (Kumerloeve, 1987)*

*Een basilisk is half reptiel, half haan. Men dacht vroeger dat dit fabeldier uit een ei van een jonge haan kwam. (Aldrovandi, 1600-1603)*

kendheid waarmee de middeleeuwse mens het ongewone als een kwaad omen opvatte, maar het geloof in eierleggende haantjes handhaafde zich, getuige enkele natuuronderzoekers, nog tot ver in de achttiende eeuw.

Een van de eerste pogingen wetenschappelijk onderzoek naar eierleggende hanen te doen werd halverwege de zeventiende eeuw in Kopenhagen ondernomen, in opdracht van koning Frederik III. Thomas Bartholin, een geneesheer en professor in de anatomie, ontleedde in aanwezigheid van de Majesteit een verdachte haan. Hij vond niets verontrustends: de vogel bleek een mannetje te zijn, compleet met twee testikels en een zaadleider, die opgezwollen was van het sperma, maar zonder eierstok of eileider. Het ei dat door deze haan gelegd zou zijn, was iets kleiner dan gemiddeld, maar voor het overige normaal. Bartholin moest toegeven dat hij geen uitsluitsel kon geven of dit ei door de inmiddels opengesneden haan was gelegd of door een andere vogel op het erf waar hij was aangetroffen. De uitkomst was dus onbeslist, maar de professor bleef geïntrigeerd door het verschijnsel. In 1670 liet hij een vermeend hanenei kunstmatig uitbroeden tussen een paar gewone eieren. Weer was het resultaat onduidelijk, want geen enkel ei kwam uit; de kippeneieren bleken onvruchtbaar en het 'hanenei' bevatte wel eiwit, maar geen dooier.[6]

Zevenendertig jaar later kreeg opnieuw een ei aandacht van de wetenschap, dit keer van de Franse geleerde François de Lapeyronie, eerste chirurg van de koning. Een paar kleine, dooierloze eieren, die op een boerenerf waren gevonden, werden aan een haan toegeschreven die, zo dacht De Lapeyronie, wel eens een hermafrodiet kon zijn. Maar bij ontleding bleek het een volstrekt normaal mannetjesdier. De vreemde eieren bleven echter opduiken en leidden uiteindelijk naar een hen die ook nog bleek te kunnen kraaien: 'als een schorre haan, maar dan veel luider'. De Franse geleerde ontleedde de hen met zorg en zag dat 'een blaas vol waterig vocht', zo groot als een vuist, tegen een eileider drukte en hij nam aan dat als de ongelukkige hen kraaide, ze eigenlijk kermde telkens wanneer er een ei langs die pijnlijke plek kwam. Toen De Lapeyronie eieren van de kip brak, trof hij geen dooier aan, maar alleen eiwit. Van een enkel ei was het eiwit ineengedraaid en leek het op een kleine slang, precies wat de boer ook al die tijd had verwacht. Op grond van zijn bevindingen verwierp de hofchirurg met kracht de theorie van hanen-eieren en basilisken; tevens leverde hij afdoende bewijs dat een eierleggende hen soms (bijvoorbeeld bij ziekte) mannelijke trekken aanneemt, zoals het vermogen om te kraaien.[7]

Het was al bij de Grieken en Romeinen bekend dat de sekse van kippen en hanen lang niet altijd eenduidig is. Aristoteles tekende aan dat oudere hanen soms een soort ei voortbrengen: 'Substanties die op een ei gelijken [...] zijn in opengesneden hanen aangetroffen, iets onder het middenrif, op dezelfde plek waar de hen haar eieren draagt. Deze zijn geheel geel en van gelijke grootte als gewone eieren.'[8] Men wist ook dat na verwijdering van de geslachtsklieren het uiterlijk en gedrag van een haan of hen drastisch veranderde: 'Het is een feit dat dieren die onderworpen worden aan wijzigingen van hun kiemklieren [geslachtsklieren], de kans lopen in hun hele gedaante sterke wijzigingen te ondergaan.'[9]

Het castreren van vee of pluimvee is een oud en wijdverbreid gebruik. De praktijk werd op verschillende manieren uitgevoerd, maar was hoe dan ook wreed. Aldrovandi schreef:

> De Ouden castreerden hanen anders dan wij plegen te doen. Met een heet ijzer brandden zij het uiteinde van de ingewanden, de voortplantingsorganen en de sporen weg. De castratie van de haan geschiedt tegenwoordig op die plaats in de opening van de ingewanden die bij de coïtus naar buiten wordt gedrukt. Wie het brandijzer twee, drie maal hiertegenaan houdt, maakt van een haan een kapoen.[10]

Ook Plinius vermeldde dat jonge hanen gecastreerd werden door met een heet ijzer de genitaliën of – het is moeilijk te geloven – de voeten weg te branden. Aldrovandi beschreef hoe dat in zijn tijd, rond 1600, in zijn werk ging:

> Boerinnen trekken de testikels langs achter naar buiten, nadat ze met een mes [bij de anus] een kleine insnede hebben gemaakt. De wond is net groot genoeg om een vinger boven de genitaliën toe te laten, onder het tussenschot waaraan de testikels zich hechten, om ze dan een voor een naar buiten te

trekken. Als de testikels weggenomen zijn, naaien de boerinnen de wond met naald en draad dicht en strooien er as overheen. Ze snijden ook de hanenkam af om zodoende de laatste mannelijkheid weg te nemen.[11]

Deze operatie was gevaarlijk. Androvandi schreef: 'De haan sterft wanneer men tijdens de castratieprocedure een fout begaat. […] Men dient er zeker van te zijn dat beide testikels worden weggenomen, want als er één in de haan achterblijft, zal hij blijven kraaien, zingen, proberen te copuleren en minder vet worden.' En het doel van deze rigoureuze ingreep? Een gezonde maaltijd: 'Een goed bord hanenvlees verkwikt de maag, verzacht de borst, maakt de stem voller en het lijf dikker.' En alsof dat nog niet genoeg was, zou kapoenvlees ook als afrodisiacum werken.[12]

Veel vroegere biologen maakten gewag van ingrijpende bijwerkingen van castratie. William Harvey noteerde dat van hun teelballen beroofde haantjes al hun kracht en fertiliteit kwijt zijn. En Aldrovandi beschreef hoe een kapoen soms de rol van een hen overneemt en de jongen grootbrengt. Hij stelde de retorische vraag waarom kapoenen 'zo vaak door jicht getroffen worden en hanen niet', waarop hij zelf het antwoord gaf: 'omdat een kapoen weinig hitte [begeerte] heeft, maar veel vraatzucht.'[13]

Meestal waren het de mannetjesvogels die hun geslachtsklieren moesten opofferen, maar bij vrouwtjes kwam castratie ook voor, met hetzelfde doel: ervoor zorgen dat een vogel meer eet. Als een kip haar ene eierstok* kwijtraakte, had dat onvermijdelijk tot gevolg dat ze haanachtige staartveren kreeg. Later toonden experimenten aan dat een gecastreerde hen – ook wel *poulard* genoemd – een hanenkam ontwikkelt wanneer bij haar via chirurgische weg een testikel is ingeplant of wanneer het dier testosteron is toegediend.[14] Er zijn zelfs voorbeelden van hennen die (na een chirurgische ingreep of door ziekte) geen linkereierstok meer hadden, waarbij de rechtereierstok plotseling tot leven kwam, niet als eierstok maar verrassend genoeg als volledig operationele, zaadproducerende testikel![15]

* Kenmerkend voor vogels is dat ze maar één functionerende eierstok (de linker) hebben, vermoedelijk vanwege ruimtegebrek en als gewichtsbesparende adaptatie aan het vliegen (zie ook hoofdstuk twee), de rechtereierstok is rudimentair.

Biologen wisten zich lange tijd geen raad met het gegeven dat van hun geslachtsorganen beroofde vrouwtjes bij de volgende rui soms een mannelijk verenkleed aannemen, maar gecastreerde mannetjes nooit een vrouwelijk kleed, zelfs niet als hun gedrag wel vervrouwelijkt is. De kwestie van de sekseverandering van individuele dieren is al een oud probleem in de biologie. Omdat vogels relatief gemakkelijk van geslacht veranderen, spelen ze een hoofdrol in het oplossen van dit raadsel.

In 1780 berichtte Sir John Hunter aan de Royal Society over een vreemd voorval waarbij een pauw veranderd was van een vrouwtje in een mannetje: 'Lady Tynte heeft een bonte pauw – het is haar lievelingspauw – die verscheidene jaren kuikens heeft voortgebracht, maar, nu ze zeven jaar geworden is, na de rui de lady en haar familie versteld deed staan met veren die bij het andere geslacht horen: ze ziet eruit als de haan van de bonte pauw.'[16] Gefascineerd als hij was door de voortplantingsproblematiek, onderzocht Hunter uitvoerig verschillende hermafrodieten. Als een van de eerste wetenschappers maakte hij onderscheid tussen primaire en secundaire seksuele kenmerken. Primaire seksuele kenmerken hebben betrekking op geslachtsdelen, secundaire op lichaamsdelen als pauwstaarten en hertengeweien die een mannetje van een vrouwtje onderscheiden, kenmerken die Darwin in zijn theorie van seksuele selectie zou opnemen.

Een vriend van Darwin, de ornitholoog William Yarrell, ontdekte dat ziekte bij vrouwtjes wel eens de belangrijkste oorzaak voor hun geslachtsverandering kon zijn. Van alle zeven vermannelijkte fazantenhennen die hij ontleedde, was de eierstok aangetast. Yarrell testte dit met een gericht experiment: hij verwijderde de eierstok bij een fazantenhen waarna ze, eenmaal van de operatie hersteld, rauw begon te kraaien en een kam en sporen kreeg, net als een mannetjesfazant. Hiermee toonde hij aan dat de eierstok een onmisbaar vrouwelijk kenmerk is.[17]

Er werden in deze periode halverwege de achttiende eeuw nog meer belangrijke experimenten uitgevoerd. Zo ontdekte Arnold Berthold, conservator van de dierentuin van het Duitse Göttingen, dat geslachtelijke eigenschappen van een gecastreerde jonge haan zich na toediening van een testikelextractie kunnen herstellen. En Claude Bernard merkte dat

*Eind achttiende eeuw veranderde een pauw van Lady Tynte tot haar verbazing van een hen in een haan, nadat die in voorgaande jaren verschillende broedsels had voortgebracht.* (Nozeman, 1770-1829)

de geslachtsklieren bepaalde 'inwendige afscheidingen' (hormonen) produceren die in de bloedbaan worden meegevoerd om organen elders in het lichaam te bestoken.[18] Ondanks deze belangrijke ontdekkingen bleef de verwarring over hermafrodieten en geslachtsverandering voortbestaan, totdat Francis Crew begin twintigste eeuw van het thema interseksualiteit zijn levensdoel maakte.

Crew had als directeur van het oudste fokstation van Edinburgh onbeperkt omgang met fokkers. Hij verzocht hun om hem al hun seksueel afwijkende dieren te bezorgen. Iemand bracht hem een merkwaardige Orpington-krielkip die drie jaar lang eieren had gelegd, maar opeens van uiterlijk veranderd was, haan was geworden en twee kuikens had verwekt. Bij de ontleding bleek de vogel twee functionerende zaadballen te bezitten en – zoals Yarrell bij zijn fazanten had gezien – een verschrompelde, mogelijk door een tumor aangetaste eierstok.[19]

Wetenschap kan zeer seksistisch zijn. Tot voor kort werd ervan uitgegaan dat mannelijke hormonen verantwoordelijk zijn voor mannelijke seksuele kenmerken, zoals de hanenkam. Nu wil het geval dat mannelijke eigenschappen niet door het mannelijke hormoon testosteron worden bepaald, maar door de afwezigheid van het vrouwelijke hormoon oestrogeen.[20] Het is eigen aan mannetjes dat ze geen (of nauwelijks) oestrogeen aanmaken; daarom krijgen ze een mannelijk verenkleed. Vrouwtjes maken wel oestrogeen aan en ontwikkelen daardoor een vrouwelijk kleed. Een vrouwtje dat vanwege een niet-functionerende eierstok geen oestrogeen meer produceert, valt terug naar de 'nul-standaard': ze krijgt een mannetjeskleed. En dat is precies wat er met Lady Tynte's 'transseksuele' pauw gebeurde.

De meest logische verklaring voor de eierleggende hanen uit de middeleeuwen ligt in dezelfde lijn. Deze vogels waren eigenlijk hennen, dat wil zeggen genetisch vrouwelijk, maar door een of andere eierstokaandoening werd hun oestrogeenaanmaak geblokkeerd, zodat ze er weliswaar mannelijk uitzagen – met lange staartveren en al – en met hun gekraai ook mannelijk klonken, maar wel hun vermogen tot eieren leggen behielden.

Dat het mannelijke broedkleed bepaald wordt door het hormoon oestrogeen, is kenmerkend voor vogels als kippen, eenden, fazanten en pauwen, waarvan de mannetjes alleen ten behoeve van het broedseizoen hun verenpak voor een opzichtig kleed verruilen; de rest van het jaar zijn ze tamelijk kleurloos. Daartegenover zijn de seksespecifieke verschillen in verenkleed die het hele jaar distinctief blijven, zoals bij de huismus, genetisch bepaald en geheel onafhankelijk van de hormonenproductie. Dit laat zich gemakkelijk bewijzen: wanneer bij een huismus, van welk geslacht ook, de geslachtsklieren worden weggenomen, verandert het verenkleed niet.

Er bestaat één interessante uitzondering op de oestrogeenregel. Dat is de waadvogel waarvan de Engelse naam niet alleen de soort aanduidt maar tegelijk ook een opzienbarend onderdeel van het broedkleed van het mannetje: *ruff* [kemphaan en kraag]. Zijn voorjaarsuitdossing, met allerlei pluimen en eigenaardige gezichtswratten, is direct afhankelijk van het aanwezige testosteron, wat bij alle tot nu toe genoemde vogels niet het geval was.

In de negentiende eeuw voerden Italiaanse vogelvangers een barbaarse ingreep op gevangen mannetjeskemphanen uit. Door alle veren van de rechterkant van het lichaam te plukken en daar weer nieuwe aan te laten groeien, creëerden ze een vogel waarvan de rechter- en linkerhelft compleet van elkaar verschilden: een saai winterkleed op de ongeplukte helft, een stralend, rijk geschakeerd zomerkleed op de andere helft – haast een halfsider.

Bij kemphanen denk je niet meteen aan kooivogels. Toch werden deze vogels al sinds de middeleeuwen in gevangenschap gehouden, niet vanwege hun aanzienlijke esthetische kwaliteiten tijdens de balts, maar om culinaire redenen: ze werden vetgemest. De kemphaan verschilt aanzienlijk van de 'kemphen': hij is groter en in de broedtijd uitgedost met kraag, halsveren en oorpluimen, en op zijn gezicht heeft hij wratten. Dit enorme verschil in omvang en uiterlijk tussen mannetje en vrouwtje is typisch voor vogels met een polygaam paargedrag en is het resultaat van een intensief proces van seksuele selectie. De mannetjes rivaliseren onderling furieus om de vrouwtjes. Terwijl sommige mannetjes zeer succesvol zijn en meerdere vrouwtjes bevruchten, brengen andere geen enkele nakomeling voort.

Omdat kemphanen goed smaken, werden ze eeuwenlang bejaagd en in

*De uitzonderlijk gevarieerde uitdossing van mannetjeskemphanen in het broedseizoen, met kraag, pluimen en gezichtswratten, weerspiegelt hun status op het toernooiveld. (Frisch, 1743-1763, boven, Nauman, 1795-1803, dl. 2, linksonder, en Pennant, 1768, rechtsonder.)*

netten en strikken gevangen. De vangers hebben ons een groot deel van onze kennis over de biologie van de kemphaan bijgebracht. Het ontging de jagers niet dat het verenkleed bij de mannetjes sterk varieert: sommige hebben een zwarte kraag, andere een witte en weer andere een kastanjebruine. Edmund Selous was een pionier op het gebied van onderzoek naar de kemphaan, en nadat hij de bekende beschrijving van de paringsdans door de Nederlandse leraar Jac. P. Thijsse had gelezen, trok hij naar het eiland Texel om de vogels met eigen ogen te kunnen zien. In de lente van 1906 vergaarde hij daar overvloedig het bewijs waarop hij gehoopt had: het is het vrouwtje dat de mannetjes uitkiest waarmee ze wil copuleren, precies zoals Darwins theorie van seksuele selectie voorspeld had. Selous schreef: 'Dat de selectie van de kant van de kemphennen komt, is evident. Zíj nemen steeds het initiatief; zij zijn het die de situatie meester zijn.'[21] Selous' waarneming dat de verschillend gekleurde mannetjes er verschillende paarstrategieën op na leken te houden, gaf blijk van zijn grote observatievermogen. Vijftig jaar later werd dit bevestigd door twee Deense studenten. Zij toonden aan dat sommige kemphanen (vooral die met een donkere kraag) een heel klein territorium verdedigen, zo'n 30 tot 60 cm in doorsnee, terwijl andere kemphanen (voornamelijk de witgekraagde), genoegen nemen met een plekje op het territorium van een ander.[22] De Nederlandse kemphaanonderzoekster Lidy Hogan-Warburg heeft het intensiefst onderzoek gedaan naar dit gedrag. Zij noemde de mannetjes met een donkere kraag 'honkmannetjes' en die met een witte kraag 'satellietmannetjes', en ontdekte dat een satellietmannetje seksueel op een honkmannetje parasiteert. Met andere woorden, een witgekraagde kemphaan hangt rond in het territorium van een donkergekraagde kemphaan in de hoop dat hij ook de gelegenheid krijgt te copuleren met een van de vrouwtjes, wanneer die door het donkere honkmannetje worden aangetrokken.[23]

In 1808 betrok George Montagu enkele kemphanen bij een zekere Towns, kemphaanvanger en vetmester. Montagu reisde ermee terug naar zijn menagerie:

> We namen de moeite verschillende van deze vogels vanuit Lincolnshire

naar Devonshire te halen en hoopten ze een aantal jaren te kunnen behouden, ondanks de mening van Towns dat ze bij ons de winter niet zouden overleven. In de koets werden onze mooie kleine reisgenootjes tweemaal per dag uit hun mand gehaald, wanneer we stopten voor een versing; dan werden ze in een hoek van de kamer tussen een paar stoelen gezet, waarover een stuk zeildoek werd gehangen dat tot de grond reikte; zo werden ze geheel content en schenen even vrolijk als wanneer ze aan het kempen of eten zijn; op die wijze brachten ze ook de nachten van de reis door. Sommige vogels hebben bij ons twee à drie jaar in opsluiting geleefd en de laatste vogel vier jaar, wat ons in de gelegenheid stelde hun gedragingen en het ververen nauwkeurig te bezien. En het viel ons op dat hun jaarlijkse veranderingen nooit afwijking vertoonden: elke lente kwamen weer dezelfde gekleurde kraag en pluimen; alleen de gezichtsknobbeltjes verschenen in opsluiting nooit.[24]

Mannetjes krijgen inderdaad jaren achtereen dezelfde kraag. Later leidden ornithologen daaruit af dat de kleur van het kleed genetisch bepaald is, hoewel de manier waarop onduidelijk was. Maar in de jaren dertig ontdekten Nederlandse ornithologen die zich op de rol van hormonen richtten, dat kemphanen die kort voor het broedseizoen gecastreerd waren, hun winterkleed behielden en geen kraag of wratten kregen, wat aangaf dat testosteron essentieel is voor de ontwikkeling van een broedkleed.[25] Een van de laatste stukjes van de kemphaanlegpuzzel werd onlangs gevonden door de Canadese onderzoeker David Lank. Hij stelde in een grote kooi een broedkolonie van kemphanen samen. Zijn stamboomgegevens wezen erop dat wellicht één enkel gen op een gewoon chromosoom (een autosoom, niet een geslachtschromosoom) verantwoordelijk is voor het broedkleed van kemphanen. Kemp*hennen* hebben immers niet zo'n fraai broedkleed.) Als Lanks idee van een verenkleedgen op een autosoom klopt, zouden mannetjes en vrouwtjes dezelfde genen moeten hebben, ook al valt het effect daarvan alleen waar te nemen bij mannetjes. Om deze onzichtbare verenkleedgenen zichtbaar te maken voerde Lank een slim experiment uit: hij diende doses testosteron toe aan de vrouwtjeskemphanen in zijn kolonie.

Het resultaat was verbluffend: binnen achtenveertig uur begonnen ze typisch mannelijk gedrag te vertonen; binnen een week hadden ze een toernooiveld, was hun lichaamsgewicht toegenomen (bij mannetjes gebeurt dit om niet te hoeven eten in de periode dat ze op seks gericht zijn) en begonnen ze een eigen territorium te verdedigen; vijf weken na de testosteroninjectie begon er bij de vrouwtjes een kraag van verlengde halsveren te groeien. Lanks hypothese over genenoverdracht voorspelde dat het verenkleed van de vrouwtjes er net zo uit zou moeten zien als dat van hun broers (die immers waarschijnlijk dezelfde genen hadden). En dat is precies wat er gebeurde. Daarmee was de rol van testosteron in de groei van het verenkleed onomstotelijk aangetoond, en bovendien de genetische basis voor verschillen in verenkleed en voor gedragsstrategieën van mannetjes.[26]

Maar er is ten slotte nog iets met de kemphaanhormonen. Bij kemphanen is het verschil in grootte tussen mannetjes en vrouwtjes zo duidelijk dat ook wanneer ze in hun identieke, grauwe winterkleed zijn gestoken, altijd te zien is wat een mannetje en wat een vrouwtje is. Maar zo nu en dan vangt een ringer in een Nederlandse polder een kemphaan op doortrek in winterkleed die van een 'tussenmaatje' is en waarvan het geslacht onduidelijk is. Deze intermediaire vogels zijn een raadsel, want hoewel door Theunis Piersma en Joop Jukema onlangs met DNA-testen is aangetoond dat ze genetisch mannelijk zijn, ontstaat in gevangenschap nooit het kenmerkende broedkleed van een mannetje. Deze vogels blijken – heel opmerkelijk – genetisch een derde type mannetjeskemphaan te vertegenwoordigen, namelijk een die met zijn kleed een vrouwtje nabootst, maar zeer grote testikels heeft. Door zich als vrouwtje voor te doen mag dit intermediaire mannetje op het toernooiveld van andere mannetjes vertoeven en kan hij stiekem met elk vrouwtje paren dat door de territoriumbezitter wordt aangetrokken.[27] De fysiologische processen die ervoor zorgen dat dit derde type eruitziet als een vrouwtje maar functionerende testikels heeft behouden, moeten nog achterhaald worden, maar ze betekenen waarschijnlijk het einde van de veronderstelde link tussen testosteron en de groei van het mannelijke verenkleed.

Maagdelijke geboorte is een seksuele afwijking die de kerk in de middeleeuwen tegelijk intrigerend en beangstigend vond. Bij veel dieren, waaronder bepaalde vogelsoorten, kunnen vrouwtjes zich zonder seks en zonder enige inbreng van het mannetje voortplanten, een verschijnsel dat bekend staat als parthenogenese.* De Zwitserse natuurvorser Charles Bonnet ontdekte parthenogenese halverwege de achttiende eeuw tijdens zijn bladluizenonderzoek.[28] Samen met andere onderzoekers ontdekte hij dat je eieren van soorten die normaal gesproken sperma nodig hebben, kunt stimuleren zich geheel zelfstandig te ontwikkelen. Dat lukt bij zijderupsjes als je ze een paar minuten in heet water dompelt en bij paddeneieren en kikkerdril als je er met een naald in prikt. Het voortplantingsmysterie werd door deze waarnemingen alleen maar groter en de vraag rees of mannetjes er überhaupt een rol in spelen.

In de jaren dertig begonnen pluimveeonderzoekers in het Agricultural Research Centre in het Amerikaanse Beltsville met het fokken van een kalkoenenras dat voor alle afnemers ideaal moest zijn: snel groeiend, uiterst productief en hoogst vruchtbaar. In de jaren vijftig was de wondervogel klaar: de Beltsvillekalkoen. Tijdens een routinecontrole op vruchtbaarheid viel Marlow Olsen, een van de onderzoekers, iets ongewoons op. De eieren van enkele vrouwtjeskalkoenen bleken vruchtbaar te zijn, hoewel zij al een tijd van de mannetjes afgezonderd waren. Het was op zich niet zo bijzonder dat enkele eieren zich aan het ontwikkelen waren. Bij kippen bijvoorbeeld was parthenogenese al in de negentiende eeuw ontdekt door de embryoloog J. Oellacher en, hoewel zeldzaam, goed bekend. Maar het hoge percentage vruchtbare eieren bij zijn kalkoenen verbaasde Olsen: van de bijna duizend door Olsen onderzochte eieren vertoonde 16 procent een zekere graad van embryonale ontwikkeling. Olsen besefte dat bij de weinige vogelsoorten waar parthenogenese optreedt (kippen, kalkoenen en duiven) de groei altijd vruchteloos is: de cellen delen zich op zo'n chaotische manier dat ze nooit tot een normaal embryo met overlevingskansen kunnen uitgroeien.

---

* partheno = maagd; genesis = geboorte

*Een kalkoen kan zich zonder seks voortplanten. Parthenogenese (maagdelijke geboorte) treedt voor zover bekend bij slechts een handvol soorten op. Deze afbeelding van Alexander Wilson toont een familie wilde pauwkalkoenen uit Noord-Amerika, met het mannetje linksboven. (Wilson en Bonaparte, 1832)*

Olsen bleef echter gefascineerd omdat sommige van zijn vrouwelijke kalkoenen meer parthenogenetische eieren produceerden dan andere, wat erop duidde dat het verschijnsel van oorsprong genetisch was. Er werd een uitgebreid onderzoek opgezet, deels om te ontdekken wat er aan de hand was, deels in de hoop geslachtloze kalkoenen op enigerlei wijze commercieel uit te buiten. Het stond vast dat het vermogen zelfstandig eieren tot ontwikkeling te brengen op erfelijke aanleg berustte, en door zorgvuldig vogels met de meeste potentie te selecteren slaagde Olsen erin binnen vijf generaties het aandeel parthenogenetische eieren van 16 naar 45 procent te vergroten. En meer dan dat: de kunstmatige selectie zorgde voor een toename van het aantal parthenogenetische embryo's dat een vergevorderd ontwikkelingsstadium bereikte. Uiteindelijk, in 1955, werden Marlow Olsen en zijn collega's de trotse ouders van het eerste parthenogenetische kalkoenkuiken. Na verloop van tijd volgden er meer. Aanvankelijk bleken deze maagdelijk geboren kalkoenen nogal zwak: ze moesten uit hun schaal worden geholpen en vele stierven kort na het uitkomen. Maar toen de onderzoekers meer bedreven raakten in de zorg voor hun bijzondere baby's, bleef een aantal in leven – enkele zelfs zo lang dat ze geslachtsrijp werden. Tijdens het project dat twintig jaar in beslag nam (en niet tot commerciële toepassing leidde) werden in totaal elfhonderd parthenogenetische kalkoenen uitgebroed. Aangezien ze zonder inbreng van mannetjes gefokt waren, verwachtte Olsen een enkele streng chromosomen (afkomstig van de moeder) aan te treffen, maar in werkelijkheid hadden al deze vogels een dubbele DNA-streng, wat erop wees dat in een vroeg ontwikkelingsstadium een verdubbeling van de chromosomen was opgetreden. Alle parthenogenetische kalkoenen waren mannetjes, zoals hun teelballen uitwezen, en ze waren niet in seks geïnteresseerd. Sommige produceerden toch kleine hoeveelheden sperma, die bij kunstmatige inseminatie van normale kalkoenhennen normale heteroseksuele nakomelingen voortbrachten.[29]

In de vrije natuur lopen al miljoenen jaren kalkoenen rond, de pauwkalkoenen, en daarom vermoedde Olsen dat er ook in het wild wel parthenogenetische vogels uitgebroed zijn, maar dat die zelden overleven omdat ze in vergelijking met de normale kalkoenen bijzonder kwetsbaar zijn. Doorgaans wimpelden ornithologen het idee van parthenogenese weg: het is een foefje van duivenmelkers, een vreemd trekje van tamme dieren, onbelangrijk voor andere vogels. Zo dacht ik er ook over, totdat ik kortgeleden bij zebravinken in gevangenschap parthenogenetische eieren ontdekte, wat erop duidde dat deze reproductieve rariteit misschien wel bij alle vogels optreedt. En ik vroeg me af of ik door me twintig jaar in te spannen ook een parthenogenetische zebravink zou kunnen opkweken.[30]

Voor John Ray zouden hermafrodieten en maagdelijke geboorte moeilijk te verteren zijn geweest. Voor zover ik weet was hij zich van dit soort verschijnselen niet bewust. De mogelijkheid van vogels tot geslachtsverandering moet hem door het lezen van Aldrovandi en uit zijn correspondentie met Thomas Browne toch niet geheel onbekend zijn geweest: beiden schreven erover. Maar Ray besteedde er geen aandacht aan. Hij richtte zich liever op een minder duister voorbeeld van Gods voorzienigheid – de schepping van gelijke aantallen mannetjes en vrouwtjes:

> Eén noodzakelijkheid voor het voortbestaan van een diersoort, namelijk dat er in de wereld voortdurend een passende getalsmatige verhouding tussen het mannelijk en vrouwelijk geslacht gehandhaafd blijft, leidt noodzakelijkerwijs tot de regerende hand van een Voorzienigheid. Immers, hing dit uitsluitend van mechanische werking af, dan zou dit er heel wel toe kunnen leiden dat er op zeker moment alleen mannetjes of alleen vrouwtjes zouden zijn en de soort dan dus verloren ging. Neen, het kan niet anders worden opgevat dan dat er in dezen een voorzienigheid bestaat, superieur aan iedere spermatische en artificiële natuur: aan geen van tweeën is zo veel kennis en oordeelkundigheid toegekend dat ze deze aangelegenheid zouden kunnen bestieren.[31]

Dat de meeste soorten ruwweg gelijke aantallen mannelijke en vrouwelijke nakomelingen voortbrengen, is al sinds mensenheugenis bekend. De Grieken hadden talloze ideeën over de factoren die het geslacht van een kind konden bepalen. Ze hadden alle betrekking op wat we nu omgevingsfactoren noemen. Bijvoorbeeld: lag het embryo in de linker of in

## EEN DELICAAT EVENWICHT

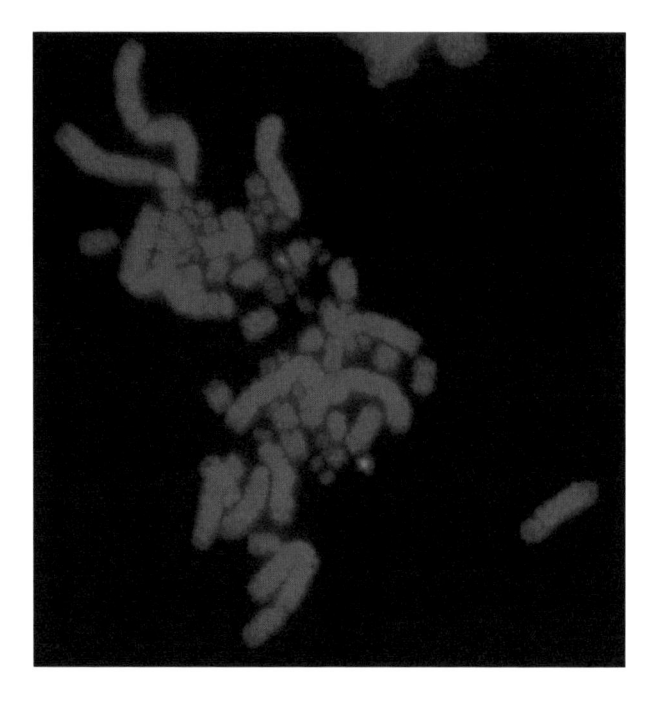

*Het chromosomenmateriaal van de zebravink. De magenta-stippen op twee verschillende chromosomen, een van elke oudervogel, geven een gen aan dat een rol speelt in ziekte-resistentie. (Foto: D.Griffin en B.Skinner)*

de rechter uterushoorn? Of: kwam het zaad uit de linker- of uit de rechterteelbal? Ray vond het onwaarschijnlijk dat de evenredige voortplanting van mannelijke en vrouwelijke nazaten louter afhing van wat hij 'mechanische werking' noemde. Want, zo beweerde hij, als dat fout liep en er maar één sekse werd voortgebracht, zou de soort ten dode opgeschreven zijn. Dit was geen onlogische gedachtegang in een door God geschapen wereld, waar men van evolueren of uitsterven geen notie had. Tegenwoordig weten we echter dat sekse wel degelijk door 'mechanische werking' wordt bepaald. Dankzij ons inzicht in evolutie kunnen we ons een voorstelling maken van de immense selectie die plaatsgevonden moet hebben om een seksedeterminerend mechanisme voort te brengen dat zo efficiënt opereert.

De genetische basis van de seksen staat pas sinds ongeveer 1900 vast, in een tijd dat Carl Correns, een van de herontdekkers van Gregor Mendels werk, aantoonde dat in een eenhuizige plant de helft van de pollen mannelijk-bepalend was en de andere helft vrouwelijk-bepalend. Onderzoekers ontdekten vervolgens bij zoogdieren exact hetzelfde systeem: de ene helft van het sperma gaf mannelijke, de andere helft vrouwelijke nakomelingen. Het geheim lag besloten in de geslachtschromosomen.

Bij zoogdieren – en dus bij onszelf – hebben mannetjes geslachtschromosomen die X en Y worden genoemd; als zij een zaadcel aanmaken, bevat die een van beide chromosomen. Sperma is dus altijd X-dragend of Y-dragend. Het vrouwtjeszoogdier heeft twee identieke geslachtschromosomen, beide X; dus als eicellen worden aangemaakt, zijn die allemaal X. Aangezien de twee geslachtschromosomen van het mannetjeszoogdier verschillen, wordt hij aangeduid als de heterogame sekse en omdat het vrouwtjeszoogdier twee X-chromosomen heeft, is dat de homogame sekse. De sekse wordt bepaald door de vraag welk type sperma met een eicel samensmelt: Y-dragend sperma dat met een eicel (X) samensmelt, zal een mannelijke (XY) nakomeling geven, terwijl X-dragend sperma dat met een eicel (X) samensmelt, een vrouwelijke (XX) nakomeling geeft.

Bij vogels is de situatie anders: hier is het vrouwtje de heterogame sekse. De geslachtschromosomen bij vogels worden Z en W genoemd. Vrouwtjes zijn ZW en brengen Z- of W-dragende eicellen voort. Mannetjes zijn homogaam (ZZ) en al hun sperma is Z-dragend. Bij vogels zijn het dan ook de vrouwtjes die geslachtsbepalend zijn voor de nakomelingen.

Dat vogels geslachtschromosomen bezitten werd in het begin van de twintigste eeuw al vermoed. Een van de eerste mensen die hiernaar op zoek ging, was de megalomane zonderling William Bateson. Bateson pakte het probleem bij kippen aan, terwijl zijn assistente – en tevens langdurig slachtoffer – Florence Durham het bij kanaries bestudeerde. Florence Durham óf de kanarie bleek het meest geschikt voor het onderzoek: in 1908 leverde ze het sluitende bewijs dat het vrouwtje de geslachtsbepalende sekse is. Maar het duurde nog enkele jaren voordat iemand het geslachtschromosoom daadwerkelijk waarnam. Dit kwam doordat vogels in tegenstelling tot zoogdieren enorme aantallen chromosomen bezitten, waarvan de meeste heel klein zijn. Het was lastig erachter te komen welke daarvan geslachtschromosomen waren. In de jaren dertig werd bekend dat bij pluimvee het mannetje zz is, maar het bleef nog een tijd onduidelijk waarom het vrouwtje zw was, of louter z, en een w-chromosoom miste.[32]

De helft van de geslachtscellen die een sekse aanmaakt zijn dus ofwel mannelijk ofwel vrouwelijk en dat verklaart precies waarom over het geheel genomen de helft van de nakomelingen mannelijk of vrouwelijk is. Maar waarom een systeem met gelijke sekseverdeling zich überhaupt ontwikkeld heeft, is een van de belangrijkste onbeantwoorde vragen van de biologie. Ook is niet duidelijk waarom er slechts twee seksen bestaan en geen drie of vier. Tijdens het proces waarbij de geslachtscellen van het vrouwtje zich delen om eicellen te worden, verloopt de seksebepaling geheel willekeurig, en het berust dan ook zuiver op toeval of het vrouwtje een mannelijk of een vrouwelijk ei produceert. Het is eveneens zuiver toevallig wanneer een geheel broedsel bestaat uit kuikens van hetzelfde geslacht. Er is ooit een edelpapegaai, een kooivogel, geweest die dertig zonen voortbracht voordat er één dochter uitkwam. Vroeger beweerden vogelhouders dat een duivenlegsel van twee eieren zonder uitzondering uit een mannelijk en een vrouwelijk kuiken bestaat. Maar omdat het geslacht door het toeval bepaald wordt, bestaat de helft van alle duivenlegsels uit een mannelijk en een vrouwelijk kuiken en de andere helft uit hetzij twee mannelijke, hetzij twee vrouwelijke kuikens. Over het geheel genomen is de sekseverdeling fiftyfifty en er is geen enkel bewijs dat duivenlegsels altijd, of ook maar overwegend, uit een mannelijk en een vrouwelijk kuiken bestaan. Als dat wel zo was, zou het vrouwtje iets in zich hebben wat van alle eieren die ze legt, het geslacht regelt. Tot voor kort werd dit onmogelijk geacht: de pluimvee-industrie heeft zich meer dan een eeuw moeite getroost een methode te vinden om de sekseverdeling bij kippen te manipuleren, zonder succes. Maar het succes lonkt, nu de kloontechnieken verbeteren. Ik voorspel dat er binnen enkele jaren kippen van maar één sekse bestaan. Om dit voor elkaar te krijgen zijn geavanceerde technologieën nodig – maar gek genoeg schijnen enkele vogelsoorten dit helemaal zelf te kunnen!

Vroegere meldingen dat sommige wilde vogels het aantal mannelijke en vrouwelijke nakomelingen konden aanpassen, worden nu met

*De Seychellenrietzanger, een 'klein bruin vogeltje', heeft een dubbele faam: hij is aan uitsterven ontsnapt (door goed beschermingsbeleid) en is in staat zelf de sekse van het broedsel te bepalen. Dat hij in 1972 op een postzegel van de Seychellen verscheen, had hij alleen aan het eerste te danken.*

scepsis ontvangen, en terecht. In een paar van deze onderzoeken ging het om maar een kleine groep vogels, waardoor de kans op een fiftyfifty-verdeling, gewoon door toeval, te groot was. Een ander probleem was dat bij jonge vogels het geslacht meestal pas vanaf een bepaalde leeftijd kon worden vastgesteld, en dan bestaat de mogelijkheid dat de sekseverdeling niet door het vrouwtje is bijgesteld, maar door het feit dat de kuikens van één sekse eerder doodgaan dan die van de andere sekse. Het moleculair onderzoek dat eind twintigste eeuw opkwam, maakte het mogelijk kuikens al op het tijdstip van uitkomen te seksen, waardoor althans dit probleem werd opgelost en het onderzoek naar sekseverdeling nieuwe kansen kreeg.

De Seychellenrietzanger, een typisch klein bruin vogeltje, onopvallend, met amper enige tekening, is een heel bijzonder geval als het om sekseverdeling gaat. Bij deze soort bestaat coöperatieve broedzorg: nakomelingen uit voorgaande broedsels, zogenaamde 'helpers', assisteren het broedpaar bij de verzorging van de jongen, meestal door ze te voeden. Het is geen toeval dat juist bij een vogelsoort met coöperatieve broedzorg een spectaculaire verschuiving in de sekseverdeling is opgetreden. Omdat de meeste helpers bij deze soort dochters uit vorige broedpogingen zijn – de zonen waaieren uit en verlaten de geboortegrond – is het voor de oudervogels duidelijk een voordeel dat ze de sekseverdeling van hun nakomelingen kunnen bijstellen ten gunste van dochters. Tot 1988 kwam de Seychellenrietzanger alleen op het minieme eilandje Cousin in de Indische Oceaan voor. Dankzij zorgvuldig beheer begonnen de aantallen van deze ernstig bedreigde rodelijstsoort toe te nemen en weldra was alle beschikbare habitat – de goede en minder goede – op het eilandje ingenomen. Voor vogels die in een eersterangshabitat broedden, leverden helpers een zinvolle bijdrage aan het voeden van de jongen, en de broedende vrouwtjes beïnvloedden dan ook de sekseverdeling van hun uit één ei bestaand legsel, zelfs in die mate dat uit zo'n 80 procent van alle eieren vrouwelijke kuikens kwamen. In een tweederangshabitat echter waren de helpers de broedvogels alleen maar tot last, omdat zij meeaten van een toch al armzalige dis. Onder deze omstandigheden beïnvloedden de broedende vrouwtjes de sekseverdeling van hun nakomelingen op zo'n manier dat ze meer zonen kregen: deze verlieten het thuisfront om een eigen territorium te zoeken en vormden zo minder een belasting.[33]

Hoe doen ze dat? Of beter gezegd: wanneer doen ze dat? Als geslachtsbepaling een vorm van adaptatie is, is timing van cruciaal belang. Als het geslacht van een eicel weken of maanden voor de leg bepaald wordt, is het onwaarschijnlijk dat een vrouwtje het geslacht zo kan beïnvloeden dat dit aangepast is aan de bestaande kwaliteit van het territorium (of voor welk doel dan ook). Van de andere kant, als de sekse van een eicel pas kort voor de leg bepaald wordt, is het veel waarschijnlijker dat vrouwtjes het geslacht van hun nakomelingen op een strategische en adaptieve wijze kunnen beïnvloeden. En dat is precies hoe het in zijn werk gaat. Het geslacht van elke eicel wordt een paar uur voordat de cel van de eierstok loskomt, vastgelegd, dus vlak voor de bevruchting. De meeste vogels ovuleren 's morgens vroeg. Daarom kunnen de omstandigheden die de vorige dag heersten, het vrouwtje de nodige aanwijzingen verstrekken voor haar beslissing een mannelijk of een vrouwelijk ei te produceren.[34]

Wanneer we proberen seksuele anomalieën als hermafrodieten, sekseverandering en maagdelijke geboorte op te helderen, zijn we gedwongen naar de oorsprong van de sekse zelf te kijken. Zoals we al zagen, groeit een embryo uit tot een mannetje of vrouwtje overeenkomstig zijn geslachtschromosomen. De vraag is: hoe gaat het precies in zijn werk wanneer een geslachtschromosoom een embryo transformeert tot een mannelijk of vrouwelijk wezen? Het is het eenvoudigst om met zoogdieren te beginnen, aangezien we daarvan op dit gebied het meeste afweten. Het Y-chromosoom van zoogdieren draagt het zogenaamde SRY-gen (*Sex determining Region on chromosome Y*), dat ervoor zorgt dat in oorsprong geslachtsloze kiemcellen zich binnen het embryo tot een testikel transformeren. Zodra een testikel vorm krijgt, maakt het zijn eigen geslachtshormonen aan, die het embryo activeert zich verder te blijven ontwikkelen tot een mannetjesdier. Een eicel bevrucht door een X-dragende zaadcel resulteert in twee X-chromosomen, maar zonder SRY-gen, en groeit dientengevolge uit tot een vrouwtje. Vrouwtjeszoogdieren ontwikkelen zich daarom zonder enige betrokkenheid van het SRY-gen en worden dan ook als de standaardsekse beschouwd.

Deze situatie is bij vogels heel anders. Zoals we zagen is de vrouwtjesvogel de heterogame sekse: ze bevat een Z- én een W-geslachtschromosoom, wat met zich meebrengt dat het geslacht enkele uren voor de ovulatie wordt bepaald (bij zoogdieren wordt de sekse al bij de bevruchting bepaald). Verder zou het zeer gelegen komen indien er bij vrouwtjesvogels op het W-chromosoom net zo'n gen zou zijn als het SRY-gen van zoogdieren, maar op dit moment weten we gewoon niet of dat het geval is. Twee andere processen zouden theoretisch nog verantwoordelijk kunnen zijn voor de seksebepaling van het embryo. Ten eerste vormt een dubbele dosis van het Z-chromosoom bij mannetjesvogels de aanzet tot de groei van een testikel. Ten tweede zou het geslacht van vogels kunnen samenhangen met de getalsverhouding tussen geslachtschromosomen en autosomen – momenteel weten we ook dit niet.

Maar wat het mechanisme achter de seksebepaling bij vogels ook is, het zet een cascade van gebeurtenissen in beweging, culminerend in het eindstadium van het embryo: mannetje of vrouwtje. De eerste cellen, kiemcellen, die uiteindelijk tot de geslachtsklieren uitgroeien, verschijnen na slechts een paar dagen groei in het embryo en hun geslacht is aanvankelijk onuitgemaakt of 'indifferent', wat inhoudt dat ze nog de potentie hebben tot mannetje of vrouwtje uit te groeien, ongeacht de geslachtschromosomen die het embryo geërfd heeft. In bepaalde opzichten is deze potentie van embryonale geslachtsklieren om mannelijk of vrouwelijk te worden niet vreemd, want de testikel en de eierstok hebben een identieke rol: ze maken geslachtscellen (sperma of eicellen) en geslachtshormonen aan. Bij zoogdieren zet het SRY-gen een domino-effect in gang dat uiteindelijk van een indifferent embryo een mannetje maakt, en zorgt het ontbreken van dit gen voor een vrouwelijk embryo. Het is nog altijd niet ontdekt wat de overeenkomstige bepalende factor bij vogels is die een indifferent embryo tot een vrouwtje maakt.

Wat we wel weten, is dat bij zowel vogels als zoogdieren de homogame sekse de standaardsekse is. Als de geslachtsklieren zich eenmaal gaan differentiëren, dat wil zeggen: een mannetje of vrouwtje beginnen te worden, starten ze met de aanmaak van geslachtshormonen. Bij zoogdieren bepaalt testosteron uit de teelballen het mannelijk-zijn en bij vrouwtjes het ontbreken van testosteron het vrouwelijk-zijn. Bij vogels – dat weten we bijna zeker – is het tegenovergestelde het geval: oestrogeen uit de eierstok van het vrouwelijk embryo dicteert het vrouwelijkzijn en het ontbreken van oestrogeen het mannelijk-zijn. Anders gezegd, bij afwezigheid van enige uitwerking van oestrogeen zal een vogelembryo een mannetje (de nulstandaard) worden. Bij aanwezigheid van oestrogeen wordt het vrouwelijk.[35]

Bij zowel zoogdieren als vogels kunnen geslachtshormonen in een vroeg ontwikkelingsstadium een beslissende uitwerking hebben. Het effect is echter slechts tijdelijk, als ze later in de ontwikkeling of zelfs pas bij volwassenheid optreden.[36] Sekseverschillen (bijvoorbeeld in uiterlijk, gedrag

*Het verenkleed van de mannetjeshuismus (op de voorgrond), dat het hele jaar qua uiterlijk nauwelijks verandert, wordt goeddeels genetisch bepaald. Dit geldt niet voor een soort als de pauw: de enorme, seizoengebonden veranderingen in het kleed van de pauwhaan worden door hormonen gereguleerd. (Meyer, British Birds, 1835-1850)*

en hersenstructuur) worden dan ook door twee verschillende processen bepaald: het eerste treedt op wanneer het individu nog een embryo is, en resulteert in permanente verandering; het tweede treedt later op en is veel flexibeler. Onder normale omstandigheden vullen de twee processen elkaar aan en versterkt het ene het andere. Maar zo nu en dan gaat er, zoals we gezien hebben, iets mis; de twee processen gaan uiteenlopen en daardoor kunnen er allerlei anomalieën ontstaan, zoals hermafroditisme, geslachtsverandering en maagdelijke geboorte.

Laterale gynandromorfen blijken het resultaat te zijn van een afwijking in de vroege celvorming van een bevrucht ei, met als gevolg dat de ene helft van het embryo mannelijk is geworden en de andere vrouwelijk, maar de precieze oorzaak is onbekend. Vroeger dachten wetenschappers dat de verklaring voor hermafroditisme bij zoogdieren was dat twee zaadcellen (x en y) de eicel binnendringen en ermee samensmelten, maar dit kan nooit de verklaring voor het ontstaan van gynandromorfe vogels zijn, want zoals we gezien hebben, is bij vogels het sperma niet geslachtsbepalend. Wat wel een mogelijkheid is, is dat een eicel, die normaal maar één kern heeft, tijdens de groei door gebrekkige celdeling met twee kernen (z en w) komt te zitten, die vervolgens elk door een andere zaadcel (bij beide z) worden bevrucht. Dit defect wordt vervolgens, naarmate de vogel opgroeit, zichtbaar in zijn twee verschillende helften. Het klinkt alsof we ernaar raden, maar het is tot nu toe de meest waarschijnlijke verklaring.[37]

We begrijpen veel beter waarom vogels van geslacht veranderen. Alleen vrouwtjes veranderen in mannetjes. Van het omgekeerde bestaan nauwelijks meldingen, en de meldingen die er zijn, zijn nooit geverifieerd. Preciezer geformuleerd: alleen genetische vrouwtjes nemen wel eens het uiterlijk en gedrag van een mannetje aan. Dit is ook exact wat we kunnen verwachten als het seksueel gedrag en uiterlijk van een mannetje bepaald wordt door het ontbreken van oestrogeen. Een vrouwtjesvogel met een beschadigde eierstok die ophoudt oestrogeen aan te maken, valt terug in de standaard-nuloptie en wordt mannelijk qua uiterlijk en gedrag. Dit effect geldt niet voor alle vogels. Enkele soorten, zoals de kemphaan, hebben duidelijk een ander systeem, evenals de soorten die een permanent (in plaats van seizoengebonden) seksueel dimorfisme vertonen, zoals de huismus.

Ten slotte de maagdelijke geboorte. Het is nu duidelijk dat een eicel, de vrouwelijke gameet, al het materiaal bevat dat nodig is voor het voortbrengen van een nieuw exemplaar, zonder enige hulp van het mannetje en diens sperma. Aangezien alle parthenogenetische nakomelingen mannetjes zijn en daarom ten minste één z-chromosoom bezitten, en omdat ze, zoals nu bekend is, een dubbele chromosomenstreng bezitten, moeten ze zz zijn. Kennelijk zijn ww-nazaten gewoon niet levensvatbaar.

De wetenschap heeft ons een heel eind gebracht: veel raadsels waarmee sekse lange tijd omringd was, hebben we opgelost. Vroeger werden we meestal bang van dingen die we niet begrepen. Schepsels die fundamentele geloofsopvattingen ondergroeven, zoals eierleggende hanen, werden doorgaans barbaars behandeld. In de middeleeuwen heersten bijgeloof en vrees voor God over logica en gezond verstand. Sinds wetenschappelijke opvattingen de prioriteit hebben, zijn we beter in staat logische uitspraken te doen, en angsten te verdrijven en te vervangen door inzicht.

**BLUE POUTER.**

*Deze potsierlijke kropduif is een product van kunstmatige selectie. Fier rechtop en pronkend met zijn krop is hij onweerstaanbaar voor vrouwtjesduiven én voor duivenmelkers. Deze illustratie is afkomstig uit William Tegetmeiers Pigeons uit 1868.*

# 9

# Darwins blinde vlek
## *Overspel*

Op een woest stukje land buiten de Andalusische stad Gaudix maken zes mannen van middelbare leeftijd zich gereed voor een gevecht dat de komende weken beslissend zal zijn voor hun sociale status. Vijf van hen dragen ieder een mannetjesduif op wiens vleugels een kleurig teken is geschilderd. De zesde houdt een vrouwtjesduif vast, die nogal wanstaltig versierd is met drie lange roze veren die aan haar staart bevestigd zijn. Op een afgesproken teken wordt het vrouwtje op de grond gezet en laten de mannen de doffers recht tegenover haar los.

De aanwezigheid van het vrouwtje veroorzaakt een enorme shock bij de doffers. Ze beginnen onmiddellijk uitzinnig te flirten, paraderen hoogmoedig op en neer, zwaaien met hun staart en buigen, strekken en koeren dat het een aard heeft. In een hechte, wriemelende kluwen van veren strijden ze fanatiek om de aandacht van het vrouwtje; de eigenaren kunnen alleen aan de geschilderde tekens zien hoe hun pupil het doet. Na een tijdje – soms pas na een uur – gaat het vrouwtje op de avances van een van de doffers in en vliegt samen met hem naar zijn hok. Onmiddellijk daarna strijkt de eigenaar van het prijsdier, zelf óók gezwollen van trots, de inleg van de andere mannen op.

Het duivengevecht in Gaudix is een moderne versie van een antieke sport waarbij vogels getraind werden om andere vogels naar hun hok te lokken. Plinius noteerde dat 'duiven graag aan de zwier gaan. Want zij verstaan de kunst om de lof te zingen en anderen met lagen en listen in te spinnen, waarna zij met een groter gevolg terugkomen.'[1] Dit uitzonderlijke gedrag stond in middeleeuws Italië aan de wieg van een populaire sport. In toernooien, *triganieri*, liet men twee of meer groepen duiven gezamenlijk rondvliegen tot ze, gemaand door de vlag of het fluitje van hun eigenaar, naar hun hok terugkeerden. 'Vreemdelingen' die buit waren gemaakt, werden gegijzeld. Bij vriendschappelijke toernooien werd de gegijzelden teruggeven of vrijgekocht; in andere gevallen werden ze gedood.

De Moren brachten de *triganieri*-vogels in de middeleeuwen naar Spanje, waar ze bekend raakten als *palomas ladronas*, 'roofduiven'. Ze werden bewust opgekweekt en afgericht om vertegenwoordigers van het andere geslacht naar de eigen til te lokken. Niet iedereen kon dat waarderen, en in Sevilla werd in de elfde eeuw bij wet zelfs verordend: 'De verkoop van roofduiven, een gewoonte welke uitsluitend bedreven wordt door lieden zonder religie [...], zal volledig verboden worden.'[2]

Het gedrag van roofduiven en hun 'slachtoffers' is uiterst intrigerend. De doffers munten uit in het verleiden en veroveren van vrouwtjes om mee te copuleren – om ze vervolgens te verlaten, zodat de vrouwtjes de jongen in hun eentje groot moeten brengen. Bij uitzondering kan een doffer een broedend vrouwtje zelfs zo ver krijgen haar partner én haar eieren in de steek te laten en naar zijn hok te komen, wat vrijwel ongehoord is bij wilde vogels. Dat vrouwtjes hun nest en hun eieren verlaten en kiezen voor een doffer die ze aantrekkelijker vinden, gaat lijnrecht in tegen alles wat we van vogels verwachten, en al helemaal van duiven, die ooit werden gezien als kampioenen van de monogamie.

Darwin wist van het bestaan van roofduiven, want bij zijn eigen duiven had hij geconstateerd dat vrouwtjes soms overspel pleegden. Maar hij wilde het niet weten, promiscuïteit bij mannetjes vond hij natuurlijk. Dat er twee voor nodig zijn om de tango te dansen en dat vrouwtjes ook promiscue zijn, lijkt hij genegeerd te hebben.[3]

Misschien was Darwin in de ban van het hardnekkige, wijd verbreide geloof in de trouw van vrouwtjesduiven dat – zij het nogal tegenstrijdig – sinds Plinius beleden werd:

> Behalve bij de patrijs kunnen ook bij de duif eenzelfde soort neigingen in gelijke mate waargenomen worden. Kuisheid daarentegen wordt vooral door duiven in acht genomen en promiscue vleselijke gemeenschap is weinig gewoon. Hoewel zij gezamenlijk met anderen een domicilie betrokken hebben, zal geen van hen de wetten van huwelijkse trouw overtreden; geen van hen zal zijn nest verlaten, hetzij als weduwman of weduwvrouw. [4]

Plinius en anderen onderkenden de neiging van doffers om 'aan de zwier' te gaan, maar ze bleven de duif ophemelen als toonbeeld van seksuele trouw. Voor Darwin was mannelijke promiscuïteit normgevend en een belangrijk onderdeel van zijn opvatting over seksuele selectie; vrouwelijke promiscuïteit maakte daar expliciet géén deel van uit. In Darwins boek zijn vrouwtjes zedig, behoedzaam en vooral trouw:

> Uit verscheidene hieronder te geven feiten en uit verschijnselen die duidelijk toe te schrijven zijn aan seksuele selectie, blijkt dat het vrouwtje, hoewel verhoudingsgewijs passief, in het algemeen bepaalde keuzes maakt en één mannetje verkiest boven andere.[5]

Het vreemde aan deze bewering is dat Darwin wist dat ze niet waar was. Hij verkoos eenvoudigweg elk bewijs dat vrouwtjes promiscue konden zijn, te negeren. Aristoteles bijvoorbeeld had opgemerkt dat vrouwelijk pluimvee soms copuleert met meer dan één mannetje en dat de jongen in dat geval op het tweede mannetje lijken. Ook constateerde hij dat 'eieren welke eerder bevrucht zijn door een ander mannetje, hun aard veranderen naar die van het mannetje dat later zijn wil doet'.[6]

In de zeventiende eeuw schreef William Harvey in zijn *Disputations on Generation* [Disputaties over de voortplanting]:

> Er zijn zekere soorten dieren bij welke één mannetje volstaat voor veel vrouwtjes, zoals bij hinden en konijnen, en fokvee. Er zijn echter ook

anderen bij welke de vrouwtjes zo driftig van verlangen zijn dat zij met veel mannetjes nauwelijks tevreden zijn, zoals teven en wolvinnen, en om die reden worden prostituees, die publieke vrouwen zijn, 'wolvinnen' genoemd en bordelen, waarin zij hun lichaam veil geven, 'lupanaria' [wolfsholen].[7]

Daniel Girton waarschuwde duivenfokkers in 1765 dat hun inspanningen 'verkorven konden worden door een valse treding' waar, zo zei hij, 'een overgeprikkelde duivin zich makkelijk toe leent [...]'. Hij gaf daarmee duidelijk aan dat vrouwtjesduiven zich zo nu en dan overgeven aan copulatie met een ander mannetje.[8]

William Smellie schreef over kippen: 'De haan en de hen vormen in hun natuurlijke omgeving een paar. Eenmaal op het boerenerf blijkt de haan echter een jaloerse tiran en de hen een prostituee.'[9]

Nog verbazender is het dat Darwin zélf een duidelijk geval van vrouwelijke promiscuïteit beschrijft. De gegevens had hij van zijn neef William Darwin Fox, in zijn studentenjaren zijn maatje in Cambridge. Fox was een geestelijke die, gefascineerd door alles wat groeit en bloeit, bij zijn huis in Cheshire een hele menagerie hield. In 1868 vertelde hij Charles in een brief over zijn ganzen, waarna deze het verhaal aanhaalde in *Descent:*

> De eerwaarde W.D. Fox schrijft mij dat hij tegelijkertijd een paar Chinese ganzen en een gewone gent met drie ganzen hield. De twee partijen leefden redelijk gescheiden, tot het Chinese mannetje een van de boerenganzen verleidde om bij hem te komen wonen. Bovendien waren slechts vier van de jongen die uit de eieren kropen, zuiver, de overige achttien bleken hybriden. De charmes van de Chinese gent moeten derhalve een stuk potenter zijn geweest dan die van de gewone gent.[10]

Waarom ontkende Darwin in het licht van zo veel bewijsmateriaal vrouwelijke promiscuïteit? Er zijn verschillende mogelijkheden. Om te beginnen zag hij het misschien gewoon niet. Darwin wilde met de ganzengeschiedenis slechts bewijsmateriaal aandragen voor selectie, niet voor promiscuïteit. Verder kwam het hem wel uit dat vrouwtjes zogenaamd monogaam waren: victoriaanse heren spraken niet over ontrouw, althans niet

Het fokken van duiven die vrouwtjes bij andere fokkers wegkapen, was eeuwenlang een populaire sport in Europa. Het werd hier geïntroduceerd door de Arabieren. Darwin wist van het bestaan van deze 'roofduiven', maar hij wilde de betekenis ervan voor zijn theorieën niet zien. Deze achttiende-eeuwse afbeelding van een Perzische duivenhouder komt uit een Arabisch traktaat.

openlijk. De veronderstelling dat vrouwtjes monogaam zijn, voorkwam pijnlijke situaties thuis. Zijn dochter Etty, die tegen de dertig liep, hielp hem bij het corrigeren van de drukproeven van *Descent*; vandaar dat hij uiterst voorzichtig was met wat hij schreef.[11]

Darwin was niet de enige. Ook andere natuuronderzoekers hadden er politiek (of commercieel) belang bij te geloven dat vrouwtjes trouw zijn. In wonderschoon en bloemrijk proza bezong Buffon, waarschijnlijk gniffelend, de sociale deugden van de duif:

> Zij zijn dol op gezelschap, gehecht aan hun kompanen, en trouw aan hun wederhelft; hun minzaamheid, en vooral hun natuurlijke gratie, toont de wens te behagen; deze zachte strelingen, deze elegante bewegingen, deze beschroomde kussen die op het gezegende moment fel en hartstochtelijk worden; dat heerlijke moment dat snel weerkeert met dezelfde begeerte en het geleidelijk zwellen van de troostende, smeltende passie; een vlam die altijd brandt en een gloed die altijd straalt; een grenzeloos temperament voor vreugde; zonder luimen, zonder weerzin, zonder gekibbel dat de huiselijke harmonie verstoort, al hun tijd wijdend aan liefde en kroost; de dagelijkse plichten gemeenlijk gedeeld; het mannetje dat zijn wederhelft bijstaat bij het grootbrengen en bewaken van de jongen – welk een exempel, zo de mens tot kopiëren in staat ware![12]

William Smellie erkende wél het bestaan van vrouwelijke promiscuïteit, maar hij zag er slechts een artefact van domesticering in. Promiscuïteit bij tam pluimvee is in zijn ogen het logische gevolg van een verwend, lui leventje in gevangenschap. Hij vergelijkt het met menselijke culturen waarin de overvloedige rijkdom van enkele machtige mannen leidt tot het creëren – en jaloers verdedigen – van harems vol onderdanige vrouwen.[13]

Het idee dat vogels en andere dieren model kunnen staan voor menselijk gedrag, was niet nieuw. Maar het leidde tot een vertekening van de feiten, met name bij de vraag of een bepaalde soort voor deugd stond, dan wel voor ondeugd. Zo vond duivenhouder John Moore dat we ons moeten spiegelen aan de Engelse kropduif:

> Plaats de oudere vogels apart, zet ze in een ander hok, voed ze flink met hennep [...] en breng ze dan weer samen; daar zij erg levenslustig en geprikkeld zijn, broeden zij duiven uit met zeer goede eigenschappen; waaruit wij mogen besluiten, dat het nakroost van mensen naar lichaam en geest heel wat completer zou zijn, zo zij zich in gelijke mate zouden onthouden.[14]

Oftewel: seksuele onthouding leidt tot een beter nageslacht.

Vogels als moreel richtsnoer – het inspireerde religieuze gemeenschappen om zich over het houden en bestuderen van vogels te ontfermen. En het verklaart waarom anglicaanse organisaties als de Society for the Promotion of Christian Knowledge en de Religious Tract Society in de victoriaanse tijd boeken publiceerden als *Our Native Songsters* van Anne Pratt, en *Our Domestic Fowls and Song Birds* van William Linnaeus Martin. De laatste schreef: 'In de schepping van dieren, viervoeters of vogels, die de mens ten dienst staan en zo veel bijdragen aan zijn voorspoed, terwijl zij zich te zelfder tijd zo eenvoudig laten onderwerpen en beteugelen, kunnen wij slechts de wijsheid en de goedheid van de Goddelijke Voorzienigheid zien.'[15] Gods creaturen waren een rolmodel, en de Britse eerwaarde en ornitholoog Frederick Morris gaf zijn parochianen dan ook de raad (ten onrechte zullen we zien) aan de heggenmus een voorbeeld te nemen:

> Onopvallend, rustig en teruggetrokken, maar niet schuw, nederig en eenvoudig in gedragingen en gewoonten, sober en bescheiden in zijn dracht, evenwel toch keurig en bevallig, spreidt de Heggenmus een gedrag ten toon dat velen van een hogere orde als verheven voorbeeld zouden moeten navolgen, zowel tot eigen voordeel als tot dat van anderen.[16]

Darwins invloed op de biologie was zó sterk dat zijn uitspraak over vrouwelijke trouw het startschot werd van een eeuw vol misvattingen. Zelfs in de jaren vijftig en zestig van de vorige eeuw, toen veldstudie naar geringde vogels rijke vruchten afwierp, waren ornithologen nog steeds blind. Wanneer ze vrouwelijke exemplaren van vermeend monogame soorten vreemd zagen gaan, sloten ze de mogelijkheid uit dat deze vrouwtjes daar zelf voor verantwoordelijk waren. En soms excuseerden ze de mannetjes zelfs door te suggereren dat ze ziek waren of aan een 'hormonale disbalans' leden.[17] Ontrouw bij sociaal monogame vogels werd vijftig jaar geleden nog steeds als een vergissing beschouwd.

De verandering vond plaats toen eind jaren zestig de opvattingen over de werking van de evolutie werden aangescherpt. In de jaren daarvoor hadden biologen natuurlijke selectie geleidelijk losgemaakt van Darwins oorspronkelijke, niets ontziende proces, waarbij exemplaren sneuvelden of juist floreerden. In plaats daarvan waren de biologen – in ieder geval op bepaalde onderdelen, en vooral in de ogen van het grote publiek – zachtaardiger geworden en méér begaan met het beschermen van soorten. Met deze wetenschap in het achterhoofd is het begrijpelijk dat ornithologen voor 1960 met ontrouw geworsteld hebben. Wat was het voordeel voor een soort als een mannetje de partner van een ander insemineerde?

Niet iedereen ging er destijds van uit dat er bij *soorten* natuurlijke selectie plaatsvindt. Zo hield David Lack samen met een clubje getrouwen rigoureus vast aan Darwins originele opvatting dat selectie plaatsvindt bij individuen. De meest invloedrijke persoon in dit gezelschap was George Williams, destijds verbonden aan de Stony Brook University in New York. Zijn *Adaptation and Natural Selection* was een regelrechte reactie op soort-gecentreerde ideeën. Het was het begin van een nieuw tijdperk van evolutionair denken in het algemeen en van vogelbiologie in het bijzonder.[18]

Twee jonge biologen, Geoff Parker en Bob Trivers – beide geen echte ornithologen – waren enthousiaste pleitbezorgers van Williams' nieuwe benadering. Parker, een amateurfokker van tentoonstellingspluimvee en professioneel zoöloog, bestudeerde het promiscue paargedrag van strontvliegen. Trivers, meer geïnteresseerd in ideeën dan in dieren, raakte niettemin in de ban van de duiven op de vensterbank van zijn appartement in Harvard:

> Al snel werd duidelijk dat mannetjes van deze monogame soort zich in seksueel opzicht heel wat onzekerder gedroegen dan vrouwtjes, en dat

mannetjes hun paargenoot proberen te ontzeggen waar ze zichzelf maar al te graag aan overgeven, namelijk een overspelige paring. De groep achter mijn raam telde aanvankelijk vier duiven: twee koppels. Ze sliepen naast elkaar in de dakgoot van het huis naast me. De twee mannetjes, hoewel van het meer agressieve geslacht, zaten altijd naast elkaar, met ieder zijn vrouwtje aan zijn zij, aan de buitenkant. Doordat ze naast elkaar zaten, wist elk mannetje zeker dat hij tussen zijn vrouwtje en het andere mannetje in zat.[19]

Parker en Trivers bouwden min of meer onafhankelijk van elkaar voort op de individuele selectie om zo een nieuwe visie op seksuele selectie te creëren. Door die expliciet individuele invalshoek was voortplanting niet langer een knusse, gemeenschappelijke zaak van mannetjes en vrouwtjes ten bate van de soort als geheel, maar een slagveld waar de leden van ieder geslacht afzonderlijk de strijd met elkaar aanbonden en het andere geslacht probeerden te gebruiken voor hun streven naar genetische representatie. Seksuele selectie ging over het creëren van nakomelingen, en in het licht van de evolutie was dat het enige dat telde.

Dankzij Geoff Parker en Bob Trivers beleefde seksuele selectie aan het eind van de jaren zestig een revival. Wat zij beweerden, had Darwin vanaf het begin ook al beweerd, maar eerlijk gezegd niet altijd even duidelijk. Parker en Trivers pikten deze update van de evolutieleer op en gingen ermee aan de haal, en de inzichten die ermee verkregen werden, waren zo groot dat biologen ermee aan de haal zijn blijven gaan. Omdat Darwin ervan uitging dat vrouwtjes seksueel monogaam zijn, legde hij impliciet het idee op dat seksuele selectie ophoudt zodra een exemplaar van een van beide geslachten een partner vindt. Maar toen Parker zag dat de vrouwtjes van zijn strontvliegen met een hele reeks mannetjes copuleerden, realiseerde hij zich dat seksuele selectie ook na de inseminatie doorgaat, namelijk tot het moment van bevruchting. Het zijn de mannetjes die om bevruchting concurreren, niet de vrouwtjes.[20]

Doordat vrouwtjes promiscue zijn, dragen ze spermatozoa van verschillende mannetjes in zich, en die spermatozoa concurreren met elkaar om de bevruchting van de eieren. Spermacompetitie is volgens Parker een sterke evolutionaire prikkel: een mannetje heeft er baat bij om zijn eigen vaderschap te beschermen, maar tegelijkertijd heeft hij er baat bij om andere mannetjes van hun vaderschap te beroven. Parker realiseerde zich dat het conflict dat hier onvermijdelijk uit voortvloeit, mannetjes ertoe drijft beter te zijn dan andere mannetjes in gedrag, anatomie en fysiologie – op welke manier dan ook. Vrouwtjes deden er even niet toe.

Toen het bestaan van de spermacompetitie eenmaal onderkend was, vielen allerlei stukjes van de voortplantingspuzzel opeens op hun plaats. Eeuwenlang hadden biologen zich het hoofd gebroken over de betekenis van allerlei merkwaardige fenomenen. Deze nieuwe kijk op seksuele selectie – die 'postcopulatief' werd genoemd, omdat het ging om de strijd om vaderschap na copulatie en inseminatie – gaf antwoord op veel vragen, inclusief die ene die John Ray in *The Wisdom of God* opgeworpen had:

> Waarom moet er in elk onderscheidenlijk geslacht zulk een felle en onblusbare begeerte naar copulatie worden ingeplant?[21]

Misschien dacht Ray daarbij aan de huismus, wiens copulatieve bedrevenheid legendarisch is:

> Zijn verlangen naar coïtus en voortplanting is zo onstuitbaar, dat hij wel twintig maal per uur de geslachtsdaad kan bedrijven.[22]

In 1559 werd de Dresder predikant Daniel Greysser geprezen om zijn christelijke geloofsijver. Hij had 'de mussen in de ban gedaan vanwege hun onophoudelijk en bijzonder hinderlijk gekwebbel en schandaleuze onkuisheid gedurende de preek'.[23]

Inmiddels kennen we de drive achter deze 'onblusbare begeerte': vrouwelijke promiscuïteit. Als vrouwtjes promiscue zijn, hebben mannetjes de meeste kans om de echte vader te zijn van de jongen die zij mede grootbrengen als zij regelmatig met hun partner copuleren. Huismussen, bijvoorbeeld, vormen het hele voortplantingsseizoen een vast koppel, maar tegelijk is ontrouw heel gewoon: tien tot vijftien procent van alle jongen is het product van overspel. Dat cijfer zou nog hoger uitvallen als

*Anders dan het lijkt, is de meerderheid van kleine vogels niet monogaam. Bij de meeste broedsels, zoals bij deze merels, zitten een of twee bastaardjongen. (Travies, 1857)*

mannetjes minder vaak met hun vrouwtje zouden copuleren. Voor andere vogels geldt – net als elders in het dierenrijk – min of meer hetzelfde: veelvuldige copulatie is een handelwijze die vaderschap garandeert en dus een evolutionair gebod. Ik kan me niet aan de indruk onttrekken dat Ray de dwingende logica hiervan zou hebben ingezien wanneer dit hem was voorgelegd.

Lange tijd was het een raadsel wat er precies bij copulatie en inseminatie bij vogels gebeurt. De verwarring werd er niet minder op doordat alleen bepaalde vogels – zwanen, eenden, struisvogels – net als zoogdieren over een penis beschikken, terwijl bijvoorbeeld pluimvee en kleine vogels die ontberen.

Albertus Magnus deed als een van de eersten verslag van parende vogels. Hij beschreef wat er gebeurde bij zwanen, maar de merkwaardig gekronkelde penis van het mannetje was hem kennelijk ontgaan:

> In de paartijd buigen de mannetjes bij wijze van liefkozing hun nek naar het vrouwtje. Vervolgens beklimt het mannetje het vrouwtje en legt hij zijn zaad in haar neer. Er wordt gezegd dat het vrouwtje het zaad met pijn ontvangt en daarom het mannetje na de geslachtsdaad ontvlucht. Dat is ongegrond, daar hij in haar slechts iets vreugdevols legt dat zij met plezier ontvangt. Zij vlucht omdat het verlangen naar geslachtelijke gemeenschap op dat ogenblik ophoudt. Daarenboven dompelen zowel het mannetje als het vrouwtje zich na de geslachtsdaad onder in water, gelijk watervogels. En wel omdat de vapeurs van hun smachten door hun vlees razen en zij zich daarvan willen purgeren. Het bewijs daarvoor is dat de veren van alle vogels na de geslachtsdaad overeind staan en zij zich schudden terwijl zij deze veren geheven en gespreid houden.[24]

Ook William Harvey observeerde op zijn frustrerende zoektocht naar beter begrip van de details van de voortplanting nauwkeurig de copulatie. Dankzij zijn bevoorrechte toegang tot de koninklijke menagerie was hij in staat het uitzonderlijke paargedrag van struisvogels van dichtbij te bekijken:

> Zelf zag ik hoe een struisvogelhen, toen haar opziener zachtjes haar rug

streelde teneinde haar lust op te wekken, zichzelf ter aarde wierp, die sluier oplichtte, haar vulva onthulde en deze uitspreidde. Toen de haan dit zag, ontbrandde hij onmiddellijk van verlangen, en hij beklom haar en deed zijn wil met haar, terwijl hij een voet op de grond hield en met de andere op haar rug drukte daar waar zij lag, en wel met een uitzonderlijk grote en trillende roede die veel op een koeientong geleek. Dit alles vond plaats onder veel geprevel en laweit van beide partijen, zij strekten zich uit en trokken hun hoofd in, en nog veel meer van zulke tekenen van genot.[25]

Harvey ontleedde de voortplantingsorganen van struisvogels die in de menagerie waren overleden. Tot zijn vreugde kon hij er dankzij hun enorme omvang makkelijk achterkomen wat wat was:

> Bij een struisvogelhaan trof ik [...] een zeer grote eikel en een rossige roede [...] aan, en dikwijls heb ik deze stijf rechtop zien staan en zien trillen, een weinig gebogen. Maar wanneer hij de vulva van de hen binnen was gegaan, hield hij hem daar gedurende lange tijd zonder enige beweging, alsof zij tijdens de geslachtelijke vereniging met een stok aan elkander vast zaten.

Terloops vertelt Harvey ook nog:

> Bij een zwarte woerd zag ik eens een roede van dusdanige lengte dat een hen na afloop van de geslachtsdaad, terwijl hij over de grond sleepte, er achteraan liep en er hevig naar pikte, daar zij dacht, zo weet ik zeker, dat het een worm was, zodat de woerd hem sneller introk dan hij gewoon is.[26]

Gezien zijn ervaringen met struisvogels, woerden, zwanen en genten was Harvey verbaasd over de afwezigheid van een penis bij hanen: 'In plaats daarvan tref ik een opening aan, net als bij de hen, maar kleiner en smaller [...]. Ik denk dat bij de haan, die geen roede heeft, hetzelfde plaatsvindt als bij kleinere vogels, die de geslachtsdaad snel verrichten, en slechts wrijven.' Harvey kon goed kijken, hij had helemaal gelijk: de meeste kleine vogels paren heel kort, meestal één of twee seconden. Bij

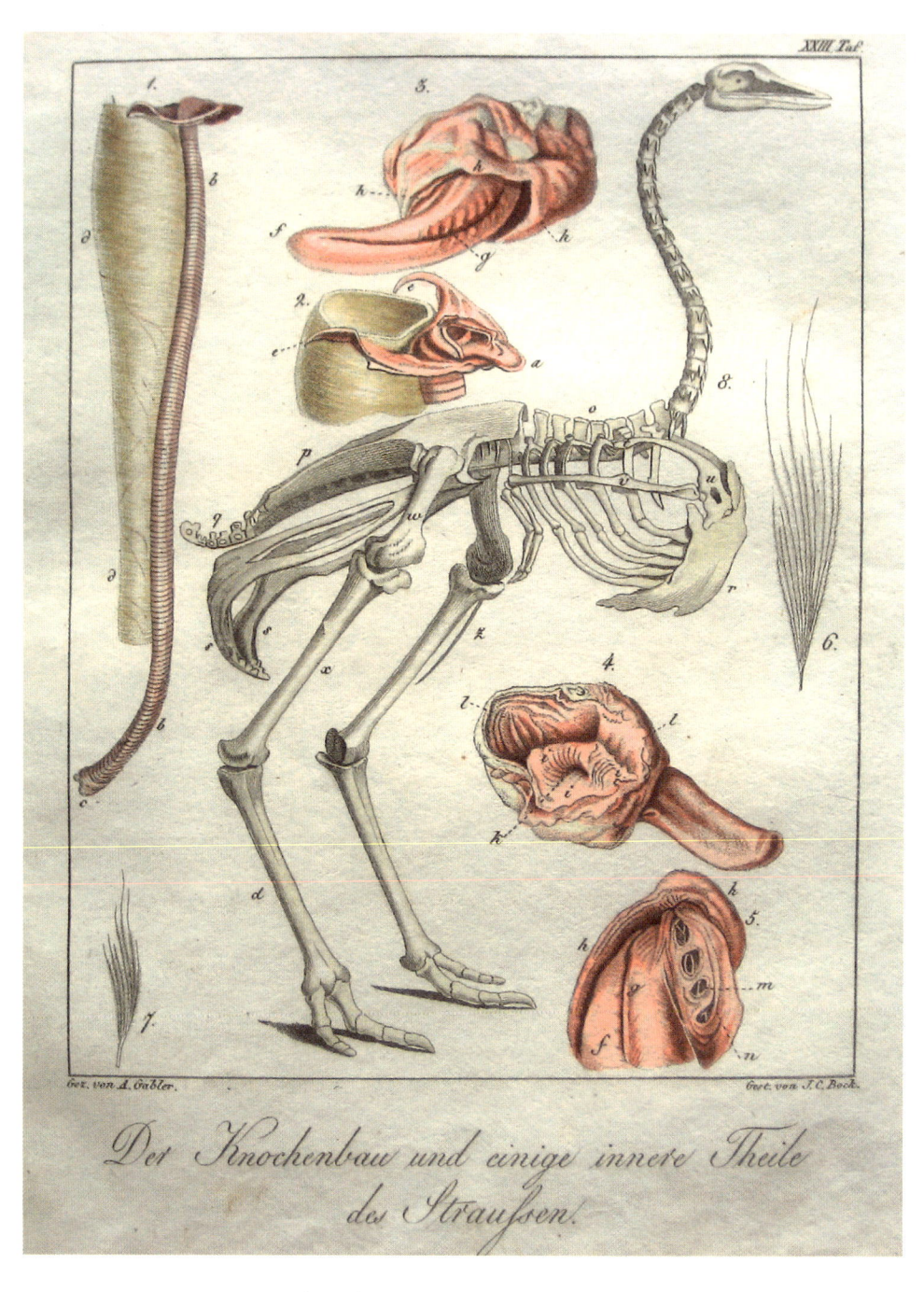

*Anatomie van een struisvogel: William Harvey beschrijft de fallus van de struisvogel als 'een koeientong'. Op deze illustratie is de overeenkomst inderdaad treffend. (Wolf, 1818)*

beide geslachten ligt de opening van het voortplantingskanaal binnen de cloaca (naast de opening van het darmkanaal) en bestaat copulatie uit het samenkomen van de mannelijke en de vrouwelijke cloaca in wat eufemistisch aangeduid wordt als een 'kus met de cloaca'.

Hoewel kleine vogels geen penis bezitten, hebben de mannetjes van sommige soorten een orgaan dat er op z'n minst oppervlakkig op lijkt. Deze 'cloacale uitstulping' bestaat voornamelijk uit de gepaarde, kronkelige, distale uiteinden van de *vas deferens* of zaadleider (aangeduid als de seminale *glomera*), waarin zich de spermavoorraad bevindt. Bij vogels en bij de meeste zoogdieren heeft sperma de beste overlevingskansen als het beneden lichaamstemperatuur bewaard wordt. Omdat de cloacale uitstulping zich buiten het lichaam bevindt, is het sperma vier of vijf graden koeler dan anders het geval zou zijn.[27] (Het equivalent bij mensen en andere zoogdieren is de epididymis, oftewel bijbal. Anders dan bij vogels is deze niet gescheiden van de testikels, maar om de buitenkant van elke zaadbal heen gedrapeerd. De testikels bevinden zich buiten de lichaamsopening, in het scrotum, waar de kostbare lading koel bewaard wordt.)

John Hunter maakte eind achttiende eeuw een vergelijking tussen de geslachtsklieren van zoogdieren en vogels. Hij ging slim te werk: hij sneed huismussen, eenden en ganzen open en spoot kwikzilver in een van de uiteinden van de menselijke epididymis (van een kadaver). Zo kon hij aantonen dat de geslachtsklieren uit één enkele, kronkelende buis bestaan die de testikels met de zaadleider verbindt. Tegelijkertijd realiseerde Hunter zich dat het vergrote uiteinde van de zaadleider van een mus een voorraadschuur voor sperma is en derhalve een belangrijk rekwisiet bij hun veelvuldige copulatie.[28]

Bij sommige vogels is de cloacale uitstulping van het mannetje zo klein dat ze tijdens de paartijd dienst kan doen om het geslacht te onderscheiden van soorten waarvan de exemplaren verder identiek zijn. Toen Edwin Mason dit in de jaren dertig 'ontdekte', schreef hij dat zijn vondst weliswaar niet nieuw was, maar dat 'de auteur nog nooit een verwijzing onder ogen is gekomen naar een andere manier om het geslacht van levende vogels te bepalen dan door hun verenkleed en omvang […]'. Inderdaad was zijn methode al eeuwenlang bekend, in ieder geval bij vogelvangers:

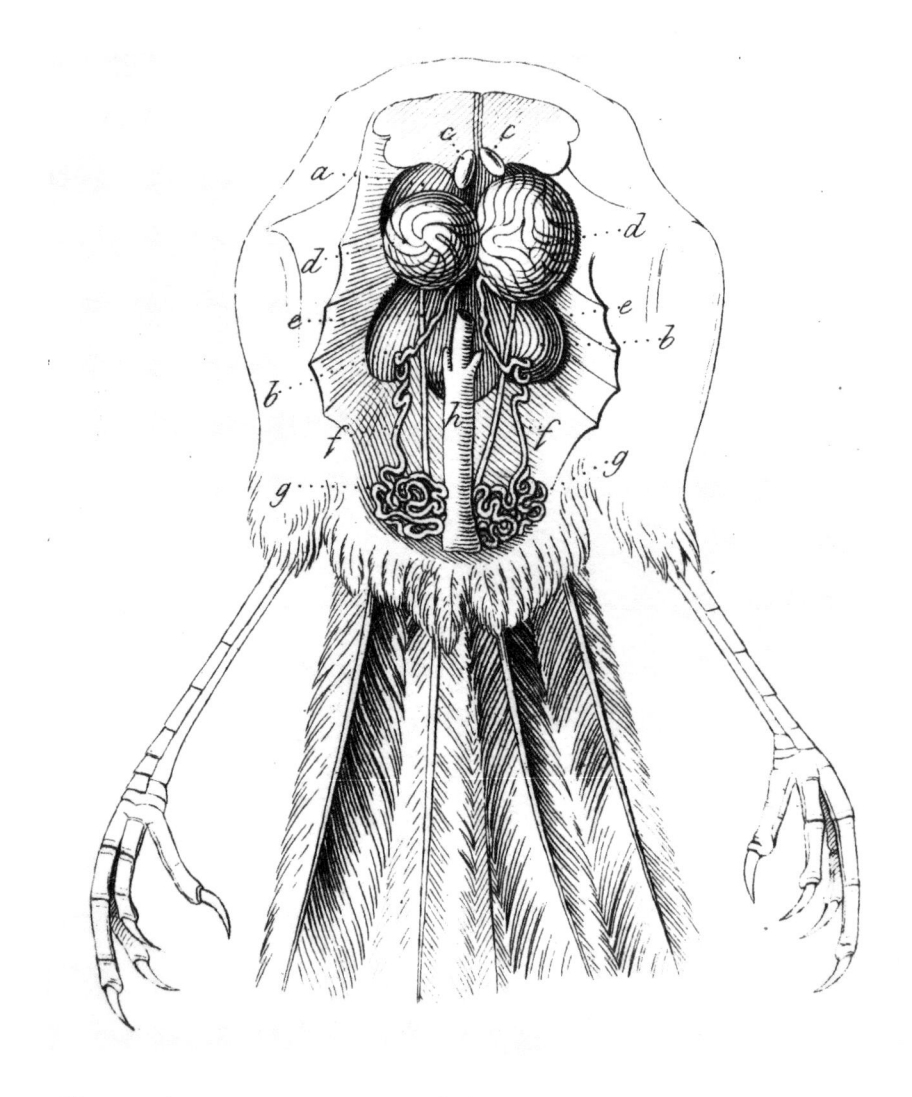

*Het voortplantingsapparaat van een geslachtsrijp mannetje van zangvogels met testikels (d), zaadleiders (f) en seminale glomera (g), die samen de cloacale uitstulping vormen.*
(Wagner, 1841)

> Wat deze [nachtegalen] betreft, welke men in de lentemaand vangt, deze worden niet alleen herkend aan hun zang, maar ook aan hun lagere seksuele delen, welke de mannetjes naar buiten werpen, in tegenstelling tot de vrouwtjes, daar het dan tijd is om te paren. Derhalve zijn juist dit de tekenen en bewijsgronden, waarnaar men zich schikke.[29]

Nachtegaalonderzoeker Valentin Amrhein van de universiteit van Bazel vertelde mij desgevraagd dat de cloacale uitstulping van nachtegalen minder groot is dan die van andere soorten, maar dat het verschil in omvang tussen mannetjes en vrouwtjes in de periode van de paarvorming evident is.[30]

De meeste boeken uit de achttiende en de negentiende eeuw over het houden van vogels bevatten een hoofdstuk 'Wat de hen van de haan onderscheidt', hoogstwaarschijnlijk omdat men vanwege de zang liever een mannetje had. Opvallend genoeg staan daar maar een paar vermeldingen in van 'seksen' met behulp van de cloacale uitstulping. In de achttiende eeuw moeten kanaries al tot de meest geliefde kooivogels hebben behoord, en op basis van hun verendek alléén valt geen onderscheid te maken – maar toch wordt er maar weinig aan de cloacale uitstulping gerefereerd.[31] Iedereen die kanaries heeft gehouden, weet dat de uitstulping van het mannetje in de paartijd erg geprononceerd is. Hervieux, de grote kanariekenner van begin achttiende eeuw, zinspeelt daarop: 'Als het mannetje verliefd is, kan men onderscheiden dat de knop langer is dan bij het vrouwtje.'[32]

Het is vreemd dat de meeste auteurs het niet over de cloacale uitstulping van het mannetje hebben, vooral omdat deze bij sommige zangvogels, zoals de heggenmus, nogal geproportioneerd is. Niettegenstaande de aanmoediging van eerwaarde Morris aan zijn parochianen om aan het gedrag van deze vogel een voorbeeld te nemen, is het een van de meest promiscue soorten. Tientallen keren per dag copuleert hij, wat een grote uitstulping vereist.[33]

De alpenheggenmus, een naast familielid van de heggenmus, vertoont een nóg overspeliger paarpatroon en beschikt over een nog grotere uitstulping. Deze werd voor het eerst geboekstaafd door een Zwitserse ornitholoog die, diep onder de indruk, schreef:

> De vas deferens van de alpenheggenmus loopt niet onmiddellijk uit in de

*Volgende bladzijden: De alpenheggenmus is een van de meest promiscue vogels. Zijn bescheiden verendek doet anders vermoeden en ontneemt bij het mannetje het zicht op een deel van zijn opmerkelijke voortplantingsanatomie. (Morris, A History of British Birds, 1856)*

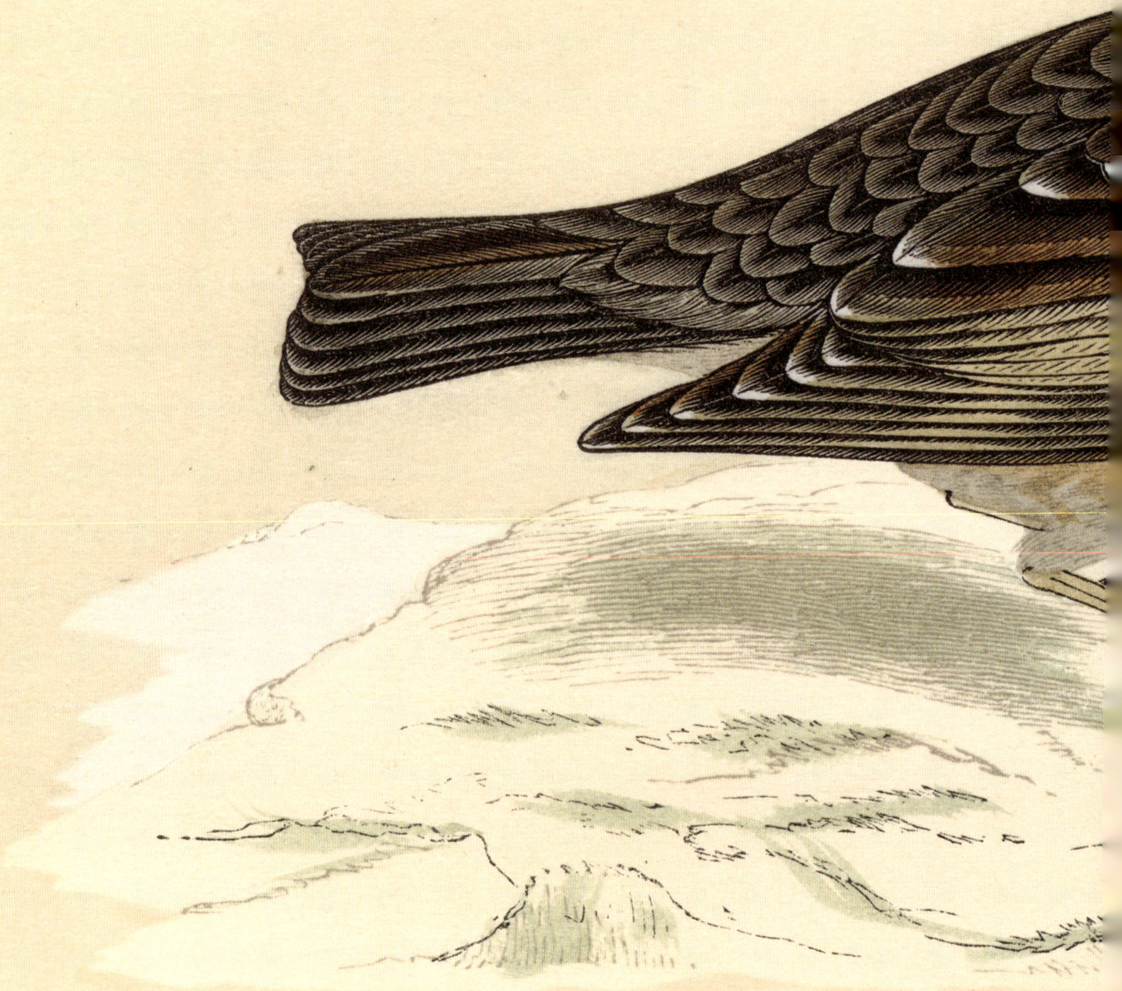

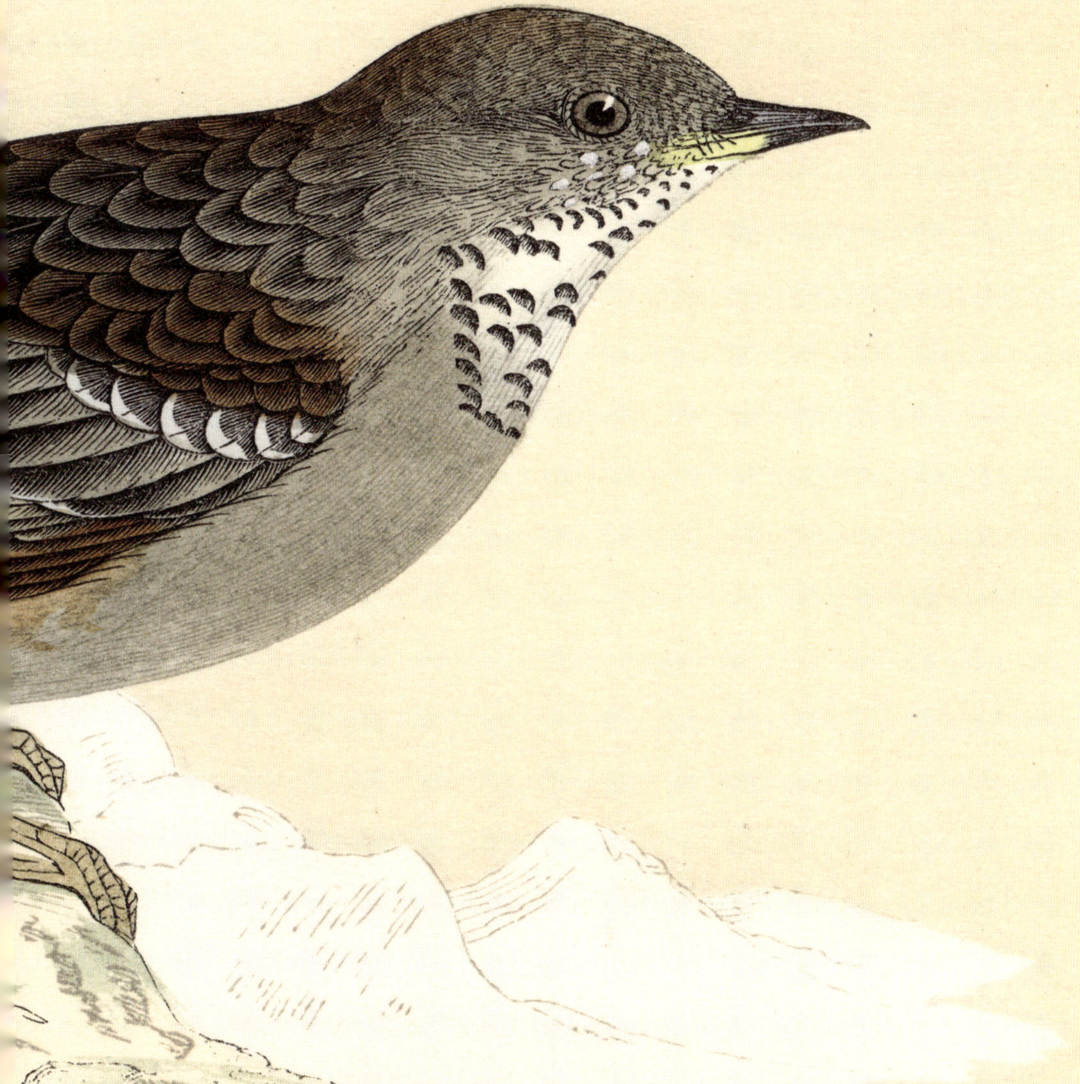

cloaca, maar kromt in twee grote, ineengedrongen kluwen langs zijn wanden; deze seminiferale (zaaddragende) ballen, bijkans eivormig, gewikkeld in een 'blad' dat stamt van het peritoneale (buikvlies-)membraan, hangen als zakken langs beide zijden van de anus, in omhulsels vervaardigd uit de huid van het lichaam en onderstut door het schaambeen. En tot slot: doen de symmetrische ballen die in de lente onder de staart van de alpenheggenmus hangen ons, wegens hun positie, niet een weinig denken aan de testikels van hogerstaande dieren?[34]

Dat doen ze inderdaad, en wel zo veel dat Fatio's beschrijving later in het monumentale handboek *The Birds of the Western Palearctic* wonderbaarlijk verhaspeld werd: 'Uitzonderlijke snelheid van de copulatie wellicht dankzij de uitgerekte, kronkelende zaadbuis van het mannetje die als een eivormige zak [...] aan beide zijden van de cloacale opening hangt.' Het verwarrende beeld dat deze woorden oproepen, laat zien hoe weinig de meeste ornithologen in de jaren tachtig van de vorige eeuw nog afwisten van het mannelijke voortplantingsapparaat. Pas toen ontdekt werd welke prominente rol spermacompetitie in het leven van deze soort speelt, werd de betekenis van de uitzonderlijke rekwisieten van de alpenheggenmus duidelijk: zijn cloacale uitstulping is slechts een zeer grote versie van iets wat ook voorkomt bij de heggenmus en bij vele andere soorten.[35]

Aan de andere kant van het spectrum bevinden zich soorten waarvan de mannetjes vrijwel geen cloacale uitstulping kennen. In 2001 vertelde Sean Fitzpatrick, een vogelkweker uit Yorkshire, mij dat de cloacale uitstulping van de mannetjesgoudvink heel klein is, net zo klein als die van het vrouwtje. Dat betekende volgens mij dat deze soort over betrekkelijk kleine spermavoorraden beschikt en wellicht kleine testikels heeft. Later werd ik hierin bevestigd: goudvinken kennen waarschijnlijk geen spermacompetitie.[36]

Francis Willughby en John Ray sneden tussen 1662 en 1665 tijdens hun verkenningstocht door Europa regelmatig vogels open die ze bij vogelvangers en op plaatselijke markten verwierven. Alleen door vogels dood te schieten kon je ze bestuderen. Vóór hun vertrek had Ray al de gewoonte om vogels open te snijden om te zien wat ze aten. Nu noteerden hij en Willughby systematisch de omvang en de vorm van de inwendige organen, inclusief de testikels van elke vogel die ze wisten te strikken. Dat de zaadballen bij vogels vanbinnen zitten en niet vanbuiten, zoals bij mensen en bij de meeste andere zoogdieren, werd – hoe kan het ook anders – voor het eerst gesignaleerd door Aristoteles. William Harvey volgde pas veel later.[37]

Aristoteles was ook de eerste die opmerkte dat de relatieve omvang van testikels van vogelsoort tot vogelsoort verschilt, maar Ray en Willughby onderkenden de biologische betekenis ervan. Doelend op de kwartel, schrijven ze: 'Gezien de omvang van zijn romp heeft het mannetje grote testikels, waaruit wij mogen besluiten dat het een wulpse vogel is.' Iets vergelijkbaars noteerden ze (met buitengewone precisie) voor de heggenmus: 'Het mannetje [heeft] grote testikels,' en voor de huismus: 'Zijn testikels zijn groot, als bij een wulpse vogel.'[38] Voortbouwend op deze observaties schreef Buffon: 'De meeste van deze klieren [testikels] zijn geheel niet in overeenstemming met de omvang van de vogel. Bij de arend zijn zij zo groot als een erwt, maar bij een haan van vier maanden oud zijn zij zo groot als olijven.' Ray en Willughby hadden volkomen gelijk om te veronderstellen dat relatief grote testikels voor 'wulpsheid' staan.

In de jaren zeventig van de vorige eeuw mat Roger Short, werkzaam bij de vakgroep Reproductive Biology in Edinburgh, de testikels op van (verdoofde) primaten. Hij constateerde een absoluut en relatief verschil in omvang bij chimpansees en gorilla's en dacht dat de zaadballen van de eerste in de loop der tijden enorm uitgedijd waren omdat de mannetjes zo vaak copuleerden. Kort daarna nam Short kennis van Parkers onderzoek en realiseerde hij zich dat spermacompetitie een veel overtuigender verklaring levert voor het verschil in omvang van de zaadballen van chimpansees en gorilla's.[39] Dat klopt, en inmiddels weten we, hoe vreemd het ook mag klinken, dat relatief grote zaadballen bij een hele reeks dieren – van insecten tot vissen, kikkers, zoogdieren en vogels – een bewijs van vrouwelijke promiscuïteit zijn. De logica hierachter luidt als volgt: bij soorten waarvan de vrouwtjes promiscue zijn, hebben mannetjes relatief grote testikels ontwikkeld omdat grotere testikels meer sperma produceren. Hoe meer sperma een mannetje bij een promiscue vrouwtje inbrengt, hoe groter de kans dat hij – en niet een van haar andere partners – haar eieren zal bevruchten. Wanneer het erom gaat genen in een volgende generatie in te planten, verschaffen grote testikels mannetjes van soorten met promiscue vrouwtjes, zoals de heggenmus, de alpenheggenmus en de kwartel, een evolutionaire voorsprong.[40]

Anders dan bij de meeste zoogdieren verschilt de omvang van testikels bij vogels aanzienlijk per seizoen. Ook dit werd door Aristoteles als eerste gesignaleerd, en Albertus Magnus borduurde daarop voort:

> Somtijds zijn deze testikels tijdens een periode van geslachtelijke inactiviteit niet zichtbaar, maar ten tijde van het broedseizoen nemen zij veel zaad op en zijn dan goed zichtbaar. Evenzo zijn de testikels van vogels voor het legseizoen klein en onopvallend, maar dijen zij tijdens het paarseizoen uit. Dit is bijzonder duidelijk waarneembaar bij zomertortels en patrijzen en verklaart waarom velen verondersteld hebben dat zomertortels, patrijzen en zekere andere vogels in de winter geen testikels hebben.[41]

Opvallend genoeg signaleerde ook Albertus Magnus dat veelvuldig copulerende vogels relatief grote testikels hebben:

> Het is een gemeenlijke eigenaardigheid van vogels dat hun testikels tijdens de paartijd opzwellen. De testikels van vogels die het meest copuleren, groeien het meest, en zij zijn dan trots dat zij de grootste testikels bezitten, zoals het veldhoen [patrijs] en andere hoenders. Indien zij niet copuleren, hebben zij echter kleine testikels.[42]

Verschillende auteurs na Albertus Magnus, zoals Buffon, Hunter, Ray en Willughby, stonden ook stil bij de seizoensgebonden omvang van testikels, maar het was de altijd vindingrijke John Hunter die de eerste systematische waarnemingen en metingen verrichtte. Omstreeks 1770 ving hij in de winter zes mannetjes van de huismus en nam ze op in zijn menagerie. Naarmate het voortplantingsseizoen vorderde, legde hij ze een voor een op het offerblok van de wetenschap. 'Als we de omvang [van de testikels] in de louwmaand vergelijken met die in de grasmaand, is het nauwelijks te bevatten dat zulk een wonderlijke verandering in zulk een kort tijdbestek plaats kon hebben.' In Hunters originele publicatie worden de zes zaadballen ieder afzonderlijk afgebeeld: glorieus, maar niet echt handig. De mussen zelf, inclusief hun onaangetaste testikels, kunnen nog steeds in het Hunter Museum in Londen bewonderd worden.[43]

In zijn *Natural History of Birds* beweert Buffon met betrekking tot de kemphaan dat hun twee ornamentele veren en de 'eruptie van vlezige, gezwollen pukkels aan de voorzijde van de kop en om de ogen [...] op grote viriele krachten wijzen'.[44] Hij beroept zich daarbij op informatie die hem door Louis Baillon is toegezonden. Deze stelt: 'Ik ken geen vogel waarin de lust tot liefde heviger brandt; geen één waarvan de testikels zo groot zijn.'[45]

Deze observatie van de in verhouding enorm grote zaadballen van kemphanen werd door ornithologen na Buffon volledig over het hoofd gezien. Toen de Deense ornitholoog Anders Møller bijna twee decennia geleden een baanbrekend, vergelijkend onderzoek deed naar de omvang van vogeltestikels, deden de uitkomsten vermoeden dat alle lekvogels relatief kleine zaadballen hebben, óók de kemphaan. (Exacte gegevens over de omvang van diens testikels ontbraken nog.) Møllers verklaring luidde dat spermacompetitie onder lekvogels niet waarschijnlijk is, omdat de vrouwtjes alle vrijheid hebben om een geschikte partner te kiezen en daarom niet met meerdere mannetjes hoeven te copuleren, zodat de mannetjes aan kleine testikels genoeg hebben.[46] Voor de meeste soorten met een lek bleek dit te kloppen – met uitzondering van de kemphaan.

Verder onderzoek toonde aan dat spermacompetitie wel degelijk voorkomt bij kemphanen en dat het niveau van meervoudig vaderschap verrassend hoog is.[47] Een medewerker van de universiteit van Uppsala die in de jaren negentig onderzoek deed bij kemphanen en mijn belangstelling kende, schoot op een lek een paar mannetjes dood en stuurde die naar me op om ze onder het mes te leggen. Ik was verbaasd over hun enorme testikels, die voldeden aan Baillons beschrijving. Het zou een decennium duren voor ik die beschrijving weer tegenkwam: een duidelijk bewijs dat de geschiedenis soms ten onrechte vergeten wordt.

Oudere generaties ornithologen kennen evenzeer hun blinde vlekken.

John Ray begreep bijvoorbeeld niet welke verten er door de microscoop dichterbij gebracht worden. Toen Antonie van Leeuwenhoek aan het eind van de zeventiende eeuw zijn eigen sperma beschreef, stond hij er ook bij stil hoezeer dat verschilde van dat van een haan. Zoogdierensperma leek op kikkervisjes, met een peddelvormige kop, maar het zaad van de haan was puntig en leek meer op een slang. Veel later, in de jaren dertig van de negentiende eeuw, constateerde de Duitse zoöloog Rudolf Wagner dat ook de spermatozoa van zangvogels en niet-zangvogels aanzienlijk van elkaar verschillen. Wagner was een leerling van Cuvier en kon daarom als een van de eersten met de nieuwe, samengestelde microscoop werken die rond 1835 ontwikkeld was.[48] Dit was wat hij zag:

> [De spermatozoa van vogels] hebben een langgerekte romp met een draadvormig aanhangsel. Bij de zangvogels [...] hebben deze zonder uitzondering een zeer lange zweepdraad, welke eindigt in een kurkentrekkerachtige spiraal.[49]

Een kleine eeuw later kon de Zweedse bioloog Gustaf Retzius, die belangstelling had voor poëzie, antropologie en voortplanting, dit wezenlijke verschil bevestigen. Tegelijkertijd liet hij zien dat er onder diverse soorten zangvogels en niet-zangvogels allerlei variaties voorkomen. Retzius' tekeningen van spermatozoa zijn fraai én nauwkeurig, wat bij hen de kenners de eretitel 'vader van de vergelijkende spermatologie' opleverde.[50]

In een wereld waarin vrouwtjes op z'n minst af en toe overspel plegen, is het voor de mannetjes van het allergrootste belang om het sperma van andere mannetjes op afstand te houden. Het 'haantjesgedrag' dat Trivers waarnam bij doffers duidt men tegenwoordig aan als *mate-guarding*: een adaptatie om het vaderschap veilig te stellen. Verschillende oudere ornithologen, bijvoorbeeld George Montagu, zagen hoe mannetjes hun vrouwtjes volgden in de periode dat ze een nest bouwden en eieren legden. Ze misten echter een kader om dit te kunnen duiden, en van mate-guarding hadden ze nog nooit gehoord:

> Wanneer het vrouwtje [van de nachtegaal] een plaats uitverkoren heeft

om te nestelen, beschouwt het mannetje onophoudelijk haar vlucht van en naar deze plek. Hij zit op een tak in haar nabijheid, terwijl zijn vrouwtje instinctmatig het weinige materiaal aanbrengt dat zij elke keer aanvoert teneinde een ruim bouwsel te vervaardigen voor haar beoogde leg.[51]

Een eeuw later observeerde Edmund Selous vrijwel precies hetzelfde bij merels: 'Het mannetje heeft het net zo druk met het begeleiden en gadeslaan van het vrouwtje als zij met het verzamelen van materiaal voor het nest.' Maar ook hij levert geen verklaring. Eliot Howard beweert vrijwel hetzelfde over bijna alle soorten zangers die hij waarnam.[52]

De betekenis van dit volggedrag dat, zo weten we inmiddels, bij vrijwel alle kleine vogels voorkomt, werd pas onderkend toen er rond 1980 een wending in het denken over evolutie plaatsvond. Dergelijk gedrag valt

*Het mannetje van de geelgors blijft tijdens de dagen dat zijn partner bevrucht kan worden, dicht in haar buurt. Deze illustratie is van George Lodge (uit Howard, 1929). De inzet aan de bovenkant toont het achterste gedeelte van een spermatozoön van een geelgors. (Retzius, 1909)*

alleen te verklaren als we inzien dat vrouwtjes niet monogaam zijn en dat hun vruchtbare periode enkele dagen beslaat. Zoals voorspeld, bestaat er een uitzonderlijk grote correlatie tussen deze vruchtbare periode en de obsessie van mannetjes om dicht in de buurt van hun vrouwtje te blijven.[53]

Een van de opvallendste verschillen tussen het voortplantingsgedrag van vogels en dat van andere dieren is dat de meeste vogels nadrukkelijk paarsgewijs broeden. Veel van wat in de achttiende eeuw over paarvorming bij vogels bekend was, werd door William Smellie als volgt samengevat:

> Huwen of paarvorming, ofschoon geenszins een universele instelling van de natuur, zien wij niet weinig bij dierlijke voortplanting. Bij de mens worden zowel man als vrouw instinctief tot het maken van keuzes gedreven [...]. Deze universele, bijkans onweerstaanbare drang tot selectie is voor mij het sterkste argument ten faveure van monogamie, oftewel de twee-eenheid, bij de menselijke soort [...]. Dezelfde drang of natuurwet zien wij bij andere dieren, zoals patrijsachtigen, zwaluwen, kneuen en kleine vogels in het algemeen. De toewijding, aandacht, wederzijdse affectie, nijvere waakzaamheid en standvastige trouw van gepaarde dieren zijn werkelijk bewonderenswaardig, en zij schenken openhartige geesten de meest voorbeeldige aansporing tot deugdzaamheid en echtelijke verbondenheid.[54]

Smellie loopt eveneens vooruit op Darwins evolutionaire denken en op de twee eeuwen na hem komende David Lack, als hij schrijft:

> Al deze soorten dieren, van wie het nakroost gedurende zekere tijd de vlijt en de steun van beide ouders vereist, zijn begiftigd met het instinct van selectie en van paarvorming. Wat betreft de gevederde soorten, is paarvorming bijkans universeel [...]. Anders dan bij viervoeters is het moederdier niet begiftigd met organen welke melk kunnen afscheiden [...]. Derhalve is zij verplicht elders voedsel voor hen te gaan zoeken. Maar het nakroost is zo talrijk, dat al haar ijver weinig dienstig zou zijn voor

*Veel paradijsvogels, zoals deze Macgregor-paradijsvogels, selecteren elkaar uit op een lek. Dit schilderij van Joseph Wolf komt uit Daniel Elliots monografie over paradijsvogels (1873), toen deze soort nog gouden paradijsvogel werd genoemd.*

hun onderstand en bescherming, indien zij geen steun zou krijgen van de vader.

Smellie vervolgt:

> Er zijn andere vogels die paren vormen, waarvan de jongen, zodra zij uitkomen, zelf voedsel kunnen eten [...] en derhalve minder arbeid van hun ouders vergen. Derhalve schenkt het mannetje bij deze soorten geen aandacht aan het nakroost, daar dat onnodig is [...].[55]

In de jaren zestig van de vorige eeuw schatte David Lack dat meer dan negentig procent van alle dieren sociaal monogaam is, dat wil zeggen, een relatie hebben waarin mannetjes en vrouwtjes samenwerken bij het grootbrengen van hun kroost. Bij andere relatievormen gaat het onder andere om polygynie (veelwijverij), waarbij sommige mannetjes, zoals kemphanen, pauwen en korhoenders, diverse vrouwelijke partners hebben, en vrouwtjes een lek bezoeken als ze willen copuleren. Een andere vorm van polygynie betreft mannetjes die tegelijkertijd aan verschillende vrouwtjes gekoppeld zijn, zoals epauletspreeuwen. De zeldzaamste paarvorm bij vogels is polyandrie (veelmannerij), waarbij vrouwtjes tegelijkertijd verschillende mannetjes hebben, zoals bij jacana's.[56] David Lack kon niet voorzien dat de meerderheid van alle vogels behoorlijk promiscue is, hoe monogaam ze in sociaal opzicht ook zijn.

Het is een wonderlijk fenomeen: sommige wetenschappelijke ontdekkingen lijken precies op het juiste moment plaats te vinden. Toen de opvattingen van Trivers en Parker over seksuele selectie gemeengoed werden, had de ornithologie voor alles behoefte aan een instrument om het voortplantingsresultaat van mannetjes nauwkeurig te meten. Dat instrument werd ontwikkeld in de jaren zeventig en heette *desoxyribonucleic acid*, oftewel DNA. Voor het eerst bestond nu de mogelijkheid om vaderschap ondubbelzinnig toe te wijzen. Daarvóór hadden ornithologen slechts kunnen speculeren of de overspelige copulaties die zij waarnamen, daadwerkelijk in bevruchting resulteerden. Het nieuwe, moleculaire gereedschap kegelde, samen met de nieuwe theorie, twee millennia onwrikbare kennis over 'echtelijke' relaties van vogels omver. Naarmate er meer soorten bestudeerd werden, werd duidelijk dat seksueel monogame vogels eerder uitzondering dan regel zijn: vrouwelijke promiscuïteit en spermacompetitie zijn vrijwel alom aanwezig.

Gewapend met deze nieuwe kennis konden ornithologen ineens verklaren wat altijd een raadsel was geweest. Opeens werd duidelijk waarom sommige soorten relatief grote testikels hebben, waarom mannetjes op de dagen voor en na het eieren leggen achter hun vrouwtjes aan lopen, waarom sommige vogels zo vaak, of zo uitzonderlijk lang, copuleren en waarom sommige soorten over een penis beschikken. Stuk voor stuk zijn het adaptaties aan de spermacompetitie.[57]

Ray zou waarschijnlijk geschokt zijn geweest, want geen van deze verschijnselen kan simpelweg uitgelegd worden als geschenk van een liefhebbende god: ze hebben slechts nut binnen het kader van individuele selectie. In dat perspectief wekt het weinig verbazing dat ornithologen tot voor kort weinig anders deden dan beschrijven wat ze zagen en de verleiding om te gaan speculeren weerstonden. Toegegeven, Ray speculeerde een béétje toen hij beweerde dat vogels met grote testikels bijzonder wulps zijn, maar dat was nog geen antwoord op de vraag waarom vogelsoorten in hun onblusbare zin in seks onderling zo verschillen.

Vanaf de jaren zeventig schiep de nieuwe theorie over seksuele selectie voor het eerst een kader waarbinnen ornithologen dit soort vragen wél konden beantwoorden. Dat wil niet zeggen dat we het paargedrag bij vogels inmiddels volledig begrijpen. Allesbehalve, veel vragen blijven nog onbeantwoord. Mannetjes hebben er veel voordeel bij als ze ook met andere vrouwtjes copuleren: ze krijgen meer nakomelingen. De evolutionaire voordelen voor vrouwelijke promiscuïteit zijn echter heel wat minder evident, en de vraag waarom vrouwtjes met één mannetje een duurzame band aangaan maar tegelijkertijd met andere willen copuleren, bezorgt ornithologen daarom nog steeds hoofdbrekens.[58]

Mijn vermoeden is dat er een fundamentele kentering in ons denken moet plaatsvinden voor we deze vraag kunnen beantwoorden. Misschien gebeurt het morgen, misschien over tien jaar, misschien pas over een eeuw.

*Tamme papegaaien, zoals deze grijze roodstaartpapegaai, leverden de eerste gegevens over de levensduur van vogels. Dit tafereel is te zien op een schilderij van Frans van Mieris, Dame in rood jak die een papegaai voedt (1660 à 1680).*

# 10

# Wie ontaardt, vergaat
## *Voortplanting en levensduur*

Een van de mooie kanten van het leven als professioneel ornitholoog is dat het je de kans biedt om in alle uithoeken van de wereld allerlei vogelsoorten te bestuderen. De afgelopen 35 jaar ben ik elke zomer naar het prachtige eiland Skomer getrokken, voor de kust van Wales, om zeevogels te observeren. Mijn belangstelling gaat vooral uit naar de zeekoeten, 'de kleine pinguïns van het noorden', maar over de pijlstormvogels, papegaaiduikers en alken die daar komen broeden, ben ik net zo enthousiast. Skomer, de thuisbasis van honderdduizenden zeevogels, is een van die zeldzame eilanden voor de Britse kust waar decennialang, jaar in, jaar uit, vogels geteld zijn. Duizenden exemplaren zijn er voorzien van metalen en kleurringen die onderzoekers in staat stellen te berekenen hoe oud ze worden en, uiteindelijk, te doorgronden waarom sommige populaties in omvang fluctueren.

Ik vind het heerlijk om over de met strandkruid bedekte kliffen te klauteren, op zoek naar vogels met kleurringen, die broeden op rotsige richels, hoog boven de deining van de Atlantische Oceaan. Een paar jaar geleden ving ik er alken met een glasvezelhengel met aan de top een gebogen stuk ijzerdraad, waarmee ik de vogels 'pootje haakte': een oude methode onder vogelvangers. Ik bevond me aan de oostelijke rand van het eiland en kroop op mijn buik naar een alk die alleen maar een metalen ring droeg. Als ik deze vogel zou kunnen vangen, was het een 'terugmelding' die gegevens kon opleveren over zijn levensloop.

Met zijn snavel wijd open, waarmee hij zijn onzekerheid verraadde, schuifelde de alk van me weg, met zijn vleugels omhoog, alsof hij wilde opvliegen. Maar hij veranderde van gedachte, misschien omdat zijn partner in de buurt was. Op dat moment dook een meeuw boven ons naar beneden. De alk keek omhoog, en op hetzelfde moment sloeg ik de haak om zijn poot. Boosaardig snauwend, vol onbegrip, deed hij zijn Engelse benaming *razorbill* alle eer aan. Ik pakte hem vast en keerde zijn kop zó dat hij me niet kon bijten. Ik draaide hem om en las de cijfers in de sterk verweerde, metalen ring. Daarna deed ik een kleurring om zijn andere poot, zodat hij in de lucht geïdentificeerd kon worden. Vervolgens liet ik hem vrij. Terwijl hij naar zee vloog, keek ik hem na.

Het bleek een nogal bijzondere alk te zijn: 37 jaar geleden was hij geringd, niet ver van de plek waar ik hem had gevangen. Later kwam ik erachter dat dit de oudste alk was die wereldwijd ooit is waargenomen. 37 lijkt veel, maar sommige soorten worden nog ouder. Recordhouder is een andere groep zeevogels: albatrossen en stormvogeltjes. Sommige exemplaren daarvan zijn vijftig jaar nadat ze geringd zijn, nog levend aangetroffen.

Andere soorten bestudeerde ik jarenlang op het zuidelijk halfrond, in de Australische *outback*, waar de lucht heet is en vervuld van de geur van verbrand gras en eucalyptusbomen in de verte. In de schaduw is het er 45º Celsius en het enige wat je er hoort is het zachte geritsel van lome blaadjes in de doornbosjes. Daarnaast zit meestal een groep kleine vogels met hun snavels wijd open en hun vleugels los van hun romp, die proberen een koel briesje op te vangen. Dat zijn zebravinken, een van de sterkste vogelsoorten die Australië kent. De vrouwtjes zijn allemaal grijs met een roodachtige snavel, maar de mannetjes gaan fier gekleed in een mozaïek van kleuren en patronen. Een helderrode snavel, oranje wangvlekken, een gestreepte borst en wit gestippelde, kastanjebruine flanken.

Heel bijzondere vogeltjes zijn het. Met hun gewicht van twaalf gram (oftewel drie suikerklontjes) horen ze tot de weinige soorten die het hoofd weten te bieden aan de extreme omstandigheden van het rode Australische binnenland: hete dagen, koude nachten en droogte. Zebravinken kunnen weken zonder water; op miraculeuze wijze onttrekken ze genoeg vocht aan de droge zaden die ze eten. Zodra het regent, reageren ze heftig. Binnen een paar dagen zijn ze geslachtsrijp en kunnen ze optimaal van de explosie van nieuw gras profiteren. Dankzij de regen zal het gras opbloeien met zachte, melkige zaadjes waarmee de vogels hun jongen kunnen grootbrengen. De zebravink is een kleine broedmachine: zolang de omstandigheden gunstig zijn, gaat hij door met broeden en tussen twee broedsels door gunt hij zich nauwelijks rust.

Wanneer de ovenhitte van de middag wegzakt, ontspannen de zebravinken zich. Ze verzorgen hun veren, hoppen van tak naar tak en blazen op hun denkbeeldige trompet. *Biep-biep-biep.* Omdat de lucht niet langer zindert van de hitte kan ik met mijn verrekijker weer naar de kleurringen kijken die sommige om hebben. Al een paar weken observeer ik ze, samen met Richard Zann, mijn gastheer, die het grootste deel van zijn werkend leven onderzoek heeft gedaan naar zebravinken. De unieke combinaties van kleurringen stellen ons in staat meer te weten te komen over bepaalde exemplaren. Ik ken hun ouders, weet waar ze nestelen, hoeveel broedsels ze hebben voortgebracht en, op basis van Richards archieven, hoe oud ze zijn. Vooral die laatste gegevens zijn spectaculair: al deze vogels zijn slechts een paar maanden oud. Richard vertelt me dat geen van hen ouder zal worden dan twaalf maanden, waarmee het de kortst levende vogels op aarde zijn.

Waarom worden zeevogels als alken en albatrossen veertig of vijftig keer zo oud worden als zebravinken? Waarom kennen verschillende soorten zo'n enorm verschil in levensverwachting?

De oude Aristoteles beschikte over bijzonder weinig gegevens, maar toch meende hij het antwoord op deze vragen te weten: te veel seks is slecht voor iemands gezondheid. Dat seks, of meer algemeen, voortplanting, kan leiden tot fysieke uitputting en iemands levensverwachting kan doen krimpen, heeft duizenden jaren stof opgeleverd voor allerlei grappen – in ieder geval onder mannen. Aristoteles was ervan overtuigd dat 'wulpse dieren' en dieren met 'overvloedig zaad' het vocht in hun lichaam opsouperen, waardoor ze sneller oud worden. En Albertus Magnus stelde dat mussen 'slechts kort leven als gevolg van hun [frequente] copulatie'.[1]

De hele geschiedenis door zijn mensen geobsedeerd geweest door hun eigen sterfelijkheid. In zijn *Historia animalium* wijdde Aristoteles vele bladzijden aan de levensverwachting van verschillende soorten. Hij noemt gevangen patrijzen die 15 jaar werden en een pauw die de 25 haalde. Bij Plinius vinden we zomertortels van 8 jaar en – minder aannemelijk – pelikanen en arenden die 80, respectievelijk 93 jaar oud werden. In de zevende eeuw waagde Isidorus van Sevilla de bewering dat gieren wel 100 kunnen worden, maar dit was duidelijk een gok, waarschijnlijk gebaseerd op de impliciete veronderstelling (wellicht afkomstig van Aristoteles) dat grotere dieren ouder worden dan kleinere. Een stuk betrouwbaarder was Gessner, die in de zestiende eeuw een 23-jarig tam puttertje beschreef dat duidelijk bejaard was. Zijn veren waren grijs, zijn snavel moest elke week bijgeknipt worden en toen hij uit zijn kooi werd gehaald, lag hij volkomen stil, niet meer in staat om te vliegen.[2]

In diezelfde zestiende eeuw kwam een verrassende hoeveelheid informatie over de levensduur van gevangen vogels beschikbaar. Cesare Manzini bijvoorbeeld, presenteerde in zijn boek uit 1575 over vogelhouden een uitvoerig overzicht van de levensverwachting van tamme zangvogels waarin hij niet alleen stilstond bij de verschillen binnen en tussen soorten, maar ook bij het ouder worden als zodanig:

> Indien men wenst te weten hoe lang vogels leven, weet dan dat er onder de nachtegalen zijn die drie jaren leven, andere vijf, weer andere wel acht, en dat zij al die tijd zingen. Derhalve zijn zij niet geheel volmaakt meer, en gaan zij beetje bij beetje achteruit. Er zijn ook nachtegalen gezien die wel vijftien jaren oud werden, en al die tijd een weinig zongen, althans voldoende; zij leven derhalve naar de goede behandeling welke zij krijgen, en ook naar hun gesteldheid.[3]

Twee eeuwen later wist Buffon het volgende over een gekooide nachtegaal te melden:

> Ik heb een nachtegaal gezien welke [...] tot aan zijn zeventiende jaar overleefde: deze oude vogel was sinds zijn zevende jaar grijs geworden; op zijn vijftiende had hij volledig witte veren aan zijn vleugels en zijn

staart; zijn poten, of beter, dijen, waren zeer vet geworden vanwege de opmerkelijke groei der schubben met welke deze delen bedekt zijn; ten slotte had hij bepaalde knobbels op zijn tenen daar hij aan jicht leed, en van tijd tot tijd moest de punt van zijn bovensnavel bijgeknipt worden, maar hij leed niet aan de kwalen van de oude dag; hij was altijd opgewekt, hij zong altijd, gelijk in zijn beste dagen, en hij streelde altijd de hand die hem voedde. Opgemerkt dient te worden dat deze nachtegaal nooit aan een andere gepaard was – liefde schijnt de levensdagen te korten.[4]

Manzini geeft de maximumleeftijd van verschillende vogels: rode rotslijsters vijf jaar; putters tien, soms zelfs vijftien of twintig; boom-, kuif- en veldleeuweriken, kneuen en groenlingen vijf; sijsjes zes (waaraan hij toevoegt dat dit geen pre is omdat hun zang zo irritant is). Ten slotte vermeldt hij dat Spaanse kanaries ongeveer tien jaar oud worden, hoewel enkele de twintig halen.[5]

De maximale levensduur die Manzini noteerde, klopt blijkens latere onderzoeken vrij aardig. Hij schreef het allemaal op om vogelhouders een idee te geven hoe lang hun huisdieren zouden leven. Maar je krijgt de indruk dat de dood, en zijn eigen tijdelijkheid, hem sowieso fascineerde.

Onvermijdelijk stelden bepaalde filosofen de vraag of informatie die exclusief gebaseerd was op gevangen dieren, maatgevend was voor wat er in de vrije natuur gebeurt. In de zeventiende eeuw schreef Francis Bacon: 'Eenmaal gevangen, ontaarden dieren door hun degeneratie. In de natuur daarentegen zijn zij aan alle soorten van weer blootgesteld, wat hen dikwijls intoomt.' Met andere woorden: vogels in gevangenschap hebben geen last van de wisselvalligheden van het weer, maar ze 'ontaarden' door te veel seks en te veel voedsel. Vogels in het wild kennen dat probleem niet, maar worden wel geconfronteerd met barre weersomstandigheden. De voor- en nadelen wegen tegen elkaar op, dacht Bacon.[6]

Slechts enkele jaren later waren Ray en Willughby van mening dat vogels die in het wild leven hogere levensverwachtingen hebben: 'Er is geen twijfel mogelijk dat vogels die vrijheid genieten en voornamelijk vrije lucht inademen en zich bedienen van hun eigen, natuurlijke voedsel, dat zij door lijfelijke inspanning vergaren, veel langer leven dan die in huizen of kooien gevangen zijn.'[7] John Knapp daarentegen schreef begin negentiende eeuw in zijn *Journal of a Naturalist* dat kooivogels ouder worden dan wilde vogels: 'Arenden, raven, papegaaien enz. die tam zijn, verwerven een langere levensduur, en hoewel wij veronderstellen dat zij van nature aan het leven gehecht zijn, overlijden zij waarschijnlijk eerder dan wanneer zij onze aandacht en zorg krijgen.'[8]

Knapp had gelijk. Toen Bob Ricklefs in 2000 de levensduur van vogels in het wild en in gevangenschap met elkaar vergeleek, bleken de laatste dertig procent ouder te worden. De belangrijkste uitkomst van dit onderzoek was echter dat de *intrinsieke* levenskansen bij gevangen en wilde vogels hetzelfde zijn: gevangen vogels die een hoge levensverwachting hebben, worden ook in het wild het oudst.[9]

De eerste Griekse filosofen verklaarden het fenomeen dat de levensduur bij diersoorten onderling verschilt op drie manieren. In de eerste plaats, benadrukte Aristoteles, bestaat er bij zoogdieren een duidelijk verband tussen de levensverwachting en de tijd die *in utero* is doorgebracht. Dieren als muizen en ratten, die als embryo slechts een paar weken in de baarmoeder verblijven, leven uiteindelijk korter dan soorten als rundvee en olifanten waarbij de draagtijd langer duurt.[10] In de tweede plaats, stelt Aristoteles, leven grotere dieren langer dan kleine. Ten derde gaat hij er, zoals we gezien hebben, van uit dat er een verband bestaat tussen levensduur en seksueel elan, inclusief de notie dat buitensporige copulatie het risico vergroot dat mannetjes vroeg oud worden en eerder sterven. In het verlengde daarvan meende Aristoteles dat soorten die ten prooi kunnen vallen aan roofdieren hun verkorte levensverwachting 'compenseren' door meer nakomelingen te creëren. Ze planten zich vaker voort en/of brengen een groter aantal jongen voort, waarna ze als gevolg van al deze inspanningen vroeg zullen sterven.[11]

Al deze veronderstellingen bezitten een kern van waarheid. Dat er een verband bestaat tussen levensverwachting en de tijd die *in utero* wordt doorgebracht, is door twintigste-eeuws onderzoek van zoogdieren bevestigd.[12] Ray en Willughby ontwikkelden de prikkelende gedachte dat hetzelfde kan opgaan voor vogels, wanneer 'tijd *in utero*' gelijkgesteld wordt met 'broedperiode': de periode tussen het leggen en het

*Deze twee schilderijen van een veldleeuwerik (boven) en een boomleeuwerik zijn van Vincenzo Leonardi en dateren uit 1620-1621. Ze stonden model voor de gravures in Ray's Ornithology (1676, 1678). Leeuweriken waren bekende kooivogels, in gevangenschap werden ze maximaal vijf jaar oud.*

*De onblusbare lust van jonge hanen zou hun lichaam uitmergelen. Deze afbeelding van een – geplukte – haan is van George Stubbs (1804-1806).*

uitkomen van eieren. Niemand lijkt dat echter ooit getest te hebben. In hun recente, omvattende studie over de levensduur van vogels besteden Peter Bennett en Ian Owens geen aandacht aan Aristoteles' opvattingen, omdat ze die zeer onaannemelijk vinden. Toen ik ze vroeg er hun database op na te trekken, bleek echter dat Ray en Willughby het bij het rechte eind hadden: vogels die langer broeden worden meestal ouder.[13]

Aristoteles' tweede veronderstelling, dat grote dieren ouder worden dan kleinere, blijkt eveneens grotendeels correct. Zo sterven zebravinken, een van de kleinste vogelsoorten, erg jong, zeker in vergelijking met albatrossen, die tot de grootste soorten behoren. We zullen echter nog zien dat lichaamsgrootte op zich geen betrouwbare graadmeter is voor de levensverwachting van een bepaalde soort.

Aristoteles' derde veronderstelling, dat te veel seks of voortplanting tot een vroege dood leidt, maakte zo'n indruk dat ze eeuwenlang een richtsnoer bleef. Ray schreef bijvoorbeeld in de *Ornithology*:

> De haan is een dermate wulpse vogel dat hij plotsklaps veroudert, en minder geschikt raakt voor voortplanting. Omdat hij zijn geestkracht vermorst en het sterke vocht, zoals men dat noemt, verbruikt in een onmatig verkeren met Venus, moet zijn lichaam noodzakelijkerwijs uitdrogen en moet de hitte van zijn lust wel uitdoven.[14]

In feite was er bitter weinig bekend over de natuurlijke levensduur van hanen. Zo schrijft Ray onder andere:

> Hoelang deze vogels zouden leven als zij alleen gelaten zouden worden, kan ik niet met zekerheid aangeven, alhoewel Aldrovandi hun leeftijd begrensd op tien jaar. Daar zij alleen worden gehouden voor het profijt, en binnen een paar jaar [...] ongeschikt raken voor de voortplanting – wie zou hen zonder enige hoop op voordeel nog willen houden, tenzij om proefondervindelijk vast te stellen hoe lang zij zullen leven? Doch dat zij als soort slechts kort leven, mogen wij met recht afleiden uit de schaamteloze en ontembare lust, welke hun lichaam verzwakt, hun geestkracht vermorst en hun einde naderbij brengt.[15]

Het aftakelend karakter van seks wordt zeer nadrukkelijk bevestigd door de bijzonder hoge levensverwachting van gecastreerde exemplaren, zoals Ray's collega Thomas Browne (enigszins cryptisch) opmerkte:

> ... bezien wij echter zorgvuldig een impotentie of totale ontmanning, en derhalve een langer leven: zij die in het geheel niet verkeren, leven het langst. En dit geldt niet alleen voor eunuchen in de natuur, maar ook voor vrouwtjesdieren met verwijderde eierstokken: gecastreerde dieren van elke soort leven langer dan die welke hun viriliteit behouden.[16]

Browne zegt hier met zoveel woorden dat eunuchen, zowel bij dieren als bij mensen, langer leven dan exemplaren met alles erop en eraan. Terecht, want de levensduur van menselijke castraten is significant tien of twaalf jaar langer dan die van andere mannen.[17]

Aldrovandi wees er ook op dat de levensverwachting van vrouwtjes te lijden kan hebben van bovenmatige voortplanting:

> Ook kippen kunnen, daar zij gedurende het grootste deel van het jaar dagelijks eieren leggen, zo veel jongen niet lang verzorgen, en de meeste van hen worden na drie of vier jaar kaal en slap. Want nadat zij alle zaadeieren die vanaf het begin in hen waren, uitgebroed hebben, moeten zij stoppen met leggen, daar er geen nieuwe meer in hen groeien.[18]

Deze bewering stoelt op twee ideeën. Het eerste is dat een kip die te veel eieren legt, haar levensverwachting bekort. Het tweede is gebaseerd op de (correcte) veronderstelling dat vrouwtjes hun leven beginnen met een vast aantal *ova* (door Aldrovandi 'zaadeieren' genoemd). Dat laatste wordt bevestigd door het karakter van vogeleierstokken: wanneer de groepjes kleine *ova* (die eruitzien als druiventrossen) eenmaal zijn opgebruikt, kunnen er geen nieuwe meer aangemaakt worden.

Toen eenmaal onderkend was dat zowel mannetjes als vrouwtjes nadeel ondervinden van een te sterke voortplanting, verschoof de aandacht van de geslachtsdaad sec (met name de rol van mannetjes daarin) naar voortplanting in bredere zin. Maar het zou tot de jaren zeventig van de vorige eeuw duren voor onderzoekers vanuit een evolutionair perspectief begonnen na te denken over de relatie tussen voortplanting en levensverwachting.[19]

De oude ornithologen werden bij het duiden van het verschil in levensverwachting per soort vooral gehinderd door een gebrek aan betrouwbare informatie. Twee zaken waren problematisch. Ten eerste betrof bijna alle informatie vogels in gevangenschap. Ten tweede was iedereen gefixeerd op de maximale levensduur zonder zich te realiseren dat dat een geflatteerd beeld van de werkelijkheid kan opleveren. Ray en Willughby dachten dat vogels, gemeten naar hun lichaamsgrootte, van alle warmbloedigen het oudst werden. Op zich klopt dat, alleen waren sommige van hun ramingen aan de hoge kant. Zo meldden ze dat zwanen wel driehonderd jaar kunnen worden, en dat een van hun vrienden een gezonde, levenslustige gans bezat die tachtig jaar oud was. Dit lijkt een van de weinige keren dat Ray en Willughby het niet zo nauw namen en nogal goedgelovig waren. Eeuwen later werd hun dat door David Lack aangewreven, maar achteraf is het natuurlijk makkelijk praten.

Als John Ray even nuchter had nagedacht, dan had hij ongetwijfeld begrepen hoe onwaarschijnlijk het is dat een wilde gans tachtig wordt; het nodige cijferwerk daarvoor was al verricht. In 1646 had Thomas Browne, wiens werken Ray ongetwijfeld kende, uitgerekend dat het totaal aantal nakomelingen van een soort na enkele generaties tot miljoenen zou oplopen als een mannetje en een vrouwtje een bepaald aantal jongen zouden voortbrengen en de jongen daarvan eenzelfde aantal jongen op de wereld zouden zetten.[20] Met andere woorden: een soort, zoals ganzen, met een gemiddelde levensverwachting van tachtig jaar en een nest van vier of vijf jongen per jaar, zou in korte tijd astronomisch in aantal toenemen. Omdat er echt niet zo veel ganzen rondliepen, had Ray moeten begrijpen dat er wellicht iets niet klopte: hoogstwaarschijnlijk zijn raming van de gemiddelde levensverwachting van deze soort.

Browne gebruikte zijn berekeningen om zijn idee over het 'evenwicht in de natuur' te ontwikkelen. Waarom bleef het aantal dieren na verloop van tijd ongeveer gelijk?

Volgende bladzijden: *In het begin van de twintigste eeuw leverde onderzoek bij roodborsten dat gebruik maakte van gemerkte vogels de eerste betrouwbare ramingen op van de gemiddelde levensduur van een soort. Dit schilderij uit 1620 à 1621 is van Vincenzo Leonardi.*

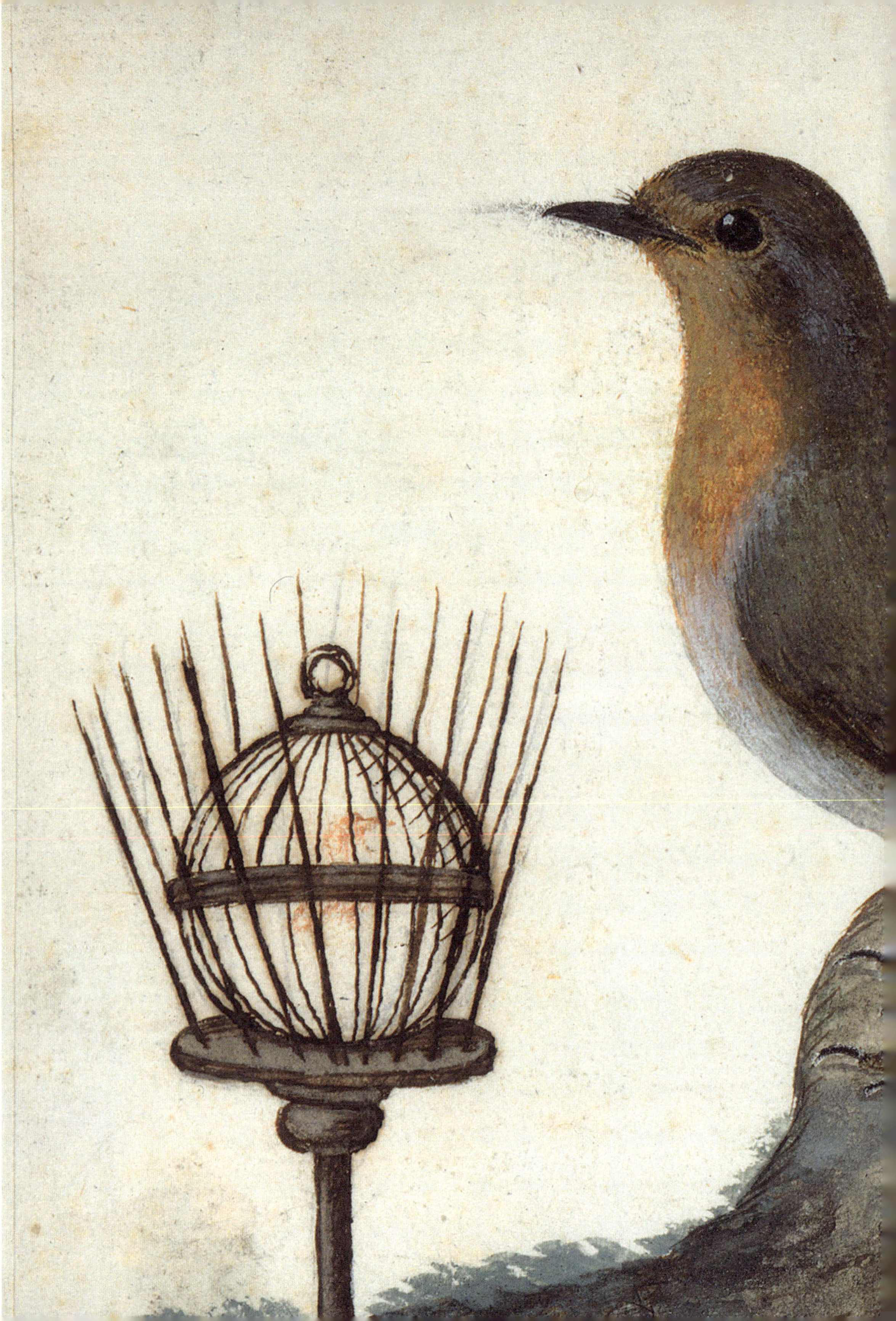

Pettirosso

> Er zijn twee belangrijke oorzaken voor de aantallen van elke soort, te weten regelmatige en veelparige wijze van broeden, waarbij zij de wereld aanvullen met andere, hoewel zij zelf niet lang existeren; of een lang bestaan en lange aanwezigheid, waarbij zij de wereld niet alleen voorzien van nieuwe aanvullingen, maar tevens zichzelf in stand houden.[21]

Volgens Browne zijn er dus twee levensstijlen: frequente voortplanting en een korte levensduur, óf bescheiden voortplanting en een langer leven. Het was lastig om te begrijpen wat het evenwicht in de natuur in stand hield, waarom een bepaalde soort niet uitstierf, maar ook niet oneindig in aantal toenam. Dat is niet zo vreemd: omdat er alleen gegevens over de *maximale* levensduur beschikbaar waren, zaten Browne, Ray en vele anderen op het verkeerde spoor. Om vooruitgang te boeken was een nieuwe manier van denken vereist. Het kernbegrip daarbij was *gemiddelde* levensduur. Om die voor vogels in het wild te kunnen berekenen, moesten deze echter gemerkt worden en moest een aanzienlijk aantal exemplaren – dus niet één of twee – gevolgd worden.

Zeventiende-eeuwse voortrekkers als Von Pernau en Frisch hadden vogels gemerkt door tenen te verwijderen of gekleurde draden om hun poten te doen, maar dat soort methodes was weinig geschikt als het om grote aantallen ging. De doorbraak kwam pas aan het begin van de twintigste eeuw toen lichte, afzonderlijk genummerde metalen ringetjes geïntroduceerd werden. Een verdere verfijning ontstond na 1930: plastic kleurringetjes die in verschillende kleurencombinaties om werden gedaan, waardoor ornithologen vogels met verrekijkers konden identificeren zonder ze te hoeven vangen. Door vogels al in het nest te ringen en ze te volgen tot ze dood werden aangetroffen, konden onderzoekers eindelijk inschatten wat de gemiddelde levensduur van afzonderlijke soorten was.

De eerste belangrijke resultaten waren afkomstig van een amateurornitholoog, James Burkitt. Burkitt was een Britse ingenieur die naar vogels begon te kijken toen hij de dertig al gepasseerd was; zijn opmerkelijk originele studie over afzonderlijk gemerkte roodborsten startte hij op toen hij al vijftig was. Nadat hij zijn vogels vanaf circa 1900 een aantal jaren gevolgd had, berekende hij dat hun gemiddelde levensduur twee jaar en tien maanden was: aanzienlijk minder dan 'zijn' oudste vogel, die op elfjarige leeftijd overleed.[22]

Door de roodborsten in hun natuurlijke omgeving te volgen, wist Burkitt allerlei geheimen te ontsluieren. Maar hij was zijn tijd te ver vooruit en zijn ontdekkingen werden genegeerd. Het zou tien jaar duren voor Margaret Morse Nice in Ohio aan haar inmiddels beroemde onderzoek naar gemerkte zanggorzen begon, en nog een decennium voor David Lack zijn eigen onderzoek naar gemerkte roodborsten opstartte. Pas toen werd Burkitts baanbrekende werk op zijn waarde geschat.[23]

Lacks fascinatie voor roodborsten was het startschot van een ambitieuze, levenslange speurtocht naar de ecologie van vogelpopulaties. Hij is de held van dit hoofdstuk en van de moderne ornithologie in het algemeen, omdat hij met succes denkbeelden over natuurlijke selectie toepaste bij het doorgronden van de life history van vogels. Lack genoot zijn opleiding tussen 1929 en 1933 aan Gresham's School in Norfolk en het Magdalene College in Cambridge. Daarna werd hij biologieleraar aan de Dartington Hall School in Devon: een vrijzinnige omgeving die hem inspireerde om de plaatselijke roodborsten te gaan bestuderen. Hij volgde de exemplaren die hij gemerkt had, noteerde wanneer ze verdwenen of stierven, en wist zo hun gemiddelde levensduur te achterhalen.[24] Zijn bevindingen publiceerde hij in *The Life of the Robin* (Het leven van de roodborst, 1943), een prachtig geschreven boek, gekruid met fraaie historische anekdotes. De eruditie spat van de pagina's, het boek werd een klassieker.

Naast allerlei andere zaken ontdekte Lack dat hij de gemiddelde levensduur van zijn roodborsten eenvoudigweg kon berekenen door te kijken naar het percentage vogels dat na twee broedseizoenen nog in leven was. Met eenvoudige rekenformules toonde hij bijvoorbeeld aan dat, wanneer 60 procent van de vogels van het ene legsel tot het andere legsel in het jaar daarop in leven bleef, de gemiddelde levensduur twee jaar moest zijn. Als 98 procent overleefde, moest dat bijna vijftig jaar zijn.[25]

Bij het schrijven van het hoofdstuk over overlevingskansen kreeg Lack een geniale inval. Waarom zou hij alléén gebruikmaken van observatiegegevens over afzonderlijke roodborsten die (door hemzelf of anderen)

Tussen 1930 en 1940 bestudeerde Margaret Morse Nice de life history van zanggorzen. Haar artikelen werden voor het eerst gepubliceerd in Duitsland en niet in haar geboorteland, de Verenigde Staten. Een duidelijke aanwijzing hoe professionele ornithologen, met name de honkvaste bewoners van natuurhistorische musea, nog steeds op veldstudies neerkeken. (Audubons Birds of America, 1827-1838)

gemerkt waren met kleurringen, en níet kijken naar gegevens over vogels met metalen kleurringen, van welke soort dan ook, die door mensen dood waren aangetroffen? Op die manier kon hij ook inschatten wat de gemiddelde levensduur van soorten als geheel was! Door gebruik te maken van informatie die in vogeltrekstations van terugmeldingen was opgeslagen, konden ornithologen eindelijk een raming maken van overlevingskansen en levensverwachtingen.

Ingenieuze inzichten als deze maakten van David Lack een van de meest gevierde ornithologen van de twintigste eeuw. In 1938 nam hij een jaar verlof om naar de Galapagos-Eilanden te trekken en daar de grondvinken te bestuderen die Darwin een eeuw eerder zo gefascineerd hadden. Het resultaat was een tweede prachtboek: *Darwin's finches* (1947).[26] Tijdens de Tweede Wereldoorlog was Lack betrokken bij de luchtradar, wat hem een unieke gelegenheid bood in het onderzoek naar vogeltrek geheime hightechmiddelen toe te passen die tot dan toe aan het leger waren voorbehouden.

Na de oorlog werd Lack benoemd tot directeur van het Edward Grey Institute in Oxford, een onderdeel van de afdeling Zoölogie. De opeenvolging van gebeurtenissen die aan deze benoeming voorafging en na verloop van tijd zou resulteren in een ingrijpende modernisering van de ornithologie, is door Bill Thorpe op een rijtje gezet:

> In 1927-1928 richtte de Oxford Ornithological Society, aangespoord door E.M. Nicholson en anderen, de Oxford Bird Census op, die het jaar daarop een prachtige telling van broedplaatsen van reigers presenteerde. De overduidelijke voordelen hiervan deden Max Nicholson en B.W. Tucker streven naar een permanent centrum voor ornithologisch onderzoek dat zou garanderen dat dit belangwekkende turven niet afhankelijk bleef van het komen en gaan van toegewijde, bekwame studenten. De volgende stap was de benoeming van W.B. Alexander tot directeur van de Bird Census. In 1931 kwam er een kleine regeringssubsidie los en het jaar daarop zag de British Trust for Ornithology het levenslicht, met de expliciete bedoeling het streven van Oxford te ondersteunen. Maar de subsidie was niet toereikend, waardoor het voor de universiteit van Oxford pas in 1938

*Geospiza magnirostris*

De grote grondvink van de Galapagos-Eilanden was een van de soorten die David Lack in 1939 bestudeerde. Deze vogels, aangeduid als darwinvinken, zijn nog steeds een prachtig onderwerp voor evolutionaire studies (geschilderd door John Gould, opgenomen in Darwin, 1839).

mogelijk werd om formeel achter het plan te gaan staan als nagedachtenis aan haar voormalige rector, Lord Grey of Fallodon. Het nieuwe Edward Grey Institute, zoals het genoemd werd, werd bijna exclusief geleid door Wilfred Alexander, die het telwerk voortzette en de prachtige bibliotheek opbouwde (die tegenwoordig zijn naam draagt) tot hij in 1945 met pensioen ging. In datzelfde jaar presenteerden A.C. Hardy (de nieuwe hoogleraar zoölogie van Oxford), B.W. Tucker en A. Landsborough Thomson een gedetailleerd plan voor de definitieve oprichting van een Edward Grey Institute of Field Ornithology, als onderdeel van een nieuwe afdeling voor zoölogische veldstudies; David Lack werd benoemd tot directeur daarvan.[27]

Lacks taak bestond eruit een 'nationaal coördinatiecentrum voor door amateurs bedreven veldornithologie' op te zetten. Omdat hij vond dat zijn nieuwe positie hem de macht en de mogelijkheid schonk het aanzien van de ornithologie te veranderen, negeerde hij deze opdracht en concentreerde zich op de vogelecologie, met natuurlijke selectie als richtsnoer. Zo slaagde hij erin de ornithologie te professionaliseren.[28]

De oorspronkelijke architecten van het EGI waren *not amused* met dit 'verraad'. Toen de British Ornithologists' Union in 1959 zijn honderdste verjaardag vierde en in *The Ibis* een serie artikelen publiceerde over de recente geschiedenis van de Britse ornithologie, suggereerde Lack al dan niet bewust dat hij zich vanaf het allereerste begin op de hoofdstroom van de biologie georiënteerd had. De bijdragen van amateur-ornithologen reduceerde hij daarmee met één dreun tot gekrabbel in de marge.

Max Nicholson en James Fisher waren ontzet. De laatste beschuldigde Lack ervan dat hij 'alleen zaken waarin het instituut [EGI] tegenwoordig geïnteresseerd is, van belang vindt'. De teleurstelling van Fisher en Nicholson betrof voor een deel de 'hyperkritische' manier waarop Lack, en met hem de professionele ornithologie, het werk van amateurs beoordeelde. Gekoppeld aan het toenemend gebruik van statistieken in bladen als *The Ibis* ontzegde dat amateurs de facto de toegang tot de moderne ornithologie. Andere bijdragen in het centenniumnummer van *The Ibis* maakten het er niet beter op. Wat Nicholson en Fisher zagen als Lacks hérschrijving van de geschiedenis van het EGI werd door mensen als Julian Huxley, Niko Tinbergen, Reg Moreau en Bill Thorpe onderschreven.[29]

Lack ontketende een revolutie in de ornithologie. Hij schoof de traditionele, beschrijvende studies van vogelgeografie en -taxonomie, die het vak zo lang beheerst hadden, opzij en schiep ruimte voor veldonderzoek: voor ecologie en gedragsstudies. Dat gebeurde vijfentwintig jaar nadat Erwin Stresemann een vergelijkbare verandering in Duitsland had doorgevoerd. Stresemanns opvattingen hadden weinig impact in Groot-Brittannië gehad. Voor een deel kwam dat ongetwijfeld door de oorlog, en omdat hij meestal in het Duits schreef. Maar Stresemann had ook geen weerklank gevonden in Groot-Brittannië omdat er destijds niemand met een adequate visie was geweest, of met genoeg intellectueel gezag, om de oude garde de wacht aan te zeggen. Lack wás die man. De oude garde was dan misschien teleurgesteld – ze konden wat Lack bereikt had, niet negeren. En om eerlijk te zijn werden de amateur-ornithologen niet helemaal afgeserveerd: de British Trust for Ornithology (BTO) en de Royal Society for the Protection of Birds (RSPB) kregen al snel de rol hen bij de vogelbescherming en het onderzoek naar vogelecologie te betrekken.

Kort nadat hij in 1945 tot directeur benoemd was, reisde Lack naar Nederland voor een ontmoeting met de ornitholoog Hubert Kluijver, die al bijna een halve eeuw onderzoek deed naar het broedgedrag van een populatie koolmezen in nestkasten. Toen Lack Kluijvers kasten zag, realiseerde hij zich onmiddellijk dat dit precies was wat hij nodig had om antwoord te krijgen op zijn eigen vragen over de ecologie van vogelpopulaties. Zodra hij in Oxford terug was, richtte hij in Wytham Woods, aan de rand van de stad, zijn eigen nestkasten met koolmezen in. Het onderzoek dat hij toen begon, loopt nog steeds, net als dat van Kluijver.[30]

Een van de eerste resultaten van het Oxfordse onderzoek was de ontdekking dat maximaal tachtig procent van alle jonge vogels in hun eerste levensjaar overlijdt. Veel ornithologen en niet-ornithologen konden dit niet vatten – kon een liefhebbende God zo spilziek zijn? Lack werd fel bekritiseerd: als er zóveel vogels omkwamen, dan zouden we tot onze knieën in de kadavers staan... Ze vergisten zich, Lack had gelijk. Dat we niet over kadavers struikelen komt – uiteraard – alleen maar omdat ze

*Het onderzoek naar koolmezen dat David Lack kort na de Tweede Wereldoorlog begon in Wytham Woods bij Oxford loopt nog steeds. (Selby, 1825-1841)*

snel door aaseters worden opgeruimd, of opgegeten door roofdieren.

De populatiestudies waaraan Lack begon, wierpen veel vruchten af. Binnen korte tijd kwamen er ramingen beschikbaar over de levenskansen van tal van vogels. Daaruit kwam onder andere naar voren dat de evolutionaire geschiedenis een belangrijke rol speelt: sommige vogelfamilies lijken voor een korter leven voorbestemd dan andere. Zoals we al zagen, horen albatrossen en stormvogels (buissnaveligen, *Procellaridae*) tot de vogels die het oudst worden, ook al verschillen ze onderling sterk qua grootte. Kleine stormvogeltjes wegen niet meer dan 35 gram, zwerfgrage albatrossen wel driehonderd keer zo veel: negen kilo.

Een ander gegeven dat uit dit langlopend onderzoek naar voren kwam en snel door Lack werd opgepikt, was dat vogels in relatie tot hun leeftijd een afwijkend sterftepatroon vertonen. Anders dan bij veel vissen en ongewervelden, waar het sterftecijfer onder de jongste exemplaren het hoogst is, of bij veel zoogdieren, waar de overlijdenskans op hogere leeftijd toeneemt, blijft bij vogels het sterftecijfer gedurende hun hele leven ongeveer gelijk. Dit betekent, zoals Aristoteles al opmerkte, dat vogels in het wild nauwelijks tekenen van geestelijke achteruitgang of van leeftijdsgebonden lichamelijke uitval vertonen. De zeldzame uitzondering op deze regel vormen enkele zeer geriatrische exemplaren *in gevangenschap*, zoals het door Gessner beschreven puttertje en Buffons nachtegaal.

Naarmate de ornithologie zich uitbreidde en onderzoekers ook de beschikking kregen over informatie over vogels in de tropen en andere delen van de wereld, werden de overlevingspatronen complexer en interessanter. Een bijzonder verrassende uitkomst was dat sommige tropische zangvogels per jaar een overlevingskans hebben van tachtig procent en dus net zo oud worden als zeevogels uit een gematigd klimaat. En net als 'gematigde' zeevogels zullen veel tropische zangvogels over het algemeen weinig omvangrijke broedsels produceren. Dit alles past binnen een groot geografisch patroon dat zelfs binnen bepaalde soorten terug te vinden is. Zo produceren huismussen in Canada legsels van vijf eieren, maar in Centraal-Amerika slechts van twee. Het verband dat Aristoteles zag tussen overlevingskansen en de energie die opgaat aan de voortplanting – het aantal gelegde eieren en het aantal grootgebrachte jongen – leek steeds aannemelijker te worden.

In februari 1676 stuurde John Ray zijn vriend Martin Lister een exemplaar van de recentelijk gepubliceerde Latijnse versie van zijn encyclopedie. Aan zijn dankbriefje voegde Lister een paar vogelnotities toe, onder andere over een fascinerend experiment met een boerenzwaluw die in één keer negentien eieren had gelegd, in plaats van de gebruikelijke vier à vijf. Telkens als er een ei gelegd werd, haalde Lister dat weg, en negentien dagen lang legde het vrouwtje daar een nieuw ei voor in de plaats. Ray begreep onmiddellijk de wetenschappelijke portee van dit opmerkelijke experiment. Informatie erover voegde hij toe aan de Engelse versie van de *Ornithology*, die al bijna bij de drukker lag. In *The Wisdom of God* ging hij in op de verreikende implicaties van Listers experiment:

> Vogels beschikken niet over het vermogen om precies te tellen, zij kunnen echter wel veel van weinig onderscheiden, en weten wanneer zij een zeker aantal bereiken: en wel zodanig, dat zij een dergelijk aantal eieren zullen leggen, als zij gevoeglijk kunnen bedekken en uitbroeden.[31]

De vraag was: waarom produceert elke soort een legsel van bepaalde, specifieke omvang? Waarom bestaat het legsel van albatrossen, alken en de meeste andere zeevogels uit één ei, terwijl zebravinken bijna altijd vijf eieren leggen en pimpelmezen tien of twaalf? Een oude verklaring luidde dat vogels net zo veel eieren leggen als ze fysiek aankunnen, maar het feit dat ze een enkele keer veel meer eieren kunnen leggen, zoals Listers experiment bewees, weerlegde dat. Een andere mogelijkheid – geopperd door Ray – was dat vogels net zo veel eieren leggen als het vrouwtje kan bedekken en efficiënt kan uitbroeden. Ook dat werd onderuitgehaald: in experimenten waarbij eieren aan het legsel werden toegevoegd, bleken moedervogels makkelijk in staat deze 'koekoekseieren' óók uit te broeden.[32]

Lacks eigen hypothese was, zoals al zijn opvattingen, stevig verankerd in darwiniaans denken: exemplaren leggen per legsel het aantal eieren dat hun tijdens hun leven uitzicht biedt op een maximaal aantal nakomelingen. In *The Wisdom of God* had Ray vrijwel hetzelfde beweerd: de 'beste' omvang van een legsel was de omvang die het meest in de natuur

*John Ray's vriend Martin Lister berichtte hem dat een boerenzwaluw bij een experiment in negentien dagen negentien eieren had gelegd. Het bewees dat de normale omvang van een legsel niet begrensd wordt door de fysieke mogelijkheden van het vrouwtje.*
(Nozeman, 1770-1829)

voorkwam. Het was deze bewering die Lack op het idee bracht hoe hij zijn eigen hypothese kon testen.

Wat Lack zocht, was een vogel waarvan de omvang van het legsel én de overlevingskans van de uitvliegende jongen makkelijk gemeten konden worden. Een Zwitserse studie over spreeuwen voorzag daar perfect in. Jarenlang had ornitholoog Alfred Schifferli zijn nestkasten bijgehouden, met grote regelmaat had hij de legsels geteld en alle uitvliegende jongen geringd. Lack wist dat hij met zijn methode en aan de hand van de gegevens over terugmelding de overlevingskansen kon inschatten. Als zijn hypothese juist was, dan zou het aandeel van overlevende vogels het grootst zijn bij spreeuwen die een legsel van gemiddelde omvang produceerden en minder groot bij exemplaren die per keer minder of meer eieren legden.

Lack reisde naar Sempach in Zwitserland en boog zich met Schifferli over de data. Er waren geen rekenmachines, geen computers. Om de gewenste schattingen te kunnen maken, moest er veel met pen en papier geworsteld worden. Maar het was het waard. Toen het plussen en minnen voltooid was, werd Lacks hypothese bevestigd: spreeuwen die een gemiddeld legsel produceren, brengen het grootste aantal overlevende jongen voort. Natuurlijke selectie werkt.[33]

Het was op zich al spannend om te achterhalen hoe oud bepaalde vogelsoorten worden, of welk deel daarvan van jaar tot jaar overleeft. Maar Lack zag dit soort informatie als cruciaal onderdeel van een groter geheel; ze was essentieel om te kunnen begrijpen waarom vogelaantallen gelijk blijven. Wil een vogelpopulatie in omvang hetzelfde blijven, dan zal het geboortecijfer moeten opwegen tegen het sterftecijfer. Lack ging ervan uit dat de aantallen min of meer stabiel blijven. Hij baseerde zich daarbij op de enige informatie die destijds beschikbaar was: de omvang van populaties blauwe reigers in Engeland en Wales, die sinds 1928 elk jaar geteld werden.

De term 'stabiel' impliceert dat het aantal vogels in het ene jaar precies gelijk is als in het volgende. Maar dat was niet wat Lack bedoelde. Stabiliteit betekende in zijn ogen – en dat werd bevestigd door de reigertellingen – dat er een *bovengrens* is, een plafond, waarboven de aantallen niet meer toenemen. Dat was inderdaad het geval. De aantallen reigers bleven min of meer constant, tenzij er een strenge winter was die ervoor zorgde dat de populatie implodeerde. De winters waren vaak streng in de loop van het onderzoek, maar die van 1946-1947 was een van de allerstrengste van de twintigste eeuw. Een enorme val in het aantal reigers was het gevolg. Lack constateerde echter dat het aantal binnen twee of drie jaar weer op peil was; de populatie bezat dus een groot expansievermogen. Toen de populatie eenmaal terug was op het niveau van voor 1946-1947, stopte de aanwas. Het evenwicht was hersteld.

Het geloof in het 'evenwicht in de natuur' kent een lange traditie. De oorsprong ervan ligt in het Griekse idee dat 'natuur' iets constants en harmonieus' is. 'Evenwicht' omsluit zowel de stabiliteit van aantallen als het voortbestaan van soorten. Aristoteles was geen groot aanhanger van dit idee, maar veel van zijn opvattingen zijn er wel mee in overeenstemming, inclusief zijn constatering dat roofvogels om hun aantal gelijk te houden kleinere broedsels produceren dan andere typen vogels. Bij een te groot aantal roofvogels zouden deze soorten immers kunnen uitsterven.

In de daaropvolgende eeuwen leek de ogenschijnlijke continuïteit van de natuur inderdaad het idee dat alles 'in evenwicht' is, te bevestigen. Er waren krachten of processen werkzaam die het aantal vogels binnen een bepaalde soort relatief constant hielden. Lack wilde achterhalen hoe die processen werkten.

Eerst pijnigde hij zijn hersenen af hoe reigerpopulaties zich na een strenge winter zo snel konden herstellen. Hij bedacht het volgende scenario. Wanneer meren en poeltjes bedekt zijn met ijs, wordt de beschikbare hoeveelheid voedsel beperkt en komen veel reigers om van de honger. De voorraadschuur is gevuld, maar de deur zit op slot. Wanneer het ijs in het voorjaar smelt, gaat de deur weer open. Maar – en daar gaat het hier om – omdat de hoeveelheid voedsel dankzij de winterse omstandigheden niet kleiner geworden is, is de hoeveelheid die er per overlevende reiger beschikbaar is, groter dan daarvoor. Als gevolg daarvan kunnen de reigers meer nakroost op de wereld zetten, waarna de populatie navenant groeit. Zodra het aantal reigers een niveau bereikt dat zij op de beschikbare hoeveelheid voedsel gaan interen – het moment dat het geboorte- en sterftecijfer met elkaar in evenwicht zijn – stabiliseert de populatie zich.

De analyse van de reigerpopulatie stond voor Lack model voor alle vogelpopulaties. Voedsel was de sleutel, aantallen werden gereguleerd door het 'dichtheidsafhankelijk' principe. Hoe meer vogels er zijn, hoe minder voedsel er per exemplaar beschikbaar is, en hoe moeilijker deze vogels zich kunnen handhaven of voortplanten. Hoewel Lack inzag dat roofdieren of ziektes ook een rol kunnen spelen, bespeurde hij daar weinig bewijzen van. Daarom zette hij in op voedsel als de meest bepalende factor voor de omvang van vogelpopulaties.[34]

Lacks opvatting dat vogelaantallen gereguleerd worden door dichtheidsafhankelijke processen, zoals te zien was bij reigers en koolmezen, lijkt logisch en is onmiskenbaar darwiniaans. Maar niet iedereen was het ermee eens. Met name Vero Wynne-Edwards van de universiteit van Aberdeen zag het anders. Vogelaantallen werden volgens hem niet gereguleerd door de hoeveelheid voedsel die in hun omgeving voorhanden is, zoals Lack beweerde, maar door hun gedrag. Sociaal gedrag, zoals het verzamelen voorafgaand aan het settelen of het samenkomen rond broedkolonies, was volgens Wynne-Edwards ontstaan om vogels in staat te stellen een schatting te maken van hun bevolkingsdichtheid. Op basis van deze kennis planten ze zich dusdanig voort dat hun aantallen op een niveau blijven waarin de aanwezige voedselvoorraad voorziet. Wanneer de aantallen relatief hoog zijn, produceren sommige exemplaren, meestal degene die laag in de hiërarchie staan, een klein legsel of helemaal geen legsel om hun omvang binnen de perken te houden. Op deze manier, stelde Wynne-Edwards, verorberen populaties nooit te veel van hun voedselvoorraad. Niemand lijdt honger en de aantallen blijven stabiel.

Wynne-Edwards' zienswijze appelleerde aan de menselijke intuïtie en leek bij de feiten aan te sluiten. Sociaal ondergeschikte dieren leggen meestal minder eieren per keer en in sommige jaren planten ze zich helemaal niet voort. Maar het ging niet om de feiten, het ging om de interpretatie daarvan. Die feiten waren eerlijk gezegd nogal mager, en ze werden niet door experimenten gestaafd. Goede informatie over het reguleren van populaties was schaars en Lacks eigen onderzoek naar koolmezen liep na 1960 nog niet lang genoeg om zijn opvattingen ondubbelzinnig te bevestigen. De strijd die vervolgens losbrandde, ging net zo veel over woorden als over data.[35]

Wynne-Edwards' beeld van de wereld van de natuur was zowel naïef optimistisch als onjuist. Het was onjuist omdat het gebaseerd was op een verkeerde interpretatie van de wijze waarop natuurlijke selectie plaatsvindt. Hij ging ervan uit dat afzonderlijke dieren het goed met hun soort voorhebben; vandaar dat hij vond dat ondergeschikte exemplaren hun eigen voortplanting ten faveure van anderen beperken. Hetzelfde gold voor territoria. Volgens Wynne-Edwards waren deze ontstaan om een soort te verspreiden, zodat exemplaren die het waard zijn om zich voort te planten, genoeg voedsel krijgen; wederom ten bate van de soort als geheel. Zulke zelfopoffering, zo'n altruïsme, is moreel hoogstaand. Maar helaas kent de natuur geen moraal.

David Lack was jaren bezig Wynne-Edwards en andere ecologen die weinig moeite deden de nuances van natuurlijke selectie te begrijpen, ervan te overtuigen dat selectie zo, en niet anders, werkte.

Zo ziet de waarheid eruit, zelfs een kind begrijpt de logica ervan. Stel je een situatie voor waarin voedsel schaars is. Stel je vervolgens voor dat er twee soorten individuen rondlopen: één soort die Wynne-Edwards' strategie adopteert en afziet van elke voortplanting, en een andere soort die Lacks tactiek volgt en zo snel en zo veel eieren legt als maar mogelijk is. Wie van de twee heeft de beste kansen om zijn genen in een volgende generatie terug te zien? De tweede! Lacks tactiek is de enige die werkt, want genen die exemplaren dwingen af te zien van voortplanting kunnen niet overgedragen worden... Natuurlijke selectie werkt bij afzonderlijke exemplaren, niet bij groepen of populaties.

Wynne-Edwards bracht zijn ideeën over groepsselectie voor het eerst rond 1950 naar buiten. Aanvankelijk vond hij nauwelijks gehoor; op een gegeven ogenblik leken zijn ideeën zelfs door een achterdeur te verdwijnen. Maar met de publicatie van zijn 653 pagina's tellende *Animal Dispersion in Relation to Social Behaviour* wist hij in 1962, geholpen door zijn redenaarstalent, groepsselectie weer op de agenda te krijgen. Getergd sloeg Lack in woord en geschrift terug. Op wetenschappelijke conferenties probeerde hij zijn opponent tot een discussie te verleiden. Tevergeefs: Wynne-Edwards wilde een openlijk conflict vermijden, ontweek Lack en gaf nooit rechtstreeks antwoord.[36] Lack raakte er behoorlijk door gefrus-

*Sinds 1928 vinden er jaarlijkse tellingen plaats van de blauwe reigers in Engeland en Wales. David Lack maakte er dankbaar gebruik van toen hij onderzocht hoe vogelpopulaties gereguleerd worden. (Selby, 1825-1841)*

treerd. Hij gebruikte een groot deel van zijn volgende boek, *Population Studies of Birds*, om uit te leggen waarom Wynne-Edwards zich vergiste en waarom alleen selectieprocessen die betrekking hebben op afzonderlijke exemplaren, resultaten opleveren: bij het reguleren van populaties én in de biologie als totaliteit. Uiteindelijk won Lack, maar het duurde nog een decennium voor groepsselectie in brede kringen als een dwaling werd gezien.[37]

Deze twee mannen, die jarenlang als intellectuele houwdegens tegenover elkaar stonden, verschilden van elkaar als water en vuur. Lack was een ijskonijn: hardvochtig en intellectueel agressief. Wynne-Edwards daarentegen, was rustig en niet-confronterend: een warme, openhartige persoonlijkheid. Na wetenschappelijke bijeenkomsten waarop Wynne-Edwards zijn ideeën presenteerde, reisde Lack terug naar Oxford en vervloekte hem. Maar toen Wynne-Edwards (een expert in alpiene vegetatie) een tijdje daarna hoorde dat Lack met zijn twee zonen in de Cairngorm Mountains in Schotland wilde gaan botaniseren, bood hij aan om hun wat bijzondere bloemen en planten te laten zien. De trip was een groot succes; ontdooid door Wynne-Edwards' charme keerde Lack terug naar Oxford om de loftrompet over zijn vijand te steken.[38]

We begonnen dit hoofdstuk met de vraag waarom verschillende vogels verschillende levensverwachtingen hebben. Bij zijn pogingen om dit soort vragen te beantwoorden, trad Lack in de voetsporen van John Ray. Alles wat hij over vogels wist, haalde hij van stal om hun levens beter te kunnen begrijpen. Allebei werden ze 'gebiologeerd' door vogeleieren, door de ontwikkeling van jongen, de staat van ontwikkeling op het moment dat jongen uit het ei kruipen (blind of nestvliedend), gedrag (sociaal of solitair), relatievormen (polygaam of monogaam) en levensduur. Ze wilden weten hoe al deze specifieke kenmerken samen één enkele entiteit vormen die ervoor zorgt dat soorten in een specifieke omgeving kunnen overleven. Beide mannen zochten naar grote patronen om tot een groter inzicht te komen.

Lacks doel was ambitieus, en dat wist hij. Als hij zou slagen, zou het algemeen inzicht tot een niveau reiken dat dat van allerlei afzonderlijke onderdelen zou overstijgen. Hij vergaarde als het ware allerlei losse draden – evolutie, gedrag, grootbrengen van jongen, groepsvorming enzovoort – en weefde daar een nieuw, veelkleurig ornithologisch tapijt van. Het verhaal dat dit tapijt vertelde, was zo opwindend dat er allerlei nieuwe mogelijkheden, vragen en perspectieven opdoken die het inzicht in het leven van vogels nog meer zouden vergroten. Zijn voorgangers hadden fragmenten van inzicht aangedragen en soms zelfs een overkoepelend idee, maar Lacks visie was veelomvattender. Zijn lucide ideeën over evolutie (individuele selectie) sterkten hem in de overtuiging dat er een oplossing moest zijn. Het enige wat hij hoefde te doen, was zorgen dat de verschillende stukjes informatie op hun plaats vielen. Natuurlijk begreep hij best dat sommige stukjes nog niet beschikbaar waren; vandaar dat hij anderen aanmoedigde om nieuwe ideeën te ontwikkelen en te testen.

Een vraag die Lack erg bezighield, was waarom onderscheiden soorten zo'n uiteenlopende hoeveelheid energie in hun voortplanting steken. Waarom is de omvang van legsels bij verschillende soorten zo verschillend? Lack vond dat hij deze vraag afdoende beantwoord had, maar zijn critici dachten daar anders over. Lacks uitkomsten waren uitsluitend gebaseerd op observaties, experimenten waren dringend gewenst. Zo'n experiment zag er in feite heel simpel uit. Als Lacks opvatting over de optimale omvang van legsels juist was, dan moest het verwijderen of toevoegen van eieren altijd resulteren in een verminderd voortplantingsresultaat, omdat elke afwijking tot een suboptimale omvang van het broedsel moest leiden.

Lack zelf was niet echt gecharmeerd van experimenten. Hij gaf de voorkeur aan observaties in het wild, zoals bij het spreeuwenonderzoek in Zwitserland. Maar hij begreep dat hij er niet onderuit kon – en werd pijnlijk verrast. Toen onderzoekers aan het eind van de jaren vijftig voor het eerst eieren weghaalden en toevoegden, spraken de resultaten tot hun grote verbazing Lacks voorspellingen tegen. Sommige soorten bleken heel goed in staat om twee of meer extra jongen groot te brengen![39]

Dit was een raadsel, althans voorlopig. Het kon pas opgelost worden toen er een nieuw aspect van de vogelbiologie onder de loep werd genomen. Bij het formuleren van zijn hypothese had Lack alleen maar oog gehad voor het actuele broedseizoen en niet voor de volledige levensloop. Ook had hij over het hoofd gezien dat in de experimenten geen rekening gehouden werd met de energie die het kost om eieren van een bestaand nest uit te broeden, laat staan toekomstige legsels. Dit was een belangrijke omissie. Lack had er geen rekening mee gehouden dat er een direct verband bestaat tussen legselomvang en levensverwachting.

Aristoteles vermoedde het al en veel vogelhouders wisten het al eeuwen: te veel voortplanting is slecht voor je. Naarmate er bij meer soorten experimenten met de omvang van legsels uitgevoerd werden, werd duidelijk dat veel vogels minder eieren leggen dan ze in een jaar jongen zouden kunnen grootbrengen. Waarom doen ze dat? Om energie voor toekomstige broedseizoenen over te houden! Door ook rekening te houden met de gemiddelde levensduur ontstond een verbeterde versie van Lacks concept: natuurlijke selectie heeft geen invloed op het voortplantingsresultaat tijdens één broedseizoen, zoals hij aanvankelijk dacht, maar op het voortplantings*saldo*, gemeten over het hele leven van een vogel.

Anders gezegd: natuurlijke selectie begunstigt exemplaren waarvan het assortiment soortspecifieke kenmerken de reproductieve output tijdens hun hele leven binnen een bepaalde omgeving maximaliseert. Dit valt eenvoudig te demonstreren aan de twee extremen van Thomas Browne, hier vertegenwoordigd door de zebravink en de alk. In het hart van elke combinatie van soortspecifieke eigenschappen bevindt zich een machine: de vogelromp, plus een hoeveelheid brandstof. Bij de zebravink draait de machine meestal op volle toeren, maar als de omstandigheden gunstig zijn voor de voortplanting draait de machine nog sneller, in de allerhoogste versnelling. Hij slurpt dan enorm veel brandstof op, alles wordt effectief aangewend om meer zebravinken voort te brengen. Zelfs als de jongen nog niet volgroeid zijn, draait de machine snel, want binnen zeventig dagen zijn ze geslachtsrijp. Geen wonder, dat de brandstof van zebravinken snel opraakt. Ze leven snel en ze sterven jong. Toch is dit binnen hun habitat, de droge gebieden van Australië, de meest productieve strategie. Geen enkele andere combinatie van soortspecifieke kenmerken zou evenveel succes genereren. Dat is de crux.

Bij de alk draait de machine een stuk langzamer, in een lage versnelling. Gelijkmatig en onophoudelijk, zodat er genoeg energie voor later over-

## VOORTPLANTING EN LEVENSDUUR

blijft. Net als andere zeevogels groeien alken langzaam, ze beginnen pas te copuleren als ze zes of zeven jaar oud zijn. De voortplanting wordt zorgvuldig afgepast: maximaal één jong per broedseizoen. Energiebesparing, daar gaat het om. Bij alken, die aan de woelige kusten van de Atlantische Oceaan hun habitat hebben, werkt deze combinatie van voorzichtige kenmerken van hun life history het meest productief. Voedsel is lastig te vinden op zee, het grootbrengen van meer dan één jong per jaar zou buitenproportioneel veel inspanning vereisen. De beste strategie is behoedzaamheid, energie sparen voor de jaren die nog komen.[40]

Dankzij Lack en zijn talloze studenten hebben we tegenwoordig een helder beeld van wát vogels tot vogels maakt en hoe al die verschillende draden van hun leven die John Ray zo mateloos fascineerden – eieren, jongen, zang, veren, territoria, trek – met elkaar een wonderbaarlijk web van adaptaties vormen.

Maakt het iets uit dat we de levens van vogels begrijpen en weten of een bepaalde populatie groeit, krimpt of stabiel blijft? Voor David Lack en vele anderen was het belang van de vraag wat het evenwicht in de natuur in stand houdt zuiver academisch; het beantwoorden ervan werd lange tijd slechts gezien als een intellectuele uitdaging. Maar aan het beantwoorden – en het stellen – van deze vraag ging, zoals we gezien hebben, eeuwen denkarbeid en veldstudie vooraf.

John Ray's fysicotheologie betekende een flinke vooruitgang ten opzichte van wat vóór hem naar voren was gebracht: ze verschafte een intellectueel *format* om over de wereld van de natuur na te denken. Over het evenwicht in de natuur had Ray echter weinig te melden. Dat de aanwezigheid van fossiele, lang uitgestorven organismen impliceert dat God, in al Zijn Wijsheid, niet in staat is een perfect evenwicht te handhaven, vond hij hoogst onbevredigend. Darwins ontdekking van natuurlijke selectie bood een beter format, en een keurige verklaring voor Ray's rondspokende fossielen. Het natuurlijke evenwicht liet zich er echter niet rechtstreeks mee duiden. Een eeuw later dacht Wynne-Edwards de oplossing gevonden te hebben, maar helaas legde hij de werking van het natuurlijke selectiemechanisme verkeerd uit: alsof het in het belang was van *soorten*. Lacks model van individuele selectie, hoe hardvochtig ook, zat logischer in elkaar, en zijn verklaring van de feiten was een stuk coherenter. Denken vanuit individuele selectie bood onderzoekers bovendien de mogelijkheid om observaties die voorheen ogenschijnlijk los van elkaar stonden, met elkaar in verband te brengen. Natuurlijke selectie werkt bínnen een soort: dat was de grote intellectuele doorbraak. Ze zorgt ervoor dat het assortiment soortspecifieke eigenschappen dat afzonderlijke exemplaren kenmerkt – lichaamsgrootte, embryo-ontwikkeling, geslachtsrijpe leeftijd – geoptimaliseerd wordt.

Het ontsluieren van het raadsel hoe dierenpopulaties 'in evenwicht' blijven mag oorspronkelijk dan zijn voortgekomen uit intellectuele nieuwsgierigheid – uiteindelijk heeft het belangrijke praktische implicaties. Het bepaalt hoe we schadelijke soorten onder controle houden, hoe we soorten die we consumeren beheren, en hoe we soorten die bedreigd worden redden.

Sinds de dagen van David Lack is het aantal vogelsoorten dat als gevolg van menselijk ingrijpen bedreigd wordt, onverbiddelijk gestegen. Denk aan de vernietiging van hun natuurlijke omgeving of, meer sluipenderwijs, klimaatverandering. Er zijn in de vorige eeuw flink wat vogels uitgestorven, maar daar staat een aantal verrassend geslaagde reddingsoperaties tegenover. Dankzij een innovatieve, conserverende aanpak groeide bijvoorbeeld de populatie van de Seychellenrietzanger van een handvol vogelparen rond 1970 naar enkele honderden rond 2000. Op dezelfde wijze konden de néné (Hawaïgans), de Lord Howe-ral, de Mauritiusduif, de Mauritiustorenvalk, de Mauritiusparkiet en de Seychellenlijster op de rand van de afgrond gered worden. Zonder inzicht in de levensgeschiedenissen van vogels was geen van deze reddingsoperaties mogelijk geweest.

# Naschrift

John Ray was nooit echt gezond geweest, maar vooral in de laatste jaren van zijn leven sukkelde hij behoorlijk. Niettemin bleef hij actief. Hij bewerkte de opeenvolgende edities van *The Wisdom of Birds*, schreef een methode voor de classificatie van planten en werkte hard aan de afronding van een encyclopedie over insecten, die hij samen met Francis Willughby begonnen was.

In 1675 stierf Willughby's moeder, die zich sinds de dood van zijn vriend over Ray ontfermd had. Ray verliet Middleton Hall en verhuisde samen met zijn jonge vrouw Margaret, het voormalige dienstmeisje, naar Coleshill. Op hun trouwdag was Margaret twintig en Ray vijfenveertig. Ze woonden in verschillende huizen, maar toen Ray's eigen moeder in 1679 overleed, trok hij met zijn gezin, dat inmiddels vier dochters rijk was, definitief naar Dewlands, zijn ouderlijk huis in Black Notley in Essex. Twee jaar daarvoor was hem een prestigieuze betrekking als secretaris van de Royal Society aangeboden, maar uit angst dat het zijn schrijfwerk te veel in de weg zou zitten, had hij die afgeslagen. Rond 1700 kreeg hij, na een serie bitterkoude winters, ernstig last van diarree, gezwellen en ontstoken benen. Hij schreef z'n zweren toe aan 'onzichtbare insecten', hoewel ze eerder het gevolg zullen zijn geweest van te weinig beweging, gebrekkige verwarming en ouderdom. Wat ook de oorzaak was – Ray liep kreupel en was er slecht aan toe: 'Ge kunt u niet voorstellen dat zweren, waarover zo weinig geschreven is, zo smartelijk en hinderlijk kunnen zijn; zowel overdag als 's nachts gunnen zij mij nauwelijks enige verlichting.'[1]

Ray takelde langzaam af, waar nog bij kwam dat een van zijn veertienjarige tweelingdochters in 1797 overleed aan geelzucht. Het kostte hem inmiddels de hele morgen om te baden, zich aan te kleden en de etterende zweren aan zijn benen te omzwachtelen. Maar hij hield zich kranig, ondanks alle ongemakken bleef hij bijna tot het eind verbazing-

## NASCHRIFT

wekkend productief. Hij stierf op 17 januari 1705 en werd begraven in de kerk van Black Notley. Hij had verzocht 'zijn kist stevig dicht te nagelen, opdat niemand hem kon zien'.[2]

Toen ik aan dit boek begon, droegen mijn ornithologische vrienden David Lack, Ernst Mayr en Erwin Stresemann voor als de grootste ornithologen aller tijden. Inderdaad waren dat monumentale figuren, die stuk voor stuk John Ray's fundamentele rol bij de ontwikkeling van de wetenschappelijke ornithologie erkenden. Het is mijn vaste overtuiging dat Ray's voorkeur naar David Lack zou zijn uitgegaan, mocht hij deze drie mastodonten hebben kunnen ontmoeten. Ze zouden elkaar niet alleen gerespecteerd hebben, maar waarschijnlijk ook gemogen hebben. Ray en Lack deelden hun passie voor vogels en ze geloofden allebei in God. Maar ze geloofden vooral in wat ze met hun eigen ogen konden zien en wat langs logische, wetenschappelijke weg gededuceerd kon worden. Beide mannen hadden belangstelling voor conceptuele kwesties en ze beschikten over een uitzonderlijk talent om te onderscheiden wat de grote thema's van de ornithologie waren.

Ray's intellectuele scherpzinnigheid glorieert des te meer omdat hij dit soort thema's tweehonderd jaar vóór David Lacks geboorte aan de orde stelde. Nog opvallender is dat Lack zelf, voor zover ik kan nagaan, nooit *The Wisdom of God* heeft gelezen…[3] Had hij dat wel gedaan, dan was hij ongetwijfeld overweldigd geweest door hun gedeelde visie.

Ik ben er eveneens van overtuigd dat Lack vriendelijk, maar doortastend, geprobeerd zou hebben Ray van de betekenis van de evolutie te doordringen wanneer ze elkaar ontmoet hadden. En Ray, overtuigd gelovige, maar in zijn hart vooral wetenschapper, zou zijn bezweken voor het onweerlegbare, opwindende feit dat natuurlijke en seksuele selectie het leven, de verschijning en de functie van vogels gevormd hebben.

Ray's filosofisch inzicht stelde hem in staat een diepgewortelde religieuze overtuiging te combineren met een passie voor vogels en andere aspecten van de natuur. Paradoxaal maar waar: zijn notie van een 'intelligent ontwerp' effende het pad voor Darwins ideeën. Voor de meeste mensen kwam 'natuurlijke selectie' als een schok. Het ging niet alleen in tegen *Genesis*, de Schepping en de onveranderlijkheid van de soorten, het verving óók een liefhebbende en intelligente Ontwerper door een onpersoonlijk selectiemechanisme.

Niet alle gelovigen zetten hun hakken in het zand. Sommigen, zoals Charles Kingsley, aanvaardden Darwins ideeën – in stilte. 'Hadden ze,' schreef Lack, 'hun instemming niet beperkt tot hun brieven, dan hadden ze wellicht kunnen helpen om de groeiende kloof tussen wetenschap en religie te overbruggen.'[4] Anderen kozen voor een compromis: ze accepteerden dat het menselijk lichaam langs natuurlijke weg geëvolueerd was, maar de ziel blééf een goddelijk geschenk.

Lacks eigen visie luidde dat natuurlijke selectie overal een rol speelt, maar dat de mens zich door zijn ethisch bewustzijn van alle andere levensvormen onderscheidt. Hij kon zich eenvoudigweg niet voorstellen dat ook onze ethische en morele waarden via natuurlijke selectie geëvolueerd waren; daarom beschouwde hij ze nog steeds als een geschenk uit de hemel.[5] Voor Erwin Stresemann en Ernst Mayr, allebei atheïst, was de belijdende christen David Lack een levend anachronisme: een curieus overblijfsel uit de Engelse traditie van geestelijken die tegelijkertijd natuurhistoricus zijn.[6]

We kunnen een duidelijk spoor zien lopen van Ray's *Wisdom of God* via von Pernau en Zorn op het vasteland en Gilbert White in Engeland naar Darwin, vervolgens naar Lack, om uit te komen (vooralsnog) bij Richard Dawkins. Er schuilt een zekere ironie in het gegeven dat Ray's fysicotheologie in 1976 geculmineerd is in *The Selfish Gene*, want Dawkins is een overtuigd atheïst. Maar *Onze zelfzuchtige genen* heeft de manier waarop mensen tegen biologie aankijken net zo sterk veranderd als Ray's *Wisdom of God* driehonderd jaar geleden.

Ray's inzichten waren het startschot voor de moderne ornithologie. De encyclopedie die hij samen met Francis Willughby schreef, was het vertrekpunt voor de classificatie van vogels en *The Wisdom of God* het begin van het veldonderzoek. In de afgelopen vijftig jaar hebben we beide takken van onderzoek zien bloeien. In 1950 waren de meeste ornithologen nog altijd verbonden aan natuurhistorische musea, maar de daaropvolgende uitbreiding van het hoger onderwijs leidde, samen met het groeiend wetenschappelijk respect voor de ornithologie, tot een massale toename van het aantal professionele beoefenaren. Deze verandering laat zich goed aflezen aan het aantal wetenschappelijke artikelen over vogels dat elk jaar gepubliceerd wordt: 500 rond 1900, 14.000 in 1990 en ongetwijfeld nog veel meer sindsdien.[7]

Mijn laatste beeld is een visioen. Onmogelijk, maar toch. John Ray is eregast op het eerstvolgende *International Ornithological Congress*. Ik kan zien met hoeveel aandacht hij naar de lezingen luistert, hoe hij in debat gaat. Aan het eind van het congres wordt hem, als *grand old man* van de ornithologie, een complete set van de *Birds of the World* overhandigd.[8] Wat zou hij vinden van deze meest uitgebreide samenvatting van onze huidige ornithologische kennis? Vrijwel zeker zou hij getroffen worden door de overeenkomst met zijn eigen encyclopedie: de opzet, de *state of the art*-illustraties. Maar hij zou óók verbaasd staan hoe veel we tegenwoordig weten – en dat er, uiteraard, nog steeds zo veel over vogels te leren valt.

# Noten

## Voorwoord
1. Birkhead, 1993; Schulze-Hagen, e.a. 1995, 1999.
2. Belangrijkste titels voor de geschiedenis van de ornithologie zijn: Newton, 1896; Gurney, 1921; Allen, 1951; Stresemann, 1951, 1975; Farber, 1982; Barrow, 1998; Walters, 2003; Burkhardt, 2005; Haffer, 2001, 2007a; Bircham, 2007. Voor de geschiedenis van het vogels kijken: Moss, 2004 en Wallace, 2004.
3. Cole, 1930, 197.
4. White, 1954.
5. De analyse in Kitchell en Resnick (1999) van Albertus Magnus' geschriften is een mooi voorbeeld hoe men opvattingen naar hun oudste bron kan herleiden.

## Hoofdstuk een
1. De mythe van de ijsvogel heeft diepe wortels. In de dertiende eeuw schreef Giraldus Cambrensis: 'Het is opmerkelijk dat deze kleine vogels nooit vergaan wanneer zij op een droge plek bewaard worden [...]. Nog wonderlijker is dat zij, wanneer zij dood zijn, en aan hun snavel in een droge omgeving worden opgehangen, hun vederkleed elk jaar wisselen, alsof zij wederom aan het leven beginnen en de levensprikkel nog even sterk aanwezig is [...].' Shakespeare verwees naar het voorspellend vermogen van de ijsvogel, net als Christopher Marlowe in *The Jew of Malta*: 'Naar welke hoek wijst mijn halcyons snavel...' Opmerkelijk genoeg was dit bijgeloof tot eind negentiende eeuw nog sterk aanwezig (Swainson, 1886, 104). De mythe over het zaad van de duif komt uit *El libro de las Utilidades de los Animales*, geschreven in 1354.
2. Armstrong, 1958.
3. Browne, 1646, geciteerd naar Sayle, 1927.
4. Ray in Raven, 1942, 467. Ik heb alle citaten van Ray opgeschoond door overbodige hoofdletters te verwijderen en de spelling te moderniseren.
5. Stresemann, 1975.
6. Hayes, 1972.

7. Stresemann, 1975, 3.
8. Darwin aan William Ogle, 22 februari 1882 (zie de correspondentie van Darwin op internet, referentie 13697: http://darwin.lib.cam.ac.uk/perl/nav?pclass=calent;pkey=136 97).
9. Medawar en Medawar, 1984.
10. Hansell, 1998; zie ook Kitchell en Resnick, 1999.
11. Charmantier e.a., in voorbereiding.
12. Jonstons besluit om in zijn *Historia Naturalis* (1650-1653) geen emblemen op te nemen, is door Ashworth (1990; 1996) een belangrijke stap in de ontwikkeling van de ornithologie genoemd. Vermeldenswaard is dat een andere encyclopedie uit deze periode, de *Traitté General des Oyseaux* van Jean-Baptiste Faultrier (1660), eveneens weinig emblemen bevat. Het ontdekken van dit – ongepubliceerde – manuscript was een van de meest opwindende momenten tijdens mijn onderzoek voor dit boek. Faultriers encyclopedie was bedoeld als gift voor Nicolas Fouquet, minister van Financiën van Lodewijk XIV, maar ze verdween spoorloos toen Fouquet in 1661 in de gevangenis werd gegooid wegens fraude, waarschijnlijk met boze opzet. Op de een of andere manier belandde het manuscript in de bibliotheek van Lord Derby in Knowsley Hall, waar ik het in 2004 ontdekte (Birkhead e.a., 2006a). De studie die Isabelle Charmantier van dit manuscript maakte, heeft aangetoond dat het in alle opzichten net zo belangrijk is als Jonstons encyclopedie (Charmantier e.a., in voorbereiding).
13. Ray, 1678, voorwoord. Cursivering in het origineel.
14. Ashworth, 1990; 1996.
15. Raven, 1942. Op zijn 32$^{ste}$ vervaardigde Ray een plaatselijke flora, de *Cambridge Catalogue* (1660), een Britse flora (1670) en tussen 1686 en 1704 drie dikke delen waarin niet minder dan zesduizend plantensoorten werden beschreven. Ray's biograaf Charles Raven omschreef deze enorme delen als hoogst inspirerend, maar in werkelijkheid ontnam hun kolossale omvang de mensen alle lust om ze te gebruiken. Ray's veel beknoptere *Methodus plantarum emendata et aucta* (1703) met zijn ingenieuze classificatiesysteem wordt als een veel bruikbaarder samenvatting van zijn botanische werk gezien (zie ook Pavord, 2005).
16. Derham, 1713; zie ook Arber, 1943.
17. Gribbin, 2002, 207; zie ook Mahon, 2000.
18. Gurney 1921, 163; Allen, 1951, 419-422; Grindle, 2005.
19. Raven, 1942.
20. Ray's encyclopedie uit 1676 had als titel *Ornithologiae libri tres* (Drie boeken over ornithologie), te weten (I) vogels in het algemeen; (II) landvogels en (III) watervogels. De Latijnse versie wordt meestal aangeduid als *Ornithologia*. De aanvullingen in de Engelse editie van 1678 waren, zo schrijft Raven (1942), bedoeld om de verkoop te bevorderen. Deze aanvullende informatie kwam van expeditie-natuurhistorici als Bontius, Clusius, Hernandez, Marcgrave, Nieremberg, Olina en Piso. In 1972 werd een facsimile vervaardigd van een exemplaar van de Engelse editie dat berust bij de stadsbibliotheek van Birmingham.
21. Ray, 1678.
22. Jardine, 1843, 105, 116.
23. Mayr, 1982, 256.
24. Ray, 1686, geciteerd naar Mayr, 1982, 256.

25. Stresemann, 1975.
26. Ray, 1678, 12.
27. Ray, 1678, 110. Marcgraves verslag is te vinden in *Historia Naturalis Brasiliae* (1648). Hoe onwaarschijnlijk dat ook lijkt – het is inderdaad mogelijk het verendek van papegaaien te veranderen. Dit bijzondere fenomeen wordt aangeduid met *tapiragem*, en volgens etno-zoöloog Teixeira (1985; 1992) 'tapireerden' de Inca's tweeënhalfduizend jaar geleden al papegaaien om hun veren van natuurlijk groen en blauw te veranderen in de favoriete kleuren van hun ceremoniële mantels en haartooien: geel en rood. De Inca's wisten hun papegaaien zodanig te houden dat ze door ze regelmatig te plukken steeds nieuwe veren kregen. Teixeira wilde het daaraan ten grondslag liggende mechanisme graag begrijpen en voerde daarom zelf experimenten uit – om te ontdekken dat regelmatig plukken op zich al voldoende is om een verandering van kleur te bewerkstelligen. Anders dan in verschillende rapporten beweerd wordt, is de uitscheiding van een pijlgifkikker daarvoor niet nodig.
28. Stresemann, 1975. Nota bene, de anatoom Volcher Coiter maakte in 1575 een classificatie van vogels gebaseerd op structuur.
29. Raven, 1942.
30. Stresemann, 1975.
31. Ray, 1678.
32. Turner, 1544.
33. Macleod, 1954: van de ongeveer 156 geslachtsnamen van Britse vogels zijn de meeste terug te voeren op Aristoteles en Plinius (beide ongeveer 30 namen); daarna volgen Linnaeus (23), Varro (5) en Gessner (4); Oppian, Apuleius, Homerus, Aristophanes en Diogenes zijn ieder goed voor één naam. Voor de meeste andere namen is de bron onzeker. Van de 'geëchten' heeft meer dan dertig procent wortels in het oude Griekenland en Rome. Gessner bedacht een paar namen voor hen, net als Ray (o.a. *shoveller* [slobeend]); Linnaeus zorgde voor de rest.
34. Macleod, 1954.
35. Nutton, 1985.
36. Ray, 1691.
37. Haffer, 1992; 2007a.
38. Ray, 1691.
39. Ray, 1691.
40. Thomas, 1983, 19.
41. Mabey, 1986.
42. Ray, 1691.
43. Haffer, 2001; Birkhead, 2003.
44. Zorns tweedelige *Petino-Theologie* werd gepubliceerd in 1742-1743.
45. Darwin, geciteerd in De Beer, 1974, 50.
46. Roger, 1997, 312. Er gaat ook een verhaal dat Linnaeus de Europese pad, *Bufo bufo*, vernoemde naar Buffon, maar helaas blijkt dat niet te kloppen. Volgens professor Gunnar Broberg van de universiteit van Lund, een toonaangevend Linnaeus-onderzoeker, had Linnaeus de pad al een naam gegeven voordat het conflict met Buffon uitbrak (persoonlijke mededeling van Staffan Ulfstrand). Hier moet ook opgemerkt worden dat ik voor het gemak Buffon steeds als auctor intellectualis van de *Natural History of Birds* opvoer, hoewel een gedeelte ervan niet door hemzelf geschreven is (Roger, 1997; Schmitt, 2007).

47. Mullens, 1909, geciteerd naar Haffer 2001, 38: het is ook hoogst ironisch dat de museummannen een deel van hun werk 'veldwerk' noemden, terwijl ze daarmee het doden en verzamelen van vogels en het roven van hun nesten en eieren bedoelden.
48. Haffer, 2001.
49. Haffer, 2004.
50. Haffer, 2001, 58.

## Hoofdstuk twee

1. Ray, 1691, 16.
2. Ray, 1691.
3. De enorme aantallen door pluimveeonderzoekers geanalyseerde eieren bevestigden het maximum van 21 dagen. Wel waren er twee uitzonderlijke meldingen van bevruchting maar liefst 30 dagen na de laatste paring (Romanoff, 1960, 95).
4. Fabricius, geciteerd naar Adlemann, 1942.
5. Harvey, geciteerd naar Whitteridge, 1981.
6. Fabricius, geciteerd naar Adlemann, 1942.
7. Harvey, geciteerd naar Whitteridge, 1981, 184. Dit werd eigenlijk in 1644 door Kenelm Digby beschreven, die Harvey's manuscript inzag voordat het in 1651 werd gepubliceerd.
8. Harvey, geciteerd naar Whitteridge, 1981.
9. Ray, 1678.
10. Harvey, geciteerd naar Whitteridge, 1981.
11. Harvey, geciteerd naar Whitteridge, 1981.
12. Ray, 1678, 3.
13. Malpighi deed deze ontdekking in 1672 (Malpighi, 1673).
14. Raven, 1942, 377.
15. Van Leeuwenhoek, 1678.
16. De *animalcules* in sperma worden pas 'spermatozoa' genoemd sinds 1827, toen Von Baer ze die naam gaf.
17. Ray, 1693a.
18. Ray, 1691, 118.
19. Ray, 1693b.
20. Ray, 1693b.
21. More, 1653.
22. Ray, 1691, 166.
23. Blackburn en Evans, 1986, Anderson e.a., 1987, Dunbrack en Ramsay, 1989.
24. More, 1653.
25. Wilson, 1991.
26. De werken van Hippocrates, geciteerd naar Needham, 1959.
27. Schierbeek, 1955. Hoewel Coiter de kiemcel al beschreef, duurde het nog tot 1820 voordat de Tsjechische fysioloog Johannes Purkinje hierin de vrouwelijk pro-nucleus vaststelde (Nordenskiold, 1929).
28. Fabricius, geciteerd naar Adlemann, 1942.
29. Harvey, geciteerd naar Whitteridge, 1981, 100.
30. Harvey, geciteerd naar Whitteridge, 1981, 86.
31. Zoals hij het zich voorstelde. Hartsoeker heeft nooit beweerd dat hij echt een homunculus gezien had. Hij dacht dat als zijn idee klopte en hij een microscoop had die

sterk genoeg was, het er zo uit zou moeten zien (Hill, 1985).
32. Wolff, 1774.
33. Cobb, 2006.
34. Cobb, 2006.
35. *Science Illustrated* in 1943; *Saturday Evening Post* in 1950; *The New Yorker* in 1953. Hun boeken zijn Romanoff en Romanoff, 1949 en Romanoff, 1960.
36. Een belangrijke vraag over embryonale ontwikkeling is waar de verschillende cellen vandaan komen en hoe zij spier, hart of hersens worden. Het antwoord is eenvoudig: uit stamcellen. Deze hebben het vermogen om zelf meer stamcellen ofwel nieuwe weefsels aan te maken. Stamcellen vormen momenteel een belangrijk onderzoeksobject.
37. Cobb, 2006.
38. Lillie, 1911.
39. Harper, 1904. Het trechtervormige gedeelte van de eileider waarin bevruchting optreedt, wordt als infundibulum aangeduid.
40. Olsen en Neher, 1948.
41. Ivanoff, 1924, geciteerd naar Romanoff, 1960.
42. Walton en Whetman, 1933, geciteerd naar Romanoff, 1960.
43. Van Drimmelen, 1946. Zijn ontdekking was eigenlijk een herontdekking, want het voorkomen van sperma in het infundibulum was al eerder gemeld door de Deense bioloog Peter Tauber in 1875, maar dat bleef onopgemerkt.
44. Bobr e.a.,1964. Ook al zag Peter Lake als eerste het belang van de sperma-opslagbuisjes voor de lange bevruchtingstijd bij vogels, hij ontdekte later dat Giersberg al in 1922 tijdens weefselonderzoek de slangetjes had waargenomen, echter zonder het belang ervan in te zien (P. E. Lake, persoonlijke mededeling). Ook Japanse onderzoekers hadden – onafhankelijk hiervan – de slangetjes ontdekt (Fuji en Tamura, 1963).
45. Bray e.a., 1975, May en Robertson, 1980. Later bleek het vaderschap van een ander mannetje dan de partner heel gewoon te zijn, niet alleen bij de epauletspreeuw maar ook bij veel andere soorten (Westneat e.a., 1987).
46. S. Hatch, persoonlijke mededeling; zie ook Hatch, 1983.
47. Het is iets ingewikkelder: copulatie zou zich zo'n uur voor de ovulatie moeten afspelen, wil het sperma tijd genoeg hebben om zich naar het infundibulum te bewegen.

## *Hoofdstuk drie*
1. Lorenz, 1935.
2. Plinius, 1855.
3. Ray, 1678; Lockwood, 1984.
4. Zie voor een definitie: Hess en Petrovitch, 1977.
5. Spalding, 1873, geciteerd naar Hess en Petrovitch, 1977.
6. Spalding, 1873, geciteerd naar Hess en Petrovitch, 1977.
7. Spalding, 1873, geciteerd naar Hess en Petrovitch, 1977.
8. Gray, 1962. In 1873 was Spalding bij Lord en Lady Amberley in dienst als huisleraar voor hun oudste zoon. (Diens jongere broer was Bertrand Russell.) Spalding voerde in die tijd experimenten uit met eenden- en kippenkuikens, met Lady Kate Amberley als zijn onderzoeksassistente. Lady Kate assisteerde hem ook anderszins. Ze had te doen met Spaldings celibaat en gaf hem 'privé-instructies aangaande de menselijke voortplantingsbiologie'. Ze deelde regelmatig het bed met hem, klaarblijkelijk met

instemming van haar man (Boakes, 1984; Richards, 1987).
9. Mascall 1581, geciteerd naar Hess en Petrovitch, 1977.
10. Zie bijvoorbeeld Frisch, 1743-1763.
11. Buffon, 1778. Overal waar ik mij baseer op Buffons *Natural History of Birds* verwijzen de jaartallen naar het deel van de oorspronkelijke Franse uitgave (*Histoire Naturelle des Oiseaux*, 1770-1783).
12. Hess en Petrovitch, 1977.
13. Aantrekkelijk beschreven in zijn populaire verslag van diergedrag, *King Solomon's Ring* (1952). Oorspronkelijk gepubliceerd in het Duits: *Er redete mit dem Vieh, den Vögeln und den Fischen* (1949). [Ook de Nederlandse uitgave, *Ik sprak met viervoeters, vogels en vissen*, vond veel aftrek. De eerste vertaling (van Hans Warren) verscheen in 1954, de tweede (van Han Rensenbrink) in 1969.]
14. Zann, 1996.
15. Mountjoy e.a., 1969; Cade en Burnham, 2003.
16. Bateson, 1978.
17. Bolhuis, 2005.
18. Nicolai, 1974; Hauber e.a., 2001.
19. Ray, 1691, 54.
20. Ray, 1678, 16.
21. Koyama, 1999.
22. Seibt en Wickler, 2006; bonte mees: Koyama, 1999; hamsteren bij mezen: Clayton en Cristol, 1996.
23. Plinius ontleende dit aan Aristoteles' *Historia animalium* [Onderzoek naar dieren], Boek ix, maar Aristoteles gebruikte het begrip 'intelligentie' slechts om het zorgvuldige bouwen van nesten door zwaluwen mee te beschrijven.
24. Darwin, 1871, 101.
25. Ray, 1678, 16.
26. Ray, 1678, 117.
27. Smellie, 1790, 458.
28. Gray, 1968.
29. Condillac, 1885, geciteerd naar Stresemann, 1975, 316.
30. Smellie, 1790, 144.
31. Julien Offray de la Mettrie, geciteerd naar Gray, 1968.
32. Leroy, 1870.
33. Thorpe, 1979.
34. Leroy, 1870, 93.
35. Leroy, 1870, 70.
36. Leroy, 1870, 96.
37. Wallace, 1871.
38. Stresemann, 1975, 319.
39. Darwin, 1871, 104: 'een hoge graad van intelligentie is zeker verenigbaar met complexe instincten'.
40. Darwin, 1871, 102.
41. Voor de gouden eeuw van de ornithologie, zie Haffer, 2001.
42. Stresemann, 1975.
43. Stresemann, 1975. De Duitse ornithologische vereniging heette destijds Deutsche

Ornithologische Gesellschaft (DOG); na de Tweede Wereldoorlog werd dat: Deutsche Ornithologen-Gesellschaft (DO-G).
44. Stresemann, 1975.
45. Thorpe, 1979; Kruuk, 2003; Burkhardt, 2005.
46. Anderen, onder wie Amotz Zahavi en Amena Ridley, hebben bij respectievelijk de Arabische en de bonte babbelaar vergelijkbare methoden toegepast als Lorenz – met veel succes.
47. Kruuk, 2003, 218.
48. Alcock, 2001; Burkhardt, 2005.
49. Hunt, 1996; Hunt en Gray, 2003; Weir e.a., 2002; Bluff e.a., 2007.
50. Seibt en Wickler (2006) kweekten 52 puttertjes op in gevangenschap.
51. Tebbich e.a., 2001.
52. E. Mayr, geciteerd naar Haffer, 2007b.
53. Dingemanse e.a., 2002; 2004.
54. Pepperberg, 1999.
55. Emery en Clayton, 2004; Dally, Emery en Clayton, 2006.

# Hoofdstuk vier

1. Het trekstation is de Vogelwarte Radolfzell in Baden-Württemberg.
2. Ray, 1691.
3. Stanley, 1651.
4. Aristoteles, *De animalibus historia*, boek VIII.
5. Exodus 16:13; Gurney, 1921, 9.
6. Aristoteles, *De animalibus historia*, boek VIII.
7. Belon (1555), Aldrovandi (1599 e.v.), Topsell (1972) en Faultier (1660) dachten allemaal dat de vleermuis een vogel was.
8. Er schijnt voldoende bewijs te zijn dat vogels enkele dagen torpide kunnen blijven, vooral trekvogels die door slecht weer worden overvallen. McAtee (1947) verzamelde en verifieerde talloze meldingen van zwaluwen en gierzwaluwen die in torpide staat waren aangetroffen en door toevoeging van warmte 'tot leven gewekt' (vgl. Lack, 1956). Het opvallendste voorbeeld van torpiditeit bij vogels is de Noord-Amerikaanse *poorwill* of Nuttalls nachtzwaluw (*Phalaenoptilus nuttalli*), die gedurende perioden van koud weer enkele weken ononderbroken bewusteloos is en dan een echte winterslaap houdt (Woods en Brigham, 2004).
9. Cambrensis, 1187.
10. Frederik II, geciteerd naar Wood en Fyfe, 1943.
11. Kitchell en Resnick 1999, band 2, 1563.
12. Norderhaug, 1984.
13. Frederik II werd in staat van beschuldiging gesteld: hij zou een ketter, een heiden en de antichrist zijn omdat hij in zijn werk de kerk had aangevallen. Zijn geschriften werden op de Index geplaatst en het schitterende *Over de kunst van het jagen met vogels* werd pas in 1596 uitgegeven. Het boek bleef praktisch onbekend tot 1788 toen J.G. Schneider en Blasius Merrem, twee Duitse ornithologen, het herontdekten (Stresemann, 1975; Schramm, 2001). Opmerkelijk genoeg wist Thomas Browne, die met John Ray correspondeerde, van het bestaan ervan (Keynes, 1964, 3-64), maar hij schijnt dat Ray niet te hebben verteld.

14. White, 1954, 117 en 147.
15. Kitching en Resnick, 1999.
16. Swainson, 1886, 51. De tekening van zwaluwen onder het ijs van een meer of rivier die door Olaus Magnus werd afgebeeld in zijn *Historia de Gentibus* (in *Septentrionalibus* uit 1555), zal eraan hebben bijgedragen dat dit idee bij de mensen beklijfde. De opvatting dat zwaluwen onder water een winterslaap hielden was echter niet afkomstig van Olaus Magnus: ze maakte deel uit van de volkscultuur (persoonlijke mededeling van Gunnar Broberg en Staffan Ulfstrand).
17. Stresemann, 1975, 286.
18. Hevelius, 1666.
19. Buffon, 1779.
20. Verschillende auteurs, genoemd in Buffon, 1779.
21. Southwell, 1902, geciteerd naar Gurney, 1921, 200; vgl. Sayle, 1927.
22. Ray, 1678, 212.
23. Ray, 1691.
24. Deze student heette Johan Leche (Brusewitz, 1979).
25. Daniel Defoe is een onvermoeide voorvechter van zwaluwtrek, gezien zijn opleiding op de Academy for Dissenters, immers geleid door dominee Charles Morton, die zelf geloofde dat zwaluwen op de maan overwinteren (zie hieronder noot 32). Defoe's opmerkingen waren gebaseerd op een ervaring in oktober 1722 in Southwold (Suffolk) tijdens zijn rondreis door Groot-Brittannië: 'Ik nam 's avonds 'n uitzonderlijke vogelmenigte waar op het lood van het kerkdak; nieuwsgierigheid om te zien wat het was, dreef me erheen en ik constateerde dat het alle zwaluwen waren [...]. Dit bracht me ertoe navraag te doen bij een achtenswaardig heer [...] of hij de reden wist van zulke ongekende menigten zwaluwen die daar zaten. "Mijnheer" zei hij, "u bent een leek – eerst moet u begrijpen dat dit het jaarlijkse seizoen is dat zwaluwen, nu ze te weinig voedsel krijgen, ons gaan verlaten om weer terug te keren naar de streken, welke dan ook, vanwaar ze, zo vermoed ik, ook gekomen zijn [...]. Ze staan op het punt van vertrekken [...], alleen, het weer is te kalm [...] en ze zijn afhankelijk van de wind." Dat dit juist was, werd me de volgende morgen duidelijk, toen ik bemerkte dat de wind 's nachts was opgestoken [...] en er geen zwaluw meer te zien was van de bijna één miljoen die er, dunkt me, de vorige avond nog waren.' (Tour, *Letter I*, 83–85, geciteerd naar Garnett, 1969).
26. Mabey, 1986; Barrington, 1772.
27. Pennant, 1793.
28. Mabey, 1986.
29. Barrington, 1772.
30. Barrington, 1772, 276.
31. Barrington, 1772, 276.
32. Morton, in zijn *Harleian Miscellany* (1744, geciteerd naar Gurney, 1921, 200 en Garnett, 1969); Garnett traceerde de bronnen van deze opvattingen: de bisschoppen Godwin en Wilkins, die beiden – al dan niet serieus – in 1638 uitspraken over de maan publiceerden; en een essay van Morton met een poging tot de oplossing van de 'Questie: Waar komen de Ooievaar en de Tortel vandaan?' uit 1703. In 1714 dacht Cotton Mather uit New England in de Verenigde Staten dat de maan daarvoor te ver was, dus kwam hij met het idee dat (wilde) duiven zich begeven 'naar een nog niet

ontdekt hemellichaam dat de aarde op geringe afstand volgt' (geciteerd naar Allard, 1928). Stillingfleet (1762) nam ook aan dat de vogels die in de herfst verdwenen, tot hoog in de hemel opstijgen en dat ze hun voorspellende vermogens ontlenen aan Gods nabijheid.

33. Berthold, 2001.
34. Buffon, 1779.
35. Hunter, 1786.
36. Barrington, 1772, 287.
37. Mabey, 1986.
38. Pennant, 1768.
39. White, 1789.
40. White, 1789.
41. Foster, 1988 en persoonlijke mededeling van P.G.M. Foster.
42. Mabey, 1986.
43. Forster, 1808.
44. Anon., 1707.
45. Buffon 1771.
46. In de Engelse uitgave van Buffon (vertaald door William Smellie in 1812) staat eigenlijk 'zonsopkomst', wat een fout is: het origineel spreekt van zonsondergang.
47. Naumann, 1797, 196.
48. Berthold, 2001. Johann Andreas Naumann krijgt gewoonlijk de eer als eerste de rusteloosheid tijdens migratie te hebben beschreven, maar in feite waren Buffon, Zorn en de schrijver van de *Traité du Rossignol* (Anon. 1707) hem voorgegaan ['Zommigen hebben waargenomen, dat de Nachtegaal, de grasmusch en andere zoo genaamde trekvogels, op dien tijd in hunne kouwen [kooien], by helderen Maneschyn, zich sterk beweegen [...]. De oorzaak deezer byzondere, op gezette tyden hervatte, beweeginge is nog een onopgelost vraagstuk,' Arnault de Nobleville, *Aëdologia, of Verhandeling van den nachtegaal*, 1759, 122].
49. Anon., 1707.
50. Gwinner, 1968.
51. Berthold, 2001.
52. Van Zomeren, 2003.
53. Frisch, 1743–1763; vgl. Buffon (1779), die refereert aan een vergelijkbaar experiment met een stukje koperdraad om het pootje van een zwaluw.
54. Von Pernau, 1702.
55. Voor tenen afsnijden: zie Stresemann, 1975, 336; en ook Jenner, 1824. De oudste gierzwaluw in de meldingen was eenentwintig jaar toen hij levend gevangen en daarna weer losgelaten werd.
56. Berthold, 2001.
57. Berthold, 2001.
58. S. Emlen, persoonlijke mededeling 2005.
59. Anon., 1707, 24–26; ['die ze in het Ryk der Maane wilde laten vliegen', Arnault de Nobleville, *Aëdologia, of Verhandeling van den nachtegaal*, 29].
60. Middendorf, 1859, geciteerd naar Berthold, 2001. De eerste proef of sterren als een kompas werken, deed Edgar Sauer omstreeks 1955 (zie Berthold, 2001; Legg, 1780).
61. Perdeck, 1958, en persoonlijke mededeling aan S. van Balen, 2005.

62. Berthold, 2001; P. Berthold, persoonlijke mededeling, 2005, 2006.
63. Berthold, 2001.

## Hoofdstuk vijf

1. Anoniem, 1772; Birkhead, 2003.
2. Ook in MacPherson, 1897, Valli da Todi, 1602, Olina, 1622, Markham, 1621 en Ray, 1678.
3. Andere landen gebruikten andere termen. In Nederland sprak men tot in de negentiende eeuw van 'muiten', omdat de lokvogels in een 'muite' geplaatst werden (vergelijk het Engelse *mew*). In Japan noemde men het *yogai* (Damsté, 1947). In Italië ving men door 'muiten' in de zeventiende eeuw kwartels, die op hun beurt als lokvogel dienstdeden: *la chiusa alle quaglie* (Valli da Todi, 1601; MacPherson, 1897, 367).
4. Manzini, 1575.
5. Grenze, 1938.
6. Onder andere Aldrovandi, 1600, Xamarro, 1604 en Aitinger, 1626.
7. Wickede, 1786, hoofdstuk 25.
8. De Réaumur, 1750.
9. Runeberg, 1874.
10. Seebohm, 1888, geciteerd naar Schäfer, 1907.
11. Schäfer, 1907.
12. Allard, 1928.
13. Deze brief was gericht aan Percy Taverner (geciteerd naar Ainley, 1993).
14. Emlen, 1969.
15. Damsté begon zijn onderzoek in 1937, maar als gevolg van de oorlog kon hij zijn proefschrift pas in 1946 verdedigen (Damsté, 1947). Anders dan bij de meeste zoogdieren zwellen de geslachtsklieren van vogels in de lente op en krimpen ze in de winter in; waarschijnlijk is dit een gewichtsbesparende adaptatie.
16. Konishi e.a., 1989; persoonlijke mededeling B. Follett.
17. Persoonlijke mededeling B. Follett.
18. Pracontal, 2001.
19. Stresemann, 1975, 357.
20. Charles Édouard Brown-Séquard was een uitmuntende neurobioloog die later in zijn leven als liefhebberij endocrinologie en 'orgaantherapie' bedreef. In een sensationeel rapport uit 1889 claimde hij dat hij zichzelf verjongd had door zich te injecteren met vloeistof uit de testikels van cavia's en honden. Hij werd niet meer moe, hij kon de trap op- en afrennen en zijn urinestraal 25 procent verder doen neerklateren dan daarvoor! Zijn 'orgaantherapie' werd een enorme rage die in de jaren dertig van de vorige eeuw zijn hoogtepunt bereikte – tot ze doorgeprikt werd.
21. Persoonlijke mededeling van B. Lofts; Parkes, 1985.
22. Persoonlijke mededeling van B. Follett.
23. Thompson (1924) was zich er eveneens van bewust dat het om twee soorten vragen gaat.
24. Frederik II in Wood en Fyfe, 1943.
25. Krebs en Davies, 1997, vierde druk.
26. Baker, 1938, 161.
27. Brief van Mayr aan Lack d.d. 26 augustus 1941 (opgenomen in Haffer, 1997); Johnson, 2004, 538-540.

28. Een van de eerste en meest spectaculaire almanakken registreerde het aantal lentegasten in Norfolk tussen 1736 en 1810 en tussen 1836 en 1874: in totaal 112 jaar. Het ging daarbij om vier generaties van dezelfde familie (zie Newton, 1896, 557).
29. Jenyns stond onder invloed van Lambert-Adolphe-Jacques Quételet, een pionier op het gebied van de statistiek.
30. Altum, 1868.
31. Lack, 1966.

## Hoofdstuk zes

1. Ridgway, 1901.
2. Burkhardt, 2005.
3. Selous (in Stresemann, 1975, 342); Burkhardt, 2005.
4. Selous, 1933, 136.
5. Burkhardt, 2005.
6. Mayr, 1935; zie ook Nice, 1933.
7. Burkhardt, 2005.
8. Howard, 1910, 11.
9. Romanes, 1885; Burkhardt, 2005, 94.
10. Howard, 1910, 8.
11. ['Enkele gewoontes en instincten in de paartijd'], Morgan, 1896.
12. Lack, 1959.
13. Howard, 1907–1914.
14. Huxley, 1914.
15. Howard, 1908.
16. Burkhardt, 2005.
17. Jourdain, 1921.
18. Nicholson (1927) meldt dat Howards *Territory* helaas verramsjt is, maar de herdruk uit 1948 is wel in veel tweedehandsboekhandels te vinden; die is betaalbaar en beslist een aanrader.
19. Nicholson, 1927.
20. Nicholson, 1927.
21. Nicholson, 1934.
22. Nice, 1941; zie ook Barrow, 1998.
23. Lack en Lack, 1933, 197.
24. Lack, 1973; dit is Lacks overlijdensbericht, waarvan een deel door hemzelf is geschreven.
25. Thorpe, 1974. Het kan zijn dat David Lack helemaal niet zo bescheiden was, maar eerder een beetje oneerlijk. Aanvankelijk dacht ik dat de venijnige, ultrakritische oordelen in het artikel van Lack en Lack (1933) afkomstig waren van Lack sr., maar toen ik Lack jr. later omschreven hoorde worden als 'intellectueel strijdlustig' (C. M. Perrins, persoonlijke mededeling), veranderde ik van mening: nu ga ik ervan uit dat de stekeligheden van Davids kant kwamen.
26. [Het leven van de roodborst], Lack, 1943.
27. Meise, 1930, zie ook Nice, 1941, 449.
28. Haffer, 1997, 71.
29. Mayr, 1935.

30. Geciteerd met toestemming van de dochter van E. Mayr, Susanne Harrison.
31. Noble, 1939.
32. Macdonald, 2002, 59.
33. Fisher, 1941.
34. Moss (2004), die evenals Wallace (2004) een voortreffelijke geschiedenis van het vogels kijken afleverde.
35. Alexander, 1936; Ray, 1678, 222.
36. Nice, 1941, 442.
37. Olina, 1622 [De Volière]; Solinas, 2000; Birkhead, 2003.
38. Manzini (1575) beschreef het vangen van adulte vogels en grootbrengen van jonge nachtegalen, maar maakte geen melding van territorialiteit; Valli da Todi, 1601.
39. Valli da Todi, 1601.
40. Aristoteles, geciteerd naar Nice, 1953 en Lack, 1943; zoals Nice opmerkte, gebruikte een hele reeks schrijvers (Plinius, Frederik II, Gessner, Aldrovandi, Ray, Buffon) deze passage uit Aristoteles, allen refererend aan de twee arenden – merkwaardig dat dit later weer vergeten is.
41. Geciteerd naar Lack, 1943.
42. Dit voorbeeld komt uit Anon, 1707.
43. Cramp e.a., 1988.
44. Gessner, 1555.
45. Ticehurst, 1934.
46. Leguat, 1707 [tegenwoordig: Rodrigues-solitaire]; Armstrong, 1953; Fuller, 2000.
47. Von Pernau, 1707, geciteerd naar Stresemann 1947.
48. Von Pernau, 1707, geciteerd naar Stresemann 1947.
49. Thielcke, 1988; zie ook Stresemann, 1947; idem, 1951.
50. [Der Vogelhouders' vermaak], Anon., 1728, 24.
51. Albin, 1737, 67. Albin heeft echter veel van anderen overgenomen, dít mogelijk van: Anon., 1728.
52. White, 1789.
53. Pennant, 1768.
54. Goldsmith, 1774; Nice (1941) opperde dat Goldsmith wel eens de eerste kan zijn geweest die de term territorium bij vogels gebruikte.
55. MacPherson, 1934.
56. Pitman, 1924.
57. Pitman, 1924. Zoals MacPherson (1934) heeft opgemerkt, staan deze feiten over territoria noch in Brisson (1760) noch in Buffon (1770 e.v.) en is het onduidelijk waar ze vandaan komen.
58. Mayr, 1935; Altum, 1868.
59. Altum, 1868.
60. Dit territoriumschema is door Mayr (1935) opgesteld (Noble, 1939; Nice, 1941). Een latere weergave door Robert Hindle, na een polemische vergadering over het onderwerp, is iets overzichtelijker dan Nice's indeling (Hinde, 1956).
61. Tinbergen, 1939.
62. Tavistock, geciteerd naar Nice, 1941.
63. Nice, 1941.
64. Moffat, 1903.

65. Howard, 1920; Nicholson, 1927.
66. Lack, 1943.
67. Wynne-Edwards, 1962.
68. Voor een uitvoerig, helder overzicht van deze thematiek, zie Dawkins, *The Selfish Gene*, 1976. [Dawkins, *Onze zelfzuchtige genen*, 2006]
69. Lowe, 1941.
70. Haffer, 1997, 499.
71. Lack, 1959.

## Hoofdstuk zeven

1. Gegevens over Jürgen Nicolai ontleen ik aan onze e-mails en aan de necrologieën van Barlein (2006) en Würdinger (2007). Voor de 'fluitende goudvinken' raadpleegde ik Lichau, 1988.
2. Nicolai, 1956.
3. Turner, 1544; Topsell, 1972. Ik vraag me af of Catullus' mus niet een goudvink was. Gaius Valerius Catullus (ca. 84-54 v.Chr.) was een Romeins dichter die zijn liefde voor zijn minnares Clodia/Lesbia uitvoerig bezong. Waarschijnlijk is hij jong gestorven (of vergiftigd). Zijn gedichten werden in de vijftiende eeuw herontdekt. Zijn beroemdste gedicht is 'De dood van het musje' [titel van vertaler Jan Kal]:

    *Rouwt, gij venussen en gij cupidootjes,*
    *en gij allen, o meer verfijnde lieden.*
    *'t Musje is overleden van mijn meisje,*
    *'t musje, lievelingsspeeltje van mijn meisje,*
    *dat haar liever was dan haar eigen ogen:*
    *honingzoet was hij en hij kende 't vrouwtje*
    *even goed als een kleine meid haar moeder;*
    *nooit heeft hij uit zichzelf haar schoot verlaten,*
    *waar hij rondhipte, nu eens hier, dan daar weer,*
    *en hij tjilpte alleen voor 't meesteresje.*
    *Nu begaat hij de weg van duisterheden*
    *naar de plaats waarvan niemand, zegt men, weerkeert.*
    ...

    [Uit Catullus, *Laat ons leven en minnen – De mooiste liefdesgedichten*, samengesteld en vertaald door Jan Kal, Bert Bakker, 2000.]

    Er is veel gediscussieerd over de identiteit van Lesbia's mus: *passer* slaat op elk klein vogeltje en niet per se op een mus, zoals *Passer domesticus* (huismus). Catullus kan ook een bijbedoeling gehad hebben, omdat het woord *passera* (musje) in Italiaans slang 'vagina' betekent. Als het inderdaad een vogel is, dan is de sleutel tot zijn identiteit misschien het Latijnse woord dat Catullus voor zijn zang gebruikt: *pipiabat*. Dat is nogal vreemd (Quinn, 1982), omdat het zowel 'tjilpen' betekent (wat mussen doen) als 'piepen' (wat kuikens doen vlak voor ze uitkomen – maar ook mussen) en, derde mogelijkheid, *to pipe* (in de Engelse vertaling van Michie, 1969). In dat laatste geval moet het om een goudvink gaan, want geen enkele andere vogel 'pijpt'. Een ander argument dat pleit voor de goudvink als Lesbia's mus, is de buitengewone toewijding die tamme goudvinken hun baasje bewijzen; daarin zijn ze uniek.
4. Clement e.a., 1993; Arnaiz-Villena e.a., 2001; Newton, 1972.

5. De reden dat de spermatozoa van goudvinken zo'n rare vorm hebben, is dat de onvoorwaardelijke monogamie van mannelijke goudvinken hen in staat stelt recht op hun doel af te gaan: als enige vogel produceren ze onaf sperma. Als ze niet hoeven te concurreren met het sperma van andere mannetjes, waarom zouden ze kostbare energie verspillen om hun spermatozoa af te maken en op te doffen als ze zo óók hun werk doen? (Birkhead e.a., 2006b; Birkhead e.a., 2007).
6. Nicolai, 1956.
7. Güttinger e.a., 2002.
8. Von Pernau, 1707, geciteerd naar Stresemann, 1947, 46.
9. Barrington, 1773.
10. Nicolai, geciteerd naar Barlein, 2006.
11. Barrington, 1773.
12. Buffon, 1778; zie ook Thorpe, 1961.
13. Barrington, 1773.
14. Buffon, 1770.
15. Het onderzoek van Bill Thorpe naar vogels die leerden zingen nadat ze in absolute stilte waren grootgebracht, ging terug op studies van Otto Koehler uit de jaren vijftig (aldus Thorpe, 1961). Dit soort vogels werd 'Kaspar Hauser-vogels' genoemd, naar een jongen die vanaf zijn geboorte in volledig isolement was opgegroeid en in 1828 als zestienjarige in de straten van Neurenberg opdook. De genetische basis van het leren zingen van kanaries staat beschreven in Mundinger, 1995.
16. Voor meer details over aangeboren versus aangeleerde zang, zie de voortreffelijke studie van Stap (2006).
17. Barrington, 1773.
18. Hunter, 1786.
19. Aldrovandi 1599-1603; Aristoteles, *Historia animalium*.
20. King-Hele, 1999.
21. Suthers, 1990; Larsen en Goller, 2002.
22. Aldrovandi, 1600.
23. Anoniem, 1890, 193.
24. Het verband tussen de vorm van de tong en het spraakvermogen werd voor het eerst gelegd door Aristoteles (*Historia animalium*, boek II, hoofdstuk 12). Hij schrijft onder andere: 'Sommige vogelsoorten bezitten anders dan alle andere dieren en bijna zo goed als mensen het vermogen om duidelijke klanken voort te brengen; en dit vermogen is vooral ontwikkeld bij vogels met een brede tong [...]. De vogel uit India, de papegaai, waarvan men zegt dat hij een menselijke tong heeft, beantwoordt aan deze beschrijving; en het is ook nog eens zo dat een papegaai na het drinken van wijn vrijpostiger wordt dan anders' [boek VIII, hoofdstuk 12]. De Perzische geneesheer Avicenna beschreef in de tiende eeuw een operatie waarbij een kindertong los werd gemaakt door het membraan (*frenulum*) eronder door te snijden (Avicenna, 1997). Tegenwoordig ziet men bij zowel mensen als vogels de noodzaak en het nut van deze operatie niet meer in. Het laatste citaat in deze alinea ('Het splijten van de tong ...') komt uit Albin, 1737.
25. Beckers e.a., 2004.
26. Barrington, 1773.
27. Persoonlijke mededeling van Art Arnold, een van Nottebohms studenten.
28. Idem.

29. Marler en Slabbekoorn, 2004.
30. Nottebohm e.a., 1976; zie ook Marler en Slabbekoorn, 2004.
31. Walton, 1653.
32. *The Choristers of the Grove*, Neville Wood (1836); *The Sweet Songsters of Great Britain*, Adams (1860); *Nature's Music*, Peter Marler en Hans Slabbekoorn (red.) (2004).
33. Armstrong, 1963, 231. Naar alle waarschijnlijkheid werd deze ongebruikelijk heftige passage van Belon (1555) geïnspireerd door Jacques Peletier (*Vers Lirique*, 1555). Zie Glardon, 1997.
34. Marler en Slabbekoorn verwijzen met de titel van hun *Nature's music* (2004) bewust terug naar Gardiners *The Music of Nature* (1832).
35. Darwin, 1871, 870.
36. West en King, 1990.
37. Coxe, 1815: een reprint van een deel van *The Gentleman's Recreation* van Nicholas Cox [sic], voor het eerst gepubliceerd in 1674. Zie echter ook Cox, 1677, 76.
38. Bechstein, 1795.
39. Smith en Von Schantz, 1993.
40. Persoonlijke mededeling van J.R. Krebs.
41. Kircher, 1650.
42. Bechstein, 1795.
43. Thorpe, 1961.
44. Clare schreef het gedicht in 1832 (Bate, 2003).
45. Persoonlijke mededeling van R.A. Hinde. Zie ook Marler en Slabbekoorn, 2004; Burkhardt, 2005 en http://www.zoo.cam.ac.uk/zoostaff/madingley/history.htm.
46. Persoonlijke mededeling van R.A. Hinde.
47. Poulsen, 1951. Poulsen was goed op de hoogte van de nieuwe ontdekkingen met betrekking tot zangaquisitie van Von Pernau, Barrington en Bechstein.
48. Hinde, 1952; Marler, 1956.
49. Darwin, 1871, 563.
50. Anoniem, 1707, 36.
51. Buffon, 1770.
52. Bechstein, 1795.
53. Arnault de Nobleville, 1751. Hoewel dit werk anoniem gepubliceerd werd, wordt algemeen aangenomen dat De Nobleville de auteur was.
54. Newton (1896, 892) citeert hier informatie die hij bij verschillende vogelvangers bijeensprokkelde. Zie ook Wood, 1836, die stelt dat zang dient om potentiële partners te verleiden.
55. Montagu, 1802; Newton, 1896. In hetzelfde jaar dat Newtons *Dictionary* verscheen, publiceerde Charles Witchell zijn vernieuwende *Evolution of Bird Song*. Een paar jaar later onderstreepte Moffat (1903) de dubbele functie van vogelzang.
56. Craig, 1908.
57. Kroodsma, 1976.
58. Vallet e.a., 1998; zie ook Marler en Slabbekoorn, 2004.
59. Krebs, 1977; Krebs e.a., 1978.

## Hoofdstuk acht

1. Agate e.a., 2003. Studies van halfsiders worden besproken door Taber (1964) en Kumerloeve (1987). Van de 7.500 zebravinken die mijn lab in zeventien jaar produceerde, waren er drie gynandromorf.
2. Forbes, 1947.
3. Het kwam in de middeleeuwen vaker voor dat dieren op last van de kerk voor de rechter werden gesleept en terechtgesteld. Varkens en taxuskevers werden het vaakst aangeklaagd – de varkens wegens het doden van kleine kinderen en de kevers wegens het toebrengen van schade aan wijngaarden (Evans, 1906).
4. Raven, 1947, 3.
5. De oorsprong van de wezelmythe ligt mogelijk bij de mangoest, een dier dat enigszins op de wezel lijkt en slangen aankan (Forbes, 1947). De misericorden in de kathedraal van Worcester dateren uit de veertiende eeuw.
6. Evans, 1906; Forbes, 1947.
7. De Lapeyronie beschreef zijn bevindingen in een verhandeling die hij in 1710 voor de Académie des Sciences in Parijs uitsprak (geciteerd naar Evans, 1906).
8. Aristoteles, *Historia animalium*, 559b; ook geciteerd in White 1954. [Aristoteles, *Over Dieren*, 12].
9. Aristoteles, *Historia animalium*, boek VIII.
10. Aldrovandi, 1600.
11. Aldrovandi, geciteerd naar Lind, 1963, 49.
12. Aldrovandi, geciteerd naar Lind, 1963, 411–412.
13. Harvey, geciteerd naar Whitteridge, 1981; Lind, 1963, 70, 101.
14. Welty, 1962.
15. Crew, 1965, 72.
16. Geciteerd naar Owens en Short, 1995; vgl. Forbes (1947), die op een melding uit de vierde eeuw wijst over een mannetjespauw die schijnbaar in een vrouwtje veranderde.
17. Een aantal artikelen van Yarrell wordt geciteerd in Forbes 1947.
18. Nordenskiold, 1929.
19. Crew, 1927, 121.
20. Bepaalde secundaire seksuele kenmerken, zoals de hanenkam en de halskwab, worden inderdaad door testosteron bepaald, maar het seksueel dimorfisme in het verenkleed van de zebravink wordt niet door oestrogeen bepaald (Arnold, 1996).
21. Selous, 1927, 257.
22. Bancke en Meesenburg, 1958.
23. Hogan-Warburg, geciteerd naar Van Rhijn, 1991.
24. Montagu, 1813.
25. Van Oordt en Junge, 1936.
26. Lank e.a., 1999. Voor zijn kemphanenkolonie in de jaren tachtig liet Lank eieren uit Finland invoeren.
27. Jukema en Piersma, 2006.
28. Bonnet, 1783.
29. Olsen, 1965. Kippen tonen minder neiging tot parthenogenese dan kalkoenen en daarom kostte het onderzoekers meer tijd om parthenogenetische kippen te fokken. In 1972 werd het eerste kuiken uitgebroed.
30. Tot voor kort was parthenogenese bij zangvogels onbekend (hoofdzakelijk

omdat niemand ernaar gekeken had), tot wij bij zebravinken in gevangenschap parthenogenetische eieren ontdekten (Schut, Hemming, Birkhead e.a., 2008). Leuk detail: terwijl ik dit schrijf, hoor ik van een parthenogenetische agapornis (*lovebird*) in de Verenigde Staten.
31. Ray, 1691, 69; dit kwam echter niet van Ray zelf, maar van zijn vriend Ralph Cudworth (in 1678); Ray was hem daarvoor erkentelijk.
32. Durham en Marryat,1908; zie ook Mayr, 1982, 750.
33. Komdeur e.a., 1997.
34. Voor pluimvee, zie Olsen en Fraps, 1950; voor de zebravink: Stephanie Correa van Veen (persoonlijke mededeling).
35. Balthazart en Adkins-Regan, 2002.
36. De terminologie is verwarrend: steroïde invloeden op de sekse in een vroeg ontwikkelingsstadium worden 'organisationele effecten' genoemd, de tijdelijke 'activatie-effecten'.
37. Agate e.a., 2003.

## Hoofdstuk negen

1. Hansell, 1998, 142.
2. Deze wet dateert uit de elfde eeuw: 'Traktaat van Ibn Abdun', Sevilla, artikel 141 (Lévi-Provençal, 1947). De toernooien die bekend staan als *triganieri* zijn zeer oud; in onze tijd zijn ze nog geliefd in Schotland, in Glasgows East End (Hansell, 1998; Birkhead, 2000). Darwin (1871) wist van het bestaan van roofduiven, maar het verbaast mij dat hij dit spoor nooit volgde, want het was een geweldig bewijs voor seksuele selectie. Het feit dat sommige mannetjes aantrekkelijker waren dan andere en dat kwekers deze aantrekkingskracht kunstmatig konden beïnvloeden, bevestigde dat het erfelijk was. Darwin had twee blinde vlekken: hij zag niet dat vrouwtjes promiscue konden zijn en ook niet dat roofduiven een onweerlegbaar bewijs voor seksuele selectie zijn.
3. Darwin, 1871.
4. Plinius, boek x, hoofdstuk 52. Dit komt eigenlijk – zoals zo veel – van Aristoteles, die waarschijnlijk ook de eerste was die over de ontrouw van duiven schreef: 'In het algemeen betonen [...] deze vogels [duiven] zich trouw, maar een enkele keer cohabiteert een vrouwtje met een ander' (Aristoteles, *Historia animalium*, boek ix).
5. Darwin, 1871.
6. Aristoteles, *Generation of Animals [De generatione animalium]*, 757b2-3; zie ook Brock, 2004. Deze bewering zorgde voor heel wat discussie.
7. Harvey, geciteerd naar Whitteridge, 1981, 178.
8. Girton, 1765. Tegetmeier (1868) beweert dat Girton veel overschreef uit Moore, 1735.
9. Smellie, 1790.
10. Darwin, 1871.
11. Zie Birkhead, 2000 en Desmond en Moore, 1991. John Murray, Darwins uitgever, vond het niet zo'n goed idee om '*sex*' op de titelpagina van *The Descent of Man, and Selection in Relation to Sex* te zetten (Browne, 2002). Als Darwin er niet aan ontkwam iets te noemen wat evident met seksualiteit te maken had – zoals de gekleurde zwellingen van het 'onderste' van vrouwelijke apen (hun genitaliën dus) – deed hij dat in het Latijn, waarschijnlijk om zijn lezers zo weinig mogelijk in verlegenheid te brengen. Opvallend

genoeg schreef Antonie van Leeuwenhoek óók in het Latijn toen hij de Royal Society op de hoogte bracht van zijn ontdekking van (zijn eigen) spermatozoa (zie hoofdstuk 2 alhier). Dat was de eerste en de enige keer.
12. Buffon, 1771.
13. Smellie (1790, 278). Smellie, die Buffons *Histoire Naturelle* vertaalde, parafraseert hier Buffon.
14. Moore, 1735.
15. Pratt, 1852. William Charles Linnaeus Martins boek *Our Domestic Fowls and Song Birds* is ongedateerd, maar het werd waarschijnlijk rond 1850 gepubliceerd. *Linnaeus?* Waar dachten Martins ouders aan toen ze hem zo noemden?
16. Morris, 1853.
17. Zie bijvoorbeeld Marler, 1956.
18. Williams, 1966.
19. Trivers, 2002, 58.
20. Seksuele selectie kan zelfs na bevruchting plaatsvinden (zie Birkhead en Møller, 1998).
21. Ray, 1691, 115.
22. Albertus Magnus, geciteerd naar Kitchell en Resnick, 1999.
23. Evans, 1906, 128.
24. Albertus Magnus, geciteerd naar Kitchell en Resnick (1999, 1565). Dit zou afkomstig kunnen zijn van Thomas de Cantimpré.
25. Harvey, geciteerd naar Whitteridge, 1981, 40.
26. Harvey, geciteerd naar Whitteridge, 1981. Dit was geen uitzondering. In de jaren zestig van de vorige eeuw merkten Fransen die eenden fokten voor hun foie gras, dat de vruchtbaarheid van hun vogels dramatisch daalde. De oorzaak bleek het penispikken van de vrouwtjes te zijn. Omdat ze gedwongen werden op land te copuleren in plaats van in het water, zagen ze de penissen van de mannetjes voor voedsel aan, dat ze probeerden op te eten (persoonlijke mededeling J.-P. Brillard).
27. Wolfson, 1954.
28. Hunter, 1786.
29. Dit komt uit Estienne en Liebault, 1574, *L' Agriculture et Maison Rustique* (editie 1586, hoofdstuk 51).
30. Persoonlijke mededeling V. Amrhein.
31. Anoniem, 1728.
32. Om onbekende redenen staat dit niet in de Engelse editie van 1718, en alleen in de Franse editie van 1713.
33. De heggenmus was in Europa ooit behoorlijk geliefd als kooivogel, maar ik ben in de oudere vogelliteratuur geen enkele verwijzing naar zijn grote cloacale uitstulping tegengekomen.
34. Deze beschrijving van de cloacale uitstulping komt uit Fatio, 1864. De eerste verwijzing naar zijn enorme testikels staat op het conto van Naumann en Naumann (1833, deel 6), die de cloacale uitstulping van deze soort hoogstwaarschijnlijk over het hoofd hebben gezien. Omdat de vogels doodgeschoten waren, is niet uitgesloten dat de uitstulping geraakt was.
35. Nakamura, 1990; Davies e.a., 1995.
36. Birkhead e.a., 2006b.

37. Harvey, geciteerd naar Whitteridge (1981, 35); ook Browne (1646) schreef hierover (geciteerd naar Keynes, 1964, deel 3, 365).
38. Ray, 1678: heggenmus, p., 168; haan, p. 215; huismus, p. 249 ('de testikels zijn groot'). Ook anderen schreven over het verschil in testikels bij verschillende soorten. Edward Jenner (1824) stelde dat soorten waarbij de mannetjes 'slechts korte tijd een paar vormen met vrouwtjes' relatief kleine testikels hebben 'vergeleken met soorten die veel langer met elkaar verkeren'. Hij stelde ook dat soorten die meer dan één keer per seizoen broeden naar relatief grote testikels neigen.
39. Short, 1997.
40. Harcourt e.a., 1995; Birkhead en Møller, 1998.
41. Albertus Magnus, geciteerd naar Kitchell en Resnick (1999, 338, 550).
42. Albertus Magnus, geciteerd naar Kitchell en Resnick (1999, 338).
43. Hunter, 1786; zie ook Moore, 2005.
44. Buffon, 1781.
45. Baillon was handelaar in planten en dieren. Hij leeft voort in een vogel die door natuuronderzoeker Louis Vieillot in, 1819 naar hem vernoemd is: *Baillon's crake* [kleinst waterhoen] (zie Mearns en Mearns, 1988).
46. Møller, 1991; zie ook Birkhead en Møller (1992, 31).
47. Lank e.a., 2002.
48. Nordenskiold, 1929, 389.
49. Wagner, 1836.
50. Afzelius en Baccetti, 1991; Retzius, 1904-1921.
51. Montagu, 1802;, 1813, 476.
52. Selous, 1901; Howard, 1907-1914.
53. Birkhead en Møller, 1992.
54. Smellie (1790, 277). Zoals zo veel bij Smellie, is dit een parafrase van Buffon, 1770. Ray (1678, 15) is op dit punt kort van stof, hij wijst er slechts op dat sommige vogels aan paarvorming doen.
55. Smellie, 1790, 227.
56. Lack, 1968.
57. Birkhead, 1998, 2000.
58. Westneat en Stewart, 2003.

## Hoofdstuk tien

1. Aristoteles zinspeelt hierop in *Historia animalium* met betrekking tot paarden; Aldrovandi (1599-1603) citeert Aristoteles en Alexander Aphrosiensis op dit punt in verband met de grootte van het broedsel en de levensverwachting; ook bij Faultrier, 1660 is deze verwijzing te vinden; zie ook Egerton, 1975. Albertus Magnus citeert Plinius: 'de mus […] die net zo wulps is [als de houtduif], leeft heel erg kort […]; men zegt dat het mannetje niet ouder wordt dan een jaar' (Kitchell and Resnick, 1999).
2. Gessner, 1555.
3. Manzini, 1575.
4. Buffon, 1778.
5. Manzini, 1575. Tot twee eeuwen na de ontdekking, in 1400, hadden de Spanjaarden een monopolie op kanaries.
6. Bacon, 1638.

7. Ray, 1678, 14.
8. Knapp, 1829.
9. Ricklefs, 2000a.
10. Geparafraseerd in Thomas Browne (1646) en geciteerd door Keynes (1964, deel 2, 1282).
11. Ook in Plinius, geciteerd naar William Harveys *Disputations on Generation* (1651; zie Whitteridge, 1981); en geciteerd naar Ray, 1678, 14.
12. Ricklefs, 2006.
13. Bennett en Owens, 2002; persoonlijke mededeling van P. Bennett; zie ook Ricklefs, 2006.
14. Ray, 1678, 155. Dit komt in feite van Henry More (1653) die in zijn *Antidote against Aetheism* met betrekking tot vogels schrijft: 'te veel verkeren met Venus [is] zeer ten nadele van hun droge karkassen'. Sir Thomas Browne (1646) had in zijn *Pseudodoxia Epidemica* eenzelfde opmerking gemaakt, maar zoals blijkt uit Noot 1 hierboven heeft deze opmerking waarschijnlijk zijn wortels in Aristoteles, die geloofde dat de levensduur van dieren bepaald wordt door hun warmte en hun vochtigheid: naarmate ze ouder worden, worden ze kouder en drogen ze uit. Zie ook Egerton, 1975, 309.
15. Ray, 1678, 155.
16. Browne, 1646, geciteerd naar Keynes (1964, deel 2, 182); Aristoteles verwijst in *Historia animalium* ook naar het gemiddeld ouder worden van castraten.
17. Potts en Short, 1999.
18. Aldrovandi, 1599-1603.
19. Ricklefs, 2000b.
20. Thomas Browne (1646), geciteerd naar Keynes, 1964. Browne haalde zijn ideeën op dit punt op zijn beurt bij Denis Petau vandaan.
21. Browne, 1646, geciteerd naar Egerton, 2005.
22. Burkitt, 1924-1926.
23. Nice, 1937; Lack, 1943.
24. In de vierde druk van *The Life of the Robin* vermeldt Lack dat Burkitt kleurringen gebruikte om zijn vogels te identificeren; Nice (1937) beweert hetzelfde in haar artikelen over zanggorzen. Dat kan niet kloppen: Burkitt gebruikte unieke combinaties van *aluminium* ringen om zijn vogels te herkennen (hij was kleurenblind). Kleurringen kwamen pas rond 1930 in de handel; Lack gebruikte ze om ieder van zijn vogels apart te merken. Vóór 1930 had Nice van celluloid haar eigen ringen gemaakt. Burkitts schatting van de gemiddelde levensduur van zijn roodborsten was twee jaar en tien maanden. Lack kwam uit op vijftien maanden, maar hij telde enigszins anders: hij berekende de gemiddelde levensverwachting na de op het uitvliegen volgende overlijdenspiek.
25. Newton, 1998. Lack bedacht een eenvoudige formule om het ene te kunnen herleiden tot het andere: levensduur (de verdere levensverwachting) = $2 - m / m$, waarbij m = gemiddeld jaarlijkse sterftecijfer als proportioneel deel.
26. Lack, 1945.
27. Thorpe, 1974. Andere informatie over Lack is afkomstig van http://www.archiveshub.ac.uk/news/0305lack.html
28. Johnson, 2004.
29. Johnson, 2004, 549.

30. Perrins, 1979.
31. Ray, 1691; Raven, 1942.
32. Ricklefs, 2000a.
33. Newton, 1998.
34. Het negeren van andere factoren was een vergissing. Lack had gelijk dat voedsel belangrijk is, maar later onderzoek – waarvan een deel betrekking had op zijn eigen populatie koolmezen in Wytham Wood – toonde aan dat ziekte en roofdieren eveneens een belangrijke rol spelen bij het reguleren van vogelpopulaties (Newton, 1998).
35. Borrello, 2003.
36. Borrello, 2003. Hier openbaarde zich opnieuw Lacks strijdbare natuur in de intellectuele arena. De geruchten willen dat ze op wetenschappelijke conferenties naar elkaar stonden te schreeuwen, maar dat is niet zo. Wynne-Edwards vermeed elk conflict en ging de strijd met Lack nooit aan. Als hem ernaar gevraagd werd, antwoordde hij simpelweg: 'Het staat allemaal in het boek.' (Wynne-Edwards, 1962; Lack, 1966).
37. Dawkins, 1976.
38. Persoonlijke mededeling van I. Newton.
39. Williams, 1986.
40. De relaties die Aristoteles terecht postuleerde tussen levensduur en (i) voortplantingsresultaat, (ii) de tijd *in utero* en (iii) lichaamsgrootte, zijn subtiel, maar werken als volgt. Het voortbrengen van grote aantallen jongen vergt grote inspanningen en onttrekt energie aan het herstellen en onderhouden van het lichaam, wat resulteert in een vroege dood. Bij een eindige hoeveelheid energie bestaat er een samenhang tussen levensduur en voortplanting. De tijd die *in utero* wordt doorgebracht, weerspiegelt de mate waarin een embryo zich ontwikkelt. Embryo's van soorten die lang leven, ontwikkelen zich langzaam, omdat deze soorten vanaf het moment van de bevruchting op een laag, gelijkmatig niveau brandstof verbruiken: in het ei, maar ook later, als ze eenmaal uitgekomen zijn – hun leven lang. Vogels die langer leven, zijn meestal ook groter, waardoor ze grotere eieren produceren; het duurt langer voor hun embryo's uitkomen. Dat een langere levensduur geassocieerd wordt met een grotere lichaamsomvang hangt samen met het feit dat grotere vogels ook beter in staat zijn om de elementen te trotseren en te voorkomen dat ze worden opgegeten door roofdieren.

## *Naschrift*

1. Raven, 1942, 279.
2. Mandelbrote, 2000; Raven, 1942.
3. In *Evolutionary Theory and Christian Belief* (1957) citeert Lack uit Thomas Browne's *Religio Medici* (1643). Lack kende Ray's biograaf, Canon Raven. Thorpes biografische herinneringen aan Lack, opgeschreven voor de Royal Society, maken geen melding van Ray (Thorpe, 1974). Lacks vrouw Elizabeth en zijn zoon Peter deelden me desgevraagd mee dat Lack naar hun weten Ray's *Wisdom* nooit gelezen had (persoonlijke mededeling P. Lack en E. Lack).
4. Lack, 1957.
5. Dit onderwerp trekt momenteel veel belangstelling. Sommigen, zoals R.L. Trivers,

## NOTEN

geloven dat ethische waarden onderhevig kunnen zijn aan natuurlijke selectie.
6. Gillespie, 1987; persoonlijke mededeling R.W. Burkhardt.
7. Coulson in Walters, 2003, 165.
8. Del Hoyo e.a., 1992-2008.

Voor meer informatie over het schrijven van dit boek, zie http://www.wisdomofbirds.co.uk

# Bibliografie

Adams, H.G. *The Sweet Songsters of Great Britain*. Londen, ca. 1860
Adlemann, H.B. *The Embryological Treatises of Hieronymus Fabricius of Aquapendente: The Formation of the Egg and the Chick and the Formed Fetus*. Ithaca 1942
Afzelius, B. en B. Baccetti. 'History of spermatology'. In Baccetti, B. (red.), *Comparative Spermatology 20 Years After*. New York 1991
Agate, R J., W. Grisham, J. Wade [e.a.]. 'Neural, not gonadal, origin of brain sex differences in a gynandromorphic finch'. In: *Proceedings of the National Academy of Sciences* 100 (2003), p. 4873-4878
Ainley, M.G. [Over: ] Paul Lawrence Farber. In: *The Emergence of Ornithology as a Scientific Discipline: 1760-1850*, In: *The Auk* 100 (1983), p. 763-765
Ainley, M.G. *Restless Energy: A Biography of William Rowan 1891-1957*. Montreal 1993
Aitinger, J.C. *Kurtzer Und Einfeltiger Bericht Vom Dem Vogelstellen*. Kassel 1626
Albin, E. *A Natural History of English Song-birds*. Londen 1737
Alcock, J. *The Triumph of Sociobiology*. Oxford 2001
Aldrovandi, U. *Ornithologiae hoc est de avibus historiae*. Bologna 1599-1603
Alexander, W.B. '"Territory" recorded for Nightingale in seventeenth century'. In: *British Birds* 29 (1936), p. 322-326
Allard, H.A. 'Bird migration from the point of view of light and length of day changes'. In: *American Naturalist* 62 (1928), p. 385-408
Allen, E. 'The History of American Ornithology before Audubon'. In: *Transactions of the American Philosophical Society* 41 (1951), p. 385-591
Altum, B. *Der Vogel und sein Leben*. Münster 1868
Anderson, D. J., N. C. Stoyan en R. E. Ricklefs. 'Why are there no viviparous birds? A comment'. In: *American Naturalist* 130 (1987), p. 941- 947
Anon. *Instruction pour elever, nourrir, dresser, instruire et penser toutes sortes de petits oyseaux de volière, que l'on tient en cage pour entendre chanter: avec un petit traite pour les maladies des chiens*. Parijs 1674
Anon. *Traité du Rossignol*. Parijs 1707

# BIBLIOGRAFIE

Anon. *The Bird-Fancier's Recreation: Being Curious Remarks on the Nature of Song-Birds with choice instructions concerning The taking, feeding, breeding and teaching them, and to know the Cock from the Hen.* Londen 1728

Anon. *Ornithologia Nova.* Birmingham 1745

Anon. *Unterricht von den verschiedenen Arten der Kanarievögel und der Nachtigallen, wie diese beyderley Vögel aufzuziehen und mit Nutzen so zu paaren seien, dass man schöne Zunge von ihnen haben kann.* Frankfurt/Leipzig 1772

Anon. [zonder titel]. In: *Avicultura* 5 (1890), p. 193

Arber, A. 'A seventeenth-century naturalist: John Ray'. In: *Isis* 34 (1943), p. 319-324

Aristotle. *History of Animals.* Harvard 1984-1991]

[Aristoteles. *Historia animalium*, textum recognovit Leonardus Dittmeyer. Lipsiae: Teubner, 1907]

[Aristoteles. *Over Dieren*, vert. en ingel. door R. Ferwerda. Groningen 2000]

[Aristoteles. *Over voortplanting*, vertaald en ingeleid door R. Ferwerda. Groningen 2005]

Armstrong, E.A. 'Territory and birds: a concept which originated from a study of an extinct species'. In: *Discovery* (juli 1953), p. 223-224

Armstrong, E.A. *The Folklore of Birds.* Londen 1958

Armstrong, E.A. *A Study of Bird Song.* Londen 1963

Arnaiz-Villena, A., J. Guillén [e.a.]. 'Phylogeography of crossbills, bullfinches, grosbeaks, and rosefinches'. In: *Cellular and Molecular Life Sciences* 58 (2001), p. 1159-1166

Arnault de Nobleville, L.D. *Aedologie, ou Traité du Rossignol Franc, ou Chanteur*, Parijs 1751

[L.D. Arnault de Nobleville. *Aëdologia, of Verhandeling van den nachtegaal, waar in de aart en wyze om denzelven met het net te vangen.* Amsterdam 1759]

Arnold, A. 'Genetically triggered sexual differentiation of brain and behavior'. In: *Hormones and Behaviour* 30 (1996), p. 495-505

Ashworth, W.B.J. 'Natural history and the emblematic world view'. In: D.C. Lindberg en R.S. Westman (red). *Reappraisals of the Scientific Revolution.* New York 1990, p. 303-332

Ashworth, W.B.J. 'Emblematic natural history of the Renaissance'. In: N. Jardine, J.A. Secord en E.C. Spary (red). *Cultures of Natural History.* Cambridge 1996

Avicenna. *The Canon of Medicine.* Teheran 1997

Bacon, F. *Historie Naturall and Experimental, of Life and Death Or of the Prolongation of Life.* Londen 1638

Baker, J.R. *Evolution: Essays on Aspects of Evolutionary Biology.* Oxford 1938

Balthazart, J. en E. Adkins-Regan. 'Sexual differentiation of brain and behaviour in birds'. In: D.W. Pfaff e.a. (red). *Hormones, Brain and Behavior.* San Diego 2002

Bancke, P. en H. Meesenburg. 'A study of the display of the ruff (*Philomachus pugnax*)'. In: *Dansk ornithologisk Forenings Tidsskrift* 52 (1958): 118-141

Barlein, F. [Over:] Jürgen Nicolai (1925-2006). In: *Vogelwarte* 44-1 (2006), p. 193-196

Barrington, D.H. 'An essay on the periodical appearing and disappearing of certain birds, at different times of the year' In: *Philosophical Transactions* LXII (1772), p. 265-326

Barrington, D.H. 'Experiments and Observations on the singing of Birds'. In: *Philosophical Transactions of the Royal Society of London* 63 (1773), p. 249-291

Barrow, M.V.J. *A Passion for Birds.* Princeton 1998

Bate, J. *John Clare: A Biography*, Londen 2003

Bateson, P. 'Sexual imprinting and optimal outbreeding'. In: *Nature* 273 (1978), p. 659-260

Bechstein, J.M. *Natural History of Cage Birds.* Londen 1795

# BIBLIOGRAFIE

Bechstein, J.M. *Gründliche Anweisung alle Arten von Vögeln zu fangen einzustellen, nach dem Geslecht und andern Merkmalen zu unterscheiden [...]*. Herzien, Nürnberg/Altdorf 1797

Bechstein, J.[M.] *Handbuch der Jagdwissenschaft, ausgearbeitet nach dem von Burgsdorfischen Plane von einer Gesellschaft*. Nürnberg 1801-[1835]

Beckers, G.J., B.S. Nelson en R.A. Suthers. 'Vocal-tract filtering by lingual articulation in a parrot'. In: *Current Biology* 14 (2004), p. 1592-1597

Belon, P. *L'Histoire de la Nature des Oyseaux*. Parijs 1555

Bennett, P.M. en I.P.F. Owens. *Evolutionary Ecology of Birds*. Oxford 2002

Berthold, P. *Bird Migration: A General Survey*. Oxford 2001

Bewick, T. *History of British Birds*. Londen 1797-1804

Bircham, P. *A History of Ornithology*. Londen 2007

Birkhead, T.R. 'Avian mating systems: the aquatic warbler is unique'. In: *Trends in Ecology and Evolution* 8 (1993), p. 390-391

Birkhead, T.R. 'Sperm competition in birds: mechanisms and function'. In: T.R. Birkhead en A.P. Møller (red). *Sperm Competition and Sexual Selection*. Londen 1998, p. 579-622

Birkhead, T.R. *Promiscuity: An Evolutionary History of Sperm Competition and Sexual Conflict*. Londen 2000

Birkhead, T.R. *The Red Canary*. Londen 2003

Birkhead, T.R., E. Butterworth en S. van Balen. 'A recently discovered seventeenth-century French encyclopaedia of ornithology'. In: *Archives of Natural History* 33 (2006a), p. 109-134

Birkhead, T.R., S. Immler, E.J. Pellatt en R. Freckleton. 'Unusual sperm morphology in the Eurasian Bullfinch (*Pyrrhula pyrrhula*)'. In: *The Auk* 123 (2006b), p. 383-392

Birkhead, T.R., F. Giusti, S. Immler en B.G.M. Jamieson. 'Ultrastructure of the unusual spermatozoon of the Eurasian bullfinch (*Pyrrhula pyrrhula*)'. In: *Acta Zoologica* 88 (2007), p. 119-128

Birkhead, T.R. en A.P. Møller. *Sperm Competition in Birds: Evolutionary Causes and Consequences*. Londen 1992

Birkhead, T.R. en A.P. Møller (red). *Sperm Competition and Sexual Selection*. Londen 1998

Birkner, W. *Jagdbuch den Vogelherd mit Buschhütte, Schlagnetz und Lockkäfigen*. [Ms., z.p.], 1639

Blackburn, D.G. en H.E. Evans. 'Why are there no viviparous birds?' In: *American Naturalist* 128 (1986), 165-190

Blackwall, J. 'Tables of the various species of periodical birds observed in the neighbourhood of Manchester with a few remarks tending to establish the opinion that periodical birds migrate'. In: *Memoirs of Literary and Philosophical Society of Manchester*. Manchester 1822, p. 125-150

Bluff, L.A., A A.S. Weir [e.a.]. 'Tool-related cognition in New Caledonian crows'. In *Comparative Cognition and Behavior Reviews* 2 (2007), p. 1-25

Boakes, R. *From Darwin to Behaviourism*. Cambridge 1984

Bobr, L.W., F.W. Lorenz en F.X. Ogasawara. 'Distribution of spermatozoa in the oviduct and fertility in domestic birds. I. Residence sites of spermatozoa in the fowl oviduct'. In: *Journal of Reproduction and Fertility* 8 (1964), p. 39-47

Bolhuis, J.J. 'Development of behaviour'. In: J.J. Bolhuis en L-A. Giraldeau (red). *The Behavior of Animals*. Oxford 2005, p. 119-145

Bonnet, C. *Oeuvres d'histoire naturelle et de philosophie*. Neuchatel 1783

Borrello, M.E. 'Synthesis and selection: Wynne-Edwards' challenge to David Lack'. In: *Journal of the History of Biology* 36 (2003), p. 531-566

Bray, O.E., J.J. Kennelly en J.L. Guarino. 'Fertility of eggs produced on the territories of vasectomized red-winged blackbirds'. In: *Wilson Bulletin* 87 (1975), p. 187-195

Brisson, M.T. *Ornithologie*. Parijs 1760

Brock, R. 'Aristotle on sperm competition in birds'. In: *Classic Quarterly* 54 (2004), p. 277-278

Browne, J. *Charles Darwin: The Power of Place*. Londen 2002

Browne, T. *Pseudodoxia Epidemica*. [Z.p.], 1646

Brusewitz, G. *Svalans våta grav*. Ljusdal, 1979

Buckland, F.T., W.C.L. Martin en W. Kidd. *Birds and Bird Life*. Londen 1859

Buffon, G. L. *Histoire Naturelle des Oiseaux*. Parijs 1770-1783

Burkhardt, R.W. *Patterns of Behavior: Konrad Lorenz, Niko Tinbergen and the Founding of Ethology*. Chicago 2005

Burkitt, J.P. 'A study of robins by means of marked birds'. In: *British Birds* (1924-1926) 17: p. 294-303; 18: p. 97-103, 250-257; 19: 120-124; 20: 91-101

Cade, T. J. en W Burnham. (red). *Return of the Peregrine*. Boise 2003

Cambrensis, Giraldus, *Topographia Hibernica [The Topography of Ireland]*. [Z.p.], 1187

Catesby, M. *Natural History of Carolina*. Londen 1731-1743

Catesby, M. 'Of birds of passage'. In: *Philosophical Transactions of the Royal Society of London* 44 (1747), p. 435-444

Catullus, *Laat ons leven en minnen: de mooiste liefdesgedichten*, samengesteld en vertaald door J. Kal, Amsterdam 2000

Charmantier, I., M. Greengrass en T.R. Birkhead. 'Jean-Baptiste Faultrier's *Traitté general des Oyseaux* (1660). *Archives of Natural History* [in voorbereiding, 2008]

Clayton, N.S., en D.A. Cristol 'Effects of photoperiod on memory and food storing in captive marsh tits (*Parus palustris*)'. In: *Animal Behaviour* 52 (1996), p. 715-726

Clement, P.H.A., A. Harris en J. Davies. *Finches and Sparrows: An Identification Guide*. Princeton 1993

Cobb, M. *The Egg and Sperm Race*. Londen 2006

Cole, F. J. *Early Theories of Sexual Generation*. Oxford 1930

Collinson, P. A letter. In: *Philosophical Transactions of the Royal Society of London*, 51 (1760), p. 459-464

Cornish, J. Letter to Daines Barrington en Dr. Maty. In: *Philosophical Transactions of the Royal Society of London* 65 (1775), p. 343-352

Cornish, J. *Observations on the habits of exotic birds; that is, those which visit England in the spring and retire in the autumn, and those which appear in the autumn and disappear in the spring*. Exeter 1837

Coues, E. *Field and General Ornithology*. Londen 1890

Cox, N. *The Gentleman's Recreation*. Londen 1677

Coxe, N. *The Fowler*. Londen 1815

Craig, W. 'The voices of pigeons regarded as a means of social control'. In: *American Journal of Sociology* 14 (1908), p. 86-100

Cramp, S. (red.). *Handbook of the Birds of Europe, the Middle East and North Africa*, deel V. Oxford 1988

Crew, F.A.E. *The Genetics of Sexuality in Animals*. Cambridge 1927

Crew, F.A.E. *Sex Determination*. Londen 1965
Cudworth, R. *True Intellectual System of the Universe*. [Z.p.], 1678
Dally, J.M., N. Emery en N.S. Clayton. 'Food-caching western scrub jays keep track of who was watching when'. In: *Science* 312 (2006), p. 1662-1665
Damsté, P.H. 'Experimental modification of the sexual cycle of the greenfinch'. In: *Journal of Experimental Biology* 24 (1947), p. 20-35
Darwin, C. *Birds Part 3 No. 2 of the Zoology of the Voyage of HMS Beagle, by J. Gould*. Londen 1839
Darwin, C. *The Descent of Man, and Selection in Relation to Sex*. Londen 1871
*Darwin, C. [en] Th.H. Huxley: Autobiographies*. [Red. en inleiding G. de Beer] Londen 1974
Davies, N.B., I.R. Hartley [e.a.] 'The polygynandrous mating system of the alpine accentor [*Prunella collaris*], I: Ecological causes and reproductive conflicts'. In: *Animal Behaviour* 49 (1995), 769-788
Dawkins, R. *The Selfish Gene*. Oxford 1976
Dawkins, R. *Onze zelfzuchtige genen*, Amsterdam 2006
Defoe, D. *Tour through the Whole Island of Great Britain*. [Z.p.], 1724-1727
Derham, W. *Physico-Theology*. [Z.p.], 1713
Desmond, A. en A. Moore. *Darwin*. Londen 1991
Dingemanse, N.J., C. Both, P.J. Drent, K. van Oers en A.J. van Noordwijk. 'Repeatability and heritability of exploratory behaviour in great tits from the wild'. In: *Animal Behaviour* 64 (2002), p. 929-937
Dingemanse, N.J., C. Both, P.J. Drent en J.M. Tinbergen. 'Fitness consequences of avian personalities in a fluctuating environment'. In: *Proceedings of the Royal Society London series B*, 271 (2004) p. 847-852
Dresser, H.E. *A History of the Birds of Europe*. Londen 1871-1881
Drimmelen, G.C. van, '"Spermnests" in the oviduct of the domestic hen'. In: *Journal of The South African Veterinary Association* 17 (1946), p. 42-52
Dunbrack, R.L. en M.A. Ramsay. 'The evolution of viviparity in amniote vertebrates: egg retention versus egg size reduction'. In: *American Naturalist* 133 (1989), p. 138-148
Durham, F.M. en D.C.E. Marryat. 'Note on the inheritance of sex in canaries'. In: *Reports to the Evolution Committee of the Royal Society* 4 (1908), p. 57-60
Dursy, E. *Der Primitivstreif*. Lahr: Schauenberg, 1866
Duval, M. *Atlas d'Embryologie*. Parijs 1889
Edwards, G. *Natural History of Birds*. [4 delen]. Londen 1743-1751
Egerton, F.N. 'Aristotle's population biology'. In: *Arethusa* 8 (1975), p. 307-330
Egerton, F.N. 'A History of the ecological sciences', deel 15: 'The precocious origins of human and animal demography in the 1600s'. In: *Bulletin of the Ecological Society of America* January (2005), p. 32-38
Elliot, D. G. *A Monograph of the Birds of Paradise*. Londen 1873
Emery, N. en Clayton, N. S. 'The mentality of crows: convergent evolution of intelligence in corvids and apes'. In *Science* 306 (2004), p. 1903-1907
Emlen, S. T. 'Bird migration: influence of physiological state upon celestial orientation'. In: *Science* 165 (1969), p. 716-718
Estienne, C. en Liebault, J. *L'Agriculture et Maison Rustique*. Parijs 1574
Evans, E.P. *The Criminal Prosecution and Capital Punishment of Animals*. Londen 1906
Farber, P.L. *The Emergence of Ornithology as a Scientific Discipline: 1760-1850*. Dordrecht 1982

# BIBLIOGRAFIE

Fatio, V. 'Note sur une particularité de l'appareil reproducteur mâle chez l'Accentor alpinus'. In: *Revue et Magasin de Zoologie pure et appliquée* 2e serie, 16 (1864), p. 65-67

Faultrier, J-B. *Traitté general des Oyseaux*. Parijs 1660

Fisher, J. *Watching Birds*. Harmondsworth 1941

Forbes, T. R. 'The crowing hen: early observations on spontaneous sex reversal in birds' In: *Yale Journal of Biology and Medicine* 19 (1947), p. 955-970

Forster, T.I.G. *Observations on the Brumal Retreat of the Swallow*. Londen 1808

Foster, P.G.M. *Gilbert White and His Records: A Scientific Biography*. Londen 1988

Frederick II of Hohenstaufen. *The Art of Falconry, being De Arte Venandi cum Avibus of*. Stanford 1943

Friedrich II. *De Arte Venandi cum Avibus. Facsimile et Commentarium*, [bezorgd door F. Sauer, J. Stummvoll [e.a.]. Graz 1969

[Friedrich II, *Über die Kunst mit Vögeln zu jagen: Miniaturen aus einer Handschrift des Falken-Buches von Kaiser Friedrich II*. Frankfurt am Main 1996]

Frisch, J.L. *Vorstellung der Vögel Deutschlands, und beyläufig auch einiger Fremden mit ihren natürlichen Farben*, 1743-1763

Fujii, S. en T. Tamura 'Location of sperms in the oviduct of domestic fowl with special reference to storage of sperms in the vaginal gland'. In: *Journal of the Faculty of Fisheries and Animal Husbandry, Hiroshima University* 5 (1963), p. 145-163

Fuller, E. *Extinct Birds*. New York 2000

Gardiner, W. *The Music of Nature; or, An Attempt to Prove that what is Passionate and Pleasing in the Art of Singing, Speaking and Performing upon Musical Instruments, is Derived from Sounds of the Animated World*. Londen 1832

Garnett, R. 'Defoe and the swallows'. In: *The Times Literary Supplement* 162 (13.02.1969)

Gerard, J. *The Herball or Generall historie of plantes*. Londen 1597

Gessner, C. *History of Birds*. Frankfurt am Main 1555

Giersberg, H. 'Untersuchungen über Physiologie und Histologie des Eileiters der Reptilien und Vögel; nebst einem Beitrag zur Fasergenese'. In: *Zeitschrift für wissenschaftliche Zoologie* 120 (1922), p. 1-97

Gillespie, N.C. 'Natural history, natural theology, and social order: John Ray and the "Newtonian Ideology"'. In: *Journal of the History of Natural History* 20 (1987), p. 1-49

Girton, D. *A Treatise on Domestic Pigeons*. Londen 1765

Glardon, P. *Pierre Belon du Mans. L'Histoire de la Nature des Oyseaux*. Genève 1997

Goldsmith, O. *An History of the Earth and Animated Nature*. Londen 1774

Gough, J. 'Remarks on the summer birds of passage and on migration in general'. In: *Memoirs of Literary and Philosophical Society of Manchester* 2 (1812), p. 453-471

Gould, J. *The Birds of Europe*. Londen 1832-1837

Gray, P.H. 'Douglas Alexander Spalding: the first experimental behaviorist'. In: *Journal of General Psychology* 67 (1962), p. 299-307

Gray, P.H. 'The early animal behaviourists'. In: *Isis* 59 (1968), p. 372-383

Grenze, v. d. H. 'Die Nachtigall-Edelkanarien: Karl Reich-Bremen über sein Lebenswert'. In: *Kanaria* week 30 (1938) p. 350-352

Gribbin, J. *Science, A History*. Londen 2002

Grindle, N. '"No other sign or note than the very order": Francis Willughby, John Ray and the importance of collecting pictures'. In: *Journal of the History of Collections* 17 (2005), p. 15-22

Gurney, J.H. *Early Annals of Ornithology*. Londen 1921

Güttinger, H.R., T. Turner [u.A.]. 'Melodiewahrnehmung und Wiedergabe beim Gimpel: Untersuchungen an Liederpfeifenden und Kanariengesang imitierenden Gimpeln (Pyrrhula pyrrhula)'. In: *Journal für Ornithologie* 143 (2002), p. 303-318

Gwinner, E. 'Artspezifische Muster der Zugunruhe bei Laubsänger und ihre mögliche Bedeutung für die Beendigung des Zuges im Winterquartier'. In: *Zeitschrift für Tierpsychologie* 25 (1968), p. 843-853

Haffer, J. 'The history of species concepts and species limits in ornithology'. In: *Bulletin of the British Ornithologists' Club, Centenary Supplement*, 112A (1992), p. 107-158

Haffer, J. '"We must lead the way on new paths": The work and correspondence of Hartert, Stresemann, Ernst Mayr - international ornithologists'. In: *Ökologie der Vögel* 19 (1997), p. 3-980

Haffer, J. 'Erwin Stresemann (1889-1972) – Life and work of a pioneer of scientific ornithology: a survey'. In Haffer, J., Rutschke, E. en Wunderlich, K. (red). *Erwin Stresemann (1889-1972). Leben und Werk eines Pioniers der wissenschaftlichen Ornithologie. Acta Historica Leopoldina*, 34 (Deutsche Akademie der Naturforscher), Stuttgart 2000

Haffer, J. 'Ornithological research traditions in central Europe during the 19th and 20th centuries'. In: *Journal für Ornithologie* 142 (2001), p. 27-93

Haffer, J. 'Erwin Stresemann (1889-1972) - Life and work of a pioneer in scientific ornithology: A survey'. In: *Acta Historica Leopoldina* 34 (2004), p. 1-465

Haffer, J. 'Altmeister der Feld-Ornithologie in Deutschland'. In: *Blätter aus dem Naumann-Museum* 25 (2006), p. 1-55

Haffer, J. 'The development of ornithology in central Europe'. In: *Journal für Ornithologie* 148 (2007a), p. 125-153

Haffer, J. *Ornithology, Evolution and Philosophy: The Life and Science of Ernst Mayr (1904-2005)*. Berlin/Heidelberg 2007

Hansell, J. *The Pigeon in History*. Bath 1998

Harcourt, A.H., A. Purvis, en L. Liles. 'Sperm competition: mating system, not breeding season, affects testes size of primates'. In: *Functional Ecology* 9 (1995), p. 468-476

Harper, E. 'The fertilization and early development of the pigeon's egg'. *American Journal of Anatomy* 3 (1904), p. 349-386

Harvey, P.H., en M.D. Pagel. *The Comparative Method in Evolutionary Biology*. Oxford 1991

Hatch, S.A. 'Mechanism and ecological significance of sperm storage in the northern fulmar with reference to its occurrence in other birds'. In: *The Auk* 100 (1983), p. 593-600

Hauber, M E., S.A. Russo en P.W. Sherman. 'A password for species recognition in a brood-parasitic bird'. In: *Proceedings of the Royal Society of London. Series B: Biological Sciences* 268 (2001), p. 1041-1048

Hayes, H.R. *Birds, Beasts and Men*. Londen 1972

Hayes, W. *A Natural History of British Birds*. Londen 1771-1775

Hervieux de Chanteloup, J.-C. *Nouveau Traité des Serins de Canarie*. Parijs 1713

Hervieux de Chanteloup, J.-C. *A New Treatise of Canary Birds*. Londen 1718

Hess, E.H. en S.B. Petrovich (red). *Imprinting*. Deel 5. Stroudsurg 1977

Hevelius, J. 'Promiscuous enquiries, chiefly about cold, formerly sent and recommended to Monsieur Hevelius; together with his answer return'd to some of them'. In: *Philosophical Transactions of the Royal Society of London* 19 (1666), p. 350

Hill, K.A. 'Hartsoeker's homunculus: A corrective note'. In: *Journal of the History of the*

*Behavioral Sciences* 21 (1985), p. 178-179

Hinde, R.A. 'The behaviour of the great tit (*Parus major*) and some other related species'. In: *Behaviour*, Suppl. 2 (1952), p. 1-201

Hinde, R.A. 'The biological significance of territories in birds'. In: *The Ibis* 98 (1956), p. 340-369

Hogan-Warburg, L. 'Social behaviour of the ruff [*Philomachus pugnax*]'. In: *Ardea* 54 (1966), p. 109-229

Howard, E. *The British Warblers*. [9 delen]. Londen 1907-1914

Howard, E. *Territory in Bird Life*. Londen 1920

Howard, E. *An Introduction to the Study of Bird Behaviour*. Cambridge 1929

Hoyo, E.A. del (ed.), *Handbook of Birds of the World*. Deel 1- . Barcelona 1992-

Hunt, G.R. 'Manufacture and use of hook-tools by New Caledonian crows'. In: *Nature* 379 (1996), p. 249-251

Hunt, G.R., en Gray, R.D. 'Diversification and cumulative evolution in New Caledonian crow tool manufacture'. In: *Proceedings of the Royal Society of London* 270 (2003), p. 867-874

Hunter, J. *Observations on certain parts of the animal economy*, 2$^e$ druk Londen 1786

Huxley, J.S. 'The courtship habits of the great crested grebe (*Podiceps cristatus*); with an addition to the theory of sexual selection'. In: *Proceedings of the Zoological Society of London*, 2 (1914), p. 491-562

Jardine, W. 'Memoir of Francis Willughby'. In: *The Naturalist's Library* 36 (1843), p. 17-146

Jenner, E. 'Some observations on the migration of birds'. In: *Philosophical Transactions of the Royal Society of London* 42 (1824), p. 11-44

Jenyns, L. *Observations in Natural History*. Londen 1846

Johnson, K. '"*The Ibis*": transformations in a twentieth-century British natural history journal'. In: *Journal of the History of Biology* 37 (2004), p. 515-555

Jonston, J. *Historia Naturalis*, Frankfurt am Main 1650-1653

[Jonston, J. *Naeukeurige Beschryving van de Natuur der Vier-voetige Dieren, Vissen en Bloedlooze Water-Dieren, Vogelen, Kronkel-Dieren, Slangen en Draken*. Amsterdam 1660]

Jonston, J. *A description of the nature of four-footed beasts: with their figures engraven in brass*. Amsterdam 1678

Jourdain, F.C.R. 'Howard on territory in bird life'. In: *The Ibis* 1921, p. 322-324

[Jukema, J. en T. Piersma. 'Kleine mannelijke kemphanen met vrouwelijk broedkleed; bestaat [...] de faar?' In: *Limosa* 77 (2004), p. 1-10]

Jukema, J., en T. Piersma. 'Permanent female mimics in a lekking shorebird'. In: *Biology Letters* 2 (2006), p. 161-164

Keynes, G. *The Works of Sir Thomas Browne*. Londen 1964

King-Hele, D. *Erasmus Darwin*. Londen 1999

Kinzelbach, R.K., en J. Hölzinger. *Marcus zum Lamm (1544-1606): Die Vogelbücher aus dem Thesaurus Picturarum*. Stuttgart 2001

Kircher, A. *Musurgia Universalis*. Rome 1650

Kitchell, K.F., en I.M. Resnick. *Albertus Magnus on Animals: A Medieval Summa Zoologica*. Baltimore 1999

Klein, J.T. *Historiae avium prodromus*. Lübeck 1750

Knapp, J.L. *The Journal of a Naturalist*. Londen 1829

Komdeur, J., S. Daan, J. Tinbergen en C. Mateman. 'Extreme adaptive modification in sex ratio of the Seychelles warbler's eggs'. In: *Nature* 385 (1997), p. 522-525

Konishi, M., S.T. Emlen [e.a.] 'Contributions of bird studies to biology'. In: *Science* 246 (1989), p. 465-472

Koyama, S. *Tricks using Varied Tits: Its History and Structure*. Tokio 1999

Krebs, J.R. 'The significance of song repertoires: the Beau Geste hypothesis'. In: *Animal Behaviour* 25 (1977), p. 428-478

Krebs, J.R., R. Ashcroft en M. Webber. 'Song repertoires and territory defence in the great tit'. In: *Nature* 271 (1978), p. 539-542

Krebs, J.R., en N.B. Davies. *Behavioural Ecology: An Evolutionary Approach*, 4th ed. Oxford 1997

Kroodsma, D.E. 'Reproductive development in a female songbird: Differential stimulation by quality of male song'. In: *Science* 192 (1976), p. 574-575

Kruuk, H. *Niko's Nature: A Life of Niko Tinbergen*. Oxford 2003

[Kruuk, H. en B. Meelker. *Niko's natuur: een biografie van Niko Tinbergen*. Amsterdam 2003]

Kumerloeve, H. 'Le gynandromorphisme chez les oiseaux. Récapitulation des données connues'. In: *Alauda* 55 (1987), p. 1-9

Lack, D. *The Life of the Robin*. Londen 1943

Lack, D. *Darwin's Finches*. Cambridge 1945

Lack, D. *Swifts in a Tower*. Londen 1956

Lack, D. *Evolutionary Theory and Christian Belief*. Londen 1957

Lack, D. 'Some British pioneers in ornithological research 1859-1939'. In: *The Ibis*, 101 (1959), p. 71-81

Lack, D. *Population Studies of Birds*. Oxford 1966

Lack, D. *Ecological Adaptations for Breeding in Birds*. Londen 1968

Lack, D. 'My life as an amateur ornithologist'. In *The Ibis* 115 (1973), p. 421-431

Lack, D. en L. Lack. 'Territory reviewed'. In: *British Birds* 27 (1933), p. 179-199

Lank, D.B., M. Coupe, en K.E. Wynne-Edwards. 'Testosterone-induced male traits in female ruffs (*Philomachus pugnax*): autosomal inheritance and gender differentiation'. In: *Proceedings of the Royal Society of London. Series B: Biological Sciences*, 266 (1999), p. 2323-2330

Lank, D.B., C.M. Smith [e.a.]. 'High frequency of polyandry in a lek mating system'. In: *Behavioral Ecology* 13 (2002), p. 209-215

Larsen, O., en F. Goller. 'Direct observation of syringeal muscle function in songbirds and a parrot. In: *Journal of Experimental Biology* 205 (2002), p. 25-35

[Leeuwenhoek, A. van]. 'Observationes D. Anthonii Lewenhoeck, de Natis è semine genitali Animalculis'. In: *Philosophical Transactions of the Royal Society of London*, deel 12 (1665-1678), p. 1040-1043

Legg, J. *A discourse on the emigration of British birds*. Londen 1780

Leguat, F. *Voyages des aventures de François Leguat et de ses compagnons en deux isles désertes des Indes orientales*. Parijs 1707

Leroy, G.C. *The Intelligence and affectability of animals from a Philosophic Point of View, with a few Letters on Man*. Londen 1870

Levaillant, F. *Histoire Naturelle des Perroquets*. Parijs 1801-1805

Lévi-Provençal, E. *Séville Musulmane au début du XII siècle; le Traité d'Ibn Abdun sur la vie urbaine et les corps de métiers*. Parijs 1947

Lichau, K.-H. 'Zur Geschichte der liederpfeifenden Dompfaffe im Vogelsberg'. In: *Die Gefiederte Welt* 112 (1988), p. 17-19, 45-47

Lillie, F.R. 'Charles Otis Whitman'. In: *Journal of Morphology* 22 (1911), p. 14-77
Lind, L.R. (red.) *Aldrovandi on Chickens: The Ornithology of Ulisse Aldrovandi (1600), deel II, book XIV.* Norman 1963
Lockwood, W.B. *The Oxford Book of British Bird Names.* Oxford 1984
Lorenz, K.Z. 'Der Kumpan in der Umwelt des Vogels: der Artgenosse als auslösendes Moment sozialer Verhaltungsweisen'. In: *Journal für Ornithologie* 83 (1935), 2-3, p. 137-215 en 289-413
Lorenz, K.Z. *King Solomon's Ring.* Londen 1952
Lorenz, K.Z. *Ik sprak met viervoeters, vogels en vissen.* Amsterdam 1954
Lowe, P. 'Henry Eliot Howard: an appreciation'. In: *British Birds* 34 (1941), p. 195-197
Mabey, R. *Gilbert White.* Londen 1986
Macdonald, H. '"What makes you a scientist is the way you look at things": ornithology and the observer 1930-1955'. In: *Studies in History and Philosophy of Science* 33 (2002), p. 53-77
Macleod, R.D. *Key to the Names of British Birds.* Londen 1954
MacPherson, A.H. 'Territory in bird life'. In: *British Birds* 27 (1934), p. 266
MacPherson, H.A. *A History of Fowling.* Edinburgh 1897
Mahon, S. 'John Ray (1627-1705) and the act of uniformity 1662'. In: *Notes and Records of the Royal Society of London* 54 (2000), p. 153-178
Malpighi, M. *De formatione pulli in ovo* [On the formation of the chicken in the egg]. [Z.p.], 1673
Mandelbrote, S. 'John Ray'. In: H.C.G. Matthew en B. Harrison, B. (red). *Oxford Dictionary of National Biography*, deel 46. Oxford 2004, p. 178-183
Manzini, C. *Ammaestramenti per allevare, pascere, and curare gli ucceli.* Brescia 1575
Marcgrave, G. [en W.Piso]. *Historia Naturalis Brasiliae.* 2 dln. in 1 bnd., Leiden Amsterdam 1648
Markham, G. *Hungers Prevention: or The Whole Art of Fowling by Water and Land.* Londen 1621.
Marler, P. 'Behaviour of the chaffinch [*Fringilla coelebs*]'. In: *Behaviour* 5, Suppl. (1956), p. 1-184
Marler, P. en H. Slabbekoorn. *Nature's Music: The Science of Birdsong.* Boston 2004.
Martin, W.C.L. *Our Domestic Fowls and Song Birds.* Londen z.j.
Mason, E. A. 'Determining sex in breeding birds'. In: *Bird Banding*, 9 (1938), p. 46-48
May, R.M. en Robertson, M. 'Just so stories and cautionary tales'. In: *Nature* 286 (1980), p. 327-329
Mayr, E. 'Bernard Altum and the territory theory'. In: *Proceedings of the Linnaean Society of New York* 45/46 (1935), p. 24-38
Mayr, E. *The Growth of Biological Thought.* Cambridge (USA) 1982
McAtee, W.L. 'Torpidity in birds'. In: *American Midland Naturalist* 38 (1947), p. 191-206
Mearns, B., en R. Mearns. *Biographies for Birdwatchers.* Londen 1988
Medawar, P.B., en J.S. Medawar. *Aristotle to Zoos.* Londen 1984
Megenberg, C., von *Das Buch der Natur.* [Manuscript. Parijs 1358]
Meise, W. 'Revierbesitz im Vogelleben, *eine Umschau*'. In: *Mitteilungen des Vereins Sächsischer Ornithologen* 3 (1930), p. 49-68
Meyer, H.L. *Coloured illustrations of British Birds, and their eggs.* Londen 1835-1850
Meyer, J.D. *Angenehmer und nützlicher Zeit-Vertreib mit Betrachtung.* Nürnberg 1748-1756
Michie, J. *The Poems of Catullus.* Londen 1969

## BIBLIOGRAFIE

Moffat, C.B. 'The spring rivalry of birds: some views on the limit to multiplication'. In: *Irish Naturalist* 12 (1903), p. 152-166

Montagu, G. *Ornithological Dictionary*. Londen 1802

Montagu, G. *Supplement to the Ornithological Dictionary*. Exeter 1813

Moore, J. *Columbarium, or the Pigeon House – Being an Introduction to a Natural History of Tame Pigeons*. Londen 1735

Moore, W. *The Knife Man*. Londen 2005

More, H. *An antidote against atheism: or an appeal to the natural faculties of the minds of man, whether there be not a God*. Londen 1653

Morgan, C.L. *Habit and Instinct*. Londen 1896

Morris, F.O. *A History of British Birds*. [6 delen] Londen 1851-1857

Morton, C. *An Essay towards the probable solution of this Question, whence come the stork, and the turtle dove [...]* [Londen] 1703

Morton, C. [In:] *The Harleian Miscellany. A Collection of Scarce, Curious, And Entertaining Pamphlets And Tracts [...]*. Red. Sam. Johnson. Oxford 1744-1753

Moss, S. *A Bird in the Bush: A Social History of Birdwatching*. Londen 2004

Mountjoy, P.T., J.H. Bos [e.a.]. 'Falconry: neglected aspect of the history of psychology'. In: *Journal of the History of the Behavioral Sciences* 5 (1969), p. 59-67

Møller, A.P. 'Sperm competition, sperm depletion, parental care and relative testis size in birds'. In: *American Naturalist* 137 (1991), p. 882-906

Mudie, R. *The British Naturalist*. Londen 1830

Mullens, W.H. 'Some early British ornithologists and their works, IX: W. MacGillivray (1796-1852) and W. Yarrell (1784-1853)'. In: *British Birds* 2 (1909), p. 389-399

Muller, J., F.J. Bell en A.H. Garrod. *On certain variations in the vocal organs of the Passeres that have hitherto escaped notice*. Oxford 1878

Mundinger, P.C. 'Behavior-genetic analysis of canary song: inter-strain differences in sensory learning, and epigenetic rules'. In: *Animal Behaviour* 50 (1995), p. 1491-1511

Nakamura, M. 'Cloacal protuberance and copulatory behaviour of the Alpine accentor (*Prunella collaris*)'. In: *The Auk* 107 (1990), p. 284-295

Naumann, J.A. *Naturgeschichte der Land- und Wasser-Vögel des nordlichen Deutschlands*. Kothen 1795-1803

Naumann, J.A., en J.F. Naumann. *Naturgeschichte der Vögel Deutschlands, nach eigenen Erfahrungen entworfen*. [13 delen. Leipzig], 1822-1866

Naumann, J.F. *Naturgeschichte der Vögel Mitteleuropas*. [12 delen.] Kohle 1896-1905

Needham, J. *A History of Embryology*. Londen 1959

Newton, A. *A Dictionary of Birds*. Londen 1896

Newton, I. *Finches*. Londen 1972

Newton, I. *Population Limitation in Birds*. San Diego 1998

Nice, M.M. 'The theory of territorialism and its development'. In: F.M. Chapman en T.S. Palmer (red.). *Fifty years' progress of American ornithology, 1883-1933*. Lancaster [USA] 1933, 89-100

Nice, M.M. 'Studies in the life history of the song sparrow'. In: *Transactions of the Linnaean Society, New York* 4 (1937), p. 1-247

Nice, M.M. 'The role of territory in bird life'. In: *American Midland Naturalist* 26 (1941), p. 441-487

Nice, M.M. 'The earliest mention of territory'. In: *Condor* 55 (1953), p. 316-317

Nicholson, E.M. *How Birds Live*. Londen 1927

Nicholson, E.M. 'Territory reviewed'. In: *British Birds* 27 (1934), p. 234-236
Nicolai, J. 'Zur Biologie und Ethologie des Gimpels (*Pyrrhula pyrrhula* L.)'. In: *Zeitschrift für Tierpsychologie* 13 (1956), p. 93-132
Nicolai, J. 'Mimicry in parasitic birds'. In: *Scientific American* 231 (1974), p. 92-98
Noble, G.K. 'The role of dominance in the life of birds'. In: *The Auk* 56 (1939), p. 263-273
Nordenskiold, E. *The History of Biology: A Survey*. Londen 1929
Norderhaug, M. 'The Svalbard Geese: an introductory review of research and conservation'. In: *Norsk Polarinstitutt Skrifter* 181 (1984), p. 7-10
Nottebohm, F., T.M. Stokes [e.a.]. 'Central control of song in the canary [*Serinus canarius*]'. In: *Journal of Comparative Neurology* 165 (1976), p. 457-486
Nozeman, C. *Nederlandsche vogelen [volgens hunne huishouding, aert en eigenschappen beschreeven*. Alle naer 't leeven geheel opnieuw en naeukeurig getekend, in 't koper gebragt, en natuurlijk gekoleurd door [...] Christiaan Sepp en zoon. 5 dln. Amsterdam 1770-1829
Nutton, V. 'Conrad Gesner and the English naturalists'. In: *Medical History* 29 (1985), 93-97
Oordt, G.J. van, en G.C.A. Junge. 'Die hormonale Wirkung der Gonaden auf Sommer und Prachtkleid, III'. In: *Wilhelm Roux' Archiv für Entwicklungsmechanik der Organismen* 134 (1936), p. 112-121
Olaus Magnus, *Historia de Gentibus Septentrionalibus*. Rome 1555
Olina, G.P. *L'Uccelliera*. Rome 1622
Olsen, M.W., en B.H. Neher. 'The site of fertilization in the domestic fowl' In: *Journal of Experimental Zoology* 109 (1948), p. 355-366
Olsen, M.W., en R.M. Fraps. 'Maturation changes in the hen's ovum'. In: *Journal of Experimental Zoology* 144 (1950), p. 475-487
Olsen, M.W. 'Twelve-year summary of selection for parthenogenesis in Beltsville small white turkeys'. In: *British Poultry Science* 6 (1965), p. 1-6
Owen, C. *An Essay Towards a Natural History of Serpents*. Londen 1742
Owens, I.P.F. en R.V. Short. 'Hormonal basis of sexual dimorphism in birds: implications of new theories of sexual selection'. In: *Trends in Ecology and Evolution* 10 (1995), p. 44-47
Parkes, A.S. *Off-beat Biologist: The Autobiography of Alan S. Parkes*. Cambridge 1985
Pavord, A. *The Naming of Names*. Londen 2005
Pennant, T. *British Zoology*, Londen 1768
Pennant, T. *The Literary Life of the Late Thomas Pennant, Esq., by Himself*. Londen 1793
Pepperberg, I.M. *The Alex Studies*. Harvard 1999
Perdeck, A.C. 'Two types of orientation in migrating Starlings [*Sturnus vulgaris* L.] and chaffinches [*Fringilla coelebs* L.], as revealed by displacement experiments'. In: *Ardea* 46 (1958), p. 1-37
[Perdeck, A.C. 'De ontraadseling van de vogeltrek'. In: Perdeck, A.C. *Komen, gaan en blijven staan. Enkele voorbeelden van ecologisch onderzoek*. Heteren 1982]
Pernau, F.A. von. *Unterricht was mit dem lieblichen Geschöpff, denen Vögeln, auch ausser den Fang, nur durch die Ergründung deren Eigenschafften und Zahmmachung oder anderer Abrichtung man sich vor Lust und Zeit-Vertreib machen könne*. [Augsburg] 1702
Perrins, C.M. *British Tits*. Londen 1979
Pitman, J.H. *Goldsmith's Animated Nature: A Study of Goldsmith*. Yale 1924
Plinius, *Naturalis Historia, book* X: *The Natural History of Birds*. Londen 1855
Plinius. *De wereld*. Amsterdam 2004
Potts, M. en R.V. Short. *Ever Since Adam and Eve*. Cambridge 1999

Poulsen, H. 'Inheritance and learning in the song of the chaffinch (*Fringilla coelebs*)'. In: *Behaviour* 3 (1951), p. 216-228
Pracontal, M. de, *L'imposture scientifique en dix leçons*. Parijs 2001
Pratt, A. *Our Native Songsters*. Londen 1852
Quinn, K. *Catullus, the Poems*, Londen 1982
Raven, C.E. *John Ray, Naturalist: His Life and Works*. Cambridge 1942
Raven, C.E. *English Naturalists from Neckam to Ray*. Cambridge 1947
Ray, J. *The Ornithology of Francis Willughby*. Londen 1678
Ray, J. *The Wisdom of God Manifested in the Works of Creation*. Londen 1691
Ray, J. *Synopsis Animalium Quadrupedum*. Londen 1693
Ray, J. *Three Physico-Theological Discourses*. Londen 1693
Réaumur, M. de, *The Art of Hatching and Bringing up Domestick Fowles of all kinds, at any time of year, either by means of hot-beds, or that of common fire*. Parijs 1750
Rem, G. *Emblematica Politica*. [Z.p.], 1617
Rennie, J. *The Faculties of Birds*. Londen 1835.
Retzius, G. *Biologische Untersuchungen, Neue Folge*. Stockholm/Leipzig 1904-1921
Rhijn, J.G. van. *The Ruff*. Londen 1991
[Rhijn, J.G. van, en M.S. Westerterp-Plantenga. *Ethologie: veroorzaking, ontwikkeling, functie en evolutie van gedrag*. Groningen 1989]
Richards, R.J. *Darwin and the Emergence of Evolutionary Theories of Mind and Behavior*. Chicago 1987
Ricklefs, R.E. 'Lack, Skutch, and Moreau: the early development of life-history thinking'. In: *Condor*, 102 (2000a), p. 3-8
Ricklefs, R.E. 'Intrinsic aging-related mortality in birds'. In: *Journal of Avian Biology* 31 (2000b), p. 103-111
Ricklefs, R.E. 'Embryo development and ageing in birds and mammals'. In: *Proceedings of the Royal Society of London* 273 (2006), p. 2077-2082
Ridgway, R. 'The Birds of North and Middle America'. In: *Bulletin of the United States National Museum 50*, 1901, 50
Robson, J. en S.H. Lewer. *Canaries, Hybrids and British Birds in Cage and Aviary*. Londen 1911
Roger, J. *Buffon*. Ithaca 1997
Romanes, G J. *Animal Intelligence*. Londen 1885
Romanoff, A.L. *The Avian Embryo*. New York 1960
Romanoff, A.L. en A.J. Romanoff. *The Avian Egg*. New York 1949
Rothschild, W. *Extinct Birds*. Londen 1907
Runeberg, J. 'The Lark'. In: *Academy* 4 (1874), p. 262
Salvin, O., en F.D. Godman. *Birds of Central America*. Londen 1879-1904
Sayle, C. [ed.]. *The Works of Sir Thomas Browne*. Edinburgh 1927
Schäfer, E.A. 'On the incidence of daylight as a determining factor in bird migration'. In: *Nature* 77 (1907), p. 159-163
Schaeffer, J.C. *Elementa ornithologia iconibus*. 2$^e$ druk. Ratisbonae 1779
Schierbeek, A. [red.] *Opuscula selecta Neerlandicorum de arte medica*. [Met bijdr. van A. Boerhave, D. Erasmus, A. van Leeuwenhoek [e.a.]. 19 dln. Amstelodami:] [1907-]1955
Schmidtt, S. *Oeuvre*. Parijs 2007
Schramm, M. 'Frederick II of Hohenstaufen and Arabic science'. In: *Science in Context* 14 (2001), p. 289-312

Schulze-Hagen, K., B. Leisler [e.a.]. 'The breeding system of the aquatic warbler [*Acrocephalus paludicola*] – a review of new results'. In: *Vogelwelt* 120 (1999), p. 87-96

Schulze-Hagen, K., B. Leisler, T.R Birkhead en A. Dyrcz. 'Prolonged copulation, sperm reserves and sperm competition in the aquatic warbler [*Acrocephalus paludicola*]'. In: *The Ibis* 137 (1995), p. 85-91

Schut, E., N. Hemmings en T.R. Birkhead. 'Parthenogenesis in a passerine bird, the zebra finch [*Taeniopygia guttata*]'. In: *The Ibis* 150 (2008), p. 197-199

Schwenckfeld, C. *Theriotropheum Silesiae*. Lignicii 1603

Seibt, U. en W. Wickler. 'Individuality in problem solving: string pulling in two *Carduelis* species (Aves: Passeriformes)'. In: *Ethology* 112 (2006), p. 493-502

Selby, P.J. *Illustrations of British Ornithology*. Edinburgh 1825-1841

Selous, E. *Bird Watching*. Londen 1901

Selous, E. *Realities of Bird Life*. Londen 1927

Selous, E. *Evolution of Habit in Birds*. Londen 1933

Shoberl, F. *The Natural History of Birds*. Londen 1836

Short, R.V. 'The testis: the witness of the mating system, the site of mutation and the engine of desire'. In: *Acta paediatrica. Supplementum*, 422 (1997), p. 3-7

Smellie, W. *The Philosophy of Natural History*, 2 delen. Londen 1790, 1799

Smith, H.G. en T. von Schantz. 'Extra-pair paternity in the European starling: the effect of polygyny'. In: *Condor* 95 (1993), p. 1006-1015

Solinas, F. *L'Uccelliera: Un libro di arte e di scienza nella roma dei primi lincei*. 2 delen. Florence 2000

*Spamer's Illustriertes Konversations-Lexikon III. Nachschlagebuch für den täglichen Gebrauch*. 8 delen. Leipzig 1893

Stanley, E. *A Familiar History of Birds: Their Nature, Habits and Instincts*, 2 vols. Londen 1835

Stanley, Thomas Esquire. *Poems*. [Z.p.], 1651

Stap, D. *Birdsong*. Oxford 2005

[Stap, D. *Vogelzang*. Amsterdam/Antwerpen 2006]

Stillingfleet, B. *Miscellaneous Tracts*. Londen 1762

Stresemann, E. 'Baron von Pernau, pioneer student of bird behavior'. In: *The Auk* 64 (1947), p. 35-52

Stresemann, E. *Die Entwicklung der Ornithologie. Von Aristoteles bis zur Gegenwart*. Berlin 1951

Stresemann, E. *Ornithology from Aristotle to the Present*. Harvard 1975

Strindberg, A. *En blå bok*. Stockholm 1907

Stubbs, G. *Comparative Anatomy*. Londen 1804-1806

Susemihl, J.C. en E. Susemihl. *Die Vögel Europas*. Stuttgart 1839-1852

Suthers, R.A. 'Contributions to birdsong from the left and right sides of the intact syrinx'. In: *Nature* 347 (1990), p. 473-477

Swainson, C. *The Folk Lore and Provincial Names of British Birds*. Londen 1886

Taber, E. 'Intersexuality in birds'. In: C.N. Armstrong en A.J. Marshall [red]. *Intersexuality*. Londen 1964, p. 287-310

Tebbich, S., M. Taborsky [e.a.]. 'Do woodpecker finches acquire tooluse by social learning?' In: *Proceedings of the Royal Society of London* 268 (2001), p. 2189-2193

Tegetmeier, W.B. *Pigeons: Their Structure, Varieties, Habits, and Management*. Londen 1868

Teixeira, D.M. 'Plumagens aberrantes em psittacidae neotropicais'. Em: *Revista Brasileira de Biologia* 45 (1985), p. 143-148

Teixeira, D.M. 'Perspectivas da etno-ornitologia no Brazil: o exemplo de um estudo sobre a "Tapiragem"'. Em: *Boletim do Museu Paraense Emilio Goeldi. Zoologia* 8 (1992), p. 113-121

Temminck, C.J. en H. Schlegel. *Fauna Japonica – Aves. Descriptions des oiseaux observés au Japon par les voyageurs Hollandais.* Lugduni: Batavorum, 1844-1850

Thielcke, G. 'Neue Befunde bestätigen Baron Pernaus (1660-1731) Angaben über Lautäusserungen des Buchfinken (*Fringilla coelebs*)', *Journal für Ornithologie*, 129-1 (1988), p. 55-70

Thienemann, F.A.L. *Einhundert Tafeln colorierter Abbildungen von Vogeleiern.* Leipzig 1845-1854

Thomas, K. *Man and the Natural World.* Londen 1983

Thompson, A.L. 'Photoperiodism in bird migration'. In: *The Auk* 41 (1924), p. 639-641

Thorpe, W.H. *Bird-Song.* Cambridge 1961

Thorpe, W.H. David Lambert Lack, 1910-1973. In: *Biographical Memoirs of Fellows of the Royal Society* 20 (1974), p. 271-293

Thorpe, W.H. *The Origins and Rise of Ethology.* Londen 1979

Ticehurst, N.F. Letter to the Editors. In: *British Birds* 27 (1934), p. 308.

Tinbergen, N. 'The behavior of the snow bunting in spring'. In: *Transactions of the Linnaean Society of New York* 5 (1939), p. 1-95

[Tinbergen, N. *Spieden en speuren in de vrije natuur.* Amsterdam 1960]

Topsell, E. *The Fowles of Heaven or History of Birds.* Austin 1972

Travies, E. *Les Oiseaux les Plus Remarkables.* Parijs 1857

Trivers, R.L. *Natural Selection and Social Theory.* Oxford 2002

Turner, W. *A Short and Succinct Account of the Principle Birds Mentioned by Pliny and Aristotle.* Keulen 1544

Vallet, E., I. Beme en M. Kreutzer. 'Two-note syllables in canary songs elicit high levels of sexual display'. In: *Animal Behaviour* 55 (1998), p. 291-297

Valli da Todi, A. *Il canto de gl'Augelli. Opera nova. Dove si dichiara la natura di sessanta sorte di Uccelli, che cantano per esperienza, e diligenza fatta piu volte. Con il modo di pigliarli con facilita, & allevarli, cibarli, domesticarli, ammaestrarli e guariroli delle infermita, che a detti possono succedere. Con le loro figure, o vinti sorte di caccie, cavate dal naturale da Antonio Tempesti.* Rome 1601

Vieillot. L.P. *Histoire naturelle des plus beaux oiseaux chanteurs de la zone torride.* Parijs 1805-1809

Wagner, R. *Fragmente zur Physiologie der Zeugung, vorzüglich zur mikroskopischen Analyse des Sperma.* München 1836

Wagner, R. *Icones Zootomicae. Handatlas zur Vergleichenden Anatomie.* Leipzig 1841

Wallace, A.R. [Over: *The Intelligence and Perfectibility of Animals from a Philosophic Point of View. With a Few Letters on Man.* By Charles Georges Leroy, 1870]. In: *Nature* 3 (1871), p. 182-183

Wallace, D.I.M. *Beguiled by Birds.* Londen 2004

Walters, M. *A Concise History of Ornithology.* Londen 2003

Walton, I. *The Compleat Angler.* Londen 1653

Ward, J. *British Ornithology or Birds of Passage.* Maidstone 1871

Waring, S. *The Minstrelsy of the Woods.* Londen 1832

Weir, A.A.S., J. Chappell en A. Kacelnik. 'Shaping of hooks in New Caledonian crows'. In: *Science* 297 (2002), p. 981

Welty, J.C. *The Life of Birds.* Philadelphia 1962

West, M.J. en A.P. King. 'Mozart's Starling'. In: *American Scientist* 78 (1990), p. 106-114
Westneat, D.F., P.C. Frederick en R.H. Wiley. 'The use of genetic markers to estimate the frequency of successful alternative reproductive tactics'. In: *Behavioral Ecology and Sociobiology* 21 (1987), p. 35-45
Westneat D. F. [en] I.R.K. Stewart. 'Extra-pair paternity in birds: Causes, correlates, and conflict'. In: *Annual Review of Ecology, Evolution, and Systematics* 34 (2003), p. 365-396
White, G. *The Natural History of Selborne*. [Z.p.], 1789
White, T.H. *The Bestiary: A Book of Beasts*. New York 1954
Whitteridge, G. *Disputations Touching the Generation of Animals*. Oxford 1981
Wickede, F. van. *Kanari-uitspanningen of nieuwe verhandeling van de Kanari-Teelt, den oorsprong, de voortteeling, aenkweking, onderscheiden Aert, Ziektens en gebreken, middelen ter herstelling van de Kanarien, en alles wat een Liefhebber nodig heeft, 't zy hy dezelve wil doen broeijen of niet. [...]*. 5e dr., Amsterdam 1786
Williams, G.C. *Adaptation and Natural Selection*. Princeton 1966
Williams, G.C. 'Natural selection, the cost of reproduction and a refinement of Lack's principle'. In: *American Naturalist* 100 (1986), p. 687-690
Wilson, A. en C.L. Bonaparte. *American Ornithology*. Londen/Edinburgh 1832
Wilson, H.R. 'Physiological requirements of the developing embryo: temperature and turning'. In: S.G. Tullet (red.). *Avian Incubation*. Poultry Science Symposium 22, 1991
Witchell, C.A. *The Evolution of Bird-Song, with Observations on the Influence of Heredity and Imitation*. Londen 1896
Witschi, E. 'Seasonal sex characters in birds and their hormonal control'. In: *Wilson Bulletin*, 47 (1935), 177-188
Wolf, J. *Abbildungen und Beschreibungen merkwürdiger naturgeschichtlicher Gegenstände*. Nürnberg 1818
Wolff, C.F. *Theoria Generationis*. Halle 1774
Wolfson, A. 'Sperm storage at lower-than-body temperature outside the body cavity of some passerine birds'. In: *Science* 120 (1954), p. 68-71
Wood, N. *British Song Birds: Being popular Descriptions and Anecdotes of the Choristers of the Groves*. Londen 1836
Woods, C.P. en R.M. Brigham. 'The avian enigma: "hibernation" by common poorwills (*Phalaenoptilus nuttalli*)'. In: B.M. Barnes en C. Carey (red). *Life in the Cold: Evolution, Mechanisms, Adaptation and Application*. Fairbanks 2004
Würdinger, I. 'Jürgen Nicolai, 1925-2006'. In: *The Ibis*, 149 (2007), 198-199
Wynne-Edwards, V.C. *Animal Dispersion in Relation to Social Behaviour*. Edinburgh 1962.
Xamarrõ, Iuan Bautists (residente en Corte). *Conocimiento de las diez aves menores de jaula, su canto, enfermedad, cura y cría*. Madrid 1604
Zann, R.A. *The Zebra Finch: A Synthesis of Field and Laboratory Studies*. Oxford 1996
Zomeren, K. van *Klein Kanoetenboekje*. Utrecht 2003
Zorn, J.H. *Petino-Theologie oder Versuch die Menschen durch nähere Betrachtung der Vögel zur Bewunderung, Liebe [...] ihres mächtigsten [...] Schöpffers aufzumuntern* 2 delen. Pappenheim-Schwabach 1742-1743

# Illustratieverantwoording

| | |
|---|---|
| frontispice | privécollectie |
| 4-5 | N. Woodcock, Lavenham |
| 11 | privécollectie |
| 16 | de graaf van Derby, met welwillende toestemming (2008) |
| 19 | bibliotheken Balfour en Newton, Cambridge |
| 20 | opnieuw vormgegeven naar White (1954) |
| 23 | Emblemata Politica, bibliotheek van zeldzame boeken en manuscripten, universiteit van Illinois |
| 26 boven: | National Portrait Gallery, Londen |
| 26 onder: | particulier bezit lord en lady Middleton |
| 29 | privécollectie |
| 30 | privécollectie |
| 33 | McGill-universiteit, Montreal, Blacker Wood-collectie |
| 35 | Albertina, Wenen |
| 38-39 | Patrimonio Nacional, Madrid |
| 40 | bibliotheken Balfour en Newton, Cambridge |
| 42 | universiteit van Erlangen, beeldbank (B164) |
| 44 | opnieuw vormgegeven naar Haffer (2007) |
| 46 | universiteit van Nottingham, met toestemming van Michael Willoughby |
| 50 | universiteit van Glasgow |
| 52 | bibliotheken Balfour en Newton, Cambridge |
| 55 | The Royal Society (MS/103), Londen |
| 58-59 | Blacker Wood-collectie, McGill-universiteit, Montreal |
| 64 | privécollectie |
| 68 | privécollectie |
| 71 | privécollectie |
| 72 | bibliotheken Balfour en Newton, Cambridge |
| 77 | The Royal Society (MS/103), Londen |
| 82-83 | bibliotheken Balfour en Newton, Cambridge |
| 86 boven: | privécollectie S. Hatch en M. Bakst |
| 86 onder: | bibliotheken Balfour en Newton, Cambridge |
| 88 | privécollectie |
| 91 | collectie A.H. Harcourt |
| 92-93 | bibliotheken Balfour en Newton, Cambridge |
| 97 | privécollectie |
| 100 | bibliotheken Balfour en Newton, Cambridge |

| | |
|---|---|
| 103 | bibliotheken Balfour en Newton, Cambridge |
| 104 | bibliotheken Balfour en Newton, Cambridge |
| 107 | bibliotheken Balfour en Newton, Cambridge |
| 114 | privécollectie |
| 118 | privécollectie |
| 121 | Gemäldegalerie Alte Meister, Kassel |
| 123 | McGill-universiteit, Montreal Blacker Wood-collectie |
| 126 | bibliotheken Balfour en Newton, Cambridge |
| 128 | bibliotheken Balfour en Newton, Cambridge |
| 132 | bibliotheken Balfour en Newton, Cambridge |
| 136-137 | privécollectie |
| 140 | McGill-universiteit, Montreal, Blacker Wood-collectie |
| 142-143 | McGill-universiteit, Montreal, Blacker Wood-collectie |
| 144 | British Library Board |
| 146 | British Library Board |
| 149 | Albertina, Wenen |
| 153 | privécollectie |
| 160 | bibliotheken Balfour en Newton, Cambridge |
| 162 | privécollectie |
| 164 | bibliotheken Balfour en Newton, Cambridge |
| 167 | Jonathan Blair/National Geographic Image Collection |
| 171 | bibliotheken Balfour en Newton, Cambridge |
| 176 | bibliotheken Balfour en Newton, Cambridge |
| 180 | privécollecties |
| 182-183 | privécollectie |
| 187 | privécollectie |
| 190 | McGill-universiteit, Montreal, Blacker Wood-collectie |
| 192 | bibliotheken Balfour en Newton, Cambridge |
| 195 | Albertina, Wenen |
| 200 | privécollectie |
| 203 | privécollectie |
| 205 | McGill-universiteit, Montreal, Blacker Wood-collectie |
| 210 | bibliotheken Balfour en Newton, Cambridge |
| 213 | bibliotheken Balfour en Newton, Cambridge |
| 214 | privécollectie |
| 217 | privécollectie |
| 222-223 | bibliotheken Balfour en Newton, Cambridge |
| 225 boven: | bibliotheken Balfour en Newton, Cambridge |
| 225 onder: | privécollectie |
| 230 | privécollectie |
| 235 | British Library Board |
| 239 | bibliotheken Balfour en Newton, Cambridge |

# ILLUSTRATIEVERANTWOORDING

| | |
|---|---|
| 244 | privécollectie |
| 247 | Patrimonio Nacional, Madrid |
| 251 | bibliotheken Balfour en Newton, Cambridge |
| 254 | bibliotheken Balfour en Newton, Cambridge |
| 257 | bibliotheken Balfour en Newton, Cambridge |
| 260-261 | Albertina, Wenen |
| 267 | privécollectie |
| 268 | British Library Board |
| 271 | McGill-universiteit, Montreal, Blacker Wood-collectie |
| 272 | Thorpe, 1961 |
| 280 | de graaf van Derby, met welwillende toestemming (2008) |
| 283 | Société Ornithologique de France, Parijs |
| 284 | universiteitsbibliotheek van Bologna |
| 289 | bibliotheken Balfour en Newton, Cambridge |
| 292 | bibliotheken Balfour en Newton, Cambridge |
| 297 | bibliotheken Balfour en Newton, Cambridge |
| 300 | door D. Griffin en B. Skinner welwillend ter beschikking gesteld |
| 303 | privécollectie |
| 307 | bibliotheken Balfour en Newton, Cambridge |
| 310 | privécollectie |
| 315 | British Library Board |
| 321 | de graaf van Derby, met welwillende toestemming (2008) |
| 324 | privécollectie |
| 326 | privécollectie |
| 328-329 | privécollectie |
| 335 | privécollecties |
| 337 | Elliot, 1873; de graaf van Derby, met welwillende toestemming (2008) |
| 340 | National Gallery, Londen |
| 347 | The Royal Collection, © 2007 koningin Elizabeth II |
| 348 | Royal Academy of Arts, Londen; fotografie: J. Hammond |
| 352-353 | The Royal Collection, © 2007 koningin Elizabeth II |
| 356 | privécollectie |
| 358 | bibliotheken Balfour en Newton, Cambridge |
| 361 | bibliotheken Balfour en Newton, Cambridge |
| 364 | bibliotheken Balfour en Newton, Cambridge |
| 369 | bibliotheken Balfour en Newton, Cambridge. |

# Register

NB Gecursiveerde paginanummers verwijzen naar illustraties.
[Voor de Nederlandse en wetenschappelijke vogelnamen is als uitgangspunt gekozen: A.B. van den Berg, *Dutch Birding-vogelnamen, lijst van West-Palearctische vogelsoorten 2008*. Amsterdam 2008]

## A

Adanson, Michel 156
Ainley, Marianne Gosztonyi 195
albatrossen (*Diomedeidae* spec.)
   grote albatros 134, 342, 343, 349, 362-363
Albertus Magnus 22, 61, 144, 145, 146, 147, 149, 157, 322, 332, 343
Albin, Eleazar 236
Aldrovandi, Ulisse 18, 20, 22, 24, 27, 32, 62, 73, 73-74, 102, 141, 157, 206, 256, 258, 282, *284*, 286-287, 299, 349-350
alk (*Alca torda*) 230, 238, 341-343, 363, 373
alken (*Alcidae* spec.)
   alk 230, 238, 341-343, 363, 373
   papegaaiduiker 40, *40*, 341
   reuzenalk 3
   zeekoet 228, 341
Alex, de grijze roodstaartpagepaai 126-129

Alexander, Wilfred B. 357, 359
Allard, Harry 188-189
alpengierzwaluw (*Apus melba*) 30
alpenheggenmus (*Prunella collaris*) 327-330, 332
Altum, Bernard 116, 208, 228-229, 237-238, 240
Amrhein, Valentin 327
Anakreon 135
Anaximander 65
ara (spec.) *268*
arenden (spec.) 134, 210, 231, 331, 346
Aristoteles 13, 21-22, 32, 34, 37, 41, 57, 65, 70, 73, 74, 80, 84, 135, 138-139, 161, 169, 206, 210, 229, 231, 256, 286, 313, 331, 332, 343-344, 346, 349, 362, 366, 372
Armstrong, Edward A. 234, 265
Arnold, Art 263
Ashcroft, Ruth 278-279
Audubon, John James *190*, *271*, *356*

Australië 280, 342, 372

## B

baanloper 179
Bacon, Francis 17, 24-25, 345
Baillon, Louis 333
Baker, John 198, 201-204,
Balen, Bas van 14
Baltner, Leonard 35
barmsijs (*Carduelis* spec.) 8
Barnard, Emma 27
Barraband, Jacques 16
Barrington, Daines 148-154, 158, 206, 236, 250-255, 262, 264, 270, 277,
Bartholin, Thomas 285
'bassaangans' 134
Bateson, Pat 99
Bateson, William 301
Bechstein, Johann 158, 269-270, 275-277
Belon, Pierre 18, 24, 32, 41, 102, 147, 157, 206, 265
Beltsvillekalkoen 296
Bennett, Peter 349
Benoit, Jacques 193
Bernard, Claude 288-289
Berson, Sol 199
Berthold, Arnold 197, 288
Berthold, Peter 173-174
Bewick, Thomas 158
bijeneter (*Merops apiaster*) 13
Blackwall, John 158
blauwborst (*Luscinia svecica*) 2
blauwe gaai (*Cyanocitta cristata*) 128
blauwe kiekendief (*Circus cyaneus*) 37
blauwe reiger (*Ardea cinerea*) 365, 369

Bobr, Wanda 84
boerengans (*Anser anser domesticus*) 314
  Chinese (knobbel)gans 314
boerenzwaluw (*Hirundo rustica*) 2, 139, 145, 147, 150, *153*, 154, 157, 165, 166, 363, 364
Bonaparte, Charles Lucien 41, *128*, 297
Bonnet, Charles 158, 296
bonte mees (*Parus varius*) 105, 106, *107*
bonte pauw (*Pavo cristatus muticus*) 288
boomklever (*Sitta europaea*) 37
boomleeuwerik (*Lullula arborea*) *347*
bosrietzanger (*Acrocephalus palustris*) 200
bosuil (*Strix aluco*) 30
Bougot, pater 98
brandgans (*Branta leucopsis*) 139, 141, 144-145, *144*
Brasser, Jaap en Map 164-164
Bray, Olin 85
Brehm, Alfred E. 115-116
Brehm, Christian Ludwig 115, 158
Brent, Bernard 216
Brisson, Mathurin 41, 237
Brown-Séquard, Charles Edouard 197
Browne, Thomas 17-18, 147, 157, 299, 350-354, 372
bruinkopkoevogel (*Molothrus ater*) 266
Buckland, Francis 158
Buffon, Georges-Louis Leclerc 51, 98, *103*, 109, 111, 146, 152, 158, 159, 237, 252, 253, 274, 316, 331-333, 344, 362
buizerd (*Buteo buteo*) 31
Burkitt, James 354-355

## C

Caius, John 40
Canadese (taiga-) gaai (*Perisoreus canadensis*) 128
Cantimpré, Thomas de 41
Catesby, Mark *81*, 157, *192*
Chinese (knobbel)gans (*Anser cygnoides domesticus*) 314
Clare, John 272
Clayton, Nicky 129
Coiter, Volcher 73-74
Collins, George Edward *152*
Columbus, Christoffel 150
Condillac, Abbé de 110
Cornish, James 158
Correns, Carl 301
Cox, Nicholas 266
Craig, Wallace 277
Crew, Francis 290
Crick, Francis 196
Cudworth, Ralph 43, 45
Cunningham, Frank 199
Cuvier, Georges Léopold Chrétien Frédéric Dagobert 21, 108, 158, 334

## D

Damsté, Piet 191-193, *195*
Darwin, Charles 21, 48-49, 108, 112, 113, 115, 116, 207, 216-218, 221, 256, 265, 274-275, 288, 312-316, 319, 357, 377
Darwin, Erasmus 256,
Darwin, Etty 316
darwinvinken (*Geospizae* spec.)
  (grote) grondvink 357, *358*
David, bisschop 139

Dawkins, Richard 377
Defoe, Daniel 157
Derham, William 25, 47
Descartes, René 43-47, 65, 102, 109, 112, 113
doffer 311-313, 334
Dresser, H.E. *171*
Drimmelen, Govert van 84
Dürer, Albrecht *42*, *247*
duiven (*Columbidae* spec.)
  houtduif 270
  Mauritiusduif 374
  stadsduif 85
  zomertortel 138, 332, 344
Dunnett, Gordon 273
Durham, Florence 301
Dursy, E. *72*

## E

edelpapegaai (*Eclectus roratus*) 302
Edwards, George 157
eenden (*Anatidae* spec.)
  eidereend 92-93, 94
  ganzen 6, 90, *91*, 94, 98, 99, 101, 117, 122, 124, 193, 141, 144, 145, 218, 314, 325, 351, 374
  slobeend 35, 40
  woerd 96, 194, 323,
  zwanen 43, 134, 206232-233, 322-323, 351
eidereend (*Somateria mollissima*) 92-93, 94
eikelspecht (*Melanerpes ormicivorus*) 89-90, 130
ekster (*Pica pica*) 2, 17, 37, 127, 258, 259, *260-261*

Elfrig, Gustave 189
Elliot, Daniel *337*
Emlen Jr, John T. 168-169
Emlen, Steve 14, *167*, 168, 191, *192*
Ent, George 62
epauletspreeuw (*Agelaius phoeniceus*) 10, *81*, 85, 338

## F

Fabricius, Hieronymus 57-60, 62, 73-74, 81-84
Falloppio, Gabriele 73
Farner, Don 198, 201
Fatio, V. 330
Faultrier, Jean-Baptiste 157
fazant (*Phasianus colchicus*) 288-290
fazanten (*Phasianidae* spec.)
 Japanse kwartel 86, 99, 199
 kwartel 2, 36, *38-39*, 134-138, 145, 159-161, 268, 331, 332
 patrijs 47, 112, 313, 332, 336
Filips II, koning *38-39*, *247*
Fisher, James 224, 229, 233, 234, 236, 359,
fitis (*Phylloscopus trochilus*) 162, 163, 240
Fitzpatrick, Sean 330
Follett, Brian 14, 198-201, 204
Forster, Thomas 156, 158
Fox, William Darwin 314
frater (*Carduelis flavirostris*) 8
Frederik II, keizer 20, 139-141, *140*, 169, 202, 204, 208,
Frederik III, koning 285
Frisch, Johann Leonard 109, 157, 165-166, 354
Frisch, Karl von 99

fuut (*Podiceps cristatus*) 212, 220, *222-223*
fysicotheologie 8-9, 43-48, 49, 67, 79, 373, 377

## G

gaai, blauwe (*Cyanocitta cristata*) 128
gaai, Canadese (*Perisoreus canadensis*) 128
gaai, Stellers (*Cyanocitta stelleri*) 128
ganzen (spec.)
 boerengans 314
 brandgans 139, 141, 145
 Chinese (knobbel-)gans 314
 grauwe gans 122
 hawaïgans 374
Gardiner, William 265
Garner, Wight 188, 189
Gaulle, Charles de 196
geelgors (*Emberiza citrinella*) 2, 267, 270, *335*
gekraagde roodstaart (*Phoenicurus phoenicurus*) 234
gent (mannetjesgans) 314
Gerard de kruidendokter, John 141, 157
Gessner, Conrad 18, 22, 24, 34, 40, 41, 102, 109, 141, 206, 282, 344, 362
gieren (spec.) 344
gierzwaluw (*Apus apus*) 13, 14, 134, 139, 147, 148, 156, 166,
gierzwaluwen (*Apudidae*)
 alpengierzwaluw 30
 gierzwaluw 13, 14, 134, 139, 147, 148, 156, 166,
Giraldus Cambrensis 139, 141
Girton, Daniel 314

Goldsmith, Oliver 158, 236-237
Goodrich, E. S. 204
gorzen (*Emberizidae* spec.)
  geelgors 2, *267*, 270, *335*
  indigo-gors *167*, 191, *192*
  junco 37, *190*, 191
  rietgors 37, 227
  witkruingors 198
  zanggors 226, 355, *356*
goudenparadijsvogel *337*
goudhaan(tje) (*Regulus regulus*) 34, 35
goudvink (*Pyrrhula pyrrhula*) 37, 97, 122, *244*, 245-252, *247*, *283*, 330
Gough, Thomas 158
Gould, John *132*, *225*, *358*
grauwe gans (*Anser anser*) 122
  boerengans 314
Gray, Philip 110
Grey of Fallodon, Edward 359
Greysser, Daniel 320
Griffin, D. 300
grijze junco (*Junco hyemalis*) *190*
grijze notenkraker (*Nucifraga columbiana*) *129*
grijze roodstaartpapegaai (*Psittacus erithacus*) *126*, 127, *340*
groene specht (*Picus viridis*) *71*
groenling (*Carduelis chloris*) 2, 181, 191, *195*, 345
Grönvold, Henrik 88, *217*, *219*, *221*
grondvinken (*Geospizae* spec.) 357, *358*
grote albatros (*Diomedea exulans*) *134*, *342*, *343*, *349*, 362-363
grote grondvink (*Geospiza magnirostris*) 357, *358*
grote karekiet (*Acrocephalus arundinaceus*) 117-119, *200*
grote lijster (*Turdus viscivorus*) 307
Gwinner, Eberhard (Ebo) 161-164

# H

haan (*Gallus gallus domesticus*) 21, 53, 57, 64, *64*, 197, 268, 270, 282, 284, 285-290, *288*, 314, 323, 327, 331, 334, *348*, 349
Haffer, J. 15
halfsider 281-282, *283*, 291
Haller, Alb. von 158
Hardy, A.C. 359
Harper, Eugene 81, 84
Harzer (roller) kanarie 245, 255
Hartsoeker, Nicholas 75
Harvey, William 61-63, 65, 74-76, 79, 84, 157, 287, 313, 322-323, *324*, 331
Hatch, Scott 85-87, *86*
havik (*Accipiter gentilis*) 2
hawaïgans (*Branta sandvicensis*) 374
Hayes, W. *104*
heggenmus (*Prunella modularis*) 317, 327, 330, 331, 332
  alpenheggenmus 327, *328-329*, 330, 332
Heinroth, Oskar 116, 117, 118
Hendrik VIII, koning 109
hermafrodiet, *zie ook* halfsider 281, *283*, 285, 288, 290, 299, 305
Hertwig, Oskar 79
Hervieux de Chanteloup 124, 327
Hevelius, Johannes 146, 157,
Hinde, Robert 273-274, 313, 320
Hippocrates 70-73, 76
Hogan-Warburg, Lidy 293

honkmannetje 293
Hooke, Robert 63
hop (*Upupa epops*) 145, *149*
houtduif (*Columba palumbus*) 270
houtsnip (*Scolopax rusticola*) 36, 38
Howard, Eliot 215-229, 233, 237-243, 334
huismus (*Passer domesticus*) 291, 308, 320, 331, 332
huiszwaluw (*Delichon urbicum*) 2, 154, 155
Hume, David 109-110
Hunter, John 255, 259, 288, 325, 332-333
Huxley, Julian 219-220, *222-223*, 229, 233, 234, 236, 360
Huxley, Thomas Henry 219

# I

ijsvogel (*Alcedo atthis*) 17-18, *35*, 37
indigo-gors (*Passerina cyanea*) *167*, 191, 192
'intermediair mannetje' 295
Isidorus van Sevilla 344

# J

jacana's (*Jacanidae* spec.) 338
jan-van-gent (*Morus bassanus*) 134, *135*
Japanse kwartel (*Coturnix japonica*) 86, 99, 199
Jenner, Edward 158, 166
Jenner, John 216
Jenyns, Leonard 158, 206-207
Johnson, Samuel 237
Jonston, Jan 18, 24, 28
Jourdain, Francis 221

Jukema, Joop 295
junco's (*Junco* spec) 37, *190*, 191
  grijze junco *190*

# K

kalkoen (*Meleagris gallopavo*) 84, 86, 87, 297, 296-298
  pauwkalkoen *297*, 298
kanarie (*Serinus canaria*) 97, 98, 124, 177-178, 184, *187*, 245, 250-252, 255, 256, 263, 274, 275, 276, 277, 278, 301, 327, 345
  Harzer roller 245, 255
kanoet (*Calidris canutus*) 164-165, *164*
kapoen 286-287
kardinaal, rode (*Cardinalis cardinalis*) 8
karekiet, grote (*Acrocephalus arundinaceus*) 117-119, 200
karekiet, kleine (*Acrocephalus scirpaceus*) 200, 218
Karel II, koning 27
kauw (*Corvus monedula*) 98-99, 117, 237, 238
kemphaan (*Philomachus pugnax*) 213, 228, 236, 238, 291-295, *292*, 308, 333, 338
  honkmannetje 293
  intermediair mannetje 295
  'kemphen' 291, 293, 294
  satellietmannetje 293
kiekendieven (spec.) 2, 13
  blauwe kiekendief 37
kievit (*Vanellus vanellus*) 225
Kingsley, Charles 377
Kinzelbach, R.K. en J. Hölzinger 267

kip (*Gallus gallus domesticus*) 51, 53, 55, 57, 61, 70, 74, 78, 81, 84, 87, 90, 94, 199, 256, 268, 282, 285, 286, 287, 290, 296, 301, 302, 314, 350
   haan 21, 53, 57, 64, *64*, 197, 268, 270, 282, 284, 285-290, *288*, 314, 323, 327, 331, 334, *348*, 349
   kapoen 286-287
   Orpingtonkriel 290
Kircher, Athanasius 268, 270
Klein, Jacob Theodor 157
'klein bruin vogeltje' 303, *303*
kleine karekiet (*Acrocephalus scirpaceus*) 200, 218
Kluijver, Huijbert 360
Knapp, John 158, 346
kneu (*Carduelis cannabina*) 8, 97, 178, 181, 248, 250, 252, 255, 336, 345
knobbelgans, Chinese (*Anser cygnoides domesticus*) 314
knobbelzwaan (*Cygnus olor*) 232, 233
koekoek (*Cuculus canorus*) 36, *100*, 101, 268, 363
kolibrie (spec.) *239*
   purperkeel-juweelkolibrie *239*
   witbuik-juweelkolibrie *239*
koolmees (*Parus major*) 8, 125, 208, 255, 274, 278-279, 360, *361*, 367
korhoen (*Tetrao tetrix*) 338
kraaien (*Corvidae* spec.) 21, 32, 119-120, 127-130, *128*, 262
   blauwe gaai *128*
   Canadese gaai *128*
   ekster 2, 17, 37, 127, 258, 259, 260-261

   grijze notenkraker 129
   kauw 98-99, 117, 237, 238
   raaf 17, 231, 346
   roek 213, 255
   Stellers gaai *128*
   struikgaai *128*, 129-130
   wipsnavelkraai 119-120
kraanvogel (*Grus grus*) 2, *136-137*
Kramer, Gustav 167-168
kramsvogel (*Turdus pilaris*) 37, 166
Krebs, John 14, 269-270, 278-279
Kroodsma, Don 277
kropduif (*Columba livia domestica*) 310, 316-317
kruisbek (*Loxia curvirostra*) 34, 35, 43, 205, 206
Kumerloeve, H. 283
'kwakkel' 138
kwartel (*Coturnix coturnix*) 36, 38-39, 86, 99, 134, 135, 138, 145, 159-161, 199, 268, 331, 332
kwartelkoning (*Crex crex*) 2

# L

Lack, David 6, 7, 204, 207-208, 219, 226-229, 240-243, 273-274, 318, 336, 338, 351, 355-374, 376-377
Lake, Peter 14, 84, 85
Lamm, Marcus zum 267
Lank, David 294-295, 342
Lapeyronie, François Gigot de 285
Leche, John 157
Lécluse, Charles de 108
Leeuwenhoek, Antonie van 64, *64*, 66, 79, 334

leeuweriken (*Alaudidae* spec.) 138, *347*
  boomleeuwerik *347*
  veldleeuwerik 255, 345, *347*
Legg, John 158
Leguat, François 233, *237*
Leonardi, Vincenzo *347, 352-353*
Leroy, Charles Georges 110-113,
Leroy sr. 194-197
Leuckart, Rudolf 79
Levaillant, F. *16*
Lewes, George Henry 96
lijsters (*Turdidae* spec.) 138-139
  blauwborst 2
  gekraagde roodstaart 234
  grote lijster 307
  kramsvogel 37, 166
  nachtegaal 9, 138, 159, 166, 169, *176*, 177-178, 184, 188, 206, 207, 229, 231-233, 234, 236, 252, 255, 258, 262, 264, 265, 266, 268, 272, 275, 276, 327, 334, 344-345, 362
  rode rotslijster 345
  roodborst 232, 234, 238, 241, *352-353*, 354, 355
  roodborstlijster 238
  Seychellenlijster 374
  'zwarte lijster' 138
Linnaeus, Karl 8, 21, 34, 37, 41, 49, 51, 148, 157, 206, 317
Lister, Martin 28, 363, 364
Lodge, George 221, *230*, 335
Lofts, Brian 198
Lord Howe-ral (*Rallis sylvestris*) 374
Lorenz, Konrad 90, 91, 98-101, *97*, 116-117, 122, 124, 238, 245, 248

## M

Mabey, Richard 47, 152, 155
MacGregor-paradijsvogel (*Cnemophilus macgregorii*) 337
Malpighi, Marcello 55, 63, 66, *77*, 80
Malthus, Thomas 49,
Manzini, Cesare 179-180, 184, 344, 345
Marcgrave, Georg 30, 32
Marks, Henry *214*
Marler, Peter 265, 273-274
Marshall, Jock 198
Martin, William Linnaeus 317
Mascall, Leonard 96
Mason, Edwin 325
Mattocks, Philip 201
Mauritiusduif (*Colomba mayeri*) 374
Mauritiusparkiet (*Psittacula echo*) 374
Mauritiustorenvalk (*Falco punctatus*) 374
Mayr, Ernst 6, 7, 51, 122, 204, 215, 227, 228, 237, 238, 242, 243376, 377
Medawar, Peter en Jean 21
meeuwen (*Laridae* spec.) 238, 342
Megenberg, Conrad von 157
Meise, Wilhelm 227
melba-astrilde (*Pytilia melba*) 101, *103*
Mendel, Gregor 301
merel (*Turdus merula*) 37, 138, 255, 262, *321*, 335
Mettrie, Julien Offray de la 110, 111
Meyer, H.L. *176*, *213*, 307
Meyer, J.D. *71*
mezen (*Paridae* spec)105-106, 125
  bonte mees 106, *107*
  koolmees 8, 125, 208, 255, 274, 278-279, 360, *361*, 367

pimpelmees 8, 10, 363
staartmees *104*
Mieris, Frans van *340*
Mignon, Abraham 105, *121*
Mill, John Stuart 95
Moffat, Charles 240-241, 242
Møller, Anders 333
monniksparkiet (*Myiopsitta monachus*) 259
Montagu, George 158, 276-277, 279, 293-294, 334
Moore, John 316
More, Henry *42*, 43, 44, 67, 69
More, Thomas 94
Moreau, Reg 360
Morgan, Conwy Lloyd 218-219, 221, 224, 242
Morris, Frederick O. 317, 327
Mortensen, Hans Christian 166
Morton, Charles 151
Mozart, Wolfgang Amadeus 266, 270
Mudie, Robert 158
Müller, Johannes 197
Mullens, William 51
Murton, Ron 198
mussen (*passeridae* spec) 101, 320, 325, 333, 343
huismus 291, 308, 320, 331, 332

# N

nachtegaal (*Luscinia megarhynchos*) 9, 138, 159, 166, 169, *176*, 177-178, 184, 188, 206, 207, 229, 231-233, 234, 236, 252, 255, 258, 262, 264, 265, 266, 268, 272, 275, 276, 327, 334, 344-345, 362

nachtzwaluw (*Caprimulgus europaeus*) 30, 212, *213*
nachtzwaluwen (*Caprimulgidae*)
nachtzwaluw 30, 212, *213*
Naumann, Johann Andreas *160*, 161, 163
néné (*Branta sandvicensis*) 374
Newton, Alfred 18, 186, 277
Newton, Ian 248
Newton, Isaac 65
Nice, Margaret Morse 226, 227, 229, 238, 240, 355, 356
Nicolaas II, tsaar 246
Nicholson, Max 224-225, 228, 241, 242, 357, 359
Nicolai, Jürgen 245, 246-247, 249, 250
Noble, Gladwyn 228, 238
noordse stormvogel (*Fulmarus glacialis*) 85-87, *86*
notenkraker, grijze (*Nucifraga columbiana*) 129
Nottebohm, Fernando 263,
Nozeman, C. *40*, 289, *364*

# O

Oellacher, J. 296
Ogasawara, Frank 85-86
Olaus Magnus 145, 146, *146*, 147, 157
Olina, Giovanni Pietro 123, 229-231
Olsen, Marlow 81, 296-298
ooievaar (*Ciconia ciconia*) 2, *132*, 133-134, 135, *136-137*, 138, 145
ornaatelfje (*Malurus cyaneus*) 10
Orpingtonkriel 290
Owen, Charles 157
Owens, Ian 349

## P

Paley, William 48, 49
papegaaiduiker (*Fratercula arctica*) 40, *40*, 341
papegaaien (*Psittaciformes* spec.) 108-109, 127-130, 259, *340*, 346
   edelpapegaai 302
   grijze roodstaartpapegaai *126*, 127, *340*
   tapiragem *16*
paradijsvogel (*Paradisaeidae* spec.) *42*, 337
paradijswida (*Vidua paradisaea*) 101, *103*
Parker, Geoff 318, 319
parkieten (*Psittacula* spec)
   echoparkiet of Mauritiusparkiet 374
   Monniksparkiet 259
patrijs (*Perdix perdix*) 47, 112, 313, 332, 336
pauw (*Pavo cristatus*) *22, 23*, 288, 289, *290, 307*, 338, 344
   bonte pauw 288
pauwkalkoen (*Agriocharis ocellata*) *297*, 298
pelikanen (*Pelicanus* spec.) 4-5, 6, 344
Pennant, Thomas 148-149, 150, 154, 157, 236, *292*
Pepperberg, Irene 127-128,
Pepys, Samuel *33*, *123*, 205
Perdeck, Ab 169-172
Pernau, Ferdinand Adam von 47, 51, 109, 157, 166, 234, 250, 354, 377
Perrins, Chris 14, 174
Peter de tamme kanoet 164-165
Piersma, Theunis 164, 165, 295
pijlstormvogels (spec.) 341

pimpelmees (*Cyanistes caeruleus*) 8, 10, 363
Plinius (de Oudere) 22, 37, 94, 105106, 265, 266, 286, 312, 313, 344
pluimvee 57, 61, 69, 81, 84, 85, 87 , 90, 95, 96, 105, 124, 184, 185, 286, 296, 302, 313, 316, 318, 322
poelsnip (*Gallinago medias*) 2
porseleinhoen (*Porzana porzana*) 2
postduif 166
Pozzo, Cassiano dal 230
prachtvink (*Estrildidae* spec.) 101
Pratt, Anne 158, 317
purperkeel-juweelkolibrie (*Lampornis calolaemus*) 239
putter, puttertje (*Carduelis carduelis*) 97, 98, 105, 106, 120, *121*, 122, 181, 248, *251*, 252, 255, 344, 345, 362

## Q

Quinn, David *10*

## R

raaf (*Corvus corax*) 17, 231, 346
rallen (*Rallidae*)
   kwartelkoning 2
   Lord Howe-ral 374
   porseleinhoen 2
Raven, Charles 34, 43
Ray, John 7-9, 12, 13, *16*, 17-18, 24-70, 79, 102-105, 108-109, 113, 115, 116, 119, 131, 134-135, 147, 148, 157, 159, 169, 179, 202, *203*, 204, 208, 229-230, 233, 299-300, 320, 322, 330, 331, 332, 334, 339, 345, 346, 347, 349-351, 354, 363, 364, 370, 373, 375-378

Ray, Margaret 375
Réaumur, René Antoine de 157, 185
Reginald of Durham 94
Reich, Karl 177-178, 181-188
reigers (*Ardeidae* spec.) 357, 365-367, 369
   blauwe reiger 365, 369
Rem, G. *23*
Rennie, James 158
reuzenalk (*Pinguinus impennis*) 3
Retzius, G. 334, *335*
Ricklefs, Bob 346
rietgors (*Emberiza schoeniclus*) 37, 227
rietzanger (*Acrocephalus schoenobænus*) 119, *200*
Robson, J., en S.H. Lewer 97
rode kardinaal (*Cardinalis cardinalis*) 8
rode rotslijster (*Monticola saxatilis*) 345
Rodriguessolitaire (*Pezophaps solitaria*) 233, 235
roek (*Corvus frugilegus*) 213, 255
roestflankzanger (*Dendroica pensylvanica*) 270, *271*
Romanes, George 115, 216
Romanoff, Alexis 76-77
Rondelet, Guillaume 73
roodborst(je) (*Erithacus rubecula*) 232, 234, 238, 241, *352-353*, 354, 355
roodborstlijster (*Turdus migratorius*) 238
roodmus (*Carpodacus erythrinus*) 2
roodstaart, gekraagde (*Phoenicurus phoenicurus*) 234
roodstaartpapegaai, grijze (*Psittacus erithacus*) 126, 127, 340
roofvogels
   sperwers 238
valken 28, 98, 124, 139, *140*, 166, 202, 374, 206
rotslijster, rode (*Monticola saxatilis*) 345
Rowan, Bill 189-191, *190*, 197
Runeberg, Johan 185-188, 201
Russ, Karl *182-183*

## S

Salvin, O., en F.D. Godman *239*
satellietmannetje 293
Sauer e.a., F. *135-136, 140, 142-143*
Scanes, Colin 199
Schaeffer, J.C. *257*
Schefferus, Johannes 146
Scheitlin, Peter 115
Schifferli, Alfred 365
Schloesser, K. *244*
Schmidt, Emil *182-183*
Schwenckfeld, Caspar
Seebohm, Henry 157
Selby, P.J. 86, *92-93*, 164, 210, 222-223, *361*, 369
Selous, Edmund 211-215, 216, 218, 220, 226, 228, 242, 293, 335
Seychellenlijster (*Copsychus sechellarum*) 374
Seychellenrietzanger (*Acrocephalus sechellensis*) 303, *303-304*, 374
Sharpey, William 186
Sharpey-Schäfer, Edward 186-187
Shoberl, Frederic 158
Short, Roger 15, 331
Siddal, Elizabeth 246
sijs(je) (*Carduelis spinus*) 250, 345
Sint-Cuthbert, bisschop *92-93*, 94
Sint-Cuthberts eend *92-93*, 94

Sint-Isidorus van Sevilla 344
Skinner, B. 300
slobeend (*Anas clypeata*) 35, 40
smalstaartparadijswida (*Vidua paradisaea*) 101, *103*
Smellie, William 109-110, 158, 314, 316, 336-338
Smith, Francis *187*
Soest, Gerard *26*
'solitaire' 233, *235*
Spalding, Douglas 95-96, 99, 100
spechten (*Picidae* spec.)
　eikelspecht 89-90, 130
　groene specht *71*
spechtvink (*Camarhynchus pallidus*) 120
sperwer (*Accipiter nisus*) 238
sperwers (*Accipitridae* spec.)
　arenden 134, 210, 231, 331, 346
　buizerd 31
　gieren 344
　kiekendieven 2, 13, 37
　sperwer 238
　wouwen 13, 139
spreeuw (*Sturnus vulgaris*) 139, 161, 166, 170, 172, *257*, 258, 266-270, 365, 371
sprinkhaanzanger (*Locustella naevia*) 219
staartmees (*Aegithalos caudatus*) *104*
stadsduif (*Columba livia domestica*) 85
　kropduif *310*, 316-317
　postduif 166
Stanley, Edward 158
Stanley, Thomas 135
Stellers gaai (*Cyanocitta stelleri*) *128*

stormvogels (*Procellariidae* spec.) 342, 362
　noordse stormvogel 85-87, *86*
　pijlstormvogels 341
stormvogeltje (*Hydrobatidae* spec.) 342, 362
strandlopers (*Scolopacidae* spec.)
　houtsnip 36, *38*
　kanoet 164-165, *164*
　kemphaan 213, 228, 236, 238, 291-295, *292*, 308, 333, 338
　poelsnip 2
　watersnip 37
Stresemann, Erwin 6, 7, 34, 51, 113, 116, 117, 163, 227, 234, 242, 243, 360, 376, 377
Strindberg, August 158
struikgaai (*Aphelocoma coerulescens*) *128*, 129-130
struisvogel (*Struthio camelus*) 322-323, *324*
Stubbs, George *348*

# T

taiga-gaai, Canadese (*Perisoreus canadensis*) *128*
tapiragem of 'valse papegaai' 16
Tavistock, Hastings William 240
Tegetmeier, William B. *310*
Temminck, C.J., en H. Schlegl 107
Thienemann, F.A.L. 52
Thijsse, Jacob 293
Thomson, A. Landsborough 359
Thorpe, W.H. (Bill) 111, 112, 227, 253, 272-274, *272*, 357, 360

Ticehurst, C.B. 204
Tinbergen, Niko 99, 117, 119, 238, 240, 360
tjiftjaf (*Phylloscopus collybita*) 162, 163, *217*, 221
Travies, E. *321*
Trivers, Bob 318-319, 334, 338
Tucker, B.W. 357-358
tuinfluiter (*Sylvia borin*) 88
Turner, William 37, 141, 248
Tynte, Lady 288, *289*, 290

# U

uilen (*Strigidae* spec.) 139
  bosuil *30*

# V

valken (*Falconidae*) 28, 98, 124, 139, *140*, 166, 202, 374, 206
  Mauritiustorenvalk 374
Vallett, Eric-Marie 277, 278
Valli da Todi, Antonio 230-232, 259
Varro, Marcus 37, 40
Veer, Gerrit de 144
veldhoen 332
veldleeuwerik (*Alauda arvensis*) 255, 345, *347*
Vieillot, L.P. 280
vink (*Fringilla coelebs*) 37, 97, 98, 101, 120, 121, 181, 207, 233, 234, 248, 249, *251*, 252, 253-255, 263, 270-272, 273
vinken (*Fringillidae* spec.)
  barmsijs 8
  darwinvink 357, 358
  frater 8

goudvink 37, 97, 122, *244*, 245-252, *247*, *283*, 330
groenling 2, 181, 191, *195*, 345
(grote) grondvink 357, 358
kanarie 97, 98, 124, 177-178, 184, *187*, 245, 250-252, 255, 256, 263, 274, 275, 276, 277, 278, 301, 327, 345
kneu 8, 97, 178, 181, 248, 250, 252, 255, 336, 345
kruisbek 34, *35*, 43, *205*, 206
putter 97, 98, 105, 106, 120, *121*, 122, 181, 248, *251*, 252, 255, 344, 345, 362
roodmus 2
sijsje 250, 345
spechtvink 120
'Virginianachtegaal' 8

# W

waadvogels 164, 186, 291
Wager, Charles 150
Wagner, Rudolf 334
Wallace, Alfred Russel 48, 113, 277
Walther, Johann 28, *35*, *149*, *195*, 260-261
Walton, Izaak 264
Ward, James 158
Waring, Sarah 158
waterrietzanger (*Acrocephalus paludicola*) 1, 2-6, 10-12, *11*, 200
watersnip (*Gallinago gallinago*) 37
Watson, James Dewey 196
Weir, John Jenner 216
West, Meredith 266-269

White, Gilbert 47, 148, 150, 154-156, 158, 206, 212, 236, 377
White, John 14, 155
Whitman, Charles Otis 79-80, 98
wida's (*Viduidae* spec.) 101, *103*
   (smalstaart-) paradijswida 101, *103*
wielewaal (*Oriolus oriolus*) 161
Wilberforce, bisschop Samuel 219
Wiley, John, uitgever 78
Williams, George 318
Willughby, Emma 27, 28, 29, *33*
Willughby, Francis 8, 24-28, *26*, 30, 32-34, *33*, *35*, 41-43, *46*, 61-64, 105, 108, 109, *123*, 157, 179, 205, 330-331, 332, 345, 346-349, 351, 375, 377
Wilson, Alexander *128*, *297*,
wipsnavelkraai (*Corvus moneduloides*) 119-120
witbuikjuweelkolibrie (*Lampornis hemileucus*) 239
witbuikzandhoen (*Pterocles alchata*) 46, 239
witkruingors (*Zonotrichia leucophrys*) 198
Witherby, Harry 219
Witherings, John 233
woerd (mannetjeseend) 96, 194, 323
Wolf, Joseph 246, *337*
Wolff, Caspar 75
Wolfson, Albert 198
wouwen (*Milvus* spec.) 13, 139
   zwarte wouw 13
Wren, Percival Christopher 279

winterkoninkje (*Troglodytes troglodytes*) 119, 252
Wynne-Edwards 241, 367-370, 373

# Y

Yalow, Rosalyn 199
Yarrell, William 288, 290

# Z

zangers (*Sylviidae* spec.)
   bosrietzanger 200
   fitis *162*, 163, 240
   rietzanger 119, 200
   roestflankzanger 270, *271*
   Seychellenrietzanger 303, *303*-304, 374
   sprinkhaanzanger 219
   tjiftjaf *162*, 163, *217*, 221
   tuinfluiter 88
   waterrietzanger 1, 2-6, 10-12, *11*, 200
   zwartkop *114*, 171, 173-175, *217*
zanggors (*Melospiza melodia*) 226, 355, 356
zangvogels (*Passeriformes*) 48, 85, 87, 122, 164-165, *164*, 177, 248, 263-265, *326*, *327*, 334, 344, 362
Zann, Richard 98, 343
zebravink (*Taeniopygia guttata*) 98, 263, 280, 281, 299, 300, 342-343, 349, 363, 372
zeekoet (*Uria aalge*) 228, 341
Zenodotos 231
zomertortel (*Streptopelia turtur*) 138, 332, 344

Zorn, Johann 47-48, 51, 109, 157, 377
zwarte ooievaar (*Ciconia nigra*) 2
zwaluwen (*Hirundinidae* spec.)
   boerenzwaluw 2, 139, 145, 147, 150, *153*, 154, 157, 165, 166, *363*, *364*
   huiszwaluw 2, 154, 155
zwanen (*Cygnus* spec.) 43, 134, 206, 232-233, 322-323, 351
   knobbelzwaan 232, 233
zwartkop (*Sylvia atricapilla*) *114*, *171*, 173-175, *217*
zwarte wouw (*Milvus migrans*) 13